期货与期权

主　编　吕宝林　岳娟丽

副主编　曹楠楠　李素峰　孟亚君　李红英

西南交通大学出版社

·成　都·

图书在版编目（C I P）数据

期货与期权 / 吕宝林，岳娟丽主编. —成都：西南交通大学出版社，2021.8
ISBN 978-7-5643-7991-9

Ⅰ. ①期… Ⅱ. ①吕… ②岳… Ⅲ. ①期货交易－高等学校－教材②期权交易－高等学校－教材 Ⅳ. ①F830.9

中国版本图书馆 CIP 数据核字（2021）第 040525 号

Qihuo yu Qiquan
期货与期权

主编 吕宝林 岳娟丽

责任编辑 孟秀芝
封面设计 何东琳设计工作室

出版发行 西南交通大学出版社
（四川省成都市金牛区二环路北一段 111 号
西南交通大学创新大厦 21 楼）
邮政编码 610031
发行部电话 028-87600564 028-87600533
网址 http://www.xnjdcbs.com
印刷 四川森林印务有限责任公司

成品尺寸 185 mm × 260 mm
印张 18.75
字数 467 千
版次 2021 年 8 月第 1 版
印次 2021 年 8 月第 1 次
定价 49.00 元
书号 ISBN 978-7-5643-7991-9

课件咨询电话：028-81435775
图书如有印装质量问题 本社负责退换

前　言

随着我国的对外开放深化和市场经济发展，市场交易形式越来越与国际市场接轨。衍生金融市场已成为我国市场交易形式中重要的组成部分。期货与期权作为重要的避险和投资工具，在我国的市场经济中扮演着越来越重要的角色。作为21世纪的高等教育，更不能缺席期货与期权这一衍生金融交易工具的教学。

《期货交易实务》教材自2016年出版以来，以其理论与实践结合紧密、贴近实际、务实求真等特点，受到广大读者的一致好评。但随着时间的推移，无论是经济形势还是国家政策和相关法规，都有了很大变化，原版教材中的一些内容也亟须更新。在此条件下，再版修订已变得越来越迫切。

为了满足教学需求，本次再版修订在原有的《期货交易实务》基础上进行了大量的修改，重新命名《期货与期权》，增加了期权内容，完善了相关章节，更加适应教学需要。

本次再版修订，在保留原教材特色的前提下，也突出了以下几个特点：

（1）保留原教材的骨干内容。从期货市场的起源到套期保值原理、投机套利和期权交易，都保留了基本的内容。

（2）对一些涉及政策法规和交易制度等方面内容，进行了大量的更新和修订。从期货市场组织结构到期货交易制度等，都进行了更新。

（3）采用了最新的数据与市场案例。本书所列的各种宏观基本面或商品基本面数据都为截至2020年年初可获得的最新数据，多数案例都是近几年内的实例，以使初学者与市场上的期货交易者或分析师重点关注的方向保持同步。

中国证券期货监管机构急需大量具备雄厚的期货知识的管理人员，期货从业人员也需要具备期货专业知识，而相关企业也需要大量的具备期货期权知识的工作人员。我们编写的这本教材同样适用于相关人员。本书吸收了中外相关著作和文献资料的很多先进成果，把期货基础知识与最新的研究成果相结合。在介绍期货市场发展过程和相关知识的前提下，重点介绍了期货市场的功能和套期保值相关内容，并对期货投机套利交易做了较系统的阐述，做到了商品期货与金融期货相呼应、期货与期权有机衔接。

本书编写分工为：吕宝林教授编写第九章、第十章，岳娟丽副教授编写第一章，李红英讲师编写第二章，孟亚君讲师编写第三章、第四章，曹楠楠副教授编写第五章、第六章，李素峰副教授编写第七章、第八章。全书由吕宝林进行统筹。

本书编写过程中，参考和引用了部分教材、著作、期刊以及网络资源，这些文献作者为本书的出版做出了贡献，在此不一一列举，一并表示感谢。

尽管作者从事期货教学多年，但由于学识浅陋、水平有限，本书难免有疏漏和不足之处，还望广大读者批评指正。

作　者

2021年8月

目　录

第一章　期货市场概述

【教学目的与要求】

通过本章的学习，学生应理解和掌握期货及期货交易的起源与发展，期货市场的发展趋势，期货市场的功能与变迁，期货交易的特征，期货交易与现货交易、期货交易与远期交易、期货交易与证券市场的联系与区别，远期与期货合约的基本概念，国内外期货市场概况等；熟悉并掌握期货市场规避风险和价格发现两个基本功能及产生的原因，熟悉期货市场在宏观经济和微观经济中的作用；了解期货商品的上市条件与种类以及客户进行期货交易的相关程序。

【教学重点与难点】

教学重点：商品期货交易的形成和发展，期货交易的基本概念；期货市场的基本功能；期货交易的特征，期货市场规避风险和发现价格的功能是如何实现的。

教学难点：期货市场同现货、远期市场的关系以及期货交易与股票交易的区别；期货市场规避风险和价格发现功能实现的机理。

【教学内容】

第一节　期货交易的起源和发展

本章主要对期货市场形成一个总括性的认识和理解。什么是“期货”？这是人们学习研究和实际参与期货市场时首先会提出的一个问题。要对期货建立起正确的认识，就必须从源头上了解期货交易和期货市场。

一、期货交易的起源

一般认为，期货交易萌芽于欧洲。早在古希腊和古罗马时期，欧洲就出现了中央交易场所和大宗易货交易，形成了按照既定时间和场所开展的交易活动。在此基础上，远期交易的雏形产生。在农产品收获之前，商人往往先向农民预购农产品，等收获以后，农民再交付产品，这就是国外原始的远期交易。中国的远期交易同样源远流长，早在春秋时期，中国商人的鼻祖陶朱公范蠡就开展了远期交易。

随着交通运输条件的改善和现代城市的兴起，远期交易逐步发展成为集中的市场交易。英国的商品交换发育较早，国际贸易也比较发达。公元1215年，英国的大宪章正式规定允许外国商人到英国参加季节性的交易会，商人可以随时把货物运进或运出英国，从此开启了英国的国际贸易之门。在交易过程中，出现了商人提前购买在途货物的做法。具体过程是：交易双方先签订一份买卖合同，列明货物的品种、数量、价格等，预交一笔订金，待货物运到时再交收全部货款和货物，这时交易即告完成。随着这种交易方式的进一步发展，买卖双方为了转移价格波动所带来的风险，牟取更大的利益，往往在货物运到之前将合同转售，这就使交易更加复杂化。后来，来自荷兰、法国、意大利和西班牙等国的商人还组成了一个公会，对会员买卖的合同提供公证和担保。

期货交易萌芽于远期现货交易。从历史发展来看，交易方式的长期演进，尤其是远期现货交易的集中化和组织化，为期货交易的产生和期货市场的形成奠定了基础。较为规范化的期货市场在 19 世纪中期产生于美国芝加哥。19 世纪三四十年代，芝加哥作为连接中西部产粮区与东部消费市场的粮食集散地，已经发展成为当时全美最大的谷物集散中心。随着农业的发展，农产品交易量越来越大，同时由于农产品生产的季节性特征、交通不便和仓储能力不足，农产品的供求矛盾日益突出，这具体表现为：每到收获季节，农场主将谷物运到芝加哥，谷物在短期内集中上市，交通运输条件难以保证谷物及时疏散，使得当地市场饱和，价格一跌再跌，加之仓库不足，致使生产者遭受很大损失。到了来年春季，又出现谷物供不应求和价格飞涨的现象，消费者深受其苦，粮食加工商因原料短缺面临重重困难。在这种情况下，储运经销应运而生。当地经销商在交通要道设立商行，修建仓库，在收获季节向农场主收购谷物，来年春季再运到芝加哥出售。当地经销商的出现，缓解了季节性的供求矛盾和价格的剧烈波动，稳定了粮食生产。但是，当地经销商面临着谷物过冬期间价格波动的风险。为了规避风险，当地经销商在购进谷物后就前往芝加哥，与那里的谷物经销商和加工商签订来年交货的远期合同。

随着谷物远期现货交易的不断发展，1848 年，82 位美国商人在芝加哥发起组建了世界上第一家较为规范化的期货交易所——芝加哥期货交易所（CBOT，又称芝加哥谷物交易所）。该交易所成立之初，采用远期合同交易的方式，交易的参与者主要是生产商、经销商和加工商，其特点是实买实卖，交易者利用交易所来寻找交易对手，在交易所缔结远期合同，待合同期满，双方进行实物交割，以商品货币交换了结交易。当时的交易所对供求双方来说，主要起稳定产销、规避季节性价格波动风险等作用。随着交易量的增加和交易品种的增多，合同转卖的情况越来越普遍。

为了进一步规范交易，芝加哥期货交易所于 1865 年推出了标准化合约，取代了原先使用的远期合同。同年，该交易所又实行了保证金制度（又称按金制度），以消除交易双方由于不能按期履约而产生的诸多矛盾。1882 年，该交易所允许以对冲合约的方式结束交易，而不必交割实物。一些非谷物商看到转手谷物合同能够盈利，便进入交易所，按照“贱买贵卖”的商业原则买卖谷物合同，赚取一买一卖之间的差价，这部分人就是投机商。为了更有效地进行交易，专门联系买卖双方成交的经纪业务日益兴隆，发展成为经纪行。为了处理日益复杂的结算业务，专门从事结算业务的结算所也应运而生。

随着这些交易规则和制度不断健全，交易方式和市场形态发生了质的飞跃。标准化合约、保证金制度、对冲机制和统一结算的实施，标志着现代期货市场的确立。

二、期货市场的发展

（一）期货交易品种扩大

期货交易品种经历了从商品期货（农产品期货—金属期货—能源化工期货）到金融期货（外汇期货—利率期货—股票指数期货—股票期货）的发展历程。

1. **商品期货**（Commodity Futures）

从 19 世纪中叶现代意义上的期货交易产生到 20 世纪 70 年代，农产品期货一直在期货市场中居于主导地位，同时新的期货品种也在不断涌现。随着农产品生产和流通规模的扩大，除了小麦、玉米、大米等谷物以外，棉花、咖啡、白糖等经济作物，生猪、活牛等畜产品，木材、天然橡胶等林产品也陆续在期货市场上市交易。19 世纪下半叶，伦敦金属交易所（LME）开了金属期货交易的先河，先后推出铜、锡、铅、锌等期货品种。伦敦金属交易所和纽约商品交易所（COMEX，隶属于芝加哥商业交易所集团旗下）已成为目前世界主要的金属期货交易所。

20 世纪 70 年代初发生的石油危机给世界石油市场带来巨大冲击，石油等能源产品价格剧烈波动，直接产生了能源期货。纽约商业交易所（NYMEX，隶属于芝加哥商业交易所集团旗下）已成为目前世界最具影响力的能源期货交易所，上市的品种有原油、汽油、取暖油、天然气、电力等。商品期货的种类如图 1.1 所示。

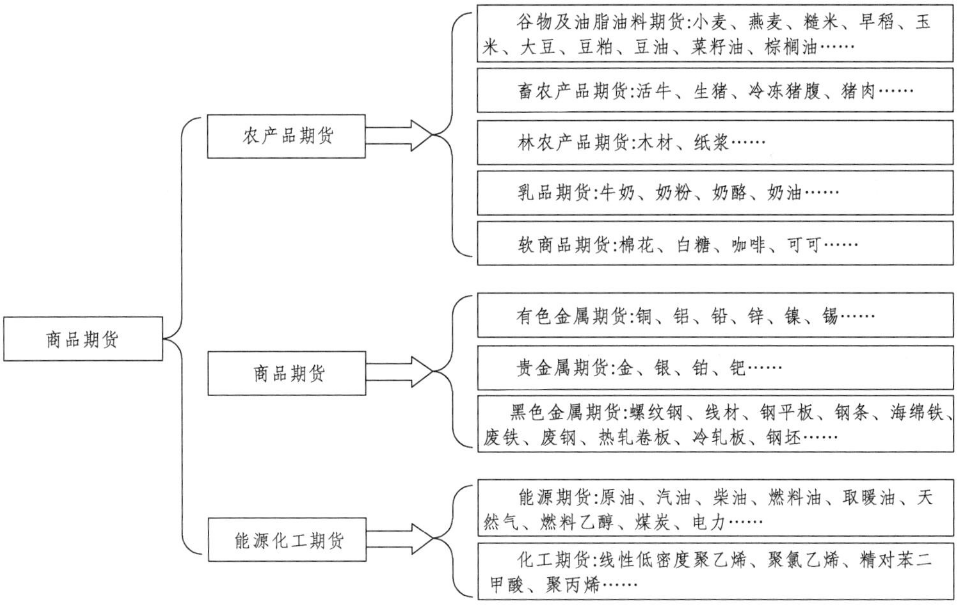

图 1.1 商品期货的种类

2. **金融期货**（Financial Futures）

20 世纪 70 年代，布雷顿森林体系解体，浮动汇率制取代了固定汇率制，世界金融体制发生了重大变化。随着汇率和利率的剧烈波动，市场对风险管理工具的需要变得越来越迫切。商品期货的发展为金融期货交易的产生发挥了示范效应，期货业将商品期货交易的原理应用于金融市场，金融期货便应运而生。1972 年，芝加哥商业交易所（CME）设立了国际货币市场分部（IMM），首次推出包括英镑、加拿大元、德国马克、意大利里拉、法国法郎、日元和瑞士法郎等在内的外汇期货合约。1975 年，芝加哥期货交易所推出第一张利率期货合约——政府国民抵押协会（GNMA）抵押凭证期货合约。1977 年美国长期国债期货合约在芝加哥期货交易所上市。继外汇和利率期货推出之后，1982 年堪萨斯期货交易所（KCBT）开发出价值线综合指数期货合约，使股票价格指数也成为期货交易品种。1995 年，中国香港开始股票期货交易。金融期货的种类如图 1.2 所示。

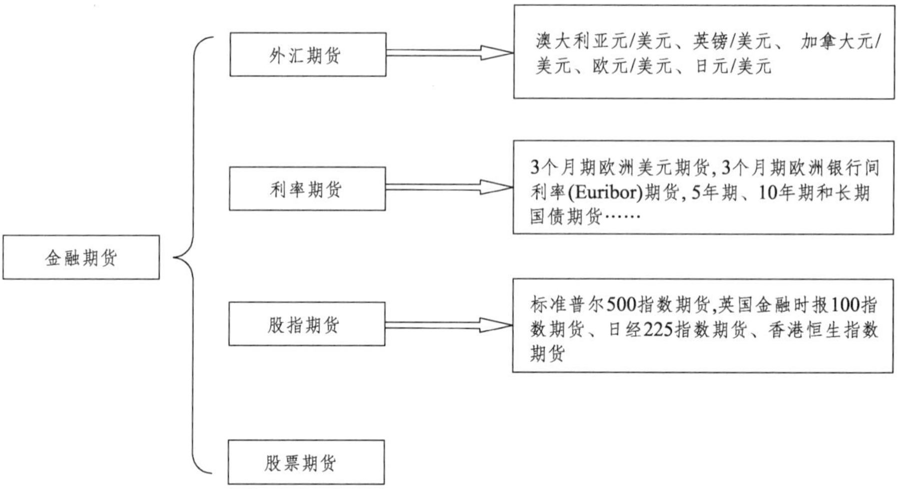

图 1.2　金融期货的种类

3. **其他期货品种**

随着商品期货和金融期货交易的不断发展，人们对期货市场机制和功能的认识不断深化。期货作为一种成熟、规范的风险管理工具，作为一种高效的信息汇集、加工和反应机制，其应用范围可以扩展到经济社会的其他领域。因而，在国际期货市场上天气期货、房地产指数期货、消费者物价指数期货、碳排放期货等期货品种相继推出。以天气期货为例，天气的变化（雨雪冰冻、强降水和台风等）给能源、农业、保险、旅游等行业带来的影响，往往并不反映在价格上，而是反映在对相关行业产品的需求上。例如，暖冬减少了对制冷所用电力的需求，这不但会造成电力企业部分产能闲置，发电成本提高，而且会抑制对石油、天然气和煤炭等能源的需求，导致对上游企业产品的需求减少。为了规避此类风险，芝加哥商业交易所率先推出了天气期货，包括温度期货、降雪期货、降雨期货、霜冻期货和飓风期货等。

（二）交易规模扩大和结构变化

美国期货业协会（FIA）对全球 80 多家交易所衍生品成交量的统计显示，2003—2019 年，全球期货和期权的交易规模整体上呈现出逐步扩大的趋势。从全球期货期权交易量来看，除了 2009 年与 2008 年、2016 年与 2017 年几乎持平之外，其他年份均保持稳定增长。其中，在 2009 年稍做喘息之后，2010 年全球交易量增长了 26.67%。2018 年全球在交易所内交易的期货、期权等衍生品交易总量同比上升超过 20%。2017 年全球期货期权的总成交量为 251.9 亿手，同比 2016 年的 252.2 亿手略有下滑，在经历了 2018 年全球交易所合约成交量的高速增长后，2019 年达到 344.75 亿手。其中，期货合约与期权合约成交量均有明显上升，2019 年全球期货成交量增长至 192.41 亿手，规模达到历年的最高水平；场内期权成交量增至 152.34 亿手，同比增长 16%（见图 1.3）。

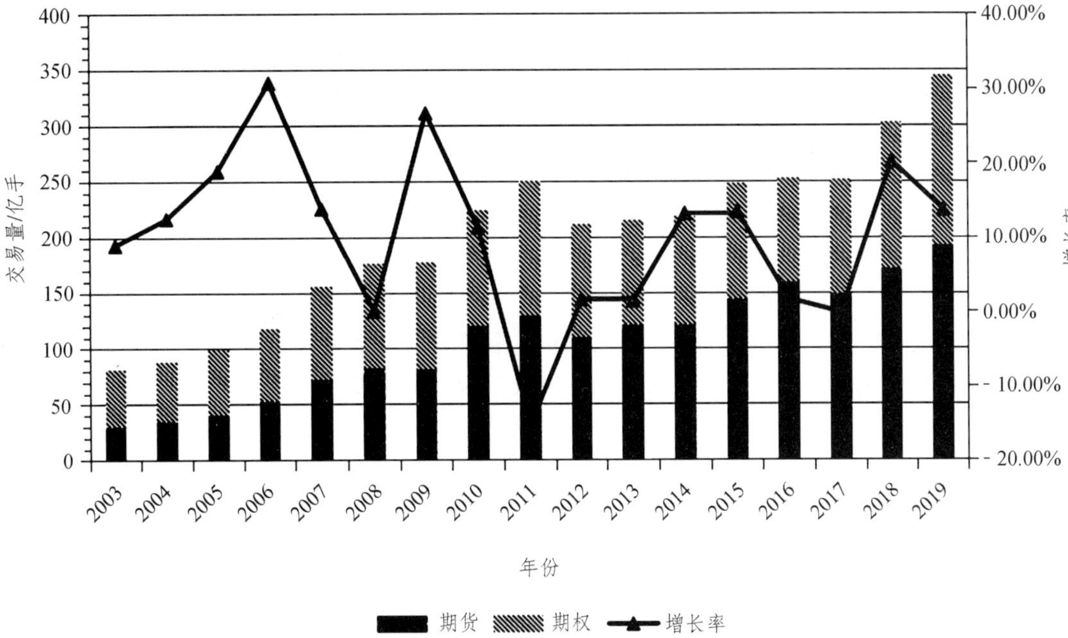

图 1.3　2003—2019 年以来全球期货交易所期货、期权交易量（单位：亿手）

数据来源：美国期货业协会（FIA）。

根据 FIA 发布的 2019 年全球 80 余家交易所上市的近 2 900 个场内衍生品的交易数据，仅包含 2019 年和 2018 年有成交发生的上市品种，数据显示，2019 年全球期货与期权成交量为 344.75 亿手，较 2018 年增长 13.7%，创下新的历史纪录。

2008 年至今，中国一直是全球最大的商品期货市场之一。2019 年，中国衍生品成交较 2018 年增长了 30.8%，延续了持续走高的势头，同期，美国、印度衍生品成交量较 2018 年分别下降了 5.0%和提升了 4.6%。新兴市场的中国、印度和巴西较 2018 年分别增长了 30.8%、44.9%和 50.8%，成为推动全球成交量创历史新高的主要动力。

从衍生品类别看，期货和期权交易量均有显著增长，其中期权增幅较大，但期货的市场份额依然高于期权。2019 年，全球期货成交 192.41 亿手，同比增长 12.0%，占期货和期权总成交量的 55.8%，期货市场份额自 2012 年以来始终高于期权；全球期权成交 152.34 亿手，同比增长 16.0%，占场内衍生品总成交量的 44.2%，较 2018 年占比提升了 1 个百分点（见表 1.1）。

表 1.1　2019 年全球场内期货与期权成交量

场内衍生品	成交量/亿手		同比增减	市场份额占比
	2019 年	2018 年		
期货	192.41	171.77	12.0%	55.8%
期权	152.34	131.32	16.0%	44.2%
合计	344.75	303.09	13.7%	100.0%

数据来源：美国期货业协会（FIA）。

进入 20 世纪 80 年代，世界期货市场发展出现了新趋势。长期居于主导地位的农产品期货的交易量虽仍在增加，但其市场占有率却大幅下降。金融期货和以石油为代表的能源期货发展迅猛，金融期货的交易量超过商品期货，至今保持着在期货市场中的主导地位。金融期货的后来居上改变了期货市场的发展格局，期货市场的交易结构发生了显著变化。据统计，在世界期货交易总量中，农产品期货交易量 1960 年占 78%，1990 年下降到 33%，而金融期货的占比达 67%。在美国，金融期货交易量占总交易量的比重 1983 年为 38%，1987 年达到 63%。以芝加哥期货交易所为例，金融期货交易量占总交易量的比重 1976 年不足 1%，1980 年达到 33%，1987 年进一步升至 77%，1995 年已超过 90%。

美国期货业协会（FIA）的数据显示，2019 年全球场内期权成交量达 152 亿张，其中股指期权的成交量为 82 亿张，占比超过 53%。2019 年全球场内期货期权成交量中，股指期货和期权交易占总成交量的 36.1%。个股期货期权占比 17.7%，利率期货期权占比 13.8%，外汇期货期权占比 11.4%，能源期货期权占比 7.4%，农产品期货期权占比 5.1%，贵金属期货期权占比 1.71%，金属期货期权占比 4.2%（见图 1.4）。近 10 年以来，场内股指期权成交量始终占据场内期权总成交量的 50%左右，远高于其他期权品种，股指期权在全球场内期权市场中始终处于重要的位置。

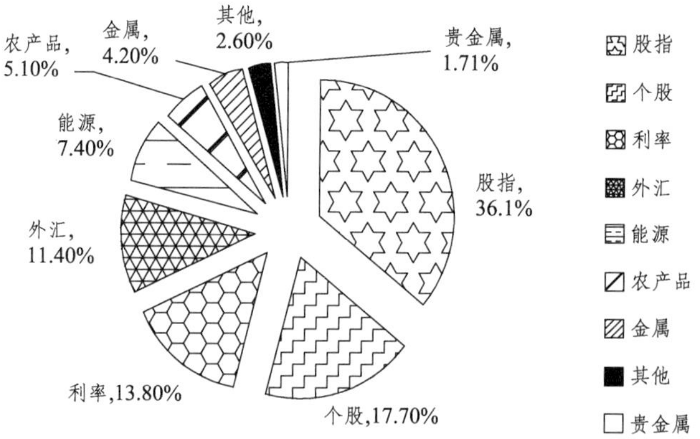

图 1.4 2019 年全球各类产品期货期权成交量分布

数据来源：美国期货业协会（FIA）。

（三）市场创新和国际化

1982 年，芝加哥期货交易所将期权交易与期货交易相结合，推出了美国长期国债期货期权合约，期货期权作为一项重要的金融创新，引发了期货交易的又一场革命。2002 年首只股票期货在美国上市，金融期货又实现了一次新的突破。本书的相关章节将对期权和股票期货展开详细讨论。

20 世纪 90 年代以来，随着计算机和互联网技术的发展和广泛应用，电子化交易方式被引入期货市场，并成为期货交易所采用的主要方式。针对活跃的期货品种在不同时区的多家交易所上市交易的状况，相关交易所在竞争压力下积极寻求合作，开展全球联网的电子交易。投资者可以开展跨市场的期货交易，交易所之间搭建起相互对冲体系。最先由路透社、芝加哥期货交易所和芝加哥商业交易所共同开发的全球交易系统（GLOBEX），是期货和期权的全球电子计算机交易平台和全球网络化交易系统，世界各地的交易者可以通过该系统进行全天24 小时交易，从而使全球进入了全天候交易时代。电子和网络化交易系统使期货交易突破了时空限制，降低了交易成本。

公司化改制和上市成为期货交易所发展的一个方向。目前，世界上一些著名的交易所完成了由会员制向公司制的转变，如芝加哥商业交易所、纽约商业交易所、伦敦金属交易所、伦敦国际金融交易所等。新加坡交易所有限公司（SGX）于 2000 年宣布挂牌上市；香港联合交易所和香港期货交易所经股份制改造，与“香港中央结算有限公司”合并为香港交易及结算所有限公司（HKEX），于 2000 年上市。交易所的公司化有利于经营效率和决策效率的提高，更能适应期货业的激烈竞争。

在期货市场的发展进程中，联合和合并的脚步从来都没有停歇过。20 世纪 90 年代以来，随着期货业竞争的加剧，联合和合并走得更急更快了。在美国，1994 年纽约商业交易所（NYMEX）与纽约商品交易所（COMEX）合并为纽约商业交易有限公司（NYMEX Inc.）；此后，纽约棉花交易所（NYCE）与咖啡、糖与可可交易所（CSCE）合并为纽约期货交易所（NYBOT）。2007 年芝加哥期货交易所（CBOT）与芝加哥商业交易所（CME）合并为芝加哥商业交易所集团（CME Group）；此后，纽约商业交易有限公司并入芝加哥商业交易所集团，由此芝加哥商业交易所集团包含 CBOT、CME、NYMEX 和 COMEX。在日本，10 多家交易所在 20 世纪 90 年代合并为 7 家。在欧洲，1992 年伦敦国际金融交易所（LIFFE）与伦敦期权交易所合并，1996 年又合并了伦敦商品交易所（LCE）；1998 年德国法兰克福期货交易所（DTB）与瑞士期权和金融期货交易所（SOFFEX）合并为欧洲交易所（EUREX）；2000 年法国巴黎、荷兰阿姆斯特丹和比利时布鲁塞尔的 3 家交易所合并为欧洲联合交易所（EURONEXT）；2002 年欧洲联合交易所合并了伦敦国际金融交易所。期货交易所的联合和合并，使在同一时区内活跃品种只在一家或少数几家交易所上市交易。交易的集中化有利于形成更大的规模效应和更具权威的期货价格。

期货市场的创新发展大大推进了期货市场的国际化和一体化。其一，公司制交易所的股东或出资人开始多元化，并不局限于本国或本地区的范围。“某某国家的期货交易所”的含义，更多的是指交易所的所在地，而非所有权归属于该国（公民或法人）。其二，市场参与者来自世界各地，期货市场为世界各地的投资者提供交易平台和服务。其三，期货品种跨国界推出，例如新加坡交易所（SGX）上市了日本等国家及中国香港等地区的股票指数的期货合约，伦敦国际金融期货交易所（LIFFE）上市了德国、日本国债的期货合约。可见，一国的期货市场打破地域限制，交易所、市场参与者和期货品种都呈现出国际化特点。一个区域性期货市场的影响力和竞争力的提高就在于发展成为国际市场，在此市场上产生的期货价格才更具权威性，进而成为国际定价基准。

三、期货市场相关范畴

期货（Futures）与现货相对应，由现货衍生而来，通常指期货合约。期货交易（Futures Trading），即期货合约的买卖，它由远期现货交易衍生而来，是与现货交易相对应的交易方式。

期货合约是由期货交易所统一制定的、规定在将来某一特定的时间和地点交割一定数量标的物的标准化合约。期货合约的标的物通常是实物商品和金融产品。标的物为实物商品的期货合约称作商品期货，标的物为金融产品的期货合约称作金融期货。

期货市场是进行期货交易的场所，它由远期现货市场衍生而来，是与现货市场相对应的组织化和规范化程度更高的市场形态。广义的期货市场包括期货交易所、期货结算机构、期货经纪公司和期货交易（投资）者。狭义的期货市场一般指期货交易所。期货市场也是期货交易中各种经济关系的总和。

第二节 国内外期货市场概况

系统地了解中外期货市场的发展状况，有助于增强对期货市场的感性认识，并进一步深化对期货市场的理性认识。

一、国际期货市场

（一）总体运行态势

根据美国期货业协会（FIA）对全球 80 多家交易所的统计数据，全球上市衍生品市场交易活跃。2019 年，全球交易所交易的期货和期权总数达到 344.7 亿张合约，比 2018 年增长 13.7%。从交易合同数量和增长率来看，亚太地区仍然是最大的地区。在亚太地区交易所交易的期货和期权总数上升了 29%，达到 144.9 亿张合约，占全球总交易量的 42%。拉美的交易量也迅速增长，这主要是由于在巴西 B3 交易的股指和利率合约的数量大幅增加。相反，欧洲和北美的交易活动则比上一年有所下降，欧洲总成交量下降 4.4%至 50.3 亿张合约，全球交易量占比 14.6%，其中利率活动尤其受到波动率下降的压制。北美交易所的总交易量下降 2.8%至 102.7 亿张合约，全球占比 29.8%（见图 1.5）。

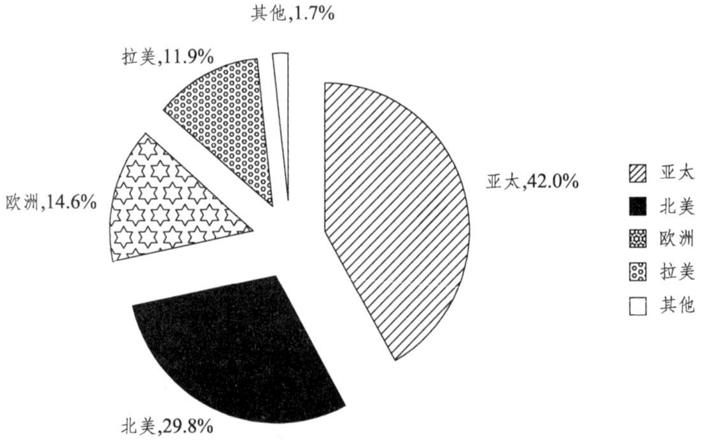

图 1.5 2019 年全球各地区期货期权成交量分布

数据来源：美国期货业协会（FIA）。

从衍生品上市地区来看，2019 年拉美、亚太地区的成交量同比增幅最大，分别为 47.6%和 29.1%。欧洲和北美则出现温和下降，降幅分别为 4.4%和 2.8%。在市场份额方面，亚太和北美地区攫取了全球成交量 72%的份额，稳居市场份额的前两位。亚太地区的成交量占全球的 42.0%，超过了北美，而北美占比 29.8%，之后是欧洲和拉美，分别占比 14.6%和 11.9%。其中中国（不含港澳台地区）和印度分别成交 39.62 亿手和 73.99 亿手，占据亚太地区 78.4%和全球 33.0%的份额。巴西成交 38.81 亿手，占拉美地区 94.7%和全球 11.3%的份额。中国、印度、巴西三国成交分别增长了 30.8%、44.9%和 50.8%，成为全球衍生品成交创纪录的直接推动力（见表 1.2）。

表 1.2 全球各地区期货期权成交量

单位：亿手；单边

地区	2019 年	2018 年	同比增减
亚太	144.86	112.2	29.10%
北美	102.65	105.6	-2.80%
欧洲	50.34	52.65	-4.40%
拉美	40.99	27.77	47.60%
其他	59.08	48.91	20.80%
总计	344.75	303.09	13.70%

数据来源：FIA，其他地区包括希腊、以色列、南非和土耳其。

从类别来看，商品和金融期货期权成交均呈现双位数增长，商品增幅明显高于金融。金融总成交量为 272.54 亿手，同比增长 12.4%，占全球份额的 79.1%，较 2018 年下降 1%；商品总成交量为 72.21 亿手，同比增长 19%，占全球份额的 20.9%。按照产品项目细分，金融类产品中的股指增长势头最强劲，成交创历史高点为 124.53 亿手。外汇、个股、利率增长出现放缓迹象。除非贵金属外，各类商品期货期权均出现双位数的大幅增长。贵金属和其他类商品成交量分别为 5.82 亿手和 8.89 亿手，增幅分别高达 83.2%和 81.8%。农产品、能源期货期权成交 17.68 亿手和 25.42 亿手，增幅分别为 18.8%和 13.6%。商品中非贵金属产品成交 14.40 亿手，降幅为 5.5%（见表 1.3）。

表 1.3 全球各类别产品期货期权成交量

单位：亿手；单边

类别	产品	2019 年成交量	2018 年成交量	同比增减	市场份额占比
金融类	股指	124.53	99.83	24.7%	36.1%
	个股	60.99	57.88	5.4%	17.7%
	利率	47.63	45.54	4.6%	13.8%
	外汇	39.39	39.29	0.2%	11.4%
	金融类小计	272.54	242.54	12.4%	79.1%
商品类	能源	25.42	22.38	13.6%	7.4%
	农产品	17.68	14.88	18.8%	5.1%
	非贵金属	14.4	15.23	-5.5%	4.2%

续表

类别	产品	2019 年成交量	2018 年成交量	同比增减	市场份额占比
商品类	其他	8.89	4.89	81.8%	2.6%
	贵金属	5.82	3.18	83.2%	1.7%
	商品类小计	72.21	60.56	19.0%	20.9%
总计		344.75	303.1	13.7%	100%

数据来源：FIA，其他包括商品指数，信贷，化肥、航运、住房、通胀、木材、塑料和天气。

2019 年全球交易所成交排名较以往出现了明显变化。按场内衍生品成交手数计算，2019 年全球排名前三的交易所依次为 NSE、CME 集团和巴西交易所（B3）。其中，NSE 首次超越 CME 集团位居第一，成交量为 59.61 亿手，同比增长 57.3%。这主要是受到其 Bank Nifty 股指期权成交量大幅增加的推动，该期权是目前全球成交量最大的场内金融类衍生品，2019 年成交 29.94 亿手，同比增幅 88.6%，占 NSE 衍生品总成交量的 50.2%。位列第二的 CME 集团此前多年蝉联榜首，此次成交量微降 0.3%至 48.30 亿手。B3 依然稳居第三，成交量大增 50.8%至 38.81 亿手。洲际交易所（ICE）成交量为 22.57 亿手，同比下降 8.8%，稳居第四。欧洲市场最大的交易所欧洲期货交易所排名第五。

中国的三大商品交易所即上海期货交易所、大连商品交易所和郑州商品交易所，在 2019 年全球交易所期货及其他场内衍生品成交量排名中分列第 10、11、12 位。中国金融期货交易所排名第 28 位。香港交易所在 2012 年并购伦敦金属交易所后，2019 年成交量排名跃升至第 15。日本交易所集团 2013 年整合了原来的大阪证券交易所与东京证券交易所，2019 年成交量在全球场内衍生品交易所/交易所集团排名中位列第 17（见表 1.4）。

表 1.4　2013 年全球期货与其他场内衍生品成交量前 20 位交易所

2019 年排名	2018 年排名	交易所	2019 年	2018 年	变化
1	2	印度国家证券交易所（NSE）	5 960 653 879	3 790 090 142	57.3%
2	1	芝加哥商业交易所集团（CME Group）	4 830 045 369	4 844 857 131	-0.3%
3	3	巴西交易所（B3）	3 880 624 283	2 574 073 178	50.8%
4	4	洲际交易所（ICE）	2 256 762 531	2 474 223 217	-8.8%
5	6	欧洲期货交易所（EUREX）	1 947 144 190	1 951 763 081	-0.2%
6	5	芝加哥期权交易所（CBOE）	1 912 075 382	2 050 884 142	-6.8%
7	7	纳斯达克（NASDAQ）	1 785 341 204	1 894 713 045	-5.8%
8	8	韩国交易所（KRX）	1 546 717 194	1 408 259 039	9.8%
9	9	莫斯科交易所（MOEX）	1 455 043 932	1 500 375 257	-3.0%
10	10	上海期货交易所（SHFE）	1 447 597 054	1 201 969 095	20.4%
11	12	大连商品交易所（DCE）	1 355 584 225	981 927 369	38.1%
12	13	郑州商品交易所（ZCE）	1 092 703 580	817 969 982	33.6%
13	11	孟买证券交易所（BSE）	1 026 425 811	1 032 693 325	-0.6%

续表

2019 年排名	2018 年排名	交易所	2019 年	2018 年	变化
14	15	迈阿密国际交易所（MIAX）	440 049 131	421 320 501	4.4%
15	14	香港交易所（HKEX）	438 690 021	480 966 627	-8.8%
16	19	伊斯坦布尔交易所（BIST）	387 996 034	236 393 421	64.1%
17	16	日本交易所集团（JPX）	361 063 321	411 945 912	-12.4%
18	20	印度多种商品交易所（MCX）	306 592 744	230 339 630	33.1%
19	17	台湾期货交易所（TAIFEX）	260 765 482	308 083 576	-15.4%
20	18	澳大利亚交易所（ASX）	260 478 376	248 003 922	5.0%
21	22	新加坡交易所（SGX）	239 867 892	217 387 514	10.3%
22	21	多伦多证券交易所集团（TMX Group）	228 766 070	218 987 586	4.5%
23	23	罗萨里奥期货交易所（ROFEX）	210 135 523	193 053 578	8.8%
24	24	南非约翰内斯堡证券交易所（JSE）	156 862 691	190 696 069	-17.7%
25	25	泛欧交易所（EURONEXT）	144 081 157	149 254 141	-3.5%

数据来源：美国期货业协会（FIA）。

（二）美国期货市场

目前，美国期货市场的交易品种最多、市场规模最大，位居世界前列的期货交易所如下：

（1）芝加哥期货交易所（CBOT）。该交易所成立于 1848 年，是历史最长的期货交易所，也是最早上市交易农产品和利率期货的交易所。其交易品种主要有玉米、小麦、大豆及大豆制品，美国政府的中长期国债、股票指数、黄金和白银等期货，以及农产品、金融、金属的期权。

（2）芝加哥商业交易所（CME）。该交易所的前身是农产品交易所，由一批农产品经销商于 1874 年创建，1919 年改组为芝加哥商业交易所，是世界最主要的畜产品期货交易中心。1972 年国际货币市场分部（IMM）组建并最先上市交易外汇期货，成为世界最早开展期货交易的交易所。1982 年组建指数和期权市场分部，著名的标准普尔 500 种股票指数（S&P500 Index）期货和期权在该市场交易。芝加哥商业交易所的交易品种主要有活牛、木材、化工产品、外汇、股票指数等。

（3）纽约商业交易所（NYMEX）。该交易所成立于 1872 年，主要交易品种有原油、汽油、取暖油、天然气、铂、黄金、铜等，是世界最主要的能源和黄金期货交易所之一。

（4）堪萨斯城期货交易所（KCBOT）。该交易所成立于 1856 年，是世界最主要的硬红冬小麦（面包用主要原料）交易所之一，也是率先上市交易股票指数期货的交易所。

（三）英国期货市场

英国的有色金属期货交易，在世界期货发展史上占有举足轻重的地位。英国的期货交易所主要集中在伦敦。伦敦金属交易所（LME）、伦敦国际金融期货交易所（LIFFE）和伦敦国际石油交易所（IPE）共同确立了伦敦国际期货交易中心的地位。

（1）伦敦金属交易所。该交易所成立于 1876 年，1987 年进行了公司制改组。就金属期货而言，它是开展历史最早、品种最多、制度和配套设施最完善的交易所。该交易所的国际化程度高，外国公司、与外国公司合资的公司在会员中占有很大比重。其交易品种主要有铜、铝、铅、锌、镍、银的期货和期权，以及 LMEX 的期货和期权等。

（2）伦敦国际金融期货交易所。该交易所成立于 1982 年，是欧洲最早建立的金融期货交易所，也是世界最大的金融期货交易所之一。开始时交易限于 7 个金融期货品种，1985 年引入期权交易，1992 年与伦敦期权交易所合并，1996 年与伦敦商品交易所合并，引入农林产品期货交易，1999 年改制为公众持股公司，2002 年与欧洲联合交易所（EURONEXT）合并，成为欧洲联合交易所集团的下属公司。其交易品种主要有欧元利率、英镑利率、欧洲美元利率，英镑、瑞士法郎、日元，金融时报股票价格指数及 70 种股票期权等期货和期权合约，其中欧元利率期货的成交量最大。

（3）伦敦国际石油交易所。该交易所成立于 1980 年，是英国期货市场的后起之秀，其主要交易品种为石油、天然气的期货和期权，2001 年 3 月开始上市交易电力期货合约，2001 年 7 月成为洲际交易所（ICE）的全资子公司。目前，伦敦国际石油交易所已发展成为欧洲最大的能源期货市场。

（四）欧元区期货市场

20 世纪 90 年代后期，交易所间联网、合并的浪潮席卷全球，欧洲各国的交易所经过战略整合，形成了两家跨国界的，以证券现货和期货、期权为主要交易品种的交易所联盟——欧洲交易所（EUREX）和欧洲联合交易所（EURONEXT）。

1998 年 9 月，德国法兰克福期货交易所（DTB）与瑞士期权和金融期货交易所（SOFFEX）合并为欧洲交易所。与此同时，法国、荷兰、比利时三国也分别完成了本国证券与期货交易所的合并，并于 2000 年 9 月最终合并为欧洲联合交易所这一综合性交易所。欧洲交易所和欧洲联合交易所都是世界主要的衍生品交易所。欧洲交易所的 3 个月美元期货，欧洲联合交易所的股票期权和股票指数期权的交易都取得了极大的成功。

（五）亚洲国家期货市场

日本是世界上建立期货市场较早的国家。20 世纪 90 年代以来，通过一系列整合，日本的期货交易所从 10 多家减少到 7 家，其中国际影响较大的是东京工业品交易所（TOCOM）和东京谷物交易所（TGE）。日本的期货交易所只接纳公司会员，这与美国不同。东京工业品交易所成立于 1951 年，是日本唯一的综合商品交易所。该交易所以贵金属交易为中心，上市品种有黄金、白金、银、钯、棉纱、毛线等。20 世纪 90 年代后期，该交易所上市交易石油期货，巩固了其日本第一大商品交易所的地位。东京谷物交易所成立于 1952 年，1985 年以前一直是日本第一大商品交易所，上市品种有大豆、小豆、白豆、马铃薯粉等。

韩国股票交易所（KSE）在 1996 年 5 月推出 KOSPI 200 指数期货，1997 年 10 月推出该指数的期权。此后，成交量大幅度增加，特别是 KOSPI 200 指数期权合约的成交量和成交额目前位居世界第一。KOSPI 200 指数期货和期权成功的关键是合约设计合理，合约金额较小，期权合约金额较之期货更小。另外，韩国互联网的普及和网上交易的低成本，推动了个人投资者的积极参与，在 KOSPI 200 指数期权成交量中个人投资者占 60%。基于 KOSPI 200 指数期货和期权，韩国交易所（KRX）由韩国股票交易所、韩国期货交易所（KOFEX）和韩国创业板市场（KOSDAQ）合并而成，是目前全球成交量最大的衍生品交易所。

新加坡国际金融期货交易所（SIMEX）的期货品种具有典型的离岸金融衍生品的特征，例如日经 225 指数期货、MSCI 台湾指数期货、3 个月欧洲美元期货等。1984 年，新加坡国际金融期货交易所与芝加哥商业交易所通过联网建立起相互对冲机制，扩大了交易品种。1999 年，新加坡国际金融期货交易所与新加坡证券交易所（SES）合并为新加坡交易所有限公司（SGX），成交量不断扩大。发展离岸金融衍生品和走联合之路，有力地巩固了新加坡国际金融中心的地位。

二、国内期货市场

改革开放以来，国内期货市场作为新生事物历经了 20 多年的发展，从无到有，从小到大，从无序逐步走向有序。

1978 年，中国经济体制改革的序幕徐徐拉开。随着家庭联产承包责任制在全国农村的推广，农业生产力很快恢复并得到很大发展。同时，价格改革从农产品开始起步，国家逐步放开对农产品流通和农产品价格已实行多年的管制，并实行价格双轨制，除计划订购外，可以议购议销，市场调节的范围不断扩大。随着改革的深化，农产品价格出现较大的波动，农产品价格的大升大降使农业生产出现大起大落，价格上涨与卖粮难问题此消彼长，政府用于农产品补贴的财政负担日益加重。

如何既推进改革又保持经济的平稳运行？能否通过市场机制，既提供指导未来生产经营活动的有效价格信号，又防范价格频繁波动带来的风险？面对上述一系列现实状况和问题，一批学者开始思考并提出建立农产品期货市场的设想。1988 年年初，国务院发展研究中心、国家体改委、商业部等部门根据中央领导的指示，组织力量开始进行期货市场研究，并成立了期货市场研究小组，考察期货市场的历史和现状，积累有关期货市场的理论知识。1988—1990 年的近 3 年时间里，为中国建立期货市场做了先期的理论准备和可行性 研究。

随着中国加入世界贸易组织（WTO），国内期货市场也在逐渐融入世界期货市场。国内期货市场的发展过程可以划分为三个阶段：起步探索阶段（1990—1993 年）、治理整顿阶段（1993—2000 年）和规范发展阶段（2000 年至今）。

（一）起步探索阶段（1990—1993 年）

1990 年 10 月，郑州粮食批发市场正式成立。它以现货交易为基础，同时引入期货交易机制，标志着新中国商品期货市场的诞生。郑州粮食批发市场的积极作用和示范效应很快反映出来，全国各地纷纷仿效，积极创办期货交易所。例如，1991 年 6 月深圳有色金属交易所成立，1992 年 5 月上海金属交易所成立，1992 年 10 月天津钢铁炉料交易市场成立。各地的期货交易所如雨后春笋般建立起来，至 1993 年年底，国内各类期货交易所达 50 家，而此时国际上的期货交易所还不到 100 家。同时，期货经纪公司也相继创办。例如，1992 年 9 月广东万通期货经纪公司成立，同年底中国国际期货经纪公司开业。至 1993 年年底，国内的期货经纪机构已近千家。

在各方利益的驱动下，中国期货市场呈现盲目无序发展的局面。一方面，重复建设造成期货交易所数量过多，这必然导致上市品种重复设置，交易分散，使期货市场发现价格的功能难以发挥；另一方面，过度投机、操纵市场、交易欺诈等行为扰乱了市场秩序，恶性事件频发，期货市场不仅难以发挥规避风险的功能，而且多次酿成系统风险。究其原因，主要在于：其一，人们缺乏相关实际经验且对期货市场缺乏深入研究，从而对期货市场的认识存在偏差；其二，缺乏统一监管导致监管不力，相关法规政策不完善而且滞后，致使市场规则不健全甚至缺失。这样的局面无疑违背了建立期货市场的初衷。针对这一情况，从 1993 年开始，政府有关部门对期货市场进行全面的治理整顿。

（二）治理整顿阶段（1993—2000 年）

1993 年 11 月，国务院发布《关于制止期货市场盲目发展的通知》，提出了“规范起步、加强立法、一切经过试验和从严控制”的原则，这标志着第一轮治理整顿的开始。在治理整顿中，首当其冲的是对期货交易所的清理，15 家交易所作为试点被保留下来。1998 年 8 月，国务院发布《关于进一步整顿和规范期货市场的通知》，开始了第二轮治理整顿。

1996 年 9 月，长春联交所并入北京商品交易所。由此，中国的期货交易所由 15 家变为 14 家。

1999 年，期货交易所数量再次精简合并为 3 家，分别是郑州商品交易所、大连商品交易所和上海期货交易所（见表 1.5）。与缩减期货交易所同时进行的是，钢材、煤炭、食糖、粳米、菜籽油、国债、红小豆等一批期货品种先后被停止交易。1999 年年底，期货品种由 35 个降至 12 个（详见表 1.3），到 2000 年真正上市交易的品种只有 6 个。同时，对期货代理机构也得到了清理整顿。1995 年年底，330 家期货经纪公司经重新审核获得“期货经纪业务许可证”，期货代理机构的数量大大减少。1999 年，期货经纪公司的准入门槛提高，注册资本金不得低于 3 000 万元人民币。

表 1.5　1999 年中国期货市场状况

交易所	交易品种
上海期货交易所（SHFE）	铜、铝、胶合板、天然橡胶、籼米
大连商品交易所（DCE）	大豆、豆粕、啤酒大麦
郑州商品交易所（ZCE）	小麦、绿豆、红小豆、花生仁

为了规范期货市场行为，国务院及有关政府部门先后颁布了一系列法规，不断加大对期货市场的监管力度。1999 年 6 月，国务院颁布《期货交易暂行条例》，与之配套的《期货交易所管理办法》《期货经纪公司管理办法》《期货经纪公司高级管理人员任职资格管理办法》和《期货从业人员资格管理办法》相继发布实施，这预示着中国期货市场将进入一个新的发展阶段。2000 年 12 月，中国期货业协会成立，标志着中国期货行业自律组织的诞生，从而将新的自律机制引入监管体系。经过两轮清理整顿，中国期货市场盲目无序的混乱局面得以扭转，逐步走向规范有序。至此，中国期货市场开始步入平稳较快发展的轨道。

（三）稳步发展阶段（2000 年至今）

进入 21 世纪以来，“稳步发展”成为中国期货市场的主旋律和鲜明主题。在这一新的发展阶段，期货市场的规范化程度继续提高，新的期货品种循序推出，期货交易量实现恢复性增长后连创新高，积累了服务产业及国民经济发展的初步经验，具备了在更高层次服务国民经济发展的能力。

中国期货市场走向法治化和规范化，构建了期货市场法规制度框架和风险防范化解机制，监管体制和法规体系不断完善。由中国证监会的行政监督管理、期货业协会的行业自律管理和期货交易所的自律管理构成的三级监管体制，对于形成和维护良好的期货市场秩序起到了积极作用。一系列法律法规的相继出台，夯实了中国期货市场的制度基础，为期货市场的健康发展提供了制度保障。

2003 年 5 月，《最高人民法院关于审理期货纠纷案件若干问题的规定》通过，自 2003 年 7 月 1 日起施行。

2004 年 3 月，中国证监会发布《期货经纪公司治理准则》。

2007 年 2 月，国务院修订了《期货交易管理条例》，自 2007 年 4 月 15 日起施行。

2007 年 3 月，中国证监会重新修订和发布《期货交易所管理办法》和《期货公司管理办法》，自 2007 年 4 月 15 日起施行。

2007 年 4 月，《期货投资者保障基金管理暂行办法》公布，自 2007 年 8 月 1 日起施行。

2007 年 7 月 4 日，中国证监会公布并施行《期货公司董事、监事和高级管理人员任职资格管理办法》和《期货从业人员管理办法》。

2008 年 3 月，中国证监会公布《期货公司首席风险官管理规定（试行）》，自 2008 年 5 月 1 日起施行。

2008 年 4 月，中国期货业协会公布并施行《期货从业人员执业行为准则（修订）》。

在该阶段，中国期货保证金监控中心于 2006 年 5 月成立，中国金融期货交易所于 2006 年 9 月在上海挂牌成立，并于 2010 年 4 月适时推出了沪深 300 指数期货。作为期货保证金安全存管机构，保证金监控中心在有效降低保证金被挪用、保证期货交易资金安全以及维护投资者利益方面发挥了重要作用。金融期货交易所的成立和股票指数期货的推出，对于丰富金融产品、为投资者开辟更多的投资渠道，完善资本市场体系、发展资本市场功能，以及深化金融体制改革具有重要意义，同时也标志着中国期货市场进入了商品期货与金融期货共同发展的新阶段。

目前，我国有 5 家合法的期货交易所，分别是上海期货交易所、郑州商品交易所、大连商品交易所、中国金融期货交易所和上海国际能源交易中心。2020 年 5 月 14 日，《关于金融支持粤港澳大湾区建设的意见》提出，研究设立广州期货交易所，以碳排放为首个品种，规划设立在广州市南沙新区。10 月 9 日，证监会发布消息称，广州期货交易所筹备组正式成立，这标志着广州期货交易所的创建工作进入实质阶段。

2020 年 10 月 12 日，郑州商品交易所短纤期货成功上市。截至目前，我国上市的期货品种共 67 个（见表 1.6），其中上海期货交易所 16 个，大连商品交易所 20 个，郑州商品交易所 22 个，中国金融期货交易所 6 个，上海国际能源交易中心 3 个。

已上市的商品期货品种覆盖农产品、金属、能源和化工等诸多产业领域，形成了较为完备的商品期货品种体系。中国部分期货品种在国际市场上已经具有一定的影响力，其中在全球各类商品期货交易量排名中靠前的有螺纹钢、锌、铜、铝（金属期货），燃料油（能源化工期货），白糖、天然橡胶、豆粕、豆油、棕榈油、棉花、大豆、玉米（农产品期货）等。

表 1.6 中国的期货交易所及其期货品种

交易所	期货品种
上海期货交易所	金属：铜、铝、锌、铅、镍、锡、黄金、白银、螺纹钢、线材、热轧卷板、不锈钢 能源化工：燃料油、石油沥青、天然橡胶、纸浆
上海国际能源交易中心	能源化工：原油、低硫燃料油、20 号胶
大连商品交易所	农产品：玉米、玉米淀粉、黄大豆 1 号、黄大豆 2 号、豆粕、豆油、棕榈油、鸡蛋、纤维板、胶合板、粳米 工业品：聚乙烯、聚氯乙烯、聚丙烯、焦炭、焦煤、铁矿石、乙二醇、苯乙烯、液化石油气
郑州商品交易所	农产品：白糖、棉花、普麦、强麦、早籼稻、晚籼稻、粳稻、菜籽粕、油菜籽、菜籽油、棉纱、苹果、红枣 非农产品：动力煤、精对苯二甲酸（PTA）、甲醇、玻璃、硅铁、锰硅、尿素、纯碱、短纤
中国金融期货交易所	指数期货：沪深 300 股指期货（IF）、中证 500 股指期货（IC）、上证 50 股指期货（IH） 国债期货：2 年期国债期货（TS）、5 年期国债期货（TF）、10 年期国债期货（T）

事实证明，伴随着现代市场经济体系的逐步完善和资本市场改革发展的不断深入，经过 20 多年的探索，中国期货市场逐渐步入稳定健康发展、经济功能日益显现的良性轨道，实现了平稳较快发展，在服务国民经济和实体产业过程中发挥了日益重要的作用。市场成交量迅速增长，交易规模日益扩大，2009 年中国期货市场成为世界最大的商品期货市场。上海期货交易所成交期货合约 4.34 亿张，居全球第 10 位；大连商品交易所成交期货合约 4.16 亿张，居全球第 11 位；郑州商品交易所成交期货合约 2.27 亿张，居全球第 14 位；台湾期货交易所成交期货和期权合约 1.35 亿张，居全球第 18 位；香港交易所成交期货和期权合约 0.98 亿张，居全球第 20 位。

根据中国期货业协会最新统计资料，2015 年 1—12 月全国期货市场累计成交量为 35.78 亿手，交易规模达到峰值，市场累计成交额为 554.23 亿元。2016 年 1—12 月全国期货市场累计成交量为 41.3 亿手，创历史新高，累计成交额为 195.63 万亿元，同比分别增长 15.65%和下降 64.7%，这与 2016 年股指期货交易受限有关。

受商品期货交投降温的影响，2017 年，全国期货市场累计成交量约 30.76 亿手，累计成交额约 187.90 万亿元双下降。2018 年，中国期货市场成交量为 30.28 亿手，同比下降 1.54%，成交额为 210.82 万亿元，同比增长 12.20%。2019 年，全国期货市场累计成交量约为 39.62 亿手，同比增长 30.81%，累计成交额约为 290.61 万亿元，同比增长 37.85%。2019 年期货市场整体表现是持仓量稳步增长，主要品种保持了较高的流动性活跃，合约连续性不断提高，期货市场服务实体经济的能力不断增强。2020 年市场新品种、新工具陆续推出，截至 2020 年年底，我国期货和期权产品达 90 个，进一步拓展了期货市场服务实体经济的广度和深度（见图 1.6）。

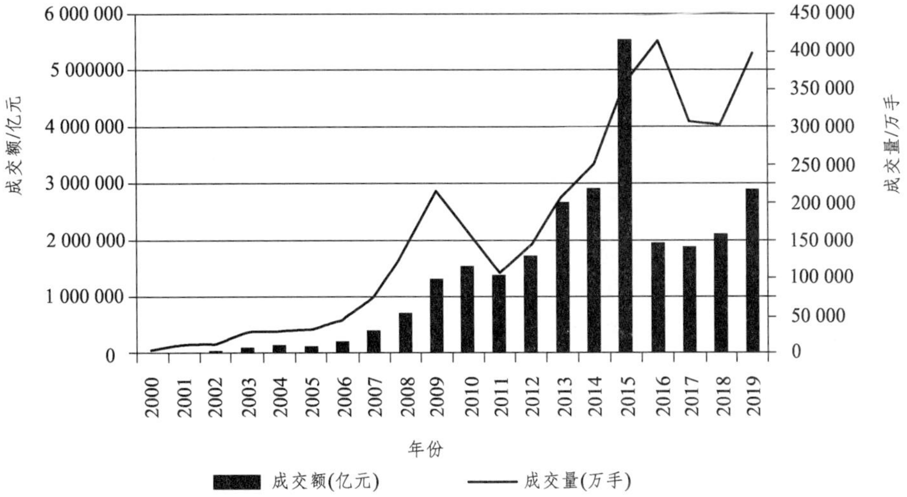

图 1.6　2000—2019 年中国期货市场交易规模

数据来源：中国期货业协会。

在市场成交量迅速增长、交易规模日益扩大的背后，中国期货市场还存在诸多问题：其一，期货市场发展力量不均衡、投资主体结构不尽合理、市场投机问题较多。过度投机会扭曲期货价格，影响期货市场规避风险和价格发现功能。此外，对机构投资者的准入限制依然存在。其二，期货市场监管有待加强，法规体系有待进一步充实和完善，特别是现有法规需要根据市场发展状况适时修订。其三，期货品种不够丰富、品种结构不够合理。期货品种虽有增加但还不能满足不同现货市场的避险需求。例如，原油期货欠缺，不能满足实体经济发展的客观要求；期权这一衍生金融产品尚未推出，基础金融产品的风险不能通过期货市场规避。其四，中国期货市场的国际化程度低，对其他国家和地区期货市场的影响力小，大部分商品期货的交易价格对国际商品定价的影响力小，在国际定价中难以形成与经济实力相匹配的话语权。总之，与国民经济发展提出的更高要求相比，期货市场仍然存在差距。中国期货市场正处于“从量的扩张向质的提升转变”的关键时期，发展中的问题要在中国期货市场继续稳步发展中解决。

由中国期货市场的发展历程可以发现，建立和发展期货市场是中国市场经济发展的客观要求；充分发挥期货市场规避风险和价格发现功能，对完善市场经济体制、改善金融市场结构、优化资源配置、服务国民经济发展、引导产业结构调整、稳定企业经营管理发挥着难以替代的重要作用。回顾历史，中国期货市场的发展坎坷曲折；审视当今，中国期货市场正逐步走向成熟；展望未来，中国期货市场必将成为与欧美期货市场并驾齐驱的又一个国际性期货交易中心。

第三节 期货交易的概念与特征

与现货交易相对应的期货交易，已经成为一种现代交易方式。系统地认识期货交易的特征是深刻理解期货市场的有效途径和关键所在。

一、期货交易的概念

期货，通常指期货合约，是由期货交易所统一制定的、规定在将来某一特定时间和地点交割一定数量标的物的标准化合约。这个标的物，又叫基础资产。期货合约所对应的现货，可以是某种商品，如铜或原油，也可以是某个金融工具，如外汇、债券，还可以是某个金融指标，如三个月同业拆借利率或股票指数。期货交易是市场经济发展到一定阶段的必然产物。

期货交易，是在缴纳一定数量的保证金后在期货交易所内买卖各种实物商品或金融商品的标准化合约的交易方式。期货交易者一般通过期货经纪公司代理进行期货合约的买卖。另外，买卖合约后所必须承担的义务，可在合约到期前通过反向的交易行为（对冲或平仓）来解除。在期货市场中，大部分交易者买卖的期货合约在到期前又以对冲的形式了结。也就是说，买进期货合约的人，在合约到期前又可以将期货合约卖掉；卖出期货合约的人，在合约到期前又可以买进期货合约来平仓。先买后卖或先卖后买都是允许的。一般来说，期货交易中进行实物交割的只是很少的一部分。

期货交易是在现货交易的基础上发展起来的、通过在期货交易所买卖标准化的期货合约而进行的一种有组织的交易方式。

期货交易的对象并不是商品（标的物）的实体，而是商品（标的物）的标准化合约。期货交易的目的是转移价格风险或获取风险利润。

二、期货交易的基本特征

期货交易的基本特征可归纳为六个方面。

（一）合约标准化

期货合约（Futures Contract）是由交易所统一制定的标准化远期合约。在合约中，标的物的数量、规格、交割时间和地点等都是既定的。这种标准化合约给期货交易带来极大的便利，交易双方不需要事先对交易的具体条款进行协商，从而节约了交易成本、提高了交易效率和市场流动性。

（二）场内集中竞价交易

期货交易实行场内交易，所有买卖指令必须在交易所内进行集中竞价成交。只有交易所的会员方能进场交易，其他交易者只能委托交易所会员，由其代理进行期货交易。

（三）保证金交易

期货交易实行保证金制度。交易者在买卖期货合约时按合约价值的一定比率缴纳保证金（一般为 5%~15%）作为履约保证，即可进行数倍于保证金的交易。这种以小博大的保证金交易也被称为“杠杆交易”。期货交易的这一特征，使期货交易具有高收益和高风险的特点。保证金比率越低，杠杆效应就越大，高收益和高风险的特点就越明显。

（四）双向交易

期货交易采用双向交易方式。交易者既可以买入建仓（或称开仓），即通过买入期货合约开始交易，也可以卖出建仓，即通过卖出期货合约开始交易。前者又称“买空”，后者又称“卖空”。双向交易给予投资者双向的投资机会，也就是在期货价格上升时，可通过低买高卖来获利；在期货价格下降时，可通过高卖低买来获利。

（五）对冲了结

交易者在期货市场建仓后，大多并不是通过交割（即交收现货）来结束交易，而是通过对冲了结。买入建仓后，可以通过卖出同一期货合约来解除履约责任；卖出建仓后，可以通过买入同一期货合约来解除履约责任。对冲了结使投资者不必通过交割来结束期货交易，从而提高了期货市场的流动性。

（六）当日无负债结算

期货交易实行当日无负债结算，又称逐日盯市（Marking-to-Market）。结算部门在每日交易结束后，按当日结算价对交易者结算所有合约的盈亏、交易保证金及手续费、税金等费用，对应收应付的款项实行净额一次划转，并相应增加或减少保证金。如果交易者的保证金余额低于规定的标准，则须追加保证金，从而做到“当日无负债”。当日无负债可以有效防范风险，保障期货市场的正常运转。

三、期货交易与现货交易

现货交易可以分为即期现货交易和远期现货交易，两者均以买入卖出实物商品或金融产品为目的。即期现货交易在成交后立即交割，是一种表现为“一手交钱，一手交货”的交易方式。远期现货交易是即期现货交易在时间上的延伸，买卖双方签约后在未来某一时间进行实物商品或金融产品的交收。期货交易是在现货交易的基础上发展起来的。市场交易方式经历了“由即期现货交易到远期现货交易再到期货交易”的发展过程。现货交易的对象是实物商品或金融产品，期货交易的对象是标准化合约。可见，在期货交易中买卖的是关于某种标的物的标准化合约，而非标的物本身，而且并非所有的实物商品和金融产品都能成为期货合约的标的物。期货合约的标的物是有限的特定种类的实物商品和金融产品，一般具有便于贮藏运输、品质可界定、交易量大、价格频繁波动等特性。

现货交易的目的是获得或让渡实物商品或金融产品。期货交易的主要目的，要么规避现货市场价格波动的风险，要么利用期货市场价格波动获得收益。

四、期货交易与远期现货交易

期货交易直接由远期现货交易演变发展而来。远期现货交易与期货交易存在着许多相似的外在表现形式，目前远期现货交易往往也采用集中交易、公开竞价、电子化交易等形式。因此，在现实当中容易把远期现货交易与期货交易相混淆。

期货交易与远期现货交易同属于远期交易，但是两者交易的远期合约存在着标准化与非标准化的差别。前者是由交易所统一制定的标准化远期合约；后者是非标准化的，合同中标的物的数量、规格、交割时间和地点等条款由交易双方协商达成。

期货交易可以通过对冲或到期交割来了结，其中绝大多数期货合约是通过对冲平仓的方式了结。远期现货交易的履约主要采用实物交收方式，虽然远期合同也可转让，但最终的履约方式是实物交收。

期货交易以保证金制度为基础，实行每日无负债结算制度，每日进行结算且由结算机构担保履约，所以信用风险较小。远期现货交易从交易达成到最终完成实物交收，有相当长的一段时间，其间时常会发生各种变化，违约行为因此有可能发生。例如，买方资金不足，不能如期付款；卖方生产不足，不能保证供应；市场价格趋涨，卖方不愿按原定价格交货；市场价格趋跌，买方不愿按原定价格购入等。这些都会使远期交易面临较大的风险和不确定性，加之非标准化的远期现货合同不易转让，导致远期现货交易的信用风险较大。

五、期货交易与证券交易

证券是各类财产所有权或债权凭证的通称，是用来证明所有人有权依票面所载内容取得相关权益的凭证，如股票和债券。在本质上，证券也是一种交易的合同或契约，该合同赋予持有人对标的物采取相应行为并获得相应收益的权利。因此，就合同或契约的买卖这一点而言，期货交易与证券交易有相同之处。不仅如此，期货交易和证券交易都具有促进资源有效配置的作用。

证券与期货合约的区别表现为：两者在金融产品结构中的层次不同，即前者属于基础金融产品，而后者属于金融衍生品；两者在是否具有“内在价值”和可否长期持有上存在明显的差异。证券有其内在价值，证券持有人有权据此凭证获得一定的货币收入，因而可以长期持有，可以用来抵押、担保和作为资产储备。期货合约则不具有内在价值，不具备抵押、担保和储备的职能，且不能长期持有，在合约到期日之后必须进行交割。

证券交易与期货交易的目的不尽相同。证券交易的目的是让渡或获得有价证券这一金融产品，获取投资收益；在期货交易中，部分投资者的目的是通过买卖期货合约获取投资收益，同时，期货交易还有另外一种目的，即规避现货市场的价格波动风险。从历史起源可以发现，证券市场和期货市场的产生都不是以获取投资收益为目的而人为地设计出一个投资或投机的场所。证券市场是为了满足融资的需要而建立的，期货市场是为了满足规避现货市场价格波动风险的需要而形成的。买卖证券和期货从而进行风险投资，是证券市场和期货市场运行不可或缺的必要条件，保证了证券市场和期货市场的流动性。应当认识到，获取投资收益并非期货市场的本质属性。

期货交易与证券交易在制度规则上不尽相同。期货交易实行保证金制度，是一种以小博大的杠杆交易，而在证券交易中一般不引入这种杠杆机制。期货交易实行双向交易，既可以买空也可以卖空，而在证券交易中一般没有做空机制，仅实行先买后卖的单向交易。此外，证券市场在市场结构上有一级市场和二级市场之分，而期货市场则不存在这种区分。

小贴士

衍生品交易

所谓“衍生品”（Derivatives），是从一般商品和基础金融产品（如股票、债券、外汇）等基础资产衍生而来的新型金融产品。具有代表性的金融衍生品包括远期（Forwards）、期货（Futures）、期权（Options）和互换（Swaps）。

按照是否在交易所内进行交易，衍生品交易分为场内交易和场外交易，场外交易又称柜台交易、店头交易。在衍生品交易中，场外交易的规模远大于场内交易。期货交易是在交易所内集中进行的，期货合约是标准化的；其他衍生品主要在场外交易，交易的合约是非标准化的。保证金和结算等履约保障机制由双方商定。

根据国际清算银行的数据，2004—2009 年衍生品交易总量呈稳定上升趋势，但是衍生品的各品种发展却出现了分化。总体而言，场外交易增速加快、交易活跃，期货交易表现稍逊一筹。但是，受到国际金融危机的影响，金融衍生品的发展态势出现波动，商品期货表现不俗，特别是农产品、贵金属和能源期货等。

第四节 期货市场的功能与作用

期货市场自产生以来，之所以不断发展壮大并成为现代市场体系中不可或缺的重要组成部分，就是因为期货市场具有难以替代的功能和作用。正确认识期货市场的功能和作用，可以进一步加深对期货市场的理解。

一、期货市场的功能

规避风险和价格发现是期货市场的两大基本功能。

（一）规避风险功能及其机理

规避风险功能是指期货市场能够规避现货价格波动的风险。这是期货市场的参与者通过套期保值交易实现的。从事套期保值交易的期货市场参与者包括生产商、加工商和贸易商等。以大豆期货交易为例，期货市场中的套期保值者包括种植大豆的农户、以大豆为原料的加工商和大豆经销商。

例如，3 个月后大豆种植户将收获大豆并上市销售，大豆压榨企业需要在 3 个月后购进大豆原料。此时，这些生产经营者在现货市场上都面临着价格波动的风险。具体来说，3 个月后如果大豆价格上涨，大豆种植户将蒙受损失；如果大豆价格下跌，大豆压榨企业和大豆经销商将被迫增加采购成本，利润减少甚至出现亏损。

为了规避大豆价格波动的风险，这些生产经营者可以通过期货市场进行套期保值。具体来说，大豆种植户卖出 3 个月后到期的大豆期货合约，如果 3 个月后大豆价格果真下跌了，那么大豆种植户在大豆现货交易中就损失了一笔，但同时他们买入大豆期货合约，把手中的卖出合约平仓，结果发现期货市场上的交易使他们赚了一笔，而且可能正好抵补了他在大豆现货市场上的损失。再者，大豆压榨企业和大豆经销商买入 3 个月后到期的大豆期货合约，如果 3 个月后大豆价格果真上涨了，那么他们在大豆现货交易中就损失了一笔，但同时把手中的买入合约平仓，即卖出大豆合约，结果发现期货市场上的交易使他们赚了一笔，而且可能正好抵补了他们在大豆现货市场上的损失。上述交易过程就是套期保值。套期保值之所以能够规避现货价格风险，是因为期货市场价格与现货市场价格同方向变动且最终趋同（见图 1.7）。为什么两个市场的价格呈现出这样的特征呢？这是因为期货市场价格与现货市场价格受到相同的供求因素影响。

图 1.7 商品研究局指数（CRB）现货综合指数与期货价格指数走势

应当指出的是，规避价格风险并不意味着期货交易本身无价格风险。实际上，期货价格的上涨或下跌既可以使期货交易盈利，也可以使期货交易亏损。在期货市场进行套期保值交易的主要目的，并不在于追求期货市场上的盈利，而是要实现以一个市场上的盈利抵补另一个市场上的亏损。这正是规避风险这一期货市场基本功能的要义所在。

还应当指出的是，期货在本质上是一种风险管理工具，并不能消灭风险，现货市场价格波动的风险是一种客观存在。那么，经由期货市场规避的风险，即套期保值者转移出去的风险，则由套期保值者的交易对手承担了。在这些交易对手当中，一部分是其他套期保值者，但主要是期货市场中的投机者。正如上述例子中所揭示的，大豆种植户卖出期货合约，而大豆压榨企业和大豆经销商买入期货合约，因此他们可以成为交易对手，承担一部分风险，但大部分风险主要是由期货市场中大量的投机者来承担，因为投机者对期货价格是升是降各有各的判断，并不一致，所以有人做多、有人做空。这样，投机者就会与套期保值者成为交易对手。为什么投机者愿意承担风险呢？因为在竞争性市场中风险与收益成正相关关系，正是对风险、收益的追逐使大量投机者参与到期货交易中。

（二）价格发现功能及其机理

价格发现功能是指期货市场能够预期未来现货价格的变动，发现未来的现货价格。期货价格可以作为未来某一时期现货价格变动趋势的“晴雨表”。价格发现不是期货市场所特有的，但期货市场比其他市场具有更高的价格发现效率，这是基于期货市场的特有属性实现的。现代经济学新的研究进展表明，信息不完全和不对称导致价格扭曲和市场失灵，而期货市场是一种接近于完全竞争市场的高度组织化和规范化的市场，拥有大量的买者和卖者，采用集中的公开竞价交易方式，各类信息高度聚集并迅速传播。因此，期货市场的价格形成机制较为成熟和完善，能够形成真实有效的、反映供求关系的期货价格。这种机制下形成的价格具有公开性、连续性、预测性和权威性的特点。

（1）公开性。期货价格及时向公众披露，从而能够迅速地传递到现货市场。

（2）连续性。期货合约是标准化合约，转手极为便利，因此能不断地生成期货价格，进而连续不断地反映供求变化。

（3）预测性。期货价格是众多的交易者对未来供求状况的预期的反映，这些交易者是生产商、加工商、贸易商或者投机者。由大量这样的交易者集中在场内公开竞价形成的期货价格，就较为客观地反映出未来的供求关系和价格变动趋势。

（4）权威性。基于以上三个特点，期货价格被视为一种权威价格。期货价格不仅能够指导实际生产和经营活动，还被作为现货交易的定价基准。例如，大宗商品的国际贸易采取“期货价格+升贴水”的定价方式，就体现了期货价格的权威性。

现实的市场经济发展已充分证明，期货市场发现价格的基本功能在很大程度上弥补了现货市场的缺陷，推动了价格体系的完善，促进了市场经济的发展。

二、期货市场的作用

（一）期货市场的发展有助于现货市场的完善

现货市场和期货市场是现代市场体系的两个重要组成部分，在市场经济条件下它们共同调节资源的合理配置。从历史上看，期货市场由现货市场衍生而来，是现货市场发展到一定阶段的产物；期货市场的产生反过来又促进了现货市场的发展。其一，期货市场具有价格发现功能，期货价格具有示范效果，从而有助于形成合理的现货市场价格；其二，期货市场能够规避现货价格波动的风险，从而有助于现货市场交易规模的扩大；其三，期货市场的交易对象是标准化合约，合约中规定了标的物的品质标准，在交割时不同品级的现货会有升水或贴水出现，体现优质优价原则，从而有助于现货市场中商品品质标准的确立，促进企业提高产品质量。

（二）期货市场的发展有利于企业的生产经营

从微观的角度来看，期货市场的发展对企业生产经营活动的开展发挥了积极作用。其一，作为信号的期货价格，可以有效克服市场中的信息不完全和不对称，在市场经济条件下有助于生产经营者做出科学合理的决策，避免盲目性；其二，通过期货市场进行套期保值，可以帮助生产经营者规避现货市场的价格风险，达到锁定生产成本、实现预期利润的目的，使生产经营活动免受价格波动的干扰。例如，黑龙江等大豆主产区在确定播种面积时，一般都要参考大连商品交易所的大豆期货价格；我国农垦企业、有色金属生产企业和大宗物资流通企业多年来在期货市场开展套期保值，取得了良好成效。

（三）期货市场的发展有利于国民经济的稳定和政府的宏观决策

大宗商品（以主要农产品、能源产品为代表）和金融产品价格的剧烈波动，必然引起宏观经济的不稳定甚至大起大落。大宗商品和金融产品期货交易，不仅可以通过其风险避险功能发挥稳定生产和流通的作用，而且可以通过其价格发现功能调节市场供求。可见，期货市场的发展有助于稳定国民经济。例如，以芝加哥期货交易所为代表的农产品期货市场促进了美国农业生产结构的调整，保证了农产品价格的基本稳定；美国芝加哥商业交易所集团和芝加哥期权交易所为国债和股票投资者提供了避险的工具，促进债券市场和股票市场的平稳运行。

现货市场的价格机制对经济的调节有滞后性的缺陷，而期货市场价格反映了未来一定时期价格的变化趋势，具有信号功能和超前预测的特点。因此，以期货价格为参考依据，有助于科学合理地制定和调整宏观经济政策。例如，2003 年针对天然橡胶期货价格的快速上涨，政府相关部门数次抛售库存天然橡胶，年末又宣布 2004 年取消进口配额管理，同时将国内两大垦区 8.8% 的天然胶农林特产税改征 5% 的农业税，这些措施使天然橡胶的供给增加，平抑了天然橡胶价格的波动。

（四）期货市场的发展有助于增强在国际价格形成中的主导权

在经济全球化背景下，国与国之间的经济联系日益紧密，国际贸易的快速发展使国内市场演变成世界市场，国内价格随之演变成国际价格。期货价格在国际价格形成中发挥了基准价格的作用，发达的期货市场因其交易规模大、规范化和国际化而成为世界市场的定价中心。20 世纪 80 年代以来，美、英等发达国家的期货交易所集中了全球绝大多数的农产品、石油和金属的期货交易，由此形成的期货价格已成为世界市场的基准价格。美、英等发达国家在国际价格的形成中掌握着话语权和主导权，在国际贸易中处于主动和有利地位。

第五节　期货商品上市条件与种类

期货上市品种，指期货合约交易的标的物。根据交易品种，期货交易可分为两大类：商品期货和金融期货。以实物商品如大豆、大米、玉米、小麦、铜、铝等作为期货品种的属于商品期货，以金融产品如汇率、利率、股票指数等作为期货品种的属于金融期货。金融期货品种一般不存在质量问题，交割也大都采用差价结算的现金交割方式；而商品期货的交割就要受到商品质量等方面的限制。

一、期货商品上市条件

并不是所有的商品都适于期货交易，在众多的实物商品中，只有具备下列属性的商品才能作为期货合约的上市品种：

（1）商品价格波动大。只有商品的价格波动较大，有意回避价格风险的交易者才需要利用远期价格先把价格确定下来。比如，有些商品实行的是垄断价格或计划价格，价格基本不变，商品经营者就没有必要利用期货交易，来回避价格风险或锁定成本。

（2）商品供需量大。期货市场功能的发挥是以商品供需双方广泛参加交易为前提的，只有现货供需量大的商品才能在大范围内进行充分竞争，形成权威价格。

（3）商品易于分级和标准化。期货合约事先规定了交割商品的质量标准，因此，期货品种必须是质量稳定的商品，否则就难以进行标准化。

（4）商品易于储存、运输。商品期货一般是远期交割的商品，这就要求这些商品易于储存、不易变质、便于运输，保证期货实物交割的顺利进行。

期货品种按其标的物的不同，主要分为商品期货、金融期货和其他期货。商品期货是最早的期货交易种类。随着期货市场的发展，商品期货交易不断扩展，成为现代期货市场体系中的重要组成部分，其规避风险、发现价格的功能对于现代市场经济的运作发挥着越来越重要的作用。

二、农产品期货

农产品包括粮食产品和经济作物。农产品期货是产生最早的期货品种，也是目前全球商品期货市场的重要组成部分。芝加哥期货交易所（CBOT）是全球最大的农产品期货交易所，交易玉米、大豆、小麦、豆粕、豆油等多种农产品期货合约。19 世纪后期到 20 世纪初，随着农产品期货市场的发展，棉花、咖啡、可可等经济作物，黄油、鸡蛋及后来的生猪、活牛、猪肚、羊毛等畜禽产品，以及木材、天然橡胶等林产品期货也陆续上市。

三、金属期货

最早的金属期货交易诞生于英国。1876 年成立的伦敦金属交易所（LME），开了金属期货交易之先河。有色金属期货是在 20 世纪 60、70 年代由多家交易所陆续推出的。有色金属是指除黑色金属（铁、铬、锰）以外的所有金属，其中金、银、铂、钯因其价值高又被称为贵金属。有色金属质量、等级和规格容易划分，交易量大，价格易波动，耐储藏，很适宜作为期货交易品种。目前，世界上的有色金属期货交易主要集中在伦敦金属交易所（LME）、纽约商业交易所（NYMEX）和东京工业品交易所（TOCOM）。伦敦金属交易所的期货价格是国际有色金属市场的晴雨表，目前主要经营铜、锡、铅、锌、铝、镍、锡等品种。

四、能源期货

20 世纪 70 年代初发生的石油危机，给世界石油市场带来巨大冲击，石油等能源产品价格剧烈波动，直接导致了石油等能源期货的产生。能源期货始于1978年，产生较晚但发展很快。能源期货包括原油、取暖油、燃料油、汽油、天然气、丙烷、乙醇和电力等多个品种，其中原油期货合约最为活跃。目前原油期货是全球最大的商品期货品种，美国纽约商业交易所（NYMEX）、英国伦敦国际石油交易所（IPE）是世界两大主要的原油期货交易所。

五、金融期货

随着第二次世界大战后布雷顿森林体系的解体，20世纪70年代初国际经济形势发生急剧变化，固定汇率制被浮动汇率制所取代，利率管制等金融管制政策逐渐取消，汇率、利率频繁剧烈波动，促使人们重新审视期货市场。在这种背景下，金融期货应运而生。率先出现的是外汇期货。1972年5月，芝加哥商业交易所（CME）设立了国际货币市场分部（IMM），首次推出包括英镑、加拿大元、西德马克、法国法郎、日元和瑞士法郎等在内的外汇期货合约。1975年10月，芝加哥期货交易所上市国民抵押协会债券（GNMA）期货合约，从而成为世界上第一个推出利率期货合约的交易所。1977年8月，美国长期国债期货合约在芝加哥期货交易所上市。1982年2月，美国堪萨斯期货交易所（KCBT）开发了价值线综合指数期货合约，使股票价格指数成为期货交易的对象。至此，金融期货三大类别的外汇期货、利率期货和股票价格指数期货均上市交易，并形成一定规模。进入20世纪90年代，在欧洲和亚洲的期货市场，金融期货交易占据市场的大部分份额。在国际期货市场上，金融期货也成为交易的主要产品。

金融期货的出现，使期货市场发生了翻天覆地的变化，彻底改变了期货市场的发展格局。世界上的大部分期货交易所都是在20世纪最后20年诞生的，主要从事金融期货与期权的交易。目前，在国际期货市场上，金融期货已经占据主导地位，其交易量占全部期货交易量的80%左右，并且对整个世界经济产生了深远的影响。

第六节 期货交易程序

一般而言，客户进行期货交易涉及以下几个环节：开户、下单、竞价、结算、交割。在期货交易的实际操作中，大多数期货交易都是通过对冲平仓的方式了结履约责任，进入交割环节的比重非常小，所以交割环节并不是交易流程中的必经环节。

一、开 户

能够直接进入期货交易所进行交易的只能是期货交易所的会员，所以普通投资者在进入期货市场交易之前，应首先选择一个具备合法代理资格、信誉好、资金安全、运作规范和收费比较合理的期货公司。在我国，由中国期货保证金监控中心有限责任公司（简称监控中心）负责客户开户管理的具体实施工作。

一般来说，各期货公司会员为客户开设账户的程序及所需的文件细节虽不尽相同，但其基本程序是相同的。

（一）申请开户

投资者在经过对比、判断，选定期货公司之后，即可向该期货公司提出委托申请，开立账户，成为该公司的客户。开立账户实质上是确立投资者（委托人）与期货公司（代理人）之间的一种法律关系。

客户可以分为自然人客户和法人客户。自然人客户应当本人亲自办理开户手续，签署开户资料，不得委托代理人代为办理开户手续。法人客户应当出具单位的授权委托书、代理人的身份证和其他开户证件。期货公司应当对客户开户资料进行审核，确保开户资料的合规、真实、准确和完整。

（二）阅读期货交易风险说明书并签字确认

期货公司在接受客户开户申请时，必须向客户提供期货交易风险说明书，自然人客户应在仔细阅读并理解后，在该期货交易风险说明书上签字；法人客户应在仔细阅读并理解后，由单位法定代表人或授权他人在该期货交易风险说明书上签字并加盖单位公章。

（三）签署期货经纪合同书

期货公司在接受客户开户申请时，双方必须签署期货经纪合同。自然人客户应在该合同上签字；法人客户应由法人代表或授权他人在该合同上签字并加盖公章。

自然人开户应提供本人身份证，留存印鉴或签名样卡；法人开户应提供企业法人营业执照影印件，并提供法定代表人及本单位期货交易业务执行人的姓名、联系电话、单位及其法定代表人或单位负责人印鉴等内容的书面材料，以及法定代表人授权期货交易业务执行人的书面授权书。

（四）申请交易编码并确认资金账号

期货公司为客户申请各期货交易所交易编码，应当通过监控中心统一办理。监控中心应当建立和维护期货市场客户统一开户系统，对期货公司提交的客户资料进行复核，并将通过复核的客户资料转发给相关期货交易所。期货交易所收到监控中心转发的客户交易编码申请资料后，根据期货交易所业务规则对客户交易编码进行分配、发放和管理，并将各类申请的处理结果通过监控中心反馈给期货公司。监控中心应当为每一个客户设立统一的开户编码，并建立统一开户编码与客户在各期货交易所交易编码的对应关系。当日分配的客户交易编码，期货交易所应当允许客户于下一交易日使用。

客户在与期货公司签署期货经纪合同之后，在下单交易之前，应按规定缴纳开户保证金。期货公司应将客户所缴纳的保证金存入期货经纪合同中指定的客户账户中，供客户进行期货交易之用。

二、下　单

客户在按规定足额缴纳开户保证金后，即可开始委托下单，进行期货交易。下单是指客户在进行每笔交易前向期货公司业务人员下达交易指令，说明拟买卖合约的种类、数量、价格等的行为。

交易指令的内容一般包括期货交易的品种及合约月份、交易方向、数量、价格、开平仓等。通常客户应先熟悉和掌握有关的交易指令，然后选择不同的期货合约进行具体交易。

（一）常用交易指令

国际上期货交易的指令有很多种。

（1）市价指令。市价指令是期货交易中常用的指令之一，是指按当时市场价格即刻成交的指令。客户在下达这种指令时无须指明具体的价位，而是要求期货公司出市代表以当时市场上可执行的最好价格达成交易。这种指令的特点是成交速度快，指令下达后不可更改或撤销。

（2）限价指令。限价指令是指执行时必须按限定价格或更好的价格成交的指令。下达限价指令时，客户必须指明具体的价位。它的特点是可以按客户的预期价格成交，但成交速度相对较慢，有时甚至无法成交。

（3）停止限价指令。停止限价指令是指当市场价格达到客户预先设定的触发价格时，即变为限价指令予以执行的一种指令。它的特点是可以将损失或利润锁定在预期的范围，但成交速度较止损指令慢，有时甚至无法成交。

（4）止损指令。止损指令是指当市场价格达到客户预先设定的触发价格时，即变为市价指令予以执行的一种指令。客户利用止损指令，既可以有效地锁定利润，又可以将可能的损失降至最低，还可以相对较小的风险建立新的头寸。

（5）触价指令。触价指令是指在市场价格达到指定价位时，以市价指令予以执行的一种指令。触价指令与止损指令的区别在于：其预先设定的价位不同。例如，就卖出指令而言，卖出止损指令的止损价格低于当前市场价格，而卖出触价指令的触发价格高于当前市场价格，买进指令则与此相反。此外，止损指令通常用于平仓，而触价指令一般用于开新仓。

（6）限时指令。限时指令是指要求在某一时间段内执行的指令。如果在该时间段内指令未被执行，则自动取消。

（7）长效指令。长效指令是指除非成交或由委托人取消，否则持续有效的交易指令。

（8）套利指令。套利指令是指同时买入和卖出两种或两种以上期货合约的指令。

（9）取消指令。取消指令又称撤单，是要求将某一指定指令取消的指令。通过执行该指令，客户以前下达的指令完全取消，并且没有新的指令取代原指令。目前，我国各期货交易所普遍采用市价指令、限价指令和取消指令。此外，郑州商品交易所还采用了套利指令，而大连商品交易所不仅采用了套利指令，还采用了止损指令和停止限价指令。我国各交易所的指令均为当日有效。在指令成交前，投资者可以提出变更和撤销。

（二）指令下达方式

客户在正式交易前，应制订详细周密的交易计划。在此之后，客户即可按计划下达交易指令（即下单交易）。目前，我国客户的下单方式有书面下单、电话下单和网上下单三种，其中网上下单是最主要的方式。

（1）书面下单。客户亲自填写交易单，填好后签字交期货公司，再由期货公司将指令发至交易所参与交易。

（2）电话下单。客户通过电话直接将指令下达到期货公司，再由期货公司将指令发至交易所参与交易。期货公司须将客户的指令同步录音，以备查证。

（3）网上下单。客户通过因特网或局域网，使用期货公司配置的网上下单系统进行网上下单。进入下单系统后，客户需输入自己的客户号与密码，经确认后即可输入指令。指令通过因特网或局域网传到期货公司后，通过专线传到交易所主机进行撮合成交。客户可以在期货公司的下单系统获得成交回报。

三、竞　价

（一）竞价方式

竞价方式主要有公开喊价和计算机撮合成交两种方式。其中，公开喊价属于传统的竞价方式。进入 21 世纪以来，随着信息技术的发展，越来越多的交易所采用了计算机撮合成交的方式，而原来采用公开喊价方式的交易所也逐步引入了电子交易系统。

1. 公开喊价

公开喊价又可分为两种形式：连续竞价制和一节一价制。连续竞价制是指在交易所交易池内由交易者面对面地公开喊价，表达各自买进或卖出合约的要求。按照规则，交易者在报价时既要发出声音，又要做出手势，以保证报价的准确性。这种公开喊价有利于活跃场内气氛，维护公开、公平、公正的定价原则。公开喊价方式曾经在欧美期货市场较为流行。一节一价制是指把每个交易日分为若干节，每节交易由主持人最先叫价，所有场内经纪人根据其叫价申报买卖数量，直至在某一价格上买卖双方的交易数量相等时为止。每节交易中一种合约一个价格，没有连续不断的竞价。这种竞价方式曾经在日本较为普遍。

2. 计算机撮合成交

计算机撮合成交是根据公开喊价的原理设计而成的一种计算机自动化交易方式，是指期货交易所的计算机交易系统对交易双方的交易指令进行配对的过程。这种交易方式相对公开喊价方式来说，具有准确、连续等特点，但有时会出现交易系统故障等因素造成的风险。国内期货交易所均采用计算机撮合成交方式。计算机交易系统一般将买卖申报单以价格优先、时间优先的原则进行排序。当买入价大于等于卖出价则自动撮合成交，撮合成交价等于买入价（bp）、卖出价（sp）和前一成交价（cp）三者中居中的一个价格，即

当 $bp \geqslant sp \geqslant cp$，最新成交价=sp；

当 $bp \geqslant cp \geqslant sp$，最新成交价=cp；

当 $cp \geqslant bp \geqslant sp$，最新成交价=bp。

开盘价由集合竞价产生。

开盘集合竞价在某品种某月份合约每一交易日开市前 5 分钟内进行。其中，前 4 分钟为期货合约买、卖价格指令申报时间，后 1 分钟为集合竞价撮合时间，开市时产生开盘价。交易系统自动控制集合竞价申报的开始和结束，并在计算机终端上显示。集合竞价采用最大成交量原则，即以此价格成交能够得到最大成交量。高于集合竞价产生的价格的买入申报全部成交；低于集合竞价产生的价格的卖出申报全部成交；等于集合竞价产生的价格的买入或卖出申报，根据买入申报量和卖出申报量的多少，按少的一方的申报量成交。

集合竞价产生价格的方法是：① 交易系统对所有有效的买入申报按申报价由高到低的顺

序排列，申报价相同的按照进入系统的时间先后排列；对所有有效的卖出申报按申报价由低到高的顺序排列，申报价相同的按照进入系统的时间先后排列。② 交易系统逐步将排在前面的买入申报和卖出申报配对成交，直到不能成交为止。如最后一笔成交是全部成交的，取最后一笔成交的买入申报价和卖出申报价的算术平均价为集合竞价产生的价格，该价格按各期货合约的最小变动价位取整；如最后一笔成交是部分成交的，则以部分成交的申报价为集合竞价产生的价格。

开盘集合竞价中的未成交申报单自动参与开市后竞价交易。

（二）成交回报与确认

当计算机显示指令成交后，客户可以立即在期货公司的下单系统获得成交回报。对于书面下单和电话下单的客户，期货公司应按约定方式即时予以成交回报。

客户对交易结算单记载事项有异议的，应当在下一交易日开市前向期货公司提出书面异议；客户对交易结算单记载事项无异议的，应当在交易结算单上签字确认或者按照期货经纪合同约定的方式确认。客户既未对交易结算单记载事项确认，也未提出异议的，视为对交易结算单已确认。对于客户有异议的，期货公司应当根据原始指令记录和交易记录予以核实。

四、结　算

结算是指根据期货交易所公布的结算价格对交易账户的交易盈亏状况进行的资金清算和划转。

目前，大连商品交易所、郑州商品交易所和上海期货交易所实行全员结算制度，交易所对所有会员的账户进行结算，收取和追收保证金。中国金融期货交易所实行会员分级结算制度，其会员由结算会员和非结算会员组成，期货交易所只对结算会员结算，向结算会员收取和追收保证金，由结算会员对非结算会员进行结算、收取和追收保证金。

期货交易的结算，由期货交易所统一组织进行，但交易所并不直接对客户的账户进行结算、收取和追收客户保证金，而由期货公司承担该工作。期货交易所应当在当日及时将结算结果通知结算会员。期货公司根据期货交易所的结算结果对客户进行结算，并应当按照与客户约定的方式将结算结果及时通知客户。

在我国，会员（客户）的保证金可以分为结算准备金和交易保证金。结算准备金是交易所会员（客户）为了交易结算，在交易所（期货公司）专用结算账户预先准备的资金，是未被合约占用的保证金。交易保证金是会员（客户）在交易所（期货公司）专用结算账户中确保合约履行的资金，是已被合约占用的保证金。在实际中，客户保证金可能有不同的说法，如结算准备金被称为可用资金，交易保证金被称为保证金占用。

下面以郑州商品交易所、大连商品交易所和上海期货交易所的结算制度为例，对具体的结算程序进行介绍。

（一）交易所对会员的结算

（1）每一交易日交易结束后，交易所对每一会员的盈亏、交易手续费、交易保证金等款项进行结算。结算完成后，交易所采用发放结算单据或电子传输等方式向会员提供当日结算数据，包括会员当日平仓盈亏表、会员当日成交合约表、会员当日持仓表和会员资金结算表，期货公司会员以此作为对客户结算的依据。

（2）会员每天应及时获取交易所提供的结算数据，做好核对工作，并将之妥善保存。该数据应至少保存两年，但对有关期货交易有争议的，应当保存至该争议消除时为止。

（3）会员如对结算结果有异议，应在下一交易日开市前30分钟以书面形式通知交易所。遇特殊情况，会员可在下一交易日开市后 2 小时内以书面形式通知交易所。如在规定时间内会员没有对结算数据提出异议，则视作会员已认可结算数据的准确性。

（4）交易所在交易结算完成后，将会员资金的划转数据传递给有关结算银行。结算银行应及时将划账结果反馈给交易所。

（5）会员资金按当日盈亏进行划转，当日盈利划入会员结算准备金，当日亏损从会员结算准备金中扣划。当日结算时的交易保证金超过昨日结算时的交易保证金部分从会员结算准备金中扣划，当日结算时的交易保证金低于昨日结算时的交易保证金部分划入会员结算准备金。手续费、税金等各项费用从会员的结算准备金中直接扣划。

（6）每日结算完毕后，会员的结算准备金低于最低余额时，该结算结果视为交易所向会员发出的追加保证金通知。会员必须在下一交易日开市前补足至交易所规定的结算准备金最低余额。

（二）期货公司对客户的结算

（1）期货公司对客户的结算与交易所的方法一样，即每一交易日交易结束后对每一客户的盈亏、交易手续费、交易保证金等款项进行结算。其中，期货公司会员向客户收取的交易保证金不得低于交易所向会员收取的交易保证金。

（2）期货公司在每日结算后向客户发出交易结算单。交易结算单一般载明下列事项：账号及户名、成交日期、成交品种、合约月份、成交数量及价格、买入或者卖出、开仓或者平仓、当日结算价、保证金占用额和保证金余额、交易手续费及其他费用。

（3）当每日结算后客户保证金低于期货公司规定的交易保证金水平时，期货公司按照期货经纪合同约定的方式通知客户追加保证金。

五、交　割

（一）交割的概念

交割（Delivery）是指期货合约到期时，按照期货交易所的规则和程序，交易双方通过该合约所载标的物所有权的转移，或者按照结算价进行现金差价结算，了结到期未平仓合约的过程。其中，以标的物所有权转移方式进行的交割为实物交割；按结算价进行现金差价结算的交割为现金交割。一般来说，商品期货以实物交割方式为主；股票指数期货、短期利率期货多采用现金交割方式。

（二）交割的作用

交割是联系期货与现货的纽带。尽管期货市场的交割量占总成交量的比例很小，但交割环节对期货市场的整体运行起着十分重要的作用。

期货交割是促使期货价格和现货价格趋向一致的制度保证。当市场过分投机，期货价格严重偏离现货价格时，交易者就会在期货、现货两个市场间进行套利交易。当期货价格过高而现货价格过低时，交易者在期货市场上卖出期货合约，在现货市场上买进商品，这样，现货需求增多，现货价格上升，期货合约价格下降，使期现价差缩小；当期货价格过低而现货价格过高时，交易者在期货市场上买进期货合约，在现货市场上卖出商品，这样，期货价格上升，现货供给增多，现货价格下降，使期现价差趋于正常。通过交割，期货、现货两个市场相互联动得以实现，期货价格最终与现货价格趋于一致，从而使期货市场真正发挥价格晴雨表的作用。

（三）实物交割方式与交割结算价的确定

1. 实物交割方式

实物交割（Physical Delivery）是指期货合约到期时，根据交易所的规则和程序，交易双方通过该期货合约所载标的物所有权的转移，了结未平仓合约的过程。实物交割方式包括集中交割和滚动交割两种。集中交割也称一次性交割，是指所有到期合约在交割月份最后交易日过后一次性集中交割的交割方式。滚动交割是指在合约进入交割月以后，在交割月第一个交易日至交割月最后交易日前一交易日之间进行交割的交割方式。滚动交割使交易者在交易时间的选择上更为灵活，可减少储存时间，降低交割成本。目前，我国上海期货交易所采用集中交割方式；郑州商品交易所采用滚动交割和集中交割相结合的方式，即在合约进入交割月后就可以申请交割，而且最后交易日过后，对未平仓合约进行一次性集中交割；大连商品交易所对黄大豆 1 号、黄大豆 2 号、豆粕、豆油、玉米合约采用滚动交割和集中交割相结合的方式，对棕榈油、线性低密度聚乙烯和聚氯乙烯合约采用集中交割方式。

2. 实物交割结算价

实物交割结算价是指在实物交割时商品交收依据的基准价格。交割商品计价以交割结算价为基础，再加上不同等级商品质量升贴水及异地交割仓库与基准交割仓库的升贴水。

（四）实物交割的流程

采用集中交割方式时，各期货合约最后交易日的未平仓合约必须进行交割。实物交割要求以会员名义进行。客户的实物交割必须由会员代理，并以会员名义在交易所进行。实物交割必不可少的环节包括：

第一，交易所对交割月份持仓合约进行交割配对。

第二，买卖双方通过交易所进行标准仓单与货款交换。买方通过其会员期货公司、交易所将货款交给卖方，卖方则通过其会员期货公司、交易所将标准仓单交给买方。

第三，增值税发票流转。交割卖方给对应的买方开具增值税发票，客户开具的增值税发票由双方会员转交、领取并协助核实，交易所负责监督。

（五）标准仓单

在实物交割的具体实施中，买卖双方并不是直接进行实物商品的交收，而是交收代表商品所有权的标准仓单，因此标准仓单在实物交割中扮演十分重要的角色。标准仓单是指由交易所统一制定的，在交易所指定交割仓库完成入库商品验收、确认合格后，签发给货主的实物提货凭证。标准仓单经交易所注册后生效，可用于交割、转让、提货、质押等。

标准仓单的持有形式为标准仓单持有凭证。标准仓单持有凭证是交易所开具的代表标准仓单所有权的有效凭证，是在交易所办理标准仓单交割、交易、转让、质押、注销的凭证，受法律保护。标准仓单数量因交割、交易、转让、质押、注销等业务发生变化时，交易所收回原标准仓单持有凭证，签发新的标准仓单持有凭证。

在实践中，可以有不同形式的标准仓单，其中最主要的形式是仓库标准仓单。仓库标准仓单是指依据交易所的规定，由指定交割仓库完成入库商品验收、确认合格后，在交易所标准仓单管理系统中签发给货主的，用于提取商品的凭证。除此之外，还有厂库标准仓单等形式。所谓厂库，是指某品种的现货生产企业的仓库经交易所批准并指定为期货履行实物交割的地点。

在我国大连商品交易所，豆粕、豆油、棕榈油期货除可以采用仓库标准仓单外，还可以采用厂库标准仓单交割。上海期货交易所的螺纹钢、线材期货合约也允许采用厂库标准仓单交割。郑州商品交易所的标准仓单分为通用标准仓单和非通用标准仓单。通用标准仓单是指标准仓单持有人按照交易所的规定和程序可以到仓单载明品种所在的交易所任一交割仓库选择提货的财产凭证；非通用标准仓单是指仓单持有人按照交易所的规定和程序只能到仓单载明的交割仓库提取所对应货物的财产凭证。

（六）现金交割

现金交割是指合约到期时，交易双方按照交易所的规则、程序及其公布的交割结算价进行现金差价结算，了结到期未平仓合约的过程。中国金融期货交易所的股指期货合约采用现金交割方式，规定股指期货合约最后交易日收市后，交易所以交割结算价为基准，划付持仓双方的盈亏，了结所有未平仓合约。其中，股指期货交割结算价为最后交易日标的指数最后2小时的算术平均价。

复习思考题及答案

一、名称解释

期货（Futures）：与现货相对应，由现货衍生而来，通常指期货合约。期货交易（Futures Trading），即期货合约的买卖，它由远期现货交易衍生而来，是与现货交易相对应的交易方式。

期货合约：是由期货交易所统一制定的、规定在将来某一特定的时间和地点交割一定数量标的物的标准化合约。期货合约的标的物通常是实物商品和金融产品。标的物为实物商品的期货合约称作商品期货，标的物为金融产品的期货合约称作金融期货。

期货市场：进行期货交易的场所，它由远期现货市场衍生而来，是与现货市场相对应的组织化和规范化程度更高的市场形态。广义的期货市场包括期货交易所、期货结算机构、期货经纪公司和期货交易（投资）者。狭义的期货市场一般指期货交易所。期货市场也是期货交易中各种经济关系的总和。

期货交易：在缴纳一定数量的保证金后在期货交易所内买卖各种实物商品或金融商品的标准化合约的交易方式。

二、简答题

（一）简述期货交易与现货交易、远期交易的联系与区别。

1. 期货交易与现货交易

现货交易可以分为即期现货交易和远期现货交易，两者均以买入卖出实物商品或金融产品为目的。即期现货交易在成交后立即交割，是表现为“一手交钱，一手交货”的一种交易方式。远期现货交易是即期现货交易在时间上的延伸，买卖双方签约后在未来某一时间进行实物商品或金融产品的交收。期货交易是在现货交易的基础上发展起来的。市场交易方式经历了“由即期现货交易到远期现货交易再到期货交易”的发展过程。现货交易的对象是实物商品或金融产品，期货交易的对象是标准化合约。可见，在期货交易中买卖的是关于某种标的物的标准化合约，而非标的物本身，而且并非所有的实物商品和金融产品都能成为期货合约的标的物。期货合约的标的物是有限的特定种类的实物商品和金融产品，一般具有便于贮藏运输、品质可界定、交易量大、价格频繁波动等特性。

现货交易的目的是获得或让渡实物商品或金融产品。期货交易的主要目的，或者是规避现货市场价格波动的风险，或者是利用期货市场价格波动获得收益。

2. 期货交易与远期现货交易

期货交易直接由远期现货交易演变发展而来。远期现货交易与期货交易存在着许多相似的外在表现形式，目前的远期现货交易往往也采用集中交易、公开竞价、电子化交易等形式。因此，在现实中容易把远期现货交易与期货交易相混淆。

期货交易与远期现货交易同属于远期交易，但是两者交易的远期合约存在着标准化与非标准化的差别。前者是由交易所统一制定的标准化远期合约；后者是非标准化的，合同中标的物的数量、规格、交割时间和地点等条款由交易双方协商达成。

期货交易可以通过对冲或到期交割来了结，其中绝大多数期货合约都是通过对冲平仓的方式了结。远期现货交易的履约主要采用实物交收方式，虽然远期合同也可转让，但最终的履约方式是实物交收。

期货交易以保证金制度为基础，实行每日无负债结算制度，每日进行结算且由结算机构担保履约，所以信用风险较小。远期现货交易从交易达成到最终完成实物交收，有相当长的一段时间，其间时常会发生各种变化，违约行为因此有可能发生。例如，买方资金不足，不能如期付款；卖方生产不足，不能保证供应；市场价格趋涨，卖方不愿按原定价格交货；市场价格趋跌，买方不愿按原定价格购入等。这些都会使远期交易面临着较大的风险和不确定性，加之非标准化的远期现货合同不易转让，所以远期现货交易的信用风险较大。

（二）期货交易的基本特征是什么?

期货交易的基本特征可归纳为六个方面。

1. 合约标准化

期货合约（Futures Contract）是由交易所统一制定的标准化远期合约。在合约中，标的物的数量、规格、交割时间和地点等都是既定的。这种标准化合约给期货交易带来极大的便利，交易双方不需要事先对交易的具体条款进行协商，从而节约了交易成本、提高了交易效率和市场流动性。

2. 场内集中竞价交易

期货交易实行场内交易，所有买卖指令必须在交易所内进行集中竞价成交。只有交易所的会员方能进场交易，其他交易者只能委托交易所会员，由其代理进行期货交易。

3. 保证金交易

期货交易实行保证金制度。交易者在买卖期货合约时按合约价值的一定比率缴纳保证金（一般为 5%~15%）作为履约保证，即可进行数倍于保证金的交易。这种以小博大的保证金交易也被称为“杠杆交易”。期货交易的这一特征使期货交易具有高收益和高风险的特点。保证金比率越低，杠杆效应就越大，高收益和高风险的特点就越明显。

4. 双向交易

期货交易采用双向交易方式，交易者既可以买入建仓（或称开仓），即通过买入期货合约开始交易，也可以卖出建仓，即通过卖出期货合约开始交易。前者也称为“买空”，后者也称为“卖空”。双向交易给予投资者双向的投资机会，也就是在期货价格上升时，可通过低买高卖来获利；在期货价格下降时，可通过高卖低买来获利。

5. 对冲了结

交易者在期货市场建仓后，大多并不是通过交割（即交收现货）来结束交易，而是通过对冲了结。买入建仓后，可以通过卖出同一期货合约来解除履约责任；卖出建仓后，可以通过买入同一期货合约来解除履约责任。对冲了结使投资者不必通过交割来结束期货交易，从而提高了期货市场的流动性。

6. 当日无负债结算

期货交易实行当日无负债结算，也称为逐日盯市（Marking-to-Market）。结算部门在每日交易结束后，按当日结算价对交易者结算所有合约的盈亏、交易保证金及手续费、税金等费用，对应收应付的款项实行净额一次划转，并相应增加或减少保证金。如果交易者的保证金余额低于规定的标准，则须追加保证金，从而做到“当日无负债”。当日无负债可以有效防范风险，保障期货市场的正常运转。

（三）期货市场具有哪些基本功能?

规避风险和价格发现是期货市场的两大基本功能。

1. 规避风险功能及其机理

规避风险功能是指期货市场能够规避现货价格波动的风险。这是期货市场的参与者通过套期保值交易实现的。从事套期保值交易的期货市场参与者包括生产商、加工商和贸易商等。

为了规避大豆价格波动的风险，这些生产经营者可以通过期货市场进行套期保值。套期保值之所以能够规避现货价格风险，是因为期货市场价格与现货市场价格受到相同的供求因素影响。因此，期货市场价格与现货市场价格同方向变动且最终趋同。

2. 价格发现功能及其机理

价格发现功能是指期货市场能够预期未来现货价格的变动，发现未来的现货价格。期货价格可以作为未来某一时期现货价格变动趋势的“晴雨表”。价格发现不是期货市场所特有的，但期货市场相比其他市场具有更高的价格发现效率，这是基于期货市场的特有属性实现的。现代经济学新的研究进展表明，信息不完全和不对称导致价格扭曲和市场失灵，而期货市场是一种接近于完全竞争市场的高度组织化和规范化的市场，拥有大量的买者和卖者，采用集中的公开竞价交易方式，各类信息高度聚集并迅速传播。因此，期货市场的价格形成机制较为成熟和完善，能够形成真实有效的、反映供求关系的期货价格。

（四）期货市场是怎样实现规避风险功能的？

规避风险功能是指期货市场能够规避现货价格波动的风险。这是期货市场的参与者通过套期保值交易实现的。从事套期保值交易的期货市场参与者包括生产商、加工商和贸易商等。以大豆期货交易为例，期货市场中的套期保值者包括种植大豆的农户、以大豆为原料的加工商和大豆经销商。

例如，3 个月后大豆种植户将收获大豆并上市销售，大豆压榨企业需要在 3 个月后购进大豆原料，大豆经销商已与对方签订了于 3 个月后交货的销售合同。此时，这些生产经营者在现货市场上都面临着价格波动的风险。具体来说，3 个月后如果大豆价格下跌，大豆种植户将蒙受损失；如果大豆价格上涨，大豆压榨企业和大豆经销商将加大采购成本，利润减少甚至出现亏损。

为了规避大豆价格波动的风险，这些生产经营者可以通过期货市场进行套期保值。具体来说，大豆种植户卖出 3 个月后到期的大豆期货合约，如果 3 个月后大豆价格果真下跌了，那么大豆种植户在大豆现货交易中就损失了一笔，但同时他们买入大豆期货合约，把手中的卖出合约平仓，结果发现期货市场上的交易使他们赚了一笔，而且可能正好抵补了他在大豆现货市场上的损失。再说大豆压榨企业和大豆经销商买入 3 个月后到期的大豆期货合约，如果 3 个月后大豆价格果真上涨了，那么他们在大豆现货交易中就损失了一笔，但同时他们卖出大豆期货合约，把手中的买入合约平仓，结果发现期货市场上的交易使他们赚了一笔，而且可能正好抵补了它们在大豆现货市场上的损失。上述交易过程就是套期保值。套期保值之所以能够规避现货价格风险，是因为期货市场价格与现货市场价格同方向变动且最终趋同。为什么两个市场的价格呈现出这样的特征呢？这是因为期货市场价格与现货市场价格受到相同的供求因素影响。

（五）为什么期货市场能实现发现价格的功能？

价格发现功能是指期货市场能够预期未来现货价格的变动，发现未来的现货价格。期货价格可以作为未来某一时期现货价格变动趋势的“晴雨表”。价格发现不是期货市场所特有的，但期货市场相比其他市场具有更高的价格发现效率，这是基于期货市场的特有属性实现的。现代经济学的最新研究进展已经表明，信息不完全和不对称导致价格扭曲和市场失灵，而期货市场是一种接近于完全竞争市场的高度组织化和规范化的市场，拥有大量的买者和卖者，采用集中的公开竞价交易方式，各类信息高度聚集并迅速传播。因此，期货市场的价格形成机制较为成熟和完善，能够形成真实有效地反映供求关系的期货价格。这种机制下形成的价格具有公开性、连续性、预测性和权威性的特点。基于以上三个特点，期货价格被视为一种权威价格。期货价格不仅能够指导实际生产和经营活动，还被作为现货交易的定价基准。例如，大宗商品的国际贸易采取“期货价格+升贴水”的定价方式，就体现了期货价格的权威性。

现实的市场经济发展已充分证明，期货市场发现价格的基本功能在很大程度上弥补了现货市场的缺陷，推动了价格体系的完善，促进了市场经济的发展。

（六）期货市场在经济中有哪些作用?

1. 期货市场的发展有助于现货市场的完善

现货市场和期货市场是现代市场体系的两个重要组成部分，在市场经济条件下它们共同调节资源的合理配置。从历史上看，期货市场由现货市场衍生而来，是现货市场发展到一定阶段的产物；期货市场的产生反过来又促进了现货市场的发展。其一，期货市场具有价格发现功能，期货价格具有示范效果，从而有助于形成合理的现货市场价格；其二，期货市场能够规避现货价格波动的风险，从而有助于现货市场交易规模的扩大；其三，期货市场的交易对象是标准化合约，合约中规定了标的物的品质标准，在交割时不同品级的现货会有升水或贴水出现，体现优质优价原则，从而有助于现货市场中商品品质标准的确立，促进企业提高产品质量。

2. 期货市场的发展有利于企业的生产经营

从微观的角度来看，期货市场的发展对企业生产经营活动的开展发挥了积极作用。其一，作为信号的期货价格，可以有效克服市场中的信息不完全和不对称，在市场经济条件下有助于生产经营者做出科学合理的决策，避免盲目性；其二，通过期货市场进行套期保值，可以帮助生产经营者规避现货市场的价格风险，达到锁定生产成本、实现预期利润的目的，使生产经营活动免受价格波动的干扰。例如，黑龙江等大豆主产区在确定播种面积时，一般都要参考大连商品交易所的大豆期货价格；我国农垦企业、有色金属生产企业和大宗物资流通企业多年来在期货市场开展套期保值，取得了良好成效。

3. 期货市场的发展有利于国民经济的稳定和政府的宏观决策

大宗商品（以主要农产品、能源产品为代表）和金融产品价格的剧烈波动，必然引起宏观经济的不稳定甚至大起大落。大宗商品和金融产品期货交易，不仅可以通过其风险避险功能发挥稳定生产和流通的作用，而且可以通过其价格发现功能调节市场供求。可见，期货市场的发展有助于稳定国民经济。例如，以芝加哥期货交易所为代表的农产品期货市场促进了美国农业生产结构的调整，保证了农产品价格的基本稳定；美国芝加哥商业交易所集团和芝加哥期权交易所为国债和股票投资者提供了避险的工具，促进了债券市场和股票市场的平稳运行。

现货市场的价格机制对经济的调节有滞后性的缺陷，而期货市场价格反映了未来一定时期价格的变化趋势，具有信号功能和超前预测的特点。因此，以期货价格为参考依据，有助于科学合理地制定和调整宏观经济政策。例如，2003 年针对天然橡胶期货价格的快速上涨，政府相关部门数次抛售库存天然橡胶，年末又宣布 2004 年取消进口配额管理，同时将国内两大垦区 8.8%的天然胶农林特产税改征 5% 的农业税，这些措施使天然橡胶的供给增加，平抑了天然橡胶价格的波动。

4. 期货市场的发展有助于增强在国际价格形成中的主导权

在经济全球化背景下，国与国之间的经济联系日益紧密，国际贸易的快速发展使国内市场演变成世界市场，国内价格随之演变成国际价格。期货价格在国际价格形成中发挥着基准价格的作用，发达的期货市场因其交易规模大、规范化和国际化而成为世界市场的定价中心。20 世纪 80 年代以来，美英等发达国家的期货交易所集中了全球绝大多数的农产品、石油和金属的期货交易，由此形成的期货价格已成为世界市场的基准价格。美英等发达国家在国际价格的形成中掌握着话语权和主导权，在国际贸易中处于主动和有利地位。

第二章 期货市场的组织结构

【教学目的与要求】

期货市场管理有三个层次，即政府行政管理、行业管理与交易所自律管理。通过本章的学习，学生应理解和掌握期货市场的行政和行业管理以及期货市场的运作机制和发展规律，掌握期货市场的基本构成，重点掌握期货交易所及其组织形式、期货经纪机构及期货投资者相关内容。

【教学重点与难点】

教学重点：中美期货市场政府行政管理情况对比；商品期货交易所的组织与性质；期货经纪机构及期货投资者部分内容。

教学难点：公司制与会员制期货交易所的区别；期货经纪公司与客户之间的委托代理制度。

【教学内容】

第一节 期货市场的行政和行业管理

国家通过制定法律法规建立相应的组织机构对期货市场进行监督管理，不同国家有着不同的机构和法规。美国期货市场中政府主导的监管单位是美国商品期货交易委员会（CFTC）和美国全国期货协会（NFA），我国期货市场则由中国证监会和中国期货业协会进行管理和监督。

政府行政管理机构职能主要是：第一，制定期货交易者进入市场交易的准入标准，保护期货市场的财务完整性，有效维护客户权益；第二，审批交易所的业务活动，如审批新合约上市等；第三，制定有关期货市场监督管理的规章、规则，并依法行使审批权；第四，对期货交易所、期货公司及其他期货经营机构、非期货公司结算会员、期货保证金安全存管监控机构、期货保证金存管银行、交割仓库等市场相关参与者的期货业务活动进行监督和管理。

一、中美期货市场政府行政管理情况对比

（一）美国期货市场监管体制概况

美国期货市场在 20 世纪 70 年代前都是由交易所自行管理的，但随着市场的不断发展，期货品种越来越多，尤其是金融类产品的产生，使得期货市场面临前所未有的风险和挑战。在这种背景下逐渐形成了以政府宏观管理、行业协会宏观管理和期货市场主体自我管理的三

级监管模式，同时美联储及货币监管局（简称 OCC）、美国证券交易委员会（简称 SEC）也不同程度地介入期货市场的监管。美国于 1982 年 2 月 24 日推出了股指期货交易，由于股指期货具有股票和期货两种特征，导致美国商品期货交易委员会和美国证券交易委员会关于监管权限问题发生分歧，后来美国通过了《金融服务现代化法案》，才使得两个分管委员会协同一致。

1. CFTC

美国期货市场的主要监管机构是美国商品期货交易委员会（CFTC），1974 年由国会负责组建，起初期货交易还是简单的农产品交易，但随着时间的推移，交易品种越来越多，直至发展到今天的大量金融期货合约及衍生品。CFTC 是美国期货市场的最高权力机构，受美国众议院和参议院的监督，国会对其拥有独立的决策权，CFTC 委员和主席由总统直接提名。CFTC 是美国期货市场最具权威的监督管理机构。

CFTC 采取各种手段确保期货市场的公平、高效、稳定运行，包括鼓励市场竞争，杜绝操纵和滥用交易行为的发生，确保规则的执行，以维护广大投资者的利益，保证结算的真实性等。通过卓有成效的监管，CFTC 能够使得美国期货市场繁荣发展，确立在全球的重要地位。CFTC 组织结构（见图 2.1）包括委员会委员、主席办公室和机构的运作部门，有行政部、审计部、合约市场部、执行部、经济部等。

CFTC 为了更好地监管市场，制定了日常大户报告制度和头寸限制。日常大户报告制度是每天监控大户交易活动情况，而 CFTC 事先根据市场风险状况，公布持仓报告标准，交易者当日合约持仓达到了 CFTC 公布持仓报告标准，就必须在第一时间向交易所和 CFTC 报告。头寸限制即交易部位限制，是对投资者规定所能持有某一期货合约数量的最大限度。这些制度能够对操纵市场等违规行为起到很好的预防作用，对市场风险进行有效控制。

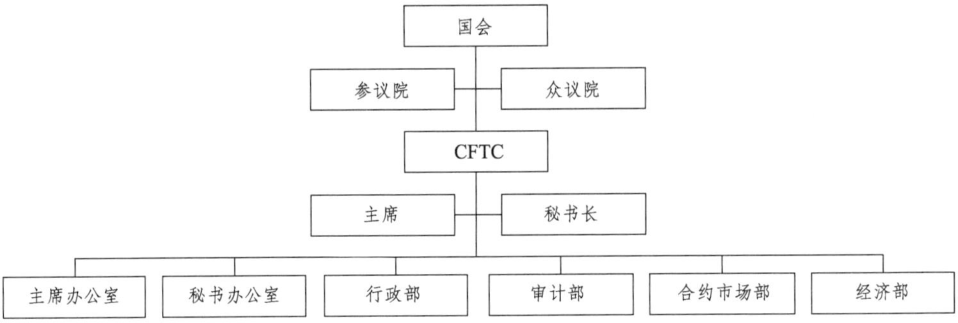

图 2.1 美国商品期货管理委员会（CFTC）组织结构图

为了维护期货市场的健康发展，防患于未然，营造公平、公正的市场环境，CFTC 不断增强市场信息的透明度，定期公布市场持仓报告，CFTC 持仓报告分为三个大类进行统计：Futures only，仅期货的持仓报告；Futures-and-options-combined，期货合并期权的持仓报告；CIT Report，包含商品指数基金持仓的持仓报告。目前，CFTC 持仓报告于美国东部时间每周五发布，向广大投资者公布当周二的持仓数据。CFTC 发布的持仓报告可以明显地监察到投机力量的仓位动向，对于广大投资者来说，CFTC 持仓报告对于掌握市场动向非常有帮助。

CFTC 采用的是“以原则为基础”的监管体系，这种监管体系没有具体的规定，而是抽象的原则，好处就是给监管者更高的自由度，使得监管者在执行规则时更加主动，这种监管体系使得 CFTC 取得了巨大的成功。

2. NFA

美国全国期货协会（National Futures Association，NFA）成立于1976年，是期货行业自律性质的组织，属于盈利的独立机构。1981年9月22日，美国商品期货交易委员会接受NFA正式成为注册期货协会，1982年10月1日，NFA正式运作。其职责有：在期货市场中制定相应规则保护广大交易者权益；对市场中的纠纷进行仲裁和调解；审批NFA会员资格；向广大交易者普及期货知识和法律法规；监督期货人员财物情况及一般规则的执行情况，等等。

3. **期货市场主体自我管理**

期货市场主体自我管理其实就是期货交易所、期货公司等的自我管理，它们的自我管理是在政府和期货协会的领导下通过自律机制实现的。期货市场的监管中最重要的是交易所和期货公司的管理，因为期货交易是在交易所内完成的，所以交易的公正性、公平性、公开性都需要交易所、期货公司的共同监管。

（二）中国期货市场监管体制概况

我国目前实行中国证监会、中国期货业协会和期货交易所组成的三级监管体系，这种“三位一体”的监管体系主要是学习国外的先进经验，但又与之不同。我国采用“以规则为基础”的监管体系，中国证监会、中国期货业协会和期货交易所通常会制定一些管理办法，管理办法中明确规定了违规的具体情况和处罚措施。

1. **中国证监会的监管**

1993年国务院规定由中国证监会对我国期货市场进行统一的监督管理。1999年我国颁布了《期货交易管理暂行条例》，2007年颁布了《期货交易管理条例》，该条例在暂行条例基础上进行了修订，之后又分别在2012年10月24日、2013年7月18日、2016年2月6日以及2017年3月1日进行了四次修订，同时中国证监会也出台了期货交易所、期货公司等管理办法，至此，以中国证监会为中心的期货市场监管体系基本形成。

中国证监会下设期货监管部、证券基金机构监管部、市场一部、市场二部、稽查局以及法律部等分管部门。其中：期货监管部主要负责拟订监管期货市场的规则、实施细则；依法审核期货交易所、期货结算机构的设立，并审核其章程和业务规则；审核上市期货、期权产品及合约规则；监管市场相关参与者的交易、结算、交割等业务活动；监管期货市场的交易行为；负责商品及金融场外衍生品市场的规则制订、登记报告和监测监管；负责期货市场功能发挥评估及对外开放等工作；牵头负责期货市场出现重大问题及风险处置的相关工作等。证券基金机构监管部主要负责拟订证券期货经纪、证券承销与保荐、证券期货投资咨询、证券财务顾问、证券自营、融资融券、资产管理、资产托管、基金销售等各类业务牌照管理及持牌机构监管的规则、实施细则；依法审核证券、基金、期货各类业务牌照资格及人员从事证券、基金、期货业务的资格，并监管其业务活动；拟订公开募集证券投资基金的监管规则、实施细则；依法审核公开募集证券投资基金募集注册申请；拟订合格境外机构投资者的规则、实施细则；依法审核合格境外机构投资者资格并监管其业务活动；依法审核境外机构在境内设立从事证券、基金、期货经营业务的机构并监管其业务活动；牵头负责证券、基金、期货机构出现重大问题及风险处置的相关工作；拟订及组织实施证券、基金、期货行业投资者保护的规则、实施细则；指导相关行业协会开展自律管理等。

2. 我国期货行业的自律管理

中国期货业协会是我国成立的期货行业自律性组织，它与期货公司都是保障期货交易者利益的重要机构。中国期货业协会的设立，旨在加强期货业内部之间的联系，为政府与行业间架起一座沟通的桥梁，从而推动期货市场的健康发展。我国期货市场虽然发展较晚，但市场规模不断扩大，尤其是股指期货推出以来，期货市场越来越复杂，期货交易纠纷越来越多，风险也越来越大，所以不能仅仅依靠法律和行政手段来解决所有问题，必须依靠行业自律方法解决行业中的特殊问题。

3. 期货交易所的监管

2017 年 3 月 1 日起施行的《期货交易管理条例》中明确了期货交易所必须履行的监管职责。其主要职责有：提供交易的场所、设施和服务；设计合约，安排合约上市；组织并监督交易、结算和交割；为期货交易提供集中履约担保；按照章程和交易规则对会员进行监督管理；国务院期货监督管理机构规定的其他职责。对于市场风险的监管，期货交易所制定了许多行之有效的制度，如每日结算制度、保证金制度、持仓限额、大户持仓报告制度、涨停板制度等，虽然这些制度的建立很好地降低了市场风险，但我国期货交易所监管从整体上来看还比较薄弱。

（三）中美期货市场监管体制比较

我国期货市场自形成以来一直学习国外期货市场的先进经验，逐步建立起了“政府—协会—期货公司”的“三位一体”监管模式，这与美国的监管体系比较类似，但也有差异之处。美国商品期货交易委员会是美国期货市场的最高监管机构，它是相对独立的政府机构，对美国期货市场进行全面的管理与监督。而我国则由中国证监会对期货市场进行监管，中国证监会同时管理着我国证券市场，这与美国成立专门的机构有所不同。中国证监会下设期货部门对期货市场进行管理，无论从专业角度还是从管理能力与权限上来说，都与我国期货市场的快速发展不相适应，因此，应该把期货管理部门从证监会中分离出来建立独立的期货监督管理委员会，这样才能实现期货市场的规范发展，加强对期货市场的管理监督，当然这有待于决策者们的决策与部署。另外，政府机构和期货行业协会、期货公司在期货市场监管体系中地位不同，美国更看重行业协会和期货公司的自律管理，而我国政府的行政管理相对要多一些。

二、期货行业管理的内容

期货行业管理其实就是期货行业内部自律管理，是“国家—行业协会—期货交易所”三级管理体系的重要组成部分。期货行业协会作为期货行业管理的实际操作者，比国家管理和交易所管理更具强制性、针对性，国家赋予了期货行业协会一定的管理权限，使其具有更大的权威性，在期货管理中作用巨大。我国的期货行业协会是中国期货业协会，其他国家的期货协会有美国全国期货协会（NFA）、瑞士期货和期权协会（SFOA）、英国证券期货局（SFA）等。

期货行业协会管理的主要内容包括建立和完善期货行业自律体系、加强期货行业从业人员教育和管理、维护投资者合法权益、加强对投资者的教育、加强内部管理和自身建设等。

（一）建立和完善期货行业自律体系

期货行业协会建立和完善期货行业自律体系，通常制定章程、会员自律公约、纪律惩罚程序、期货公司信息技术管理规定、行业信息数据库系统管理等规则，行业内按照规则严格执行，协会对规则的执行进行有效监督。

（二）期货行业从业人员教育和管理

在期货行业内实行资格准入制度是世界各国的普遍做法，我国于2007年颁布的《期货从业人员管理办法》明确规定："取得从业资格考试合格证明的人员从事期货业务的，应当事先通过其所在机构向协会申请从业资格。未取得从业资格的人员，不得在机构中开展期货业务活动。""协会应当组织期货从业人员后续职业培训，提高期货从业人员的职业道德和专业素质。期货从业人员应当按照有关规定参加后续职业培训，其所在机构应予以支持并提供必要保障。""中国期货业协会依法对期货从业人员实行自律管理，负责从业资格的认定、管理及撤销。"我国从2000年开始，由中国期货业协会组织广大期货从业人员参加期货从业资格认证考试，考试通过后才能从事期货行业的相关工作。

通过期货行业从业人员资格的认定和管理，从业人员熟练掌握期货市场的基本知识、概念和原理，熟悉期货市场发展的基本规律，了解期货市场基本业务、交易方法和交易程序，学会期货交易的实际操作技巧和策略，提高从业人员的法律意识和自律意识，提高从业水平。

（三）投资者教育

期货市场中期货品种多、交易复杂且不断变化，所以有必要对投资者持续开展教育工作。如我国期货协会组织编写了"期货交易风险说明书""股指期货特别风险揭示"等，在交易者开户前便做出风险提示。为投资者编写一些期货市场基础类资料，定期发给期货交易的投资者，做到随时交易，随时提示风险。

（四）调解纠纷，协调会员关系

在期货市场的交易中会员与会员、客户与会员难免会遇到纠纷，这样就需要协会出面从中调解。如果调解失败，可以走仲裁程序，仲裁解决不了，则可以诉至法律。

（五）规范会员的经营情况，维护投资者合法权益

如果一个行业管理不考虑投资的利益和诉求，那么市场的发展和稳定就不会稳固，主要内容是行业内要牢固树立投资者保护意识，进一步制定和落实行之有效的管理制度，加强对市场各类产品的风险分析和揭示，及时向所有投资者发布市场信息，严格规范从业人员的交易行为。对会员的财务状况和经营状况要严格监管，防止会员进行违规操作，一旦发现有会员违规，要按照行业有关规定严肃处理。

三、期货行业协会职责

期货行业协会是依法成立的期货行业自律性组织，它由期货行业的从业机构和个人组成，

它是政府和期货经营机构之间沟通的平台，是政府对期货市场进行监督管理的得力助手。为了保证期货交易所有参与者的利益，促进期货行业的健康发展，期货行业协会要对期货交易所有参与者实行监督管理，对此，期货行业协会必须履行以下职责：强化行业职业道德意识，规范各会员的交易行为，保护交易者的合法权益；审查专业机构和人员的从业资格；监督从业机构运行情况和财务状况；培训和考核期货从业人员，开展投资者教育工作；积极推动期货行业的创新发展；为期货交易中的纠纷提供仲裁。

第二节 期货市场的构成

期货市场是一个高度自由化的市场，为了保证市场的正常运转，必须要有一个严密的组织机构来管理实施。期货交易所、结算机构、期货经纪公司、期货交易者是期货市场的基本构成要素。我国期货市场由中国证监会、中国期货行业协会、期货经纪公司、期货交易所、期货兼营机构、期货交易者构成。

一、期货交易所

（一）性质和职能

期货交易所，顾名思义就是期货交易者交易的场所，它为期货交易提供场地、设备和相关服务以及制定相应规则。期货交易所本身不参与任何交易活动，它为交易者创建一个公开、公平、公正的交易平台，在有效监督服务的基础上实现期货交易的顺利完成。

目前我国的期货交易所主要是大连商品交易所、郑州商品交易所、中国（上海）金融期货交易所和上海期货交易所。世界上比较著名的期货交易所有芝加哥商业交易所（CME）、芝加哥期货交易所（CBOT）、纽约商业交易所（NYMEX）、纽约期货交易所（NYBOT）、伦敦金属交易所（LME）、伦敦国际金融期货期权交易所（LIFFE）等。

期货交易所不参与期货合约的买卖，不参与期货价格的形成，它是一个非营利性的法人经济组织，它确保每一笔交易都要履行我国相关的法律和各项规章制度，营造良好的市场秩序，维护所有参与者的合法权益。其主要职能如下：

1. 提供期货交易的场所、设施和服务

按照我国的《期货交易管理条例》规定，所有期货交易活动必须在期货交易所内完成，禁止场外交易。所以，期货交易所必须为期货参与者提供交易场所，并提供交易必须具备的各项软硬件设备，如交易大厅、通信设备、交易系统等，确保期货交易能够快速、准确地进行。信息服务是交易所为期货参与者提供的最主要服务，期货交易双方在达成交易后，交易所在第一时间将交易价格等信息公布于众，增加市场的透明度和公平性，这一过程由计算机系统完成。今天，由于大量计算机网络的使用，期货交易已经可以通过计算机在网络上实现交易，很多期货参与者在家中登录网络便可以完成交易。

2. 设计合约和安排合约上市

制定统一的标准合约，将期货合约统一化、标准化，及时安排合约上市交易，使期货市场具有较高的流动性和效率，是期货交易所的重要职能之一。期货交易所根据市场需求开发出相应的期货品种，选择市场合适的时间安排合约上市，进行科学合理的设计与安排，既满足交易者的投资需要，又满足市场的需求。

3. 制定期货市场制度与交易规则

经我国国务院批准设立的期货市场，受中国证监会的监督和管理，在证监会的监督与管理下制定了期货市场的交易规则和各种规章制度，这样期货交易才能在期货市场内有序、公平地进行。期货交易所通过制定保证金制度、持仓限额制度、涨跌停制度、强行平仓制度、风险准备金制度等，有效地杜绝了操纵市场、强买强卖、弄虚作假等情况的发生，保证了期货交易双方的利益，有效地控制了市场的风险。

在制度管理与防范的同时，建立健全统一的期货交易规则，其中包括结算、交割、交易、违约等管理细则，进一步保证交易双方的行为规范，保证期货交易的顺利进行。

小贴士

表 2.1 国内部分商品期货交易规则

交易商品	交易单位	最小变动价位	涨跌停幅度	保证金标准
铜（Cu）	5 吨/手	10	4%/5%/6%	12%/12%/14%
黄金（Au）	1 000 克/手	0.01	5%/7%/7%	12%/12%/14%
燃料油（fu）	10 吨/手	1	5%/7%/10%	12%/14%/19%
橡胶（rue）	5 吨/手	5	4%/6%/6%	12%/12%/13.5%
玉米（c）	10 吨/手	1	4%/4%/4%	8%/9%/10%
白糖（SR）	10 吨/手	1	4%/6%/6%	12%/15%/15%
棉花（CF）	5 吨/手	5	4%/6%/6%	10%/13%/13%

注：

（1）涨跌停幅度分别为：首日的停板幅度；首日停板后，第二日的停板幅度；连续两日同方向停板后，第三日的停板幅度，注意郑州品种只单方向扩板。

（2）保证金标准分别为：首日的保证金标准；首日停板后，第二日的保证金标准；连续两日同方向停板后，第三日的保证金标准。

（3）每日保证金及涨跌停幅度的调整详见交易提示。

4. 监督期货交易过程，控制市场风险

在制定交易规则和制度的基础上，期货交易所还要进行有效的监督，这是交易所职能的重要一环。期货交易所通过对期货市场的实时监控，准确掌握市场的交易动态，对违规和异常的交易进行及时处理，有效地保证交易规则和制度的执行，及时地化解与防范市场的风险。期货交易的整个过程是复杂的，所以期货交易所必须监督交易的整个流程使其有序进行。期货市场是个高风险市场，为了能够对期货市场进行有效的监管，控制市场的风险，期货交易所制定了一系列保障制度，如保证金制度、每日结算制度、涨跌停板制度、持仓限额制度、大户报告制度、实物交割制度、强行平仓制度等，从各个环节对市场风险进行监控，保证期货市场运行的稳定。

5. **市场信息发布**

期货交易所有义务及时发布交易所内交易的价格和成交额，并有义务将相关信息向会员、投资者与公众发布，以保证信息的公开透明。

6. **对交易所会员进行监管和教育**

相对于普通交易者来说，期货交易所的会员在获取市场信息方面更快捷、更准确，所以在市场上处于有利地位。因此，必须严厉查处会员的违法违规行为，保证交易市场的公平、公正、公开，防止内幕交易的发生。

（二）组织结构

2017 年国务院颁布的《期货交易管理条例》中对于期货交易所的组织形式有明确规定，期货交易所可以采取会员制或公司制的组织形式。在颁布该条例之前，我们一直采用会员制作为期货交易所的组织形式，非常不利于期货交易所的发展。从世界各国的期货交易所组织形式来看，一般都分为会员制和公司制两种。

1. **会员制**

会员制期货交易所是指由全体会员共同出资组建，不以营利为目的，不享受任何投资回报，会员缴纳一定会费作为交易所的注册资本。会员制期货交易所的特点是不以营利为目的，在法律上是不以营利为目的的法人或公共事业性质的机构。所有会员缴纳会费作为资金进行运营，交易所如果盈利会员不享受回报，交易所如果亏损会员必须承担。会员大会是交易所的最高权力机构，重大决策由全体会员采取一人一票的方式进行集体决策，会员大会通过选举产生理事会和监事会。期货交易所通过全体会员大会、理事会和监事会进行管理。我国的郑州商品交易所、上海期货交易所和大连商品交易所均实行会员制。

（1）会员构成。

世界上交易所的会员构成不尽相同，欧美国家一般以自然人为主，而我国不允许自然人成为交易所的会员，只有企业法人才具备成为我国期货交易所会员的资格。

（2）会员的权利和义务。

交易所的会员一般具备以下权利：有资格参加全体会员大会，在大会上有表决权、申诉权；享有在交易所内进行交易的权利，并有获得市场交易信息的权利。会员必须履行的义务有：遵守国家法律法规，遵守交易所章程和业务规则，规范自身交易行为，按期缴纳会费，认真执行会员大会的决议，无条件接受交易所的监督管理。

（3）组织机构（见图 2.2）。

——会员大会，是由期货交易所全体会员组成的，行使期货交易所最高权力的机构。期货交易所有关重大事项的决策都要由会员大会决定。其职权有：审定期货交易所章程、交易规则及其修改草案；审议期货交易所风险准备金使用情况；审议批准理事会和总经理的工作报告、财务预算方案和决算报告；选举和更换会员理事；决定期货交易所的合并、分立、解散和清算事项；决定增加或者减少期货交易所注册资本；决定期货交易所理事会提交的其他重大事项；期货交易所章程规定的其他职权。

——理事会，是由会员大会选举产生的，是会员大会的常设机构，对会员大会负责。理事会通常会选举出理事长一人、副理事长若干人，理事会中的成员大多是交易所会员，也有一些非交易所会员加入理事会，通常这些人都为政府派驻交易所的工作人员，这样便于对交易所进行监管和指导。

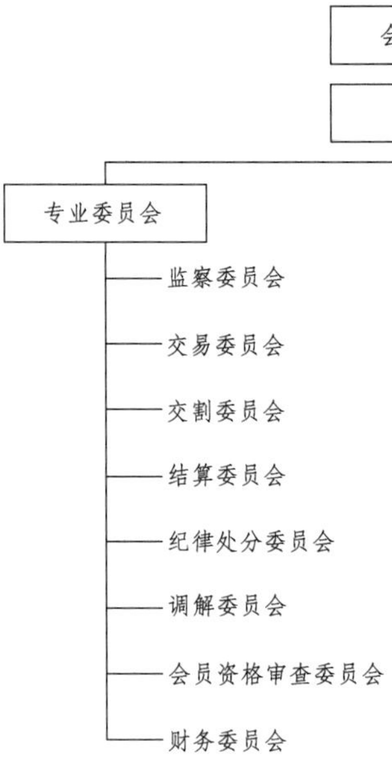

图 2.2　会员制期货交易所组织机构图

理事会行使下列职权：召集会员大会，并向会员大会报告工作；拟订期货交易所章程、交易规则及其修改草案，提交会员大会审定；审议总经理提出的财务预算方案、决算报告，提交会员大会通过；审议期货交易所合并、分立、解散和清算的方案，提交会员大会通过；决定专门委员会的设置；决定会员的接纳和退出；决定对违规行为的纪律处分；决定期货交易所变更名称、住所或者营业场所；审议批准根据章程和交易规则制定的细则与办法；审议结算担保金的使用情况；审议批准风险准备金的使用方案；审议批准总经理提出的期货交易所发展规划和年度工作计划；审议批准期货交易所对外投资计划；监督总经理组织实施会员大会和理事会决议的情况；监督期货交易所高级管理人员和其他工作人员遵守国家有关法律、行政法规、规章、政策和期货交易所章程、交易规则及其实施细则的情况；组织期货交易所年度财务会计报告的审计工作，决定会计师事务所的聘用和变更事项；期货交易所章程规定和会员大会授予的其他职权。

——专业委员会，一般由理事会同意设立，委派一名理事负责主持工作，若干名会员加入其中，负责交易所某一方面的工作。根据交易所实际情况需要，设立有监察、交易、交割、结算、纪律处分、调解、会员资格审查、财务和技术等专门委员会。

——职能部门，根据交易所实际工作的需要，一般设总经理、副总经理及财务部、行政部、市场部、科研部等业务部门。

2. 公司制

公司制期货交易所是指由若干股东共同出资组建的企业法人，以营利为目的，股份可以按照相关规定进行转让。

公司制期货交易所的特点是以营利为目的，交易所收益按股份分配，交易所亏损则按股份承担，交易所的所有权、控制权和交易权相分离。公司制期货交易所下设股东大会、董事会、监事会等，与一般股份公司有些类似，各部门相互制衡、相互监督。股东大会由全体股东组成，对交易所行使最高权力，对重大事项做出决定。股东大会下设董事会，对股东大会负责，对所有股东负责。

机构设置（见图 2.3）：① 股东大会，由所有股东共同组成，是公司的最高权力机构。股东大会进行公司重大事项决策，如修改公司章程，审批公司财务预算方案、决算方案和工作计划等。② 董事会，负责召集所有股东召开股东大会，执行股东大会决议，聘任公司行政人员等。③ 经理，由董事会聘用，经理对董事会负责。经理的职责是主持公司的日常管理和业务往来，具体实施股东大会、董事会决议。④ 监事会，一般由股东代表和公司职工代表组成。负责监督检查公司财务状况；对董事、管理人员执行公司决议情况进行监督；提议召开临时股东大会，向股东大会提出提案；在董事会不履行职责时代为召集主持股东大会；公司法规定的其他职责。

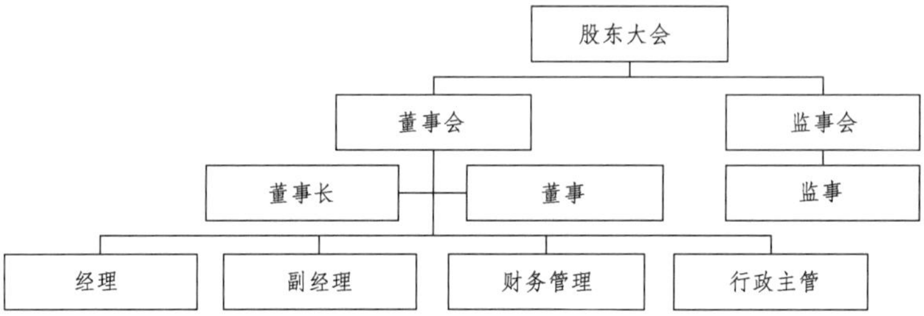

图 2.3 公司制期货交易所组织机构图

3. **公司制与会员制期货交易所的比较**

虽然公司制和会员制交易所在功能上有很多共同点，但两者之间也有很多不同之处，具体表现为：

第一，两者设立的目的不同。会员制不以营利为目的，所有会员不分配任何利润却承担着所有风险。公司制则以营利为目的，所有股东按股份承担风险并获得收益。

第二，出资方式不同。会员制交易所资金来源于会员缴纳的会费，交易所每年结算后盈利部分不会向所有会员分配，亏损部分则要由所有会员承担。公司制交易所的资金来源于股东出资，这与股份公司有些类似，股东按股份承担风险和分享利润。

第三，适用法律不同。会员制一般适用于民法，而公司制一般适用于公司法。会员制交易所会员不承担交易的任何责任，而公司制的股东则要承担交易所的法律责任。

这几年我们看到，许多大型的期货交易所都由会员制期货交易所改制为公司制期货交易所，如香港期货交易所、纽约商品交易所、芝加哥期货交易所、伦敦金属交易所等，都已经完成了公司制改革，公司制期货交易所将成为未来期货市场的主流。

（三）我国期货交易所的发展情况

1988 年 3 月 25 日，在第七届全国人民代表大会第一次会议上的政府工作报告中明确指出“加快商业体制改革，积极发展各类批发市场贸易，探索期货交易”，中国的期货交易所应运而生。

第一阶段：实验阶段（1988—1990 年）

1990 年 10 月，经国务院批准中国郑州粮食批发市场成立，以现货交易为主，引入了期货交易机制，我国第一个商品期货市场正式启动，作为我国商品期货交易的试验田。1993 年 3

月，中国郑州粮食批发市场成立郑州商品交易所，郑州商品交易所于 1993 年 5 月正式推出了期货交易。

第二阶段：盲目发展阶段（1990—1993 年）

1993 年可以说是我国期货交易所迅猛发展的一年，到 1993 年年底全国各地陆续批准设立了名为“商品交易所”“期货交易所”的期货市场多达 40 家，此外具有期货市场机制、以发展期货交易为目的的批发市场犹如雨后春笋般在全国各地涌现。

第三阶段：治理整顿时期（1993—1999 年）

盲目的发展带来一段混乱时期，1994 年 5 月，国家开始对期货交易所进行全面审核，至 1998 年 14 家交易所重组调整为大连商品交易所、郑州商品交易所、上海期货交易所三家，期货交易品种从 35 个减为 12 个，期货经纪公司也从 194 家减为 180 多家。

第四阶段：健康发展时期（1999—2010 年）

经过大力度的整治和调整，我国期货交易市场正逐渐走向成熟，以中国证监会、中国期货业协会、期货交易所组成的“三位一体”市场监督体系已经初步形成。2003 年大连商品交易所的大豆期货品种的交易量达到了 2 818.80 万吨，仅次于美国的 CBOT，排名世界第二。

第五阶段：金融期货时代（2010 年 4 月 16 日至今）

2006 年 9 月 8 日，中国金融期货交易所宣布成立，拉开了中国金融期货市场的序幕。2010 年 1 月 18 日，国务院批准股指期货上市交易，4 月 16 日，股指期货正式上市，我国期货行业正式迈入金融期货时代。

（四）国内外主要期货交易所介绍

1. 大连商品交易所

大连商品交易所是我国发展较早的期货交易所，成立于 20 世纪 90 年代，是经国务院批准设立的并由证监会管理监督的四大交易所之一，是我国东北地区唯一一家期货交易所。目前交易所主要上市交易的品种有黄大豆 1 号、黄大豆 2 号、豆油、玉米、棕榈油、豆粕、聚氯乙烯、线性低密度聚乙烯、玉米淀粉、鸡蛋、纤维板、胶合板、聚丙烯、焦炭、焦煤、铁矿石共计 16 个期货品种和豆粕期权。经过二十几年的发展，大连商品交易所已经初具规模，截至 2018 年，会员总数达到 166 家，交割库 247 个，2018 年期货成交量达到 9.82 亿手，成交金额达到 52.2 万亿元。

2. 郑州商品交易所

郑州商品交易所成立于 1990 年 10 月 12 日，是经国务院批准成立的我国首家期货市场试点单位，在现货交易成功运行两年以后，于 1993 年 5 月 28 日正式推出期货交易。交易所主要上市交易的品种有小麦、棉花、白糖、菜籽油、精对苯二甲酸、甲醇、早籼稻、棉纱、苹果、红枣、甲醇、玻璃、硅铁等。

3. 中国（上海）金融期货交易所

中国（上海）金融期货交易所成立的相对较晚，成立于 2006 年 9 月 8 日。它是由上海期货交易所、郑州商品交易所、大连商品交易所、上海证券交易所和深圳证券交易所共同发起设立的交易所，这 5 家股东分别出资 1 亿元。中国金融期货交易所的成立主要致力于打造我国的现代化金融衍生品交易中心。

4. 上海期货交易所

1995 年 4 月 19 日，上海商品交易所成为国务院批准的试点交易所。目前，上海期货交易所上市交易的品种有白银、铜、铝、黄金、铅、锌、螺纹钢、燃料油、线材、天然橡胶。

5. 伦敦国际石油交易所（IPE）

成立于 1980 年的伦敦国际石油交易所是欧洲最重要的能源期货和期权的交易场所，起初是非营利性机构。1981 年 4 月，伦敦国际石油交易所（IPE）推出重柴油（gas oil）期货交易，欧洲自此出现了第一个能源期货合约，能源合约的上市非常成功，交易量一直稳步上升。1988 年 6 月，伦敦国际石油交易所（IPE）推出了布伦特原油期货合约，布伦特原油期货合约是用以满足石油工业对于国际原油期货合约的需求而设计的，是一个很好的规避风险的交易工具。IPE 的布伦特原油期货合约上市后取得了成功，在国际市场上受到交易者的追捧，北海布伦特原油期货价格也成为国际原油市场的标杆。2000 年 4 月，IPE 进行了改制，成为一家以营利为目的公司。2001 年 6 月，IPE 被美国洲际交易所（Intercontinental Exchange，Inc.）收购，成为这家公司的全资子公司。

6. 东京工业品交易所（TOCOM）

东京工业品交易所又称东京商品交易所，成立于 1984 年 11 月 1 日，是日本唯一一家综合商品交易所，是世界上仅有的几家交易多种贵金属的期货交易所。东京工业品交易所近年来大力发展石油、汽油、气石油等能源类商品。根据日本 1950 年颁布的《日本商品交易所法》建立起来的东京工业品交易所是一个非营利性的品种完善的交易所，目前已成为世界上最具影响力的期货交易所之一，也是世界上最大的铂金和橡胶交易所，同时其黄金和汽油的交易量位居世界第二位。

7. 纽约期货交易所（NYBOT）

美国纽约棉花交易所（New York Cotton Exchange）和美国咖啡、糖、可可交易所（Coffee Sugar Cocoa Exchange）于 1998 年合并成立了纽约期货交易所。纽约期货交易所（NYBOT）实行会员制，是目前世界上唯一一家交易棉花期货和期权的交易所。

二、期货结算机构

期货结算机构，顾名思义是负责期货结算的机构，它在交易所里负责结算、保证金管理和风险控制。由于在交易所里的交易量越来越大，为了保证交易结算交割的安全性，期货结算机构应运而生。早在 1883 年美国就成立了结算协会，但那时的结算协会还不够规范，直到 1925 年芝加哥期货交易所挂牌成立，才标志着具有现代意义的结算机构产生。

（一）期货结算机构职能

1. 计算交易盈亏

计算交易盈亏是指当天交易结束后，期货结算机构对会员的每笔交易进行计算，计算出的结果在系统中发布给会员，并提供给会员相应的盈亏等结算数据，结算结果为正即盈利，结算结果为负即亏损，作为实际盈亏情况计入会员账户。

2. 担保交易履约

担保交易履约是期货结算机构的重要职能，它既保证了交易双方的利益，又大大降低了交易的信用风险。在期货交易成交之后，买卖双方都要向结算机构缴纳一定的交易保证金，结算机构就要保证每笔交易的顺利进行按期履约，一旦一方违约，结算机构就要代替违约方履行合约。对于交易者来说，有了结算机构的担保，进行期货交易的时候便不用去了解对方的资信情况，也不用担心违约的情况发生，这就是结算机构的替代作用。有了结算机构的替代作用，结算会员和客户就可以随时冲销合约，而不必去考虑对方的意见，使得期货交易独有的以对冲平仓方式免除合约履行义务的机制得以运行。

3. 控制市场风险

结算机构为了能有效地担保交易履约，须收取交易者结算保证金作为保障。所谓“结算保证金”，就是结算机构向结算会员收取的保证金。在期货交易中引入保证金制度是期货市场风险控制最重要的制度，既然收取了交易者保证金，交易所就必须承担起控制市场风险的职责。交易者的结算保证金是随着交易的盈亏而不断变化的，每日结算价格出来后，如果会员亏损，结算保证金金额低于交易所规定的最低限额，结算机构则要求会员追加保证金，在收到结算机构的追加通知后，会员必须在次日交易所开市前将保证金补上，否则将不能参与第二日的交易。通过对会员保证金的管理、控制，期货结算机构就能很好地控制市场风险，以保证广大交易者的利益。

（二）组织形式

根据期货结算机构与期货交易所之间的关系不同，期货结算机构大致分为三种形式：

第一，期货结算机构作为某一个期货交易所的内部机构，这样的形式有利于期货交易所对整个市场进行及时有效的监管。因为期货结算机构受控于期货交易所，所以期货交易者很容易掌握市场资金的流动情况，根据市场交易情况来控制市场风险。例如芝加哥商品交易所以及我国四大期货交易所都采用这种形式。

第二，期货结算机构是独立的结算公司，并不附属于任何一家期货公司。由于结算公司是独立的法人，而期货公司也为独立的法人，所以两者可以有效地进行监督，保持交易和结算的独立性，如美国国际结算公司。

第三，期货结算机构是由多家期货交易所和金融机构共同出资组建的独立结算公司，为多家交易所共用，如英国国际商品结算公司。

（三）期货结算制度

结算是指根据交易结果和交易所有关规定对会员交易保证金、盈亏、手续费、交割货款和其他有关款项进行的计算、划拨。结算包括交易所对于会员的结算和会员对于所代理的客户之间的结算。

期货交易所的结算实行保证金制度、每日无负债制度和风险准备金制度等。国际上结算机构通常采用分级分层结算制度，结算机构只对会员进行结算，场内的非会员和个人只能通过真正的会员进行结算，这种分级结算制度有利于市场风险的控制。

1. 期货结算机构对会员的结算

每天交易结束后交易所结算机构都会对每个会员的盈亏等情况进行结算。会员通过交易所提供的网络系统，实时查询自己的交易情况、交易手续费、盈亏及保证金等。会员根据获得的结算数据，对每一天的交易情况进行核对，如有异议可以向交易所提出。

2. 期货经纪公司对客户的结算

由于期货结算机构不直接与个人或非会员进行结算，所以作为会员的期货经纪公司便承担起了结算任务。和期货结算机构对会员的结算一样，作为会员的期货经纪公司每天也要对客户进行结算，即当天交易结束后对每个客户的盈亏、手续费用、保证金等金额进行结算，会员身份的期货经纪公司按客户交易的情况收取交易手续费，计算出客户当天的盈亏情况，当客户保证金低于交易所规定的水平时，期货经纪公司会通知客户在下个交易日到来之前追加保证金，如果客户不能足额缴纳保证金最低限额，作为交易所会员身份的期货经纪公司按合约有权力强行平仓。

三、期货经纪机构

期货交易所采用会员准入制度和结算机构分级制度，使得很多想要参与期货交易的个人和非会员不能入场交易，然而由于期货交易的高风险性，期货交易所又必须制定严格的会员交易制度，这样两者就产生矛盾，为了解决这一矛盾，交易所允许部分会员接受客户的委托，代理客户进行期货交易。这样期货经纪机构便自然产生，从中起到了中介作用。

期货经纪机构是指依法设立的、接受客户委托、按照客户的指令、以自己的名义为客户进行期货交易并收取交易手续费的中介组织，期货交易结果由客户承担。期货经纪机构通常指期货公司和介绍经纪人（Introducing Broker，IB），还有一些其他中介服务机构，如商品交易顾问（CTA）、场内经纪人（FB）等。在我国只有期货公司是期货经纪机构，没有单独的经纪商代理人。借鉴美国市场的经验，我国可以逐步引入经纪商代理人，通过专业化的分工与服务，扩大期货市场的影响，更加有效地发挥期货市场功能。

期货经纪机构作为交易者与期货交易所的中间人，起到了桥梁纽带作用，其作用突显为以下几个方面：期货经纪机构代理委托客户进行期货交易，不断发展新客户加入期货交易市场，扩大市场规模，节约成本和提高效率，对促进期货价格合理定位起到了一定的作用；期货经纪机构有收集市场信息和分析行情的部门，为客户准确预测行情和进行期货交易提供了帮助；期货经纪机构制定了一套完整的风险监控制度，有效控制了客户的交易风险，在控制市场稳定方面起到了重要作用。

（一）期货公司

期货公司又称期货经纪公司，是指依法设立的、接受客户委托、按照客户的指令、以自己的名义为客户进行期货交易并收取佣金的公司。期货交易所的结算机构通常采取分级制度，只有期货交易所的会员才能与结算机构进行直接结算，个人和非会员进行期货交易结算只能通过会员来进行，而获得会员资格的期货经纪机构便充当中间人角色，期货经纪机构是代理客户进行期货交易结算的中介机构，在客户每笔交易中收取手续费。

1. **职能**

期货公司的主要职能包括：根据代理客户进行期货合约的买卖，为客户办理结算和交割手续；对客户账户进行管理，控制交易风险；为客户提供期货市场信息，对客户的期货交易提供专业的建议与咨询。期货公司在交易中收取客户的佣金，便要及时提供相应的服务，履行相应的职责。

2. **组织机构**

不同的期货公司因管理方式方法的不同而在组织构建上有所不同，但从期货公司的职能和特点来看，期货公司一般都会由以下几个部门构成：客户服务部门、金融财务部门、交易部门、结算部门、实物交割部门、风险控制部门、信息部门和行政部门等。

（1）客户服务部门：主要负责客户开户、销户、合同签订、保管客户资料等工作。在客户开户前，客户服务部门应该向客户提示期货交易的风险，向客户详细介绍期货交易的流程和规则，以及国家对于期货交易所制定的各项法律法规。在客户交易期间，不定期地对客户进行回访，了解客户需要，及时反馈市场信息。遇到分歧时，认真接待好客户，仔细听取客户的诉求，妥善处理纠纷。

（2）金融财务部门：主要负责期货公司和客户的财务工作，包括制定、实施方面的各项制度，保证公司财务管理的规范性和客户资金安全，以及对客户保证金的收取和管理等。金融财务部门在制定公司财务制度时要严格依照国家有关法律法规及财务制度，结合本公司具体情况制定，这样在实际工作中才能起到规范、指导作用。金融财务部门还要随时监督客户交易情况，对客户每天的盈亏情况进行监控，确保客户有足够的保证金维持持仓合约的变动，防止客户过量交易，客户保证金不足额时，及时通知客户增加保证金，确保期货公司和客户的利益不受损失。

（3）交易部门：主要负责为客户进行交易，客户向期货公司下达交易指令，期货公司接受客户委托为其进行期货交易，并将交易结果及时反馈给客户。交易部门是期货公司的基本业务部门。

（4）结算部门：主要负责为客户的交易进行结算，每个交易日后都会对客户的交易情况、盈亏、保证金、手续费等进行结算，并及时将结算情况以电子或纸质账单的形式反馈给客户。客户每天查阅当天交易情况并确认，如有异议便及时向期货公司提出。

（5）实物交割部门：主要负责实物交割合约的有关货款收付，办理有关的交收文件和凭证，办理仓单抵押和货物的往来工作。

（6）风险控制部门：主要负责对期货公司的业务风险进行监控，以及对客户的财力状况的核查，随时进行适时的风险控制。风险控制部门是期货公司的关键部门。在复杂的期货市场交易中，必须提高警惕，把风险控制的工作贯穿到每个工作环节，防止期货公司出现坏账和客户交易过量导致风险失控。

（7）信息部门：主要负责期货网络系统的开发与管理维护。当今计算机已经全面普及，期货交易也已经实现电算化，整个交易过程完全在计算机系统中完成。所以，信息部门必须开发好交易系统、市场信息系统等，并保证系统的正常运行。

（8）行政部门：主要负责公司人事、办公、后勤等工作。

3. 国内期货公司现状

（1）我国期货公司的设立。

国务院令第 676 号通过了《国务院关于修改和废止部分行政法规的决定》，其中修订了《期货交易管理条例》，自 2017 年 3 月 1 日起施行。该条例中明确规定了期货公司设立的条件和管理办法，并要求设立期货公司必须满足以下规定：① 注册资本最低限额为人民币 3 000 万元；② 董事、监事、高级管理人员具备任职资格，从业人员具有期货从业资格；③ 有符合法律、行政法规规定的公司章程；④ 主要股东以及实际控制人具有持续盈利能力，信誉良好，最近 3 年无重大违法违规记录；⑤ 有合格的经营场所和业务设施；⑥ 有健全的风险管理和内部控制制度；⑦ 符合国务院期货监督管理机构规定的其他条件。期货公司业务实行许可制度，由国务院期货监督管理机构按照其商品期货、金融期货业务种类颁发许可证。期货公司除申请经营境内期货经纪业务外，还可以申请经营境外期货经纪、期货投资咨询以及国务院期货监督管理机构规定的其他期货业务。

（2）国内期货公司经营现状。

前几年我国期货行业面临着同质化竞争、业务许可范围小、利润少、服务质量差、公司数量大、行业内竞争激烈等困境。从 2010 年起，随着期货公司并购的兴起，期货公司得到了较快发展，行业结构得到优化，期货公司不断壮大，交易量不断刷新纪录。期货公司的整体经营指标大幅提升，资本实力进一步增强，期货公司代理规模快速增长和区域优势明显。但同时公司之间竞争日趋激烈，盈利水平两极分化现象比较严重，手续费率持续下降。

第一，期货公司经营业务模式不断创新。在我国股指期货没有推出之前，大部分期货公司只是简单经营着传统的商品期货经纪代理业务。直到 2010 年 4 月，沪深 300 股指期货上市交易，期货公司的经营范围才逐渐丰富起来。2011 年 6 月，监管层适时公布期货公司期货投资咨询业务资格的相关审核标准，自此期货投资咨询业务正式展开，期货公司经营业务模式不断创新。目前期货公司的经营模式主要分为以下三类：一是传统专业期货公司，该类公司主要指入市时间早、实力比较雄厚、信誉良好、拥有市场较大份额的公司。二是券商系期货公司，该类公司往往有金融券商背景，有良好的金融证券方面的资源，能够很好地开展金融创新业务。三是一些兼营期货业务的大型现货机构，该类公司本身就有产品的生产商，它们经营着与自己产品相关的期货业务，在产品的生产、运输等方面更具优势。

第二，盈利水平两极分化现象比较严重。从 2017 年度全国 149 家期货公司净利润排行（见表 2.2）来看，总共 45 家期货公司净利润亏损，亏损比例竟然高达四成，其中 18 家公司连续三年亏损，而排名前十的期货公司净利润总和占到行业净利润的三成以上。一边是实力雄厚的大公司，在研发、技术、财务上具有不可比拟的优势，不断吞食市场份额。另一边是发展较晚、营业网点少、前期积累不足、创新业务能力不足的小公司，市场份额不断缩小。随着资产管理业务、境外代理业务的出台，期权、国债、原油等期货新品不断推出，期货行业内两极分化现象将愈演愈烈。

表 2.2 2017 年度期货公司净利润排名前十

序号	公司名称	净利润/亿元
1	永安期货	8.37
2	中信期货	4.2

续表

序号	公司名称	净利润/亿元
3	国泰君安期货	3.36
4	海通期货	3.18
5	华信期货	2.89
6	银河期货	2.35
7	华泰期货	2.15
8	广发期货	2.06
9	国信期货	1.91
10	方正中期	1.85

数据来源：国家统计局。

第三，期货公司发展方向是综合性金融企业。首先，期货公司在新业务创新方面应该不断进取，尤其是一些规模较小的期货公司，由于大公司的不断蚕食，应积极拓宽业务范围，在开展好传统的商品期货业务的同时，加大力度开发投资咨询、境外期货代理和 CTA 等新业务，在法律法规允许的范围内不断创新业务。其次，随着我国市场经济的深入发展，期货市场交易规模将不断扩大，而且期权以及股票指数、利率期货、汇率期货、商品指数等金融期货也将逐步上市交易，期货公司将逐步渗透到其他金融行业，其他金融行业也将不断向期货业渗透。所以，综合性金融企业是期货公司未来的发展方向。

（二）其他期货中介

1. 介绍经纪商

介绍经纪商（Introducing Broker，IB）在国际上既可以是机构也可以是个人，但一般以机构的形式存在。其主要业务是为期货公司开发客户或接受期货、期权指令，但不能接受客户资金，且必须通过期货公司进行结算。介绍经纪商来源于美国，美国通常实行介绍经纪商制度，而在我国证券公司充当着介绍经纪商的角色。由于我国的证券公司客户资源较多、实力雄厚，有些证券公司还直接参股期货公司，所以他们很愿意担任这个中间人角色，客户被介绍到期货公司开户，证券公司收取期货公司的佣金。

介绍经纪商一般有两种形式：第一种是担保的介绍经纪人（GIB），就是 IB 与某家期货公司签订担保协议，期货公司为 IB 经营行为作保证，相当于 IB 为期货公司打工，在美国大约 70%的介绍经纪人是 GIB，而 GIB 只能为提供担保的公司介绍客户；第二种是非担保的介绍经纪人，也称独立的介绍经纪人（IIB），通俗地讲就是自己给自己干，但按照美国相关法规必须具有一定的资本，美国大约 30%的介绍经纪人为 IIB，而 IIB 可以为多家期货公司介绍客户。

2. 居间人

期货市场的居间人是指接受期货公司和客户双方的委托，在两者之中居间介绍，最终促成两者签订服务合同的自然人或法人。居间人对期货公司和客户双方负责，在双方达成合同过程中独立承担法律责任，居间人受双方委托从中牵线搭桥有获得报酬的权利。

四、期货投资者

（一）期货投资者的分类

1. 根据期货投资者入市交易的目的不同分类

根据期货投资者入市交易的目的不同，期货投资者分为套期保值者和投机者。套期保值者（Hedger）是指那些把期货市场作为价格风险转移的场所，利用期货合约作为将来在现货市场上进行买卖的商品的临时替代物，对其现在买进（或已拥有，或将来拥有）准备以后出售或对将来需要买进商品的价格进行保值的个人和机构。套期保值者的主要目的是利用期货与现货盈亏相抵来进行保值，套期保值者大多是大的生产商、经销商和贸易商，由于市场变幻莫测，价格变动较大，所以为了规避现货价格波动所带来的风险，套期保值者往往在期货市场上进行套期保值，从而规避价格风险。套期保值者既是现货市场的经营者，又是期货市场的交易者，所以从很大程度上来讲没有套期保值者的参与，就不会有期货市场，作为市场交易主体的套期保值者对期货市场的正常运营发挥着至关重要的作用。投机者（Speculator）是指在期货市场上以较少资金通过各种交易手段来博取利润的投资者。投机者通常采用买空卖空、卖空买空等手段在市场上赚取差价，承担着巨大的价格变动风险，他们预测价格将要上涨时就会买进期货合约，预测价格下跌时便会卖出持有的合约，如果投机者预测成功则会有相当可观的回报，如果预测失败则一败涂地。投机者根据交易头寸不同分为多头投机者和空头投机者，根据资金多少分为大投机商和中小投机者，根据持仓时间不同分为长线交易者、短线交易者、当日交易者和抢帽子者。

2. 根据投资者的身份不同分类

根据投资者的身份，投资者可分为个人投资者和机构投资者。个人投资者一般是自然人交易者，机构投资者则是法人或机构，可以是生产商、经销商和贸易商以及一些金融服务机构等。金融服务机构中的机构投资者一般有公共和私人养老基金、保险基金、对冲基金、信托基金和投资银行等。

（二）机构投资者

机构投资者是期货市场中最重要的投资者，他们往往资金雄厚、抗风险能力强，已经成为稳定期货市场的重要力量。但就我国期货市场中投资者的总体情况来看，参与者中机构投资者所占比重偏低，远低于国外平均水平。

1. 期货投资基金

期货投资基金（简称“期货基金”）是指广大投资者将资金集中起来，委托给专业的期货投资机构进行期货交易，投资者承担投资风险并享有投资回报。期货基金根据基金的组织形式不同可分为公募基金（Public Funds）、个人管理期货账户和私募期货基金（Private Pools），根据投资品种不同可分为商品期货基金、股票期货基金、利率期货基金、混合期货基金等。

公募基金一般是受政府主管部门监督和管理的，向广大投资者公开发行有价证券式的证券投资基金，如目前我国证券市场上的封闭式基金都属于公募基金的范畴。2011 年 9 月，我国证监会发布的《基金管理公司特定客户资产管理业务试点办法》明确提出，基金公司的专户产品可以投资于传统投资品以外的资产支持证券、金融衍生品和商品期货。

私募基金是指受个别投资者委托，私下向特定投资人募集资金进行的一种集合投资。私募基金起源于20世纪末的美国，当时有许多有钱的银行家、实业家通过律师和会计师的撮合，将资金投资于较大的石油、钢铁等行业，但这些投资都是由个人投资者决定的，这也是私募基金的雏形。私募基金采取的是有限合伙形式，其中合伙人主要分两种形式，即一般合伙人和有限合伙人。一般合伙人是发起组织基金的机构或个人，实际控制着基金的投资交易和日常管理。有限合伙人只是投资者，他们不参与具体的投资交易，只分享投资盈利和承担投资风险。目前在我国，私募基金在管理人和发起人条件、投资者规模与资格、信息披露、发行和募集方式等方面是受到严格限制的。

个人管理账户是指在商业银行开户成功后交由期货交易顾问管理的账户。一些个人投资者和机构投资者经常会将部分资金委托给专业期货投资机构进行投资交易。

2. 对冲基金

对冲基金起源于美国，20世纪50年代，为了规避和化解投资风险，一些投资者利用手上掌握的资金进行期货、期权等相关产品的空买空卖、风险对冲等操作，自此就产生了最原始的对冲基金。

对冲基金（Hedge Fund）也称套利基金或避险基金，是指金融期货和期权等金融衍生工具与金融组织结合后以高风险投资为手段并以营利为目的的金融基金。关于对冲基金的概念目前还没有一个统一的定义，有人认为对冲基金是由少数专业富有的投资者组成的，通过采取有限合伙的形式避开管制，以追求运用大量金融工具投资和交易，追求高回报率的共同基金。也就是说，对冲基金通常是指不受任何监管的组合投资计划，投资人一般不超过100人，且都具有一定的资本实力。对冲基金有以下几个特点：

（1）高杠杆效应：对冲基金的资产具有很高的流动性，对冲基金通过利用银行抵押贷款获得数倍于己的资金。通过这种高杠杆运作可能为对冲基金带来巨大回报，但一旦操作不当其损失也是巨大的。

（2）私募性：对冲基金组织一般是少数人的合伙人制，大部分人只是基金的投资者，但是出资者并不参与操作决策。只有少数的管理者负责基金的具体操作和日常管理，在美国对冲基金的合伙人一般不超过100人，每个人的出资额不少于100万美元。由于对冲基金的私募性质，它不像公募基金那样定期公开披露信息。

（3）操作隐蔽和灵活：公募基金由于受到政府监管，所以一般要有较明确的投资计划，在投资工具的选择和比例上有严格限定，有信息披露要求。另外，公募基金不得利用信贷资金进行投资，对冲基金则完全没有这方面的限制。因此，对冲基金在操作上更加隐蔽、更加灵活且具有高杠杆效应，在现代国际金融市场中扮演着重要角色。

（4）投资组合的复杂性：随着近年来期货品种不断创新，结构也日趋复杂，金融衍生品逐渐成为对冲基金的主要操作工具。这些金融衍生品因为具有成本低、风险高、回报高的特性而受到对冲基金的青睐，成为对冲基金的主要工具。对冲基金按照对市场的预测，利用这些工具设计出复杂的投资组合，以期获得巨额回报。

小贴士

著名的对冲基金

老虎基金：创立于1980年的老虎基金（Tiger Fund）是举世闻名的对冲基金，它由朱利安·罗伯逊创建。老虎基金在亚洲金融风暴中翻云覆雨，也成为华尔街最为成功的宏观对冲基金之一。

量子基金：量子基金是全球著名的大规模对冲基金，是美国金融家乔治·索罗斯旗下经营的五个对冲基金之一。量子基金主要在世界范围内投资于股票、债券、外汇和商品，是高风险基金。量子基金是典型的对冲基金。量子基金的总部设在纽约，但其出资人皆为非美国国籍的境外投资者，其目的是避开美国证券交易委员会的监管。

富达基金：富达投资集团（Fidelity Investment Group）是目前全球最大的专业基金公司。富达投资集团成立于1946年，其创始人是爱德华·约翰逊，总部设在美国波士顿。

（三）投资者在期货市场中的作用

根据进入市场的目的不同，投资者分为套期保值者和投机者，套期保值者和投机者在市场上起到了不同的作用。套期保值者是期货市场的交易主体，如果没有套期保值者参与期货市场交易，期货市场就没有存在的价值，套期保值者对期货市场的正常运行发挥着重要作用。

首先，套期保值者规避了其生产经营中的风险，同时也为投机者提供了附着在这些风险中的收益，投资者成了期货风险的承担者，是套期保值者的交易对手。套期保值者在期货市场中交易来规避生产经营风险，这些风险没有凭空消失，而是转移到了其他承担者身上，期货投机者变成风险承担者的主力军，他们在期货市场上起到了承担风险的作用。其次，众多的投机者通过对价格的预测，不断买卖交易，增加了市场的流动性，使得交易价格的形成更加合理。

五、期货服务机构

（一）期货信息咨询机构

期货信息咨询机构主要是为期货交易者提供行情软件及一些相关行业资讯服务的机构。期货投资者通过期货信息咨询机构的软件和信息服务，详细了解当天市场交易动态，及时掌握国内外有关新闻资讯，对期货交易者判断市场行情提供第一手资料。期货信息咨询机构为了实现利润最大化，往往对交易者实行差异化服务。

（二）保证金存管银行

保证金存管银行是由期货交易所指定，协助期货交易所办理期货交易结算业务的银行。保证金存管银行实际上就是与期货交易所签订合作协议的我国国有或股份制银行，如工商银行、农业银行、中国银行、建设银行、交通银行，这些银行都具备期货保证金存管资格。

我国颁布的《期货公司监督管理办法》明确规定，不允许在期货保证金账户和期货交易所专用结算账户之外存放客户保证金，期货保证金账户属于专用存款账户，更不允许占用客户保证金。客户账户发生变动时期货公司、保证金存管银行必须当日向期货保证金安全存管监控机构备案，报送的信息不能存在虚假、误导或者重大遗漏。

保证金存管银行的权利与义务包括以下方面：保证金存管银行有权利了解会员在交易所的资信情况，为客户开设交易专用结算账户和保障金账户，存放期货交易的保证金，享有法律法规规定的其他权力。保证金存管银行有义务保守交易所和客户的商业秘密以及客户的个人信息，向交易所和监管机构通报客户资金结算方面的违规行为，协助交易所和监管机构核查客户资金的来源与去向，必须履行法律法规规定的其他义务。

我国保证金存管银行目前在工作中还存在以下问题：第一，监督管理部门一般采用交易所的数据和存管银行的资金数据来核对期货公司上报的数据，但部分保证金存管银行在数据的报送上比较拖沓，数据的质量也存在很多纰漏，一些银行对于保证金存管这块业务重视程度不够。第二，有些保证金存管银行、期货公司的交易软件和结算软件技术比较落后，不能根本满足保证金安全监控的要求。第三，期货公司并未按要求向监管机构和监控中心及时上报新开的期货保证金账户，有的期货公司会在保证金专用存管账户之外开立协议账户用于存放这部分资金，这都是违规行为，但一些保证金存管银行采取沉默的态度，并没有及时向监管机构上报情况。随着我国期货市场的日益发展，对保证金存管银行的业务要求也越来越高，所以具有保证金存管资格的银行必须加强管理、提高认识，这样才能适应市场的发展。

（三）交割仓库

交割仓库是指经交易所指定的为期货合约履行实物交割的交割地点。它也是期货交易的服务机构，是独立的法人。

交割仓库在设立前必须向期货交易所提出设立申请，期货交易所按照相关规定对交割仓库进行审核，审核通过的就成为期货交易所指定的交割仓库，交割仓库与期货交易所必须签订协议，事先明确好各自权责。期货交易所指定的交割仓库必须按交易所规定签发标准仓单，不允许规定外乱收费，要认真履行期货交易所关于交割方面的有关规定，并接受交易所的监督。根据期货交易合约的商品标准，认真检验入库，确保商品在仓库的安全，协助期货交易双方做好货物的运输等工作。期货交易所选择交割仓库的原则，主要是考虑到交割商品的特性和地域分布，根据相关规定按照严格的程序来确定的。交割仓库的业务主要分为三个阶段：商品入库、商品保管和商品出库。

（四）律师事务所

在期货交易中，交易双方、交易者与期货公司之间、交易者与期货交易所之间难免会产生分歧，分歧大了不能调节的便要走法律程序，而此时律师事务所发挥了重要作用。律师事务所一般为期货交易所有的参与者提供法律法规方面的咨询服务，在遇到矛盾必须法院判决的时候为客户提供法律方面的帮助。

除了以上期货服务机构之外，还有一些中介公司、会计师事务所、公证单位、资产评估机构等服务机构在为期货交易所的参与者提供服务。

复习思考题及答案

一、名词解释

期货交易所：顾名思义就是期货交易者交易的场所，它为期货交易提供场地、设备以及相关服务和制定相应规则。

保证金存管银行：由期货交易所指定，协助期货交易所办理期货交易结算业务的银行。保证金存管银行实际上就是与期货交易所签订合作协议的我国国有或股份制银行。

期货结算机构：负责期货结算的机构，它在交易所里负责结算、保证金管理和风险控制。

期货公司：又称期货经纪公司，是指依法设立的、接受客户委托、按照客户的指令、以自己的名义为客户进行期货交易并收取佣金的公司。

套期保值者：那些把期货市场作为价格风险转移的场所，利用期货合约作为将来在现货市场上进行买卖的商品的临时替代物，对其现在买进（或已拥有，或将来拥有）准备以后出售或对将来需要买进商品的价格进行保值的个人和机构。

二、简答题

（一）简述公司制与会员制期货交易所的区别。

公司制和会员制交易所的不同之处具体表现为：

第一，两者设立的目的不同。会员制不以营利为目的，所有会员不分配任何利润却承担着所有风险。公司制则以营利为目的，所有股东按股份承担风险并获得收益。

第二，出资方式不同。会员制交易所资金来源于会员缴纳的会费，交易所每年结算后盈利部分不会向所有会员分配，亏损部分则要由所有会员承担。公司制交易所的资金来源于股东出资，这与股份公司有些类似，股东按股份承担风险和分享利润。

第三，适用法律不同。会员制一般适用于民法，而公司制一般适用于公司法。会员制交易所会员不承担交易的任何责任，而公司制的股东则要承担交易所的法律责任。

（二）简述期货行业管理的内容。

期货行业管理的内容如下：建立和完善期货行业自律体系；期货行业从业人员教育和管理；投资者教育；调解纠纷，协调会员关系；规范会员的经营情况，维护投资者的合法权益。

第三章　期货合约与期货交易制度

【教学目的与要求】

通过本章的学习，学生应了解我国期货交易制度和期货交易流程，理解期货交易各项制度内容和期货交易流程中的有关概念，掌握期货交易的指令类型、竞价成交方式、结算方式和实物交割程序。

【教学重点与难点】

期货交易制度的主要内容，期货交易的指令类型，竞价成交方式、结算方式的实际运用，实物交割的概念与作用。

【教学内容】

第一节　期货合约

一、期货合约的概念

期货合约指由期货交易所统一制订的、规定在将来某一特定的时间和地点交割一定数量和质量实物商品或金融商品的标准化合约。

期货合约的标的物，又叫基础资产，是期货合约中所对应的现货。它可以是某种商品，如黄金或原油；也可以是某一种金融工具，如外汇或债券；还可以是某个金融指标，如某地的股票指数。

期货合约是由交易所设计，经国家监管机构审批上市的标准化的合约。期货合约可借交收现货或进行对冲交易来履行或解除合约义务。

二、期货合约的标准化

期货合约是期货交易的对象，期货交易参与者正是通过在期货交易所买卖期货合约，转移价格风险，获取风险收益。期货交易是从现货交易中的远期合同交易发展而来的。在远期合同交易中，交易者集中到商品交易场所交流市场行情，寻找交易伙伴，通过拍卖或双方协商的方式来签订远期合同，等合同到期，交易双方以实物交割来了结义务。交易者在频繁的远期合同交易中发现：由于价格、利率或汇率波动，合同本身就具有价差或利益差，因此完全可以通过买卖合同来获利，而不必等到实物交割时再获利。为适应这种业务的发展，期货交易应运而生。

期货交易最本质的特点在于期货合约条款的标准化，相对于远期合同交易，期货交易有以下显著的特点。

（一）标准化的数量和数量单位

每种商品的期货合约规定了统一的、标准化的数量和数量单位，统称“交易单位”。例如，美国芝加哥期货交易所规定小麦期货合约的交易单位为 5 000 蒲式耳（每蒲式耳小麦约为 27.24 千克），每张小麦期货合约都是如此。如果交易者在该交易所买进一张（也称一手）小麦期货合约，就意味着在合约到期日需买进 5 000 蒲式耳小麦。又如，上海期货交易所规定每张铜合约单位为 5 吨，每个合约单位称为“1 手”。

（二）标准化的商品质量等级

商品期货合约规定了统一的、标准化的质量等级，一般采用被国际上普遍认可的商品质量等级标准。例如，由于我国黄豆在国际贸易中所占的比例较大，所以在日本名古屋谷物交易所就以我国黄豆为该交易所黄豆质量等级的标准品。在期货交易过程中，交易双方无须再就商品的质量进行协商，这大大方便了交易者。

（三）标准化的交割地点

期货合约为期货交易的实物交割指定了统一的、标准化的实物商品的交割仓库，以保证实物交割的正常进行。

（四）标准化的交割期和交割程序

商品期货合约对进行实物交割的月份做了规定，一般规定几个交割月份，由交易者自行选择。例如，美国芝加哥期货交易所为小麦期货合约规定的交割月份有 7 月、9 月、12 月以及下一年的 3 月和 5 月，交易者可自行选择交易月份进行交易。如果交易买进 7 月份的合约，要么 7 月份前平仓了结交易，要么 7 月份进行实物交割。期货合约在交割月份到来之时如仍未对冲掉手中合约，就要按交易所规定的交割程序进行实物交割。

（五）最小变动价位条款

最小变动价位条款指期货交易时买卖双方报价所允许的最小变动幅度，每次报价时价格的变动必须是这个最小变动价位的整数倍。交易者统一遵守交易报价单位、每天最大价格波动限制、交易时间、交易所名称等。

（六）每日价格最大波动幅度限制条款

每日价格最大波动幅度限制条款指交易日期货合约的成交价格不能高于或低于该合约上一交易日结算价的一定幅度，达到该幅度则暂停该合约的交易。例如，芝加哥期货交易所小麦合约的每日价格最大波动幅度为每蒲式耳不高于或低于上一交易日结算价 20 美分（每张合约为 1 000 美元）。

（七）最后交易日条款

最后交易日条款是指期货合约停止买卖的最后截止日期。每种期货合约都有一定的限制，到了合约月份的一定日期，就要停止合约的买卖，准备进行实物交割。例如，芝加哥期货交易所规定，玉米、大豆、豆粕、豆油、小麦期货的最后交易日为交割月最后营业日往回数的第七个营业日。

除此之外，期货合约还包括交割方式、违约及违约处罚等条款。

期货合约中，只有期货价格是唯一变量，在交易所以公开竞价方式产生。

三、期货合约的主要条款及设计依据

期货合约的各项条款设计对期货交易有关各方的利益以及期货交易能否活跃至关重要。

（一）合约名称

合约名称需注明该合约的品种名称及其上市交易所名称。合约名称应简洁明了，同时要避免混淆。

（二）交易单位

交易单位是指在期货交易所交易的每手期货合约代表的标的商品的数量。例如，郑州商品交易所规定，“1 手”白糖期货合约的交易单位为 10 吨。在交易时，只能以交易单位的整数倍进行买卖。确定期货合约交易单位的大小，主要应当考虑合约标的的市场规模、交易者的资金规模、期货交易所会员结构以及该商品现货交易习惯等因素。

（三）报价单位

报价单位是指在公开竞价过程中对期货合约报价所使用的单位，即每计量单位的货币价格。国内阴极铜、白糖、大豆等期货合约的报价单位以人民币计价，元/吨表示。

（四）最小变动价位

最小变动价位是指在期货交易所的公开竞价过程中，对合约标的每单位价格报价的最小变动数值。最小变动价位乘以交易单位，就是该合约价格的最小变动值。例如，郑州商品交易所白糖期货合约的最小变动价位是 1 元/吨，即每手合约的最小变动值是 1 元/吨×10 吨=10 元。

在期货交易中，每次报价必须是其合约规定的最小变动价位的整数倍。期货合约最小变动价位的确定，通常取决于该合约标的商品的种类、性质、市场价格波动情况和商业规范等。

（五）合约交割月份

合约交割月份是指某种期货合约到期交割的月份。期货合约的到期实际交割比例很小，美国芝加哥期货交易所的农产品交割量占该合约总交易量的比率一般为 0.5% 左右。期货合约的交割月份由期货交易所规定，期货交易者可自由选择交易不同交割月份的期货合约。

（六）交易时间

期货合约的交易时间是固定的。每个交易所对交易时间都有严格规定。一般每周营业 5 天，周六、周日及国家法定节假日休息。一般每个交易日分为两盘，即上午盘和下午盘，上午盘为 9:00—11:30，下午盘为 13:30—15:00。

（七）最后交易日

最后交易日是指某种期货合约在合约交割月份中进行交易的最后一个交易日，过了这个期限的未平仓期货合约，必须进行实物交割。根据不同期货合约标的商品的生产、消费和交易特点，期货交易所确定其不同的最后交易日。

（八）交割日期

交割日期是指合约标的物所有权进行转移，以实物交割方式了结未平仓合约的时间。

（九）交割等级

交割等级是指由期货交易所统一规定的、准许在交易所上市交易的合约标的物的质量等级。在进行期货交易时，交易双方无须对标的物的质量等级进行协商，发生实物交割时按交易所期货合约规定的标准质量等级进行交割。

（十）交割地点

交割地点是指由期货交易所统一规定的，进行实物交割的指定交割仓库。

（十一）交易手续费

交易手续费是期货交易所按成交合约金额的一定比例或按成交合约手数收取的费用。对交易手续费的收取标准，不同的期货交易所均有不同的规定。

（十二）交割方式

期货交易的交割方式分为实物交割和现金交割两种。商品期货通常采取实物交割方式，金融期货多采用现金交割方式。

（十三）交易代码

为便于交易，每一期货品种都有交易代码，如郑州商品交易所的强筋小麦合约的交易代码为 WS，白糖合约的交易代码为 SR。我国期货交易所主要交易品种代码如表 3.1 所示。

表 3.1 我国期货交易所主要交易品种代码

交易所	品种	代码	交易所	品种	代码
上海期货交易所	铝	AL	大连商品交易所	大豆	A
	铜	CU		豆油	Y
	燃料油	FU		玉米	C

续表

交易所	品种	代码	交易所	品种	代码
上海期货交易所	橡胶	RU	大连商品交易所	LLPDE	L
	锌	ZN		PVC	V
	螺纹钢	RB		豆粕	M
	线型钢	WR		棕榈油	P
	黄金	AU			
郑州商品交易所	早籼稻	ER			
	棉花	CF			
	菜籽油	RO			
	白糖	SR			
	面纱	CY			
	强麦	WH			
	硬麦	PM			

四、期货合约的种类

（一）商品期货合约

商品期货是指标的物为实物商品的期货合约。商品期货历史悠久，种类繁多，主要包括农副产品、金属产品、能源产品等几大类。

1. 农产品期货

农产品是最早构成期货交易的商品，是1848年美国芝加哥商品交易所诞生后首先出现的期货品种。它主要包括：① 粮食期货，主要有小麦期货、玉米期货、大豆期货、豆粕期货、红豆期货、大米期货、花生仁期货等；② 经济作物类期货，有原糖、咖啡、可可、橙汁、棕榈油和菜籽期货；③ 畜产品期货，主要有肉类制品和皮毛制品两大类期货；④ 林产品期货，主要有木材期货和天然橡胶期货。示例如表3.2所示。

表3.2 美国芝加哥商品交易所的大豆期货合约

交易单位	5 000 蒲式耳 = 136.078 吨
交割等级	2号黄大豆，1号黄大豆升水6美分/蒲式耳，3号黄大豆贴水6美分/蒲式耳[①]
最小变动价位	$\frac{1}{4}$ 美分/蒲式耳（每手合约 12.50 美元）
报价单位	$A+\frac{B}{4}$ 美分/蒲式耳（$B=1$，2，3；A 为大于零的整数）

① 3号黄大豆只有在所有技术指标（除了杂质）相当于或优于2号黄大豆时，才可以进行交割。

续表

合约月份	9 月、11 月、1 月、3 月、5 月、7 月、8 月
最后交易日	交割月 15 日的前一交易日
最后交割日	交割月最后交易日次日
交易时间	公开喊价：周一到周五，美国中部时间 9:30—13:15 电子交易：周日到周五，美国中部时间 18:31—次日 6:00 到期合约的交易在最后交易日中午 12:00 结束
交易代码	公开喊价：S 电子交易：ZS
每日价格波动限制	前一交易日结算价格±50 美分/蒲式耳（2 500 美元/合约） 现货月不设限（现货月的前 2 天开始不设涨跌停板）

2. 金属期货

金属是当今世界期货市场中比较成熟的期货品种之一。目前，世界上的金属期货交易主要集中在伦敦金属交易所、纽约商品交易所和东京工业品交易所，尤其是伦敦金属交易所期货合约的交易价格被世界各地公认为有色金属交易的定价标准。

最早出现的金属期货是伦敦金属交易所的铜，目前已发展成以铜、铝、铅、锌、镍为代表的有色金属和黄金、白银等贵金属两类。示例如表 3.3、表 3.4 所示。

表 3.3 伦敦金属交易所交易的铜期货合约

交易品种	阴极铜（A 级铜）
每手交易单位	25 吨（误差范围±2%）
交割等级	符合 BS 6017：1981（1989）的 A 级阴极铜。2000 年 8 月 17 日以后发行的仓单必须符合 BS EN 1978：1998[高纯阴极铜（Cu-CATH-1）的命名]的化学成分
可交割日期	3 个月内为任何一个交易日（现货日前两个交易日可建头寸）；3 个月以上至 6 个月为每个月的星期三；7 个月以上至 63 个月为每个月的第三个星期三
报价单位	美元/吨
最小价格波动	50 美分/吨
结算货币	美元、日元、英镑、欧元

表 3.4 纽约商品交易所黄金期货合约

交易品种	黄金
交易单位	100 盎司/合约
报价方式	美分/盎司
最小变动价位	1 美分/盎司（10 美元/合约）
每日价格最大波动限制	75 美元/盎司，涨跌停 2 分钟后，交易自行停止 15 分钟。但是如果在交易结束前 20 分钟达到涨跌停，交易不停止

续表

交易时间	公开喊价 8:20—13:30（纽约时间）； 电子交易 14:00—次日 8:00（周一到周四），周五 14:00—17:15，周日 18:00—次日 8:00
合约月份	当前自然月及随后两个自然月，3个月以后的远期至23个月之间为2月、4月、8月、10月，23个月以后至60个月以内，为6月和12月
最后交易日	合约月份的倒数第三个工作日

3. **能源期货**

20世纪70年代发生的石油危机直接导致了石油等能源期货的产生。目前市场上主要的能源品种有原油、汽油、取暖油、丙烷等。示例如表3.5、表3.6所示。

表3.5 纽约商品交易所原油期货合约（CL）

交易品种	轻质低硫原油
交易单位	1 000桶（42 000加仑）
报价单位	美元/桶（美元及美分每桶）
最小变动价位	0.01美元/桶（每张合约10美元）
每日价格最大波动限制	所有月份合约最初限幅为10美元/桶，但如果有任何一个合约在涨跌停板上的交易或出价达到5分钟，则停盘5分钟。之后，涨跌停板扩大10美元/桶。如果再次出现同样情况，停盘5分钟之后，涨跌停板再扩大10美元/桶
合约交割月份	当年，及接下来的5年所有月份
交易时间(纽约时间)	公开喊价：10:00—14:30 盘后交易（CME GLOBEX 交易平台进行） 周一到周四 15:15—次日 9:30 周日 19:00—次日 9:30
最后交易日	如果交割月份前一个月的25日是工作日，则该日之前倒数第三个交易日是最后交易日，如果交割月份前一个月的25日不是工作日，那么25日前倒数第四个交易日是最后交易日
交割等级	西德克萨斯中质油，含硫量4%，IPI 40度；硫重5%以下，API比重介于34度和45度的低硫轻油也可交割
交割地点	俄克拉荷马州的库欣地区
交割期限	所有交割应当在整个交割月即当月的第一天至最后一天，均匀安排
备用交割程序（ADP）	在当前交割月份合约交易中止之后，买卖双方在交易所为之配对之后，经协商可以以不同于合约规定的交割条件交割，在双方共同向交易所提交一份通知告知其意图之后，可以按其协商的结果交割

续表

期货转现货（EFP）	买卖双方可以向交易所申请互换手中的期货及现货头寸，交易所在收到申请之后会协助建立或清算其期货头寸
持仓限额	对于目前正在交易的不同月份到期的各个合约，其总持仓量不得超过 20 000 个净头寸；对于单个合约，其持仓量也不得超过 20 000 个净头寸；对于当前交割月份合约，在其最后三个交易日内持仓量不得超过 1 000 个净头寸
交割方式	实物交割
交易代码	CL

纽约商品交易所的轻质低硫原油期货是目前世界上商品期货中成交量最大的品种。由于该合约良好的流动性以及很高的价格透明度，纽约商品交易所的轻质低硫原油期货价格被看作是世界石油市场上的基准价之一。该期货交割地点位于俄克拉荷马州的库欣地区，库欣也是美国石油现货市场的交割地。

表 3.6 洲际交易所北海布伦特原油期货合约

交易品种	布伦特原油
交易单位	1 000 桶（42 000 加仑）
报价单位	美元/桶
最小变动价位	1 美分/桶（10 美元/手）
每日价格最大波动限制	无
合约交割月份	连续的 72 个月
交易时间	伦敦时间：01:00—23:00（周一早上开盘时间为 00:00） 纽约时间（EST）：20:00—次日 18:00（周日晚上开盘时间为 19:00） 芝加哥时间（CST）：19:00—次日 17:00（周日晚上开盘时间为 18:00）
最后交易日	交割月前一个月的最后一个交易日
交割方式	实物交割

（二）金融期货合约

金融期货作为期货交易的一种，具有期货交易的一般特点，但与商品期货相比较，其合约标的物不是实物商品，而是传统的金融商品，如证券、货币、汇率、利率等。金融期货的主要品种可以分为外汇类期货、利率类期货（包括中长期债券期货和短期利率期货）和股票类期货。具体分类如图 3.1 所示。

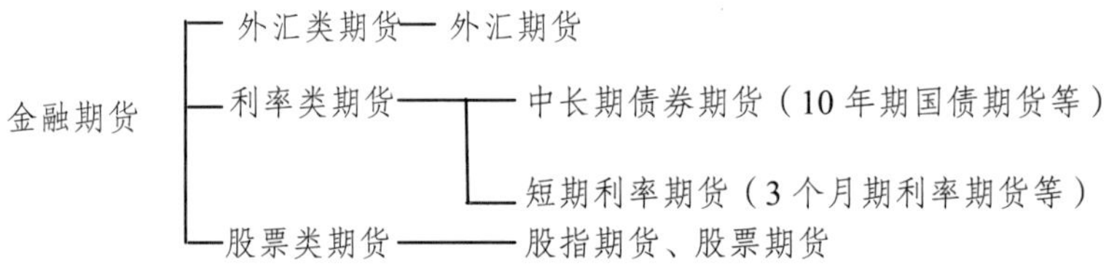

图 3.1 金融期货的具体分类

1. 外汇期货

外汇期货是交易双方约定在未来某一时间，依据现在约定的比例，以一种货币交换另一种货币的标准化合约的交易，即以汇率为标的物的期货合约，用于规避汇率风险。

20 世纪 70 年代布雷顿森林体系解体后，浮动汇率制引发的外汇市场剧烈波动促使人们寻找规避风险的工具。1972 年 5 月芝加哥商业交易所率先推出外汇期货合约。一般来说，两种货币中的一种货币为美元，这种情况下，期货价格将以“若干美元/其他货币（1 单位）”的形式表现。

示例如表 3.7、表 3.8 所示。

表 3.7　芝加哥商业交易所英镑期货合约

交易品种	英镑
交易单位	62 500 英镑 1 000 桶
最小变动价位	0.000 2 英镑（每张合约 12.50 英镑）
每日价格最大波动限制	开市（上午 7:20—7:35）限价为 150 点，7:35 以后无限价
合约交割月份	1 月、3 月、4 月、6 月、7 月、9 月、10 月、12 月和现货月份
交易时间	7:20—14:00（芝加哥时间）
最后交易日	从合约月份第三个星期三往回数的第二个工作日上午
交割时间	合约月份的第三个星期三

表 3.8　欧元/美元期货

<table>
<tr><td>合约规模</td><td colspan="2">125 000 欧元</td></tr>
<tr><td>合约月份</td><td colspan="2">6 个季月（3 月、6 月、9 月、12 月）</td></tr>
<tr><td>结算程序</td><td colspan="2">实物交割</td></tr>
<tr><td>持仓限制</td><td colspan="2">10 000 口</td></tr>
<tr><td>合约代码</td><td colspan="2">CME GLOBEX 电子市场：6E
公开喊价：（只能全要或全不要）EC
AON 合约代码：UG</td></tr>
<tr><td>最小价格增幅</td><td colspan="2">$.0001/—欧元增幅（$12.50/口）
$.00005 /—欧元增幅（$6.25/口）
适用于人工交易、电子盘交易以及 AON 系统交易执行欧元/美元期货内部利差者</td></tr>
<tr><td rowspan="3">交易时间</td><td>公开喊价</td><td>美国中部时间 7:20—14:00</td></tr>
<tr><td>GLOBEX</td><td>周日：美国中部时间 17:00—次日 16:00
周一至周五：美国中部时间 17:00—次日 16:00，周五除外于 16:00 关闭，周日 17:00 重开</td></tr>
<tr><td>CME ClearPort</td><td>周日至周五：17:00—次日 16:15，每天于美国中部时间 16:15 开始休息 45 分钟</td></tr>
</table>

续表

最后交易日	时间：美国中部时间 9:16 日期：合约月份的第三个星期三之前第二个营业日（通常是周一）
交易规则	该等合约 CME 上市，受制于 CME 规范和规则
巨额交易	是
最小巨额交易规模	150 口
EFP	是

2. 利率期货

利率期货是指以债券类证券为标的物的期货合约，它可以回避银行利率波动所引起的证券价格变动的风险。利率期货的种类繁多，分类方法也有多种。通常，按照合约标的的期限，利率期货可分为短期利率期货和长期利率期货两大类。

短期利率期货大多以银行同业拆借市场 3 月期利率为标的物，长期利率期货大多以 5 年期以上长期债券为标的物。利率波动使得金融市场上的借贷双方均面临利率风险，特别是越来越多持有国家债券的投资者，急需回避风险、套期保值的工具，在此情形下，利率期货应运而生。最早开办利率期货业务的是美国。20 世纪 70 年代末，由于受两次石油危机的冲击，美国和西方各主要资本主义国家的利率波动非常剧烈，使借贷双方面临着巨大的风险。为了降低或回避利率波动的风险，1975 年 9 月，美国芝加哥商业交易所开办了第一张利率期货合约——美国国民抵押协会抵押凭证期货，随后又分别推出了短期国库券、中长期国库券、商业银行定期存款证、欧洲美元存款等金融工具的利率期货。进入 80 年代，英国、日本、加拿大、澳大利亚、法国、德国等国家和中国香港地区分别推出了各自的利率期货。

影响利率期货价格波动的因素主要有：

（1）货币供应量。当货币供应不足时，利率上升；当货币供应过剩时，利率下跌。

（2）经济发展速度。当经济发展速度较快，货款需求旺盛时，利率会升高；当经济发展速度放慢，货款需求减少时，利率会下跌。

（3）政府的财政收入。当出现财政赤字时，利率会受到一定的影响。

（4）其他国家利率水平。由于当今国际资本流动十分频繁，一国的利率水平很容易受到其他国家利率水平的影响。最明显的是美国利率对其他国家利率的影响。

（5）其他因素。如社会政治环境、失业率等因素。

虽然利率期货的产生较之外汇期货晚了 3 年多，但其发展速度比外汇期货快得多，其应用范围也远比外汇期货广泛。目前，在期货交易比较发达的国家和地区，利率期货都早已超过农产品期货而成为成交量最大的一个类别。在美国，利率期货的成交量甚至已占整个期货交易总量的一半以上。

3. 股票指数期货

股票价格指数是指用以反映整个市场上各种股票市场价格的总体水平及其变动情况的指

标。在股票市场上，成百上千种股票同时交易，股票价格的涨落各不相同，因此需要一个总的尺度标准，即股票价格指数，用以衡量整个市场的价格水平，观察股票市场的变化情况。

股票指数期货（简称“股指期货”）是一种以股票价格指数作为标的物的金融期货合约。股市投资者在股票市场上面临的风险可分为两种：一种是股市的整体风险，又称为系统风险，即所有或大多数股票的价格一起波动的风险；另一种是个股风险，又称为非系统风险，即持有单个股票所面临的市场价格波动风险。通过投资组合，即同时购买风险不同的多种股票，可以较好地规避非系统风险，但不能有效地规避整个股市下跌所带来的系统风险。进入 20 世纪 70 年代，西方国家股票市场波动日益加剧，投资者规避股市系统风险的要求也越来越迫切。由于股票指数基本上能代表整个市场股票价格变动的趋势和幅度，人们开始尝试着将股票指数改造成一种可交易的期货合约并利用它对所有股票进行套期保值，规避系统风险，于是股指期货应运而生。

利用股指期货进行套期保值的原理是根据股票指数和股票价格变动的同方向趋势，在股票的现货市场和股票指数的期货市场上进行相反的操作来抵消股票价格变动的风险。股指期货合约的价格等于某种股票指数的点数乘以规定的每点价格。各种股指期货合约每点的价格不尽相同，比如，恒生指数每点价格为 50 港元，即恒生指数每降低一个点，该期货合约的买者（多头）每份合约就亏损 50 港元，卖者每份合约则赚取 50 港元。

例如，某投资者在香港股市持有总市值为 200 万港元的 10 种上市股票。该投资者预计东南亚金融危机可能会引发香港股市的整体下跌，为规避风险，进行套期保值，在 13 000 点的价位上卖出 3 份 3 个月到期的恒生指数期货。随后的两个月，股市果然大幅下跌，该投资者持有股票的市值由 200 万港元贬值为 155 万港元，股票现货市场损失了 45 万港元。这时恒生指数期货亦下跌至 10 000 点，于是该投资者在期货市场上以平仓方式买进原有 3 份合约，实现期货市场的平仓盈利 45 万港元，期货市场的盈利恰好抵消了现货市场的亏损，较好地实现了套期保值。同样，股指期货也像其他期货品种一样，可以利用买进卖出的差价进行投机交易。

股票价格指数一般由一些有影响的机构编制，并定期及时公布。国际市场上比较著名的指数有道琼斯工业股价平均指数、标准普尔 500 指数、伦敦金融时报指数等。

我国目前交易的沪深 300 指数是由上海和深圳证券市场中选取 300 只 A 股作为样本编制的成分股指数。

沪深 300 指数样本覆盖了沪深市场六成左右的市值，具有良好的市场代表性。沪深 300 指数是沪深证券交易所第一次联合发布的反映 A 股市场整体走势的指数。它的推出，丰富了市场现有的指数体系，增加了一项用于观察市场走势的指标，有利于投资者全面把握市场运行状况，也进一步为指数投资产品的创新和发展提供了基础条件。示例如表 3.9 所示。

表 3.9　沪深 300 指数期货合约

合约标的	沪深 300 指数
合约乘数	每点 300 元
报价单位	指数点
最小变动价位	0.2 点

续表

合约月份	当月、下月及随后两个季月
交易时间	9:15—11:30，13:00—15:15
最后交易日交易时间	9:15—11:30，13:00—15:00
每日价格最大波动限制	上一个交易日结算价的±10%
最低交易保证金	合约价值的 12%
最后交易日	合约到期月份的第三个周五，遇国家法定假日顺延
交割日期	同最后交易日
交割方式	现金交割
交易代码	IF
上市交易所	中国金融期货交易所

股票指数期货具有下列特点：

（1）跨期性。股指期货是交易双方通过对股票指数变动趋势的预测，约定在未来某一时间按照一定条件进行交易的合约。因此，股指期货的交易建立在对未来预期的基础上，预期的准确与否直接决定了投资者的盈亏。

（2）杠杆性。股指期货交易不需要全额支付合约价值的资金，只需要支付一定比例的保证金就可以签订较大价值的合约。例如，假设股指期货交易的保证金为 12%，投资者只需支付合约价值 10% 的资金就可以进行交易。这样，投资者就可以控制 8 倍于所投资金额的合约资产。当然，在收益可能成倍放大的同时，投资者可能承担的损失也是成倍放大的。

（3）联动性。股指期货的价格与其标的资产即股票指数的变动联系极为紧密。股票指数是股指期货的标的资产，对股指期货价格的变动具有很大影响。与此同时，股指期货是对未来价格的预期，因而对股票指数也有一定的反映。

（4）高风险性和风险的多样性。股指期货的杠杆性决定了它具有比股票市场更高的风险性。此外，股指期货还存在着一定的信用风险和结算风险、因市场缺乏交易对手而不能平仓导致的流动性风险等。

第二节 期货交易制度

期货市场作为发达的信用经济运行方式之一，必须具备一整套规范制度。这是期货交易正常运转的前提条件。

期货交易制度有广义和狭义之分。广义的期货交易制度包括期货市场管理的一切法律、法规、交易所章程及规定。狭义的期货交易制度仅指期货交易所制定的经过国家监管部门审核批准的《期货交易规则》及以此为基础产生的各种细则、办法、规定。所有的期货交易所都应根据国家有关法律、条例制定自己的期货交易规则。这实际上是交易所与其会员单位（客户）以及交易所会员单位（客户）之间签订的一种共同契约。

期货交易制度应包括开市、闭市、报价、成交、记录、停板、交易的结算和保证、交割、纠纷处理及违约处罚等内容。期货交易规则仍然是一种总的规定，根据业务管理的需要，交易所又制定了各种细则和管理办法，如交割细则、套期保值管理规定、定点仓库管理规定、仓单管理办法等。期货合约也是规则的组成部分。制定期货交易规则的目的是维持正常交易秩序，保护平等竞争，惩罚违约，制止垄断、操纵市场等不正当的交易行为。

一、期货交易会员制度

目前世界上的期货交易所根据其性质可分为两类：一类是公司制；另一类是会员制。

我国的商品期货交易所中，上海期货交易所、大连商品交易所、郑州商品交易所在其章程中都标明实行会员制。但在实践中，这种会员制只是交易会员制，即只有交易所的会员才有权进入交易大厅交易，而不是组织形式上的会员制。

由上海期货交易所、大连商品交易所、郑州商品交易所、上海证券交易所、深圳证券交易所 5 家股东各出资 1 亿元组成的中国金融期货交易所属于公司制。

会员制与公司制交易所的区别主要在于：

（1）设立目的不同。会员制法人以公共利益为目的，公司制法人以营利为目的，所获利润在股东间进行分配。

（2）承担法律责任不同。会员制交易所各会员除按规定分担经费和出资缴纳的款项外，会员不承担交易中的任何责任；公司制股东除缴纳股金外，还需要对交易所承担有限责任。

（3）适用法律不尽相同。会员制法人一般适用民法有关规定，公司制法人首先适用公司法规定。

（4）资金来源不同。会员制交易所资金来源于会员缴纳的资格金等，其每年开支均从当年盈利和会员每年上缴会费中取得，盈余部分不作为红利分给会员；公司制交易所资金来源于股东本人，只要交易所有盈利，即可将其作为红利在出资人中进行分配。

二、保证金制度

保证金制度是指在期货交易中，任何一个交易者必须按照其所买卖期货合约价值的一定比例（通常为 5%～10%）缴纳少量资金，作为其履行期货合约的财力担保，然后才能参与期货合约的买卖，并视价格变动情况确定是否追加资金用于结算和保证履约。这里所缴纳的资金就是保证金。

保证金包括结算准备金和交易保证金。结算准备金是会员为了交易结算在交易所专用结算账户中预先准备的未被合约占用的保证金。交易保证金是会员在交易所专用结算账户中确保合约履行的已被合同占用的保证金。交易保证金是动态的，它随期货合约价格的变动而变动。

保证金的收取是分级进行的，可分为期货交易所向会员收取的保证金和期货经纪公司向客户收取的保证金，即会员保证金和客户保证金。

我国的相关法规规定，客户保证金的收取比例由期货经纪公司自主规定，保证金属于客户所有，期货经纪公司除按照中国证监会的规定为客户向期货交易所交存保证金，除下列可划转的情形外，严禁挪用：

第一，依据客户的要求支付可用资金；

第二，为客户交存保证金，支付手续费、税款；

第三，国务院期货监督管理机构规定的其他情形。

保证金应当以货币资金缴纳，期货交易所会员、客户可以使用标准仓单、国债等价值稳定、流动性强的有价证券冲抵保证金进行期货交易。

根据我国相关法律，经中国证监会批准，交易所可以调整交易保证金，其主要目的在于控制风险，主要有以下四种情形：

第一，期货合约上市后的不同阶段规定不同的交易保证金比率。一般来说，交易保证金比率随着交割日期的临近而逐步提高。

第二，合约交易保证金比例随着合约持仓量的增大而提高。交易过程中，当某一合约持仓量达到某一级持仓总量时，新开仓合约按该级交易保证金标准收取。交易结束后，交易所对全部持仓收取与持仓总量相对应的交易保证金。

例如（表 3.10）：

表 3.10 期货合约品种持仓量及保证金比例

期货合约品种	持仓量/万手	保证金比例/%
郑麦	0 ~ 40	5
	40 ~ 50	7
	50 ~ 60	10
	60 以上	15
上海铜、铝	0 ~ 12	5
	12 ~ 14	6.5
	14 ~ 16	8
	16 以上	10

第三，当期货合约出现涨跌停板的情况时，交易保证金比率相应提高。

第四，连续若干个交易日的累计涨跌幅达到一定程度，即当某期货合约连续 3 个交易日按结算价计算的涨（跌）幅之和达到合约规定的最大涨跌幅的 2 倍，4 个交易日达到 2.5 倍，5 个交易日达到 3 倍时，交易所有权根据市场情况，采取单边或双边、同比例或不同比例、部分会员或全部会员提高交易保证金的措施。提高幅度不高于规定保证金的 1 倍，在采取该措施之前，须报告中国证监会。

我国相关法律还规定，当某期货合约交易出现异常时，交易所可按上述规定的程序调整交易保证金的比例。对同时满足调整交易保证金规定的合约，其交易保证金按照规定交易保证金数值中最大的收取。国内上市期货品种正常月份交易所收取交易保证金比例如表 3.11 所示。

表 3.11 国内上市期货品种正常月份交易所收取交易保证金比例

期货品种	保证金比例/%	期货品种	保证金比例/%
铜	6	铝	7
天然橡胶	7	燃料油	8
玉米	5	黄大豆 1 号	5
黄大豆 2 号	5	豆粕	5
豆油	5	强筋小麦	5
棉花	5	白糖	6
PTA	6		

三、交易结算制度

期货市场的组织结构是由交易所、会员、客户逐级构成的，是个分层化的市场结构，只有会员才能进场交易。与期货市场多层次组织结构相对应，结算管理体系也是分层次的。第一级结算是交易所结算机构对会员公司进行结算；第二级结算是会员经纪公司对其代理的客户进行结算。

（一）期货结算的概念

结算是指交易所结算机构或结算公司对会员和对客户的交易盈亏进行计算，计算的结果作为收取交易保证金或追加保证金的依据。因此，结算是指对期货交易市场的各个环节进行的清算，既包括交易所对会员的结算，同时也包含会员经纪公司对其代理客户进行的交易盈亏的计算，其计算结果将被记入客户的保证金账户中。

（二）当日无负债结算制度

当日无负债结算制度，又称“逐日盯市”，是指每日交易结束后，交易所按当日各合约结算价结算所有合约的盈亏、交易保证金及手续费、税金等费用，对应收应付的款项实行净额一次划转，相应增加或减少会员的结算准备金。最初被称为“每日无负债结算制度”。

该制度实际上是对持仓合约实施的一种保证金管理方式。按正常的交易程序，交易所在每个交易日结束后，由结算部门先计算出当日各种商品期货合约的结算价格。当日结算价一般是指交易所某一期货合约当日成交价格按成交量计算的加权平均价；当日无成交的，以上一交易日结算价作为当日结算价。结算价确定后，以此为依据计算各会员的当日盈亏（包括平仓盈亏和持仓盈亏），当日结算时的交易保证金，当日应交的手续费、税金等相关费用。最后，对各会员应收应付的款项实行净额一次划转，相应增加或减少会员的结算准备金。结算完毕，如果某会员“结算准备金”明细科目余额低于规定的最低数额，交易所则要求该会员在下一交易日开市前 30 分钟补交，从而做到无负债交易。

期货交易所会员和投资者的保证金不足时，应当及时追加保证金或者自行平仓。规定时间内未追加保证金或自行平仓的，期货交易所将强行平仓。强行平仓的有关费用和发生的损失由该会员或投资者承担。

四、涨跌停板制度

（一）涨跌停板制度的概念

涨跌停板制度，又称每日价格最大波动限制，是指期货合约在一个交易日中的交易价格波动不得高于或者低于规定的涨跌幅度，超过该涨跌幅度的报价将被视为无效，不能成交。

涨停板：合约上一交易日的结算价加上允许的最大涨幅构成当日价格上涨的上限。

跌停板：合约上一交易日的结算价减去允许的最大跌幅构成当日价格下跌的下限。

（二）涨跌停板制度的作用

涨跌停板制度与保证金制度相结合，对于保障期货市场的运转、稳定期货市场的秩序以及发挥期货市场的功能具有十分重要的作用。

第一，涨跌停板制度为交易所、会员单位及客户的日常风险控制创造了必要条件，涨跌停板锁定了客户及会员单位每一交易日可能新增的最大浮动盈亏和平仓盈亏，这就为交易所及会员单位设置初始保证金水平和维持保证金水平提供了客观准确的依据，从而使期货交易的保证金制度得以有效实施。一般情况下，期货交易所向会员收取的保证金要大于在涨跌幅度内可能发生的亏损金额，从而保证当日在期货价格达到涨跌停板时也不会出现透支情况。

第二，涨跌停板制度的实施，可以有效地减缓和抑制突发事件和过度投机行为对期货价格的冲击，给市场一定的时间来充分化解这些因素对市场的影响，防止价格的狂涨暴跌，维护正常的市场秩序。

第三，涨跌停板制度使期货价格在更为理性的轨道上运行，从而使期货市场更好地发挥价格发现的功能。市场供求关系与价格间的相互作用应该是一个渐进的过程，但期货价格对市场信号和消息的反应有时却过于灵敏。通过实施涨跌停板制度，可以延缓期货价格波动幅度的实现时间，更好地发挥期货市场价格发现的功能，在实际交易过程中，当某一交易日以涨跌停板收盘后，下一交易日价格的波动幅度往往会缩小，甚至出现反转，这种现象恰恰充分说明了涨跌停板制度的上述作用。

第四，在出现过度投机和操纵市场等异常现象时，调整涨跌停板幅度往往成为交易所控制风险的一个重要手段。例如，当交割月出现连续无成交量而价格跌停板的单边市场行情时，通过适度缩小跌停板幅度，可以减小价格下跌的速度和幅度，把交易所、会员单位及交易者的损失控制在相对较小的范围之内。

（三）涨跌停板价格的确定

涨跌停板一般是以合约上一交易日的结算价为基准确定的（一般有百分比和固定数量两种形式）。

例如，上海金属交易所的铜、铝涨跌停板幅度为3%，涨跌停板的绝对幅度随上日结算价格而变动；而郑州商品交易所绿豆合约则是以昨日结算价为基准，上下波动 1 200 元/吨作为涨跌停板幅度。

涨跌停板的确定，主要取决于该种商品现货市场价格波动的频繁程度和幅度的大小。商品的价格波动越频繁、越剧烈，该商品期货合约的每日停板额就应设置得越大一些；反之，则越小一些。

五、持仓限额制度

交易所为了防范市场操纵和少数投资者风险过度集中的情况，对会员和客户手中持有的合约数量上限进行一定的限制，这就是持仓限额制度。限仓数量是指交易所规定结算会员或投资者可以持有的、按单边计算的某一合约的最大数额。一旦会员或客户的持仓总数超过了这个数额，交易所可按规定强行平仓或者提高保证金比例。

实行持仓限额制度的目的在于防范操纵市场价格的行为和防止期货市场风险过度集中于少数投资者。

限仓制度，是期货交易所为了防止市场风险过度集中于少数交易者和防范操纵市场行为，对会员和客户的持仓数量进行限制的制度。其目的是使合约期满日的实物交割数量不至于过大，引发大面积交割违约风险，一般情况下，距离交割期越近的合约月份，会员和客户的持仓限量越小。根据不同的目的，限仓又分为以下几种：

（1）根据保证金的数量规定持仓限量。限仓制度最原始的含义，就是根据会员承担风险的能力规定会员的交易规模。在期货交易中，交易所通常会根据会员和客户投入的保证金的数量，按照一定比例给出持仓限量，此限量即该会员在交易中持仓的最高水平。

（2）对会员的持仓量限制。为了防止市场风险过度集中于少数会员，我国期货交易所一般规定，一个会员某种合约的单边持仓量不得超过交易所此种合约持仓总量（单边计算）的15%，否则交易所将对会员的超量持仓部分进行强制平仓。此外，期货交易所还按合约距离交割月份的远近，对会员规定了持仓限额，距离交割期越近的合约，会员的持仓限量越小。例如，大连商品交易所的大豆期货合约，一般合约月份净持仓限量为 7 000 手，交割月份前一个月的第一个交易日起为 1 200 手，交割月份前一个月的第十个交易日起为 800 手，交割月份为 200 手。

（3）对客户的持仓量限制。为了防止大户过量持仓、操纵市场，大部分交易所对会员单位所代理的客户实行编码管理，每个客户只能使用一个交易编码，交易所对每个客户编码下的持仓总量也有限制。例如，大连商品交易所大豆期货合约，一般合约月份每个客户编码下的净持仓量（多头持仓量与空头持仓量之差）不得超过 2 000 手，交割月份前一个月的第一个交易日起为 600 手，交割月份前一个月的第十个交易日起为 400 手，交割月份为 200 手。

我国期货交易所对持仓限额制度的具体规定如下：

第一，不同品种不同月份不同阶段分别确定不同的限仓数额；

第二，限制会员持仓和限制客户持仓相结合；

第三，套期保值交易头寸实行审批制，其持仓不受限制；

第四，同一客户在不同经纪会员处开有多个交易编码，其累计持仓不得超过客户的限仓数额；

第五，根据经纪会员的实力调整其限仓数额，由交易所每年核定一次；

第六，调整限仓数额须经理事会批准，并报中国证监会备案后实施；

第七，会员或客户的持仓数量不得超过交易所规定的持仓限额，对超过持仓限额的会员或客户，交易所按有关规定执行强行平仓。

六、大户报告制度

大户报告制度，是与限仓制度紧密相关的另一个控制交易风险、防止大户操纵市场行为的制度。大户报告制度即投资者的持仓量达到期货交易所规定的持仓报告标准的（包括投资者在不同会员有持仓，且合计达到报告标准的），投资者应通过受托会员向期货交易所报告。期货交易所可根据市场风险状况，制定并调整持仓报告标准。

实施大户报告制度，可以使期货交易所对持仓量较大的投资者进行重点监控，了解其持仓动向、意图，对于有效防范市场风险有积极作用。当会员或客户投机头寸达到了交易所规定的数量时，必须向交易所申报。申报的内容包括客户的开户情况、交易情况、资金来源、交易动机等，便于交易所审查大户是否有过度投机和操纵市场行为以及大户的交易风险情况。例如，上海商品交易所的大户申报制度规定，当交易者的持仓量达到交易所限仓规定的80%时，会员或客户应当向交易所申报其交易头寸和资金等情况，对于有操纵市场嫌疑的会员或客户，交易所必须随时限制其建立新的头寸，或要求其平仓，直至由交易所实行强制平仓。

我国期货交易所的大户报告制度的规定如下：

第一，当会员或客户某品种持仓合约的投机头寸达到交易所对其规定的投机头寸持仓限量80%以上（含本数）时，会员或客户应向交易所报告其资金情况、头寸情况等，客户须通过经纪会员报告。

第二，交易所可根据市场风险状况，制定并调整持仓报告标准。

第三，达到交易所报告界限的，会员和客户应主动于下一交易日15:00前向交易所报告。

第四，客户在不同经纪会员处开有多个交易编码，由交易所指定并通知有关经纪会员，负责报送该客户应报告情况的有关材料。

达到交易所规定报告标准或者交易所要求报告的会员或者客户应当提供下列资料：

（1）大户持仓报告表，内容包括会员名称和会员号、客户名称和客户号、合约代码、持仓量、交易保证金、可动用资金等；

（2）资金来源说明；

（3）法人客户的实际控制人资料；

（4）开户资料及当日结算单据；

（5）交易所要求提供的其他资料。

七、实物交割制度

一般来讲，期货交割的方式有两种：实物交割和现金交割。

实物交割是指期货合约的买卖双方于合约到期时，根据交易所制定的规则和程序，通过期货合约标的物的所有权转移，将到期未平仓合约进行了结的行为。商品期货往往通过交易所指定的交割仓库完成实物交割过程，而金融期货大多实行现金交割来代替实物交割。实物交割要收取双方一定的交割费用。进入交割期后，卖方提交标准仓单，买方提交足额货款，到交易所办理交割手续。

（一）实物交割的一般程序

实物交割的一般程序是卖方在交易所规定的期限内将货物运到交易所指定仓库，经验收合格后由仓库开具仓单，再经交易所注册后成为有效仓单，也可以在中场上直接购买有效仓单；进入交割期后，卖方提交有效仓单，买方提交足额货款，到交易所办理交割手续。交易所对买卖双方任何一方的违约，都有一定的罚则。买方在接到货物的一定时间内如果认为商品的数量、质量等各项指标不符合期货合约的规定，可提出调解或仲裁，交易所对此均有明确的程序和处理办法。

由于期货交易并非以现货买卖为目的，而是以买卖合约赚取差价来达到保值的目的，所以实际上在期货交易中真正进行实物交割的合约并不多。交割过多，表明中场流动性差；交割过少，表明市场投机性强。在成熟的国际商品期货市场上交割率一般不超过 5%，我国期货市场的交割率一般也在 3% 以下。

虽然最终进行实物交割的期货合约的比例非常小，但正是这极少量的实物交割将期货市场与现货市场联系起来，为期货市场功能的发挥提供了重要的前提条件。

期货市场的实物交割，是期货交易的最后一个环节，也是非常重要的一个环节。它既是期货市场与现货市场联系的纽带，也是期货市场价格发现和套期保值两大基本功能得以正常发挥的制度保障。

实物交割是期货市场发现价格功能得以发挥的前提条件。期货市场实物交割的存在，才使得期货价格与现货价格之间的套利成为可能。期货市场上存在着许多非理性的交易者，因此期货市场价格有时候会严重脱离现货市场的价格。当期货市场和现货市场不一致的时候，期货市场上就会出现很多的理性的套利者。在期货价格非理性地远远高于现货价格时，他们卖出期货合约；在期货价格非理性地远远低于现货价格时，他们买入期货合约。理性套利者这样做的结果是会使期货价格回归到与现货价格相一致的水平。

熟悉现货流通渠道的套期保值者在实际操作中，根据现货市场的有关信息，直接在期货市场上抛出或购进现货，获取差价。这种期现套利的方法在一定程度上消除了种种非价格因素所带来的风险，客观上起到了引导生产、保证利润的作用。

（二）交割方式与交割结算价

1. 交割方式

“集中性”交割：所有到期合约在交割月份最后交易日过后一次性集中交割的交割方式。

“分散性”交割：除了在交割月份的最后交易日过后所有到期合约全部配对交割外，在交割月第一交易日至最后交易日之间的规定时间也可进行交割的交割方式。

2. 交割结算价

我国期货合约的交割结算价通常为该合约交割配对日的结算价，或为该期货合约最后交易日的结算价。交割商品计价以交割结算价为基础，再加上不同等级商品质量升贴水以及异地交割仓库与基准交割仓库的升贴水。

（三）实物交割程序

第一交割日，买方申报意向。买方在第一交割日内，向交易所提交所需商品的意向书。内容包括品种、牌号、数量及指定交割仓库名等。卖方交标准仓单。卖方在第一交割日内将已付清仓储费用的有效标准仓单交交易所。

第二交割日，交易所分配标准仓单。交易所在第二交割日根据已有资源，按照“时间优先、数量取整、就近配对、统筹安排”的原则，向买方分配标准仓单。不能用于下一期货合约交割的标准仓单，交易所依据其所占当月交割总量的比例向买方分摊。

第三交割日，买方交款、取单。买方必须在第三交割日 14:00 前到交易所交付货款并取得标准仓单。卖方收款。交易所在第三交割日 16:00 前将货款付给卖方。

第四、五交割日，卖方交增值税专用发票。标准仓单在交易所进行实物交割的，其流转程序如下：① 卖方投资者背书后交卖方经纪会员；② 卖方会员背书后交至交易所；③ 交易所盖章后交买方会员；④ 买方经纪会员背书后交买方投资者；⑤ 买方非经纪会员、买方投资者背书后至仓库办理有关手续；⑥ 仓库或其代理人盖章后，买方非经纪会员、买方投资者方可提货或转让。

（四）交割违约的处理

1. 交割违约的认定

期货合约的买卖双方有下列行为之一的，构成交割违约：

（1）在规定交割期限内卖方未交付有效标准仓单的；

（2）在规定交割期限内买方未解付货款的或解付不足的；

（3）卖方交付的商品不符合规定标准的。

2. 交割违约的处理

会员在期货合约实物交割中发生违约行为，交易所应先代为履约。交易所可采用征购和竞卖的方式处理违约事宜，违约会员应负责承担由此引起的损失和费用。交易所对违约会员还可处以支付违约金、赔偿金等处罚。

八、强行平仓制度

强行平仓制度是指当会员或客户的交易保证金不足并未在规定时间内补足，或者当会员（客户）的持仓数量超出规定的限额时，交易所或期货经纪公司为了防止风险进一步扩大，强制平掉会员（客户）相应的持仓。强行平仓制度是期货交易所或期货公司控制和化解市场风险的重要措施之一。具体来讲，引发强行平仓的原因包括被强平对象的保证金不足并未在规定时间内补足、其持仓数量超出规定的限额两种情况。同时，强行平仓可分为交易所对期货公司实施的强平和期货公司对客户实施的强平两个层次。

我国《期货交易管理条例》（2017 年修订版）第三十四条规定：期货交易所会员的保证金不足时，应当及时追加保证金或者自行平仓。会员未在期货交易所规定的时间内追加保证金或者自行平仓的，期货交易所应当将该会员的合约强行平仓，强行平仓的有关费用和发生的损失由该会员承担。客户保证金不足时，应当及时追加保证金或者自行平仓。客户未在期货公司规定的时间内及时追加保证金或者自行平仓的，期货公司应当将该客户的合约强行平仓，强行平仓的有关费用和发生的损失由该客户承担。

我国期货交易所规定，对以下情形，可以采取强行平仓：

（1）会员结算准备金余额小于零，并未能在规定时间内补足的；

（2）持仓量超出其限仓规定的；

（3）因违规受到交易所强行平仓处罚的；

（4）根据交易所的紧急措施应予强行平仓的；

（5）其他应予强行平仓的。

其中第一种情形，即会员结算准备金余额小于零，并未能在规定时间内补足的强行平仓分三种情况：

第一，当只有自营账户违约时，对自营账户的持仓按合约总持仓量大小顺序进行强制平仓。如果强行平仓后，结算准备金仍小于零，对其代理账户中的投资者进行移仓。

第二，当只有经纪账户违约时，首先动用自营账户的结算准备金余额和平仓金额进行补足，再对经纪账户中的持仓按一定原则进行强平。

第三，当自营账户和经纪账户都违约时，强行平仓顺序是先自营账户，后经纪账户。如果经纪账户头寸强行平仓后，结算准备金大于零，对投资者进行移仓。

持仓超过限仓规定的强行平仓：当只有一个会员出现此种情况时，先平自营账户持仓，再平经纪账户持仓，经纪账户持仓按会员超仓数量与会员持仓数量的比例确定有关投资者的平仓数量；当有多个会员出现此种情况时，优先选择超仓数量大的会员作为强行平仓的对象。投资者超仓的，对该投资者的超仓头寸进行强行平仓；投资者在多个会员处持仓的，按持仓数量由大到小的顺序选择会员强行平仓。会员和投资者同时超仓的，先对超仓的投资者进行平仓，再按会员超仓的方法平仓。

强行平仓的执行过程是，首先通知交易会员，交易所以“强行平仓通知书”的形式向有关会员下达强行平仓要求。其次执行及确认，在开市后，有关会员必须先自行平仓，直至达到平仓要求，执行结果由交易所审核；超过会员自行强行平仓时限而未执行完毕的，剩余部分由交易所直接执行强行平仓；强行平仓执行完毕后，由交易所记录执行结果并存档。最后强行平仓结果发送。

九、风险准备金制度

风险准备金制度是指期货交易所从自己收取的会员交易手续费中提取一定比例的资金，作为确保交易所担保履约的备付金的制度。

交易所风险准备金的设立，是为了维护期货市场正常运转而提供财务担保和弥补因不可预见的风险带来的亏损。交易所不但要从交易手续费中提取风险准备金，而且要针对股指期货的特殊风险建立由会员缴纳的股指期货特别风险准备金。股指期货特别风险准备金只能用于为维护股指期货市场正常运转提供财务担保和弥补因交易所不可预见风险带来的亏损。根据我国《期货交易管理条例》规定，交易所、期货公司、非结算会员都需要提取。

以交易所为例，其风险准备金制度规定如下：

（1）风险准备金的来源包括：① 交易所按向会员收取交易手续费收入 20% 的比例，从管理费用中提取；② 符合国家财政政策规定的其他收入。

（2）当风险准备金余额达到交易所注册资本 10 倍时，经中国证监会批准后可不再提取。

（3）风险准备金必须单独核算，专户存储，除用于弥补风险损失外，不得挪作他用。

（4）风险准备金的动用必须经交易所理事会批准，报中国证监会备案后按规定的用途和程序进行。

十、信息披露制度

（一）信息披露制度的含义

信息披露制度是指期货交易所按有关规定定期公布期货交易有关信息的制度。

期货交易遵循公平、公开、公正的原则，信息的公开与透明是“三公”原则的体现，它要求期货交易所应当及时公布上市品种期货合约的有关信息及其他应当公布的信息，并保证信息的真实、准确。这样所有交易者才能在公平、公开的基础上接收真实、准确的信息，从而根据所获信息做出正确决策，防止不法交易者利用内幕信息获取不正当利益，损害其他交易者利益。

（二）信息披露制度的基本规定

（1）交易所按即时、每日、每周、每月向会员、投资者和社会公众提供期货交易信息。即时行情是指在交易时间内，与交易活动同步发布的交易行情信息，内容主要有商品名称、交割月份、最新价、涨跌、成交量、持仓量、申买量、申卖量、每笔成交量等；每日期货交易信息发布是指在每个交易日结束后发布的有关当日期货交易信息，内容主要有商品名称、交割月份、开盘价、最高价、最低价、结算价、涨跌、成交额等；每周期货交易信息发布是指在每周最后一个交易日结束后公布的期货交易信息，内容主要有商品名称、交割月份、周开盘价、最高价、最低价、周收盘价等，各上市商品标准仓单数量及交易日后的第一个周五发布交割配对结果和实物交割量；每月期货交易信息发布是指在每月最后一个交易日结束后交易所发布的期货交易信息，内容主要有商品名称、交割月份、月开盘价、最高价、最低价、月末收盘价、月末结算价、成交量、成交额等，各指定交割仓库经交易所核定的可用于期货交割的库容量和已占用库容量及标准仓单量。

（2）交易所期货即时行情，通过计算机网络传送至交易席位，并通过与交易所签订协议的有关公共媒体和信息商对社会公众发布。

（3）交易所及其会员对不宜公开的交易资料、资金情况等信息有保密义务。

（4）因信息经营机构或公众媒体转发即时交易行情信息发生故障，影响会员或客户正常交易的，交易所不承担责任。

（5）会员、信息经营机构和公众媒体以及个人，均不得发布虚假的或带有误导性质的信息。

复习思考题及答案

一、名词解释

期货合约：期货合约指由期货交易所统一制订的、规定在将来某一特定的时间和地点交割一定数量和质量实物商品或金融商品的标准化合约。

期货合约的标的物，又叫基础资产，是期货合约中所对应的现货。它可以是某种商品，如黄金或原油，也可以是某一种金融工具，如外汇或债券，还可以是某个金融指标，如某地的股票指数。

期货合约是由交易所设计，经国家监管机构审批上市的标准化的合约。期货合约可借交收现货或进行对冲交易来履行或解除合约义务。

交割等级：交割等级是指由期货交易所统一规定的、准许在交易所上市交易的合约标的物的质量等级。在进行期货交易时，交易双方无须对标的物的质量等级进行协商，发生实物交割时按交易所期货合约规定的标准质量等级进行交割。

利率期货：利率期货是指以债券类证券为标的物的期货合约，它可以规避银行利率波动所引起的证券价格变动的风险。利率期货的种类繁多，分类方法也有多种。通常，按照合约标的的期限，利率期货可分为短期利率期货和长期利率期货两大类。

结算准备金：结算准备金是会员为了交易结算在交易所专用结算账户中预先准备的未被合约占用的保证金。

涨跌停板制度：涨跌停板制度，又称每日价格最大波动限制，是指期货合约在一个交易日中的交易价格波动不得高于或者低于规定的涨跌幅度，超过该涨跌幅度的报价将被视为无效，不能成交。涨停板是指合约上一交易日的结算价加上允许的最大涨幅构成当日价格上涨的上限。跌停板是指合约上一交易日的结算价减去允许的最大跌幅构成当日价格下跌的下限。

实物交割：实物交割是指期货合约的买卖双方于合约到期时，根据交易所制定的规则和程序，通过期货合约标的物的所有权转移，将到期未平仓合约进行了结的行为。商品期货往往通过交易所指定的交割仓库完成实物交割过程，而金融期货大多实行现金交割来代替实物交割。实物交割要收取双方一定的交割费用。进入交割期后，卖方提交标准仓单，买方提交足额货款，到交易所办理交割手续。

二、简答题

1. 期货合约主要条款有哪些?

答：（1）交易数量和单位。每种商品的期货合约规定了统一的、标准化的数量和数量单位，统称“交易单位”。

（2）质量等级。商品期货合约规定了统一的、标准化的质量等级，一般采用被国际上普遍认可的商品质量等级标准。

（3）交割地点。期货合约为期货交易的实物交割指定了标准化的、统一的实物商品的交割仓库，以保证实物交割的正常进行。

（4）交割期。商品期货合约对进行实物交割的月份做了规定，一般规定几个交割月份，由交易者自行选择。

（5）最小变动价位条款，指期货交易时买卖双方报价所允许的最小变动幅度，每次报价时价格的变动必须是这个最小变动价位的整数倍。

（6）每日价格最大波动幅度限制条款，指交易日期货合约的成交价格不能高于或低于该合约上一交易日结算价的一定幅度。

（7）最后交易日条款，指期货合约停止买卖的最后截止日期。每种期货合约都有一定的月份限制，到了合约月份的一定日期，就要停止合约的买卖，准备进行实物交割。

（8）其他，期货合约还包括交割方式、违约及违约处罚等条款。

2. 期货的种类有哪些？

答：期货种类有三类，即商品期货、金融期货和能源期货。

第一，商品期货是期货交易的起源种类。从传统的农产品期货发展到经济作物、畜产品、有色金属等大宗初级产品。

第二，金融期货是指交易双方同意在约定的将来某个日期按约定的条件买入或卖出一定标准数量的某种金融工具的标准化合约，具体包括外汇期货、利率期货、股票价格指数期货。

第三，能源期货。

3. 期货交易所的组织形式有哪些？

答：期货交易所的组织形式有公司制和会员制。会员制期货交易所的组织结构是由会员大会、理事会、专业委员会和业务管理部门四部分构成。其中会员大会是期货交易所的最高权力机构；理事会是会员大会的常设机构；专业委员会职责由理事会确定，并对理事会负责；业务管理部门负责交易所的各项日常工作。公司制期货交易所的组织结构由股东大会、董事会、监事会和经理机构四部分构成。其各部分构成和相互制衡关系与一般的公司企业的治理结构类似。

附表 1 各交易所期货合约涨跌停板制度

交易所	品种	代码	交易单位/（吨/手）	最后交易日	公司保证金/%	交易所保证金	交割月份	连续同方向涨/跌停板各时段的停板幅度及停板当日结算（包括次日交易）时交易所保证金 D1 日 停板/%	D1 日 保证金	D2 日 停板/%	D2 日 保证金	D3 日 停板/%	D3 日 保证金	D3 继续停板，收市后交易所采取的措施
上海期货交易所	铜	CU	5	交割月份 15 日（遇法定假日顺延）	+6	7%	1—12	4	7%	5	9%	6	9%	D4 暂停交易，采取强制减仓或调整涨跌停板、保证金等（若 D3 最后交易日则直接交割；若 D4 最后交易日则 D4 继续交易）
	铝	AL	5	交割月份 15 日（遇法定假日顺延）	+3	5%	1—12	4	7%	5	9%	6	9%	
	锌	ZN	5	交割月份 15 日（遇法定假日顺延）	+6	7%	1—12	4	7%	6	9%	6	9%	
	黄金	AU	1000 克	交割月份 15 日（遇法定假日顺延）	+4	9%	1—12	5	8%	7	10%	7	10%	
	天然橡胶	RU	5	交割月份 15 日（遇法定假日顺延）	+5	7.5%	1—12（2 月、12 月份除外）	4	7%	6	9%	6	9%	
	燃料油	FU	10	交割月前一月份最后一个交易日	+4	8%	1—12（春节月份除外）	5	10%	7	15%	10	20%	
大连商品交易所	*黄大豆 1 号	A	10	合约月份第 10 个交易日	+5	5%	1，3，5，7，9，11	4	6%	4	7%	4		采取强制减仓；如停板由会员或客户违反交易规则引发的，可采取调整开市收市时间、暂停交易、调整涨跌停板、交易保证金、暂停开新仓、限期平仓、强行平仓、限制出金等措施
	*黄大豆 2 号	B	10	合约月份第 10 个交易日	+5	5%	1，3，5，7，9，11	4	6%	4	7%	4		
	*豆粕	M	10	合约月份第 10 个交易日	+5	5%	1，3，5，7，8，9，11，12	4	6%	4	7%	4		
	*大豆原油	Y	10	合约月份第 10 个交易日	+5	5%	1，3，5，7，8，9，11，12	4	6%	4	7%	4		
	*玉 米	C	10	合约月份第 10 个交易日	+3	5%	1，3，5，7，9，11	4	6%	4	7%	4		
	线型低密度聚乙烯	L	5	合约月份第 10 个交易日	+5	5%	1—12	4	6%	4	7%	4		
	棕榈油	P	10	合约月份第 10 个交易日	+5	6%	1—12	4	6%	4	7%	4		
郑州商品交易所	*优质强筋小麦	WS	10	合约交割月份倒数第 7 个交易日	+3	5%	1，3，5，7，9，11	3	增 50%	同向 4.5	不变	不变		D4 可休市一天，并可采取强制减仓或调整涨跌停板、保证金等，以交易所通知为准
	*硬冬白小麦	WT	10	合约交割月份倒数第 7 个交易日	+25	5%	1，3，5，7，9，11	3	增 50%	同向 4.5	不变	不变		
	一号棉花	CF	5	合约交割月份的第 10 个交易日	+3	5%	1，3，5，7，9，11	3	增 50%	同向 4.5	不变	不变		
	白糖	SR	10	合约交割月份的第 10 个交易日	+5	6%	1，3，5，7，9，11	4	增 50%	同向 6	不变	不变		
	精对苯二甲酸（PTA	TA	5	合约交割月份的第 10 个交易日	+4	6%	1—12	4	增 50%	同向 6	不变	不变		
	*菜籽油	RO	5	合约交割月份的第 10 个交易日	+5	5%	1，3，5，7，9，11	4	增 50%	同向 6	不变	不变		

第四章　套期保值

【教学目的与要求】

通过本章的学习，学生应掌握套期保值的内涵和原理，熟悉套期保值的操作和应用，了解正向市场、反向市场、持仓费和基差概念；理解基差变化与套期保值效果、基差交易的形式等。

【教学重点与难点】

教学重点：套期保值的内涵、原理和应用，基差变化对套期保值的影响。

教学难点：套期保值的概念、原理，基差变化与套期保值效果，基差交易，期货转现货交易。

【教学内容】

第一节　套期保值概述

一、套期保值的概念与作用

（一）套期保值的作用

随着国际贸易与投资的发展，布雷顿森林体系的瓦解，市场全球化的不可逆转，同时货币与商品价格波动加剧，实体经济经营的不确定性也大大增加。管理价格波动风险是各国企业亟须解决的问题。金融市场以及各种金融工具和金融衍生品正是顺应这项基本需求产生和发展的。虚拟经济为实体经济提供管理风险、流动性以及优化资产配置的工具，来抵御风险。期货市场基本的经济功能之一就是提供价格风险的管理机制。为了避免价格风险，最常用的手段便是套期保值。套期保值是指把期货市场当作转移价格风险的场所，利用期货合约作为将来在现货市场上买卖商品的临时替代物，对其现在买进准备以后售出商品或对将来需要买进商品的价格进行保险的交易活动。期货交易存在的基本目的是将生产者和用户某项商品的风险转移给投机商（期货交易商）。当现货商利用期货市场来抵消现货市场中价格的反向运动时，这个过程就叫套期保值。

套期保值（Hedging）又译作“对冲交易”或“海琴”等，它的基本做法就是买进或卖出与现货市场交易数量相当但交易地位相反的商品期货合约，以期在未来某一时间通过卖出或买进相同的期货合约，对冲平仓，结清期货交易带来的盈利或亏损，以此来补偿或抵消现货市场价格变动所带来的实际价格风险或利益，使交易者的经济收益稳定在一定的水平。

从生产、加工、贮存到销售的全过程中，商品价格总是不断发生波动，且变动趋势难以预测，因此在商品生产和流通过程的每一个环节上都可能出现因价格波动而带来的风险。所以，对处于哪一环节的经济活动的参与者来说，套期保值都是一种能够有效地保护其自身经济利益的方法。套期保值之所以能够避免价格风险，其基本原理在于：

第一，期货交易过程中，尽管期货价格与现货价格的变动幅度不会完全一致，但变动趋势基本一致，即当特定商品的现货价格趋于上涨时，其期货价格也趋于上涨，反之亦然。这是因为期货市场与现货市场虽然是两个各自分开的不同市场，但对于特定的商品来说，其期货价格与现货价格主要的影响因素是相同的。这样，引起现货市场价格的涨跌，就同样会影响到期货市场价格同向的涨跌。套期保值者可以通过在期货市场上做与现货市场相反的交易来达到保值，使价格稳定在一个目标水平上。

第二，现货价格与期货价格不仅变动的趋势相同，而且合约期满时，两者将大致相等或合二为一。这是因为，期货价格通常高于现货价格，在期货价格中包含有贮藏该项商品直至交割日为止的一切费用，当合约接近于交割日时，这些费用会逐渐减少乃至完全消失，这样，两者价格的决定因素实际上已经几乎相同了。这就是期货市场与现货市场的市场走势趋同性原理。

当然，期货市场毕竟是不同于现货市场的独立市场，它还会受一些其他因素的影响，因而，期货价格的波动时间与波动幅度不一定与现货价格完全一致，加之期货市场上有规定的交易单位，两个市场操作的数量往往不尽相等，这些意味着套期保值者在冲销盈亏时，有可能获得额外的利润或亏损，从而使他的交易行为仍然具有一定的风险。因此，套期保值也不是一件一劳永逸的事情。

（二）套期保值的方法

套期保值的基本做法是，在现货市场和期货市场对同一种类的商品同时进行数量相等但方向相反的买卖活动，即在买进或卖出实货的同时，在期货市场上卖出或买进同等数量的期货，经过一段时间，当价格变动使现货买卖出现盈亏时，可由期货交易上的亏盈得到抵消或弥补。从而在“现”与“期”之间、近期和远期之间建立一种对冲机制，以使价格风险降低到最低限度。

1. 生产者的卖期保值

不论是向市场提供农副产品的农民，还是向市场提供铜、锡、铅、石油等基础原材料的企业，作为社会商品的供应者，为了保证其已经生产出来准备提供给市场或尚在生产过程中将来要向市场出售商品的合理的经济利润，以防止正式出售时价格的可能下跌而遭受损失，可采用卖期保值的交易方式来减小价格风险，即在期货市场以卖主的身份售出数量相等的期货作为保值手段。

2. 经营者的卖期保值

对于经营者来说，他所面临的市场风险是商品收购后尚未转售出去时商品价格的下跌，这将会使他的经营利润减少甚至发生亏损。为规避此类市场风险，经营者可采用卖期保值方式来减小价格保险。

3. 加工者的综合套期保值

对于加工者来说，市场风险来自买和卖两个方面。他既担心原材料价格上涨，又担心成品价格下跌，更怕原材料价格上升同时成品价格下跌局面的出现。只要该加工者所需的材料及加工后的成品都可进入期货市场进行交易，那么他就可以利用期货市场进行综合套期保值，即对购进的原材料进行买期保值，对其产品进行卖期保值，就可解除他的后顾之忧，锁牢其加工利润，从而专门进行加工生产。

（三）套期保值的类型

套期保值指在期货市场中持有与现货市场相反的头寸。按照在期货市场上所持的头寸，套期保值又分为卖出套期保值和买入套期保值。

卖出套期保值（卖期保值）是套期保值者首先卖出期货合约，持有空头头寸，以保护他在现货市场中的多头头寸，旨在避免价格下跌的风险，通常为农场主、矿业主等生产者和仓储业主等经营者所采用。例如，如果一位现货商在现货市场中拥有或将要拥有一种商品，他可以通过在期货市场中卖出等量的商品合约来套期保值。卖出套期保值能使现货商所拥有的存货的价值大致保持不变。在商品持有期，如果商品价格下跌，商品持有者将在现货市场中亏损，可是，当他在期货市场卖出该商品的期货合约，就可以从期货价格下跌中获利，从而弥补了在现货市场的损失。盈利和损失相互抵消使该现货商所持有的商品的净价格与商品原有价值非常接近。农民在大豆收获前，预先卖出大豆期货，就是进行卖出套期保值交易。

买入套期保值（买期保值）是套期保值者首先买进期货合约，持有多头头寸，以保障他在现货市场中的空头头寸，旨在避免价格上涨的风险，通常为加工商、制造业者和经营者所采用。例如，如果一位现货商现在缺少商品或将来要购买这一商品，那么他可以在期货市场中进行买入套期保值。买入套期保值为那些想在未来某时期购买一种商品而又想避开可能的价格上涨的现货商所采用，这些人被称为现货市场的空头。如果价格上涨，他将在现货市场购买该商品支付更多资金，但同时能在期货市场中盈利从而抵消了在现货市场的损失。饲料企业在未来一段时期将购买饲料原料——豆粕，可以预先买入豆粕期货，就是进行买入套期保值。以在期货市场的买入头寸，来替代未来在现货市场的购买。

理论上，套期保值为现货商提供了理想的价格保护，但实际生活中，这种保护没有理想中那么好，经常仍有许多因素会影响套期保值交易的效果。

二、期货价格构成要素

一般来说，期货价格是未来交易中商品的成交价格，其实质是对未来现货市场价格的预估值。期货价格的构成要素主要包括：

1. 商品生产成本：物料耗费、人工费用

商品生产成本是指生产商品时所耗费的物质资料的价值和支付给劳动者的报酬的总和。生产成本是商品期货价格的最低经济界限。生产成本通常与期货价格呈正比关系，生产成本是决定各种商品期货价格的最基本因素。

2. 期货交易成本：佣金、交易手续费和保证金利息

期货交易成本是在期货交易过程中发生和形成的交易者必须支付的费用，主要包括佣金、交易手续费和保证金利息。

3. 期货商品流通费用（约为 3%）：商品运杂费、商品保管费

期货商品流通费用包括商品运杂费和商品保管费。

4. 预期利润（社会平均投资利润、期货交易的风险利润）

交易者在期货市场上合约建仓价格与合约平仓价格之间的差额，或者合约建仓价格与实物交割时交割结算价之间的差额，即盈利或亏损。

期货交易的预期利润包括两部分：一是社会平均投资利润，二是期货交易的风险利润。

期货市场价格形成机制是在一定的宏观条件下建立起来的，由期货市场竞争主体，以特定商品的价值为基础，应用供求规律，通过公开竞价的方式，作用于交易的客体——期货合约，形成期货价格的运行过程。期货市场的供求和竞争是期货市场价格形成的两个内在因素，宏观环境是它的外部作用体系。期货市场与其他资本市场的重要区别就是在期货市场之外有一个与之相联系的现货市场。期货市场以期货合约为买卖对象，现货市场以具体的商品为买卖对象，由于现货商的参与，两个市场有机地结合起来。

影响期货价格的因素，归纳为以下四个主要方面：

第一，市场供求关系。市场供求关系一般包括商品近期、远期的供给和市场需求情况，替代商品的供求和价格情况。具体包括：上年可结算的库存量、当年产量的预测值、替代产品供求、国外的产量与需求等。

第二，市场间的运输成本，亦称空间成本。现货商品要交运到期货市场指定的交割仓库需要运输支出，运输成本越大，对期货价格的影响也就越大。

第三，持有成本，亦称时间成本。它反映持有或储存某一商品由某一时间到另一时间的成本，包括贮藏费用、利息费用、保险费和损耗费。其中利息费用是资金占用的成本，受利率变动的影响很大。

第四，季节性价格波动以及国家政策变化等因素。

上述四方面是构成期货价格变化的基本因素。实际上，期货市场上期货价格的具体形成是由许许多多的买方与卖方根据当前现有的各种信息，公开竞价决定买进或卖出所产生的结果。从理论上说，由于期货市场具有公开性、透明性、信息深入性与广泛性特点，期货价格一般可以反映未来现货市场的供求关系。但也不排除期货市场中价格受到操纵市场行为的影响，出现期货价格带动现货价格暴涨暴跌，冲击现货市场正常价格水平的情况。

三、正向市场与反向市场

正向市场也称正常市场，即在正常情况下，期货价格高于现货价格（或者近期月份合约价格低于远期月份合约价格），基差为负值。正向市场分为两种情况，一是期货价格高于现货价格，二是远期合约价格高于近期合约价格。因为期货市场多了未来的持有成本，理论上期货价格应该高于现货价格，远期合约的价格也相应高于近期合约的价格。正向市场是套期保值交易的理想环境。

反向市场是指在特殊情况下，现货价格高于期货价格（或者近期月份合约价格高于远期月份合约价格），基差为正值。在反向市场上，随着时间的推进，现货价格与期货价格如同在正向市场上一样，到交割月份会逐步趋向一致。

在反向市场中，由于需求远大于供给，现货价格高于股票入门期货价格，近期合约价格相对于远期合约价格升幅更大时，就可以入市做牛市套利，但是反向市场牛市套利的获利潜力巨大而风险有限。无论在正向市场还是反向市场，熊市套利的做法都是卖出近期合约的同时买入远期合约。

反向市场牛市套利的市场特征有：现货价格高于期货价格；只要价差扩大，就可获利；获利潜力巨大，风险有限。反向市场熊市套利的市场特征有：供给过旺，需求不足；近期合约价格高于远期合约价格。

出现反向市场这种情况有两个原因：一是近期对某种商品的需求非常迫切，远大于近期产量及库存量；二是预计未来该商品的供给会大幅度增加。总之，反向市场的出现是由于人们对现货商品的需求过于迫切，价格再高也愿意承担，从而造成现货价格剧升，近期月份合约价格也随之上升，远期月份合约因为未来供给将大量增加的预测而价格相对平稳。

四、套期保值遵循的经济原理

套期行为之所以能够保值，是因为同一种特定商品的期货和现货的主要差异在于交货日期前后不一，而它们的价格则受相同的经济因素、非经济因素的影响和制约，而且，期货合约到期必须进行实货交割的规定，使现货价格与期货价格还具有趋合性，即当期货合约临近到期日时，两者价格的差异接近于零，否则就有套利的机会，因而在到期日前，期货和现货价格具有高度的相关性。

第一，期货交易过程中期货价格与现货价格尽管变动幅度不会完全一致，但变动趋势基本一致，即当特定商品的现货价格趋于上涨时，其期货价格也趋于上涨，反之亦然。这是因为期货市场与现货市场虽然是两个各自分开的不同市场，但对于特定的商品来说，其期货价格与现货价格主要的影响因素是相同的。这样，引起现货市场价格涨跌的因素，也同样会影响到期货市场价格同向的涨跌。套期保值者就可以通过在期货市场上做与现货市场相反的交易来达到保值的功能，使价格稳定在一个目标水平上。

第二，现货价格与期货价格不仅变动的趋势相同，而且，到合约期满时，两者将大致相等或合二为一。这是因为，期货价格包含有储藏该商品直至交割日为止的一切费用，这样，远期期货价格要比近期期货价格高。当期货合约接近于交割日时，储存费用会逐渐减少乃至完全消失，这时，两个价格的决定因素实际上已经几乎相同了，交割月份的期货价格与现货价格趋于一致。这就是期货市场与现货市场的市场走势趋同性原理。

当然，期货市场并不等同于现货市场，它还会受一些其他因素的影响，因而，期货价格的波动时间与波动幅度不一定与现货价格完全一致，加之期货市场上有规定的交易单位，两个市场操作的数量往往不尽相等，这些意味着套期保值者在冲销盈亏时，有可能获得额外的利润，也可能产生小额亏损。因此，我们在从事套期保值交易时，也要关注可能会影响套期保值效果的因素，如基差、质量标准差异、交易数量差异等，使套期保值交易能达到满意的效果，能为企业的生产经营提供有效的服务。

第二节 套期保值的应用

企业是社会经济的细胞，企业用其拥有或掌握的资源去生产经营什么、生产经营多少以及如何生产经营，不仅直接关系到企业本身的生产经济效益，而且关系到社会资源的合理配置和社会经济效益提高。而企业生产经营决策正确与否的关键，在于能否正确地把握市场供求状态，特别是能否正确掌握市场下一步的变动趋势。期货市场的建立，不仅能使企业通过期货市场获取未来市场的供求信息，提高企业生产经营决策的科学合理性，真正做到以需定产，而且为企业通过套期保值来规避市场价格风险提供了场所，在增进企业经济效益方面发挥着重要的作用。

一、买入套期保值

买入套期保值是指交易者先在期货市场买入期货，以便将来在现货市场买进现货时不至于因价格上涨而给自己造成经济损失的一种套期保值方式。这种用期货市场的盈利对冲现货市场亏损的做法，可以将远期价格固定在预计的水平上。买入套期保值是需要现货商品而又担心价格上涨的投资者常用的保值方法。

（1）加工制造企业为了防止日后购进原料时价格上涨的情况。例如：某小麦加工厂 3 月份计划两个月后购进 100 吨小麦，当时的现货价为每吨 1 560 元，5 月份期货价为每吨 1 600 元。该厂担心价格上涨，于是买入 100 吨小麦期货。到了 5 月份，现货价上涨至每吨 1 590 元，而期货价为每吨 1 630 元。该厂于是买入现货，每吨亏损 30 元；同时卖出期货，每吨盈利 30 元。两个市场的盈亏相抵，有效地锁定了成本。

（2）供货商已经与需求方签订现货合同，将来交货，但供货方此时尚未购进货源，担心日后购进货源时价格上涨。

（3）需求方认为目前现货市场的价格很合适，但由于资金不足，或者缺少外汇或一时找不到符合规格的商品，或者仓库已满不能立即买进现货，担心日后购进现货时价格上涨。例如：油脂厂 3 月份计划两个月后购进 100 吨大豆，当时的现货价为每吨 0.22 万元，5 月份期货价为每吨 0.23 万元。该厂担心价格上涨，于是买入 100 吨大豆期货。到了 5 月份，现货价上涨至每吨 0.24 万元，而期货价为每吨 0.25 万元。该厂于是买入现货，每吨亏损 0.02 万元；同时卖出期货，每吨盈利 0.02 万元。

【例 4.1】买入套期保值实例（该例只用于说明套期保值原理，在具体操作中，应当考虑交易手续费、持仓费、交割费用等。）

9 月份，某油厂预计 11 月份需要 100 吨大豆作为原料，当时大豆的现货价格为每吨 2 010 元，该油厂对该价格比较满意。据预测 11 月份大豆价格可能上涨，因此，该油厂为了避免将来价格上涨导致原材料成本上升的风险，决定在大连商品交易所进行大豆套期保值交易。

交易情况如表 4.1 所示。

表 4.1 买入套期保值交易情况

现货市场期货市场		
9 月份	大豆价格 2 010 元/吨	买入 10 手 11 月份大豆合约，价格 2 090 元/吨
11 月份	买入 100 吨大豆，价格 2 050 元/吨	卖出 10 手 11 月份大豆合约，价格 2 130 元/吨
套利结果	亏损 40 元/吨	盈利 40 元/吨
最终结果	净获利 40×100-40×100=0	

从该例可以得出：第一，完整的买入套期保值同样涉及两笔期货交易。第一笔为买入期货合约，第二笔为在现货市场买入现货的同时，在期货市场上卖出对冲原先持有的头寸。第二，因为在期货市场上的交易顺序是先买后卖，所以该例为买入套期保值。第三，通过这一套期保值交易，虽然现货市场价格出现了对该油厂不利的变动，价格上涨了 40 元/吨，因而原材料成本提高了 4 000 元；但是在期货市场上的交易盈利了 4 000 元，从而消除了价格不利变动的影响。如果该油厂不做套期保值交易，现货市场价格下跌时它可以得到更便宜的原料，但是一旦现货市场价格上升，它就必须承担由此造成的损失。相反，它在期货市场上做了买入套期保值，虽然失去了获取现货市场价格有利变动的盈利，同时也避免了现货市场价格不利变动的损失。因此，买入套期保值规避了现货市场价格变动的风险。

二、卖出套期保值

卖出套期保值是为了防止现货价格在交割时下跌的风险而先在期货市场卖出与现货数量相当的合约所进行的交易方式。通常是在农场主为防止收割时农作物价格下跌，矿业主为防止矿产开采以后价格下跌，经销商或加工商为防止货物购进而未卖出时价格下跌而采取的保值方式。

（1）直接生产商品期货实物的生产厂家、农场、工厂的手头有库存产品尚未销售或即将生产、收获某种商品实物期货，担心日后出售时价格下跌。例如：5 月份白糖生产厂与饮料厂签订 8 月份销售 100 吨白糖的销售合同，价格按市价计算，8 月份期货价为每吨 4 620 元。糖厂担心价格下跌，于是卖出 100 吨白糖期货。8 月份时，现货价跌至每吨 4 000 元。该公司卖出现货，每吨亏损 820 元；又按每吨 3 780 元价格买进 100 吨的期货，每吨盈利 820 元。两个市场的盈亏相抵，有效地防止了白糖价格下跌的风险。

（2）储运商、贸易商手头有库存现货未出售或储运商、贸易商已签订将来以特定价格买进某一商品但未转售出去，担心日后出售时价格下跌。例如：某粮食企业与农民签订了当年收割时收购玉米 10 000 吨的合同，7 月份，该企业担心收割时玉米价格会下跌，于是决定将售价锁定在 1 080 元/吨，因此，在期货市场上以 1 080 元/吨的价格卖出 1 000 手合约进行套期保值。到收割时，玉米价格果然下跌到 950 元/吨，该企业以此价格将现货玉米出售给饲料厂。同时，期货价格也同样下跌至 950 元/吨，该企业就以此价格买回 1 000 手期货合约来对冲平仓，该企业在期货市场赚取的 130 元/吨正好抵补现货市场上少收取的部分。这样，他们通过套期保值规避了不利价格变动的风险。

【例 4.2】卖出套期保值实例（该例只用于说明套期保值原理，具体操作中，应当考虑交易手续费、持仓费、交割费用等。)

7 月份，大豆的现货价格为每吨 2 010 元，某农场对该价格比较满意，但是大豆 9 月份才能出售，因此该单位担心到时现货价格可能下跌，从而减少收益。为了避免将来价格下跌带来的风险，该农场决定在大连商品交易所进行大豆期货交易。

交易情况如表 4.2 所示。

表 4.2 卖出套期保值交易情况

现货市场		期货市场
7 月份	大豆价格 2 010 元/吨	卖出 10 手 9 月份大豆合约，价格 2 050 元/吨
9 月份	卖出 100 吨大豆，价格 1 980 元/吨	买入 10 手 9 月份大豆合约，价格 2 020 元/吨
套利结果	亏损 30 元/吨	盈利 30 元/吨
最终结果	净获利 100×30-100×30=0 元	

注：1 手=10 吨。

从该例可以得出：第一，完整的卖出套期保值实际上涉及两笔期货交易。第一笔为卖出期货合约，第二笔为在现货市场卖出现货的同时，在期货市场买进原先持有的部位。第二，因为在期货市场上的交易顺序是先卖后买，所以该例为卖出套期保值。第三，通过这一套期保值交易，虽然现货市场价格出现了对该农场不利的变动，价格下跌了 30 元/吨，因而少收入了 3 000 元；但是在期货市场上的交易盈利了 3 000 元，从而消除了价格不利变动的影响。

三、选择套期保值

很多套期保值者在期货市场操作的主要目的是增加他们的利润，而不仅仅为了降低风险。如果他们认为对自己的存货进行套期保值是采取行动的最佳方式，那么他们就应该照此执行；如果他们认为仅进行部分套期保值就足够了，他们就可能仅仅针对其中一部分风险采取套期保值行动。在某种情况下，如果他们对自己关于价格未来走势的判断充满信心，那么他们就可以暴露全部风险，而不采取任何的套期保值行动。

如果饲料企业从签订豆粕现货购买合同开始，到饲料销售出去为止的整个过程中都拥有豆粕，合同价格一旦确定下来，风险随之而来。这是因为，市场价格处在不断变化中，价格下跌，企业就遭受损失。采购经理签订了现货合同以后，担心价格下跌，就可以在期货市场上做卖出套期保值来回避价格风险，对存货（现货购买合同）进行卖出保值。假如，一家饲料企业以 2 050 元/吨的价格买入豆粕，加工、销售期为 3 个月，这时，企业担心价格下跌，就应该在期货市场上做卖出套期保值。

选择套期保值的另外一个作用是锁定投机利润。

例如：一家饲料企业在 3 月份以 1 980 元/吨的价格预定了豆粕现货，交货时间为 3 个月后。该企业确信这个价格比较低，而且预期 1 个月后的豆粕价格会上涨。到了 4 月份，豆粕价格上涨到 2 180 元/吨，它认为此价格太高了，推测豆粕价格会跌至 2 060 元/吨。假定其预测是完全准确的，且它一直持有最初的现货合同，中间不发生任何变化，它最终会获得每吨 80 元的净收益。实际上，它先赚了 200 元/吨，然后亏损了 120 元/吨。在一个富有弹性的套期保值方案中，它可以在 2 180 元/吨的价位上卖出豆粕期货，为豆粕的现货合同保值，从而赚取 200 元/吨。该企业通过期货市场卖出豆粕期货套期保值，在保留对豆粕现货控制的前提下锁定利润。

四、套期保值策略

为了更好地实现套期保值目的，企业在进行套期保值交易时，必须注意以下程序和策略：

第一，坚持“均等相对”的原则。“均等”，就是进行期货交易的商品必须和现货市场上将要交易的商品在种类上相同或相关数量上一致；“相对”，就是在两个市场上采取相反的买卖行为，如在现货市场上买，在期货市场则要卖，反之亦然。

第二，应选择有一定风险的现货交易进行套期保值。如果市场价格较为稳定，那就不需要进行套期保值，进行保值交易需支付一定费用。

第三，比较净冒险额与保值费用，最终确定是否要进行套期保值。

第四，根据价格短期走势预测，计算出基差（即现货价格和期货价格之间的差额）预期变动额，并据此做出进入和离开期货市场的时机规划，并予以执行。

第三节　基差与套期保值

套期保值可以大体抵消现货市场中价格波动的风险，但不能使风险完全消失，主要原因是存在“基差”这个因素。要深刻理解并运用套期保值，避免价格风险，就必须掌握基差及其基本原理。

一、基差的概念

基差（basis）是指某一特定商品在某一特定时间和地点的现货价格与该商品近期合约的期货价格之差，即

基差=现货价格-期货价格

例如，5 月 30 日大连的大豆现货价格 2 700 元/吨，当日，7 月黄大豆 1 号的期货合约价格是 2 620 元/吨，则基差是 80 元/吨。

一般来说，基差所指的现货商品的等级应该与期货合约规定的等级相同，并且基差所指的期货价格通常是最近的交割月的期货价格。例如，在 6 月 20 日小麦基差为“10 cents under”，如果没有特别约定，这是指当日与期货合约规定的等级相同的小麦的现货价格低于 7 月份的期货价格 10 美分。如果在 6 月 20 日小麦基差为“5 cents over”，这是指当日与期货合约规定的等级相同的小麦的现货价格高于 7 月份的期货价格 5 美分。但需要注意的是，特定的交易者可以拥有自己特定的基差。又如，对于一个小麦交易商来说，他所指的基差可能是他实际购买小麦现货的成本与他进行套期保值所持有的某一交割月的期货价格的差额。他所购买的小麦等级可能不同于期货合约规定的标准等级，他所指的某一交割月的期货合约也可能不是最近的交割月的期货合约。再如，7 月 1 日，小麦交易商以 2.00 美元/蒲式耳的价格买入一批

小麦，同时以 2.10 美元/蒲式耳的价格卖出 9 月份期货合约，基差就为“10 cents under”即 10 美分。

基差的变化受制于持仓费用。最终因现货价格和期货价格的趋同性，基差在期货合约的交割月下降为零。基差的决定因素主要是市场上商品的供求关系。对于初级产品，特别是农产品的基差，除受一般供求因素的影响外，还在很大程度上受季节性因素的左右。

基差是衡量期货价格与现货价格之间关系的重要指标。基差是套期保值成功与否的基础，套期保值的效果主要是由基差的变化决定的。基差是发现价格的标尺，基差对于期货与现货之间的套利交易十分重要。

基差可以是正数也可以是负数，这主要取决于现货价格是高于还是低于期货价格。现货价格高于期货价格，则基差为正数，又称为远期贴水或现货升水；现货价格低于期货价格，则基差为负数，又称为远期升水或现货贴水。

例如，假设 9 月 28 日黑龙江省的一个大豆产地现货价格 1 810 元/吨，当日的下年度 3 月份大连商品交易所大豆的期货合约价格是 1 977 元/吨，则基差是-167 元/吨。又如，9 月 28 日上海地区的油脂厂买进大豆，当地的现货价格是 2 080 元/吨，那么基差为+103 元/吨。

二、影响基差的因素

基差包含着两个市场间的运输成本和持有成本。前者反映了现货市场和期货市场的空间因素；后者则反映了两个市场的时间因素，持有或储存某一商品由某一时间到另一时间的成本，包括储存费用、利息（占用资金的成本）和保险费、损耗费等。值得注意的是，利率的变动对持有成本影响较大，而其他几项费用则较为稳定。

就同一地区市场而言，理论上，不同时期的基差应充分反映其持有成本是时间的函数，至合约到期的时间愈长，持有成本愈大，反之则愈小。而当非常接近到期日时，期货市场当地的现货价格应与最近期的期货价格接近，其差别就是交割成本。

归纳起来，影响基差的因素主要有三方面。

（一）品质

由于期货合同中规定买卖的是基准品级的货物，而现货实际交易的品质与交易所规定的期货合同的品级往往不一致，所以基差就包含了这种品质差价。

（二）地区

期货交易所的期货合同规定的货物交割地点是交易所指定的标准交货地点，而实际现货交易的交货地点往往并不是与交易所指定的交货地点一致，因此，两个交货地点之间的运费差价就造成了一定的基差。

（三）时间

由于现货交易交货的时间与期货交割的月份往往不一致，这样就造成了期货价格与现货价格之间存在着时间差价。时间影响基差主要表现在仓储费用上，具体费用包括库存费、保险费和利息。在现货市场的不同地点，基差的大小往往固定在一定的幅度内，交易者可以通过预测基差，结合期货价格来判断远期现货价格。

以上只是影响基差的固定因素，实际上影响基差的因素很多也非常复杂。因为基差取决于现货价格与期货价格，所以凡是可以影响这两者的因素最终都会影响基差，如一般商品近期、远期的供给和市场需求情况，替代商品的供求和价格情况，政治因素、季节因素、自然因素等，其中最主要的是供求因素。

三、基差的表现形式

虽然期货价格与现货价格的变动方向基本一致，但变动的幅度往往不同，所以基差并不是一成不变的。随着现货价格和期货价格持续不断的变动，基差时而扩大，时而缩小。最终因现货价格和期货价格的趋同性，基差在期货合约的交割月趋向为零。基差的变化对套期保值的效果有直接的影响。从套期保值的原理不难看出，套期保值实际上是用基差风险替代了现货市场的价格波动风险，因此从理论上讲，如果投资者在进行套期保值之初与结束套期保值之时基差没有发生变化，就可能实现完全的套期保值。因此，套期保值者在交易的过程中应密切关注基差的变化，并选择有利的时机完成交易。

一般来说，存在基差为负数、基差为正数和基差为零这三种市场情况。

（一）基差为负的正常情况

在正常的商品供求情况下，由于参考价持有成本及风险的原因，基差一般应为负数，即期货价格应大于该商品的现货价格，即正向市场。

（二）基差为正数的倒置情况

当市场商品供求出现短缺，供不应求的情况时，现货价格高于期货价格，即反向市场。

（三）基差为零的市场情况

当期货合约越接近交割期，基差越来越接近零。

一般来说，基差扩大、缩小是指绝对值，不分正、负。对于商品期货来说，由于地理位置等不同，同种商品可以有多种现货价格，又由于交易者对不同交割月份的合约兴趣不同，所以同种商品的基差不是唯一的，可能多达数十个甚至上百个，但对交易者来说，有价值的只是其中的一两个。对于股指期货来说，由于股票指数是唯一的，在不考虑跨期指数套利的情况下，某个月份的期货合约对应的基差是唯一的。在我国，沪深 300 指数期货同时存在的基差只有四个，因为根据金融交易所的制度安排，沪深 300 指数期货同时只能存在四个合约。

基差的决定因素主要是市场上商品的供求关系。在现货交割地，如果市场供给量大于需求量，现货价格就会低于近期月份合约的价格；如果市场需求量大于供给量，现货价格就会高于近期月份合约的价格。对于初期产品，特别是农产品的基差，除受一般供给因素的影响外，还在很大程度上受季节性因素的左右，使基差在一个时期扩大，在另一个时期缩小，一年一年周而复始。除此之外，某种商品的替代产品的供求状况、仓储费用、运输费用、保险费、上年度结转库存等因素都会或多或少影响商品期货的基差。

对于股指期货来说，影响基差的主要因素有利率、持仓结构、投资组合中高风险股票与低风险股票的比例等。

四、基差的作用

（一）基差是套期保值成功与否的基础

套期保值是利用期货价差来弥补现货价差，即以基差风险取代现货市场的价差风险。在商品实际价格运动过程中，现价与期价波动幅度有差异，基差会随之变大或变小，由于期货合约到期时，现货价格与期货价格会趋于一致，而且基差呈现季节性变动，使套期保值者能够应用期货市场降低价格波动的风险。套期保值的效果主要是由基差的变化决定的，从理论上说，如果交易者在进行套期保值之初和结束套期保值之时，基差没有发生变化，必然导致交易者在这两个市场上盈亏相反且数量相等，由此实现规避价格风险的目的。但在实际交易中，基差不可能保持不变，这会给套期保值交易带来不同的影响。例如，收获季节因大量农产品集中在较短时间内上市，造成供给大大超过市场需求，现货价格下降，基差扩大。收获季节过去，大量农产品逐步为市场所吸收，基差又开始缩小，逐渐恢复到正常水平。随着春季来临，上年库存大量减少，在一些地区很可能出现供给短缺，现货价格相对于期货价格骤然上升，基差由负值变成正值。

（二）基差是价格发现的标尺

期货市场的价格发现功能是借助期货交易所这种高度组织化的市场形态实现的，通过公开叫价程序形成某一特定期货合约的价格，这种价格形成方式是传达未来市场供求变化的较为准确有效的方式。期货与现货市场之间的价格相关关系可使套期保值者和投机商利用期货价格衡量相关现货商品的近期和远期价格的发展趋势。基差关系基本反映了现阶段以及未来现货市场的供求关系，从而证明了期货市场具有价格发现功能，即基差决定了远期价格的发现功能。

从根本上说，现货市场的供求关系以及市场参与者对未来现货价格的预期，决定着期货合约的价格，但这并不妨碍以期货价格为基础报出现货价格。

（三）基差对于期现套利交易很重要

期货市场除了单纯投机交易外，还存在套利交易。所谓“套利交易”，是指投机商利用不同月份、不同市场、不同商品之间的差价进行期货交易、谋取利润的一种投机性活动。其特点是，在做套利交易时，主要以两张合约之间的价格基差为依据，并不注重买进合约或卖出合约的绝对价格水平。如果在正向市场上，现货价格与期货价格同时上升，并一直持续到交割月份，基差的绝对值始终大于持仓费，则出现无风险套利机会；如果在反向市场上，现货价格与期货价格同时下跌，并一直持续到交割月份，基差的绝对值始终小于持仓费，则出现无风险套利机会。

股指期货中的基差作用远远小于商品期货。豆类、钢材等金融属性较弱的商品期货由于保存期限短、储存费用高、运费占货值比例高等，基差往往会被拉得较大，一般为 10%。而在股指期货中，由于上述成本都很小，所以基差也比较小。

五、套期保值的扩展

前面所讲述的套期保值案例是比较简单和基本的操作方式。在实践中，结合期货市场和现货市场的发展，套期保值操作方式也得到了进一步的扩展。

（一）交割月份的选择

在套期保值操作中，需要将期货头寸持有的时间段与现货市场承担风险的时间段对应起来。但这并不一定要求期货合约月份的选择与现货市场承担风险的时期完全对应起来。例如，5 月初某企业计划在 3 个月后卖出一批铜现货，为了防范铜价下跌风险，做卖出套期保值。这是否意味着该企业在合约月份选择上，一定要选择卖出 8 月份的铜期货合约呢? 不一定。合约月份的选择主要受下列因素的影响：

第一，合约流动性。流动性不足的合约，会给企业开仓和平仓带来困难，影响套期保值效果。套期保值一般应选择流动性好的合约来进行交易。

第二，合约月份不匹配。有时企业现货头寸面临风险的期间，并没有对应的期货合约月份可以交易。例如，企业要在 8 月份购买商品，但没有对应的 8 月份的期货合约。又如，套期保值期限超过一年时，市场上尚没有对应的远月期货合约挂牌，此时通常会涉及展期操作。所谓展期，是指在对近月合约平仓的同时在远月合约上建仓，用远月合约调换近月合约，将持仓移到远月合约的交易行为。

第三，不同合约基差的差异性。如前所述，基差变化直接影响套期保值效果。不同交割月份的期货合约的基差总是存在差异的，套期保值者可以选择对其有利的合约进行交易。例如，3 月初，卖出套期保值者发现 7 月份和 9 月份期货合约的基差分别是-50 元/吨和-100 元/吨，假设 7 月至 9 月间持仓费为 30 元/吨，这意味着扣除持仓费因素，9 月份基差较 7 月份基差弱，换而言之，9 月基差走强可能性更大，企业可以选择 9 月份合约进行套期保值。

上述三个方面的原因，将要求企业根据实际情况，灵活选择套期保值合约的月份。

（二）套期保值比率的确定

前述套期保值案例，均按照“1∶1”的套期保值比率操作，这种操作方式确实简单。但由于期货价格与现货价格波动幅度不完全相同，采取“1∶1”的套期保值比率会带来基差变动的风险，可能造成不完全套期保值。在实际操作中，企业可以结合不同的目的以及现货市场价格和期货市场价格的相关性，来灵活确定套期保值比率。

第四节　基差变化与套期保值效果

在商品实际价格运动过程中，基差总是在不断变动的，而基差的变动形态对一个套期保值者而言至关重要。由于期货合约到期时，现货价格与期货价格会趋于一致，而且基差呈现季节性变动，使套期保值者能够应用期货市场降低价格波动的风险。基差变化是判断能否完全实现套期保值的依据。套期保值者利用基差的有利变动，不仅可以取得较好的保值效果，而且可以通过套期保值交易获得额外的盈余。一旦基差出现不利变动，套期保值的效果就会受到影响。

一、基差不变与套期保值效果

（一）基差不变与卖出套期保值效果

【例 4.3】7 月份，大豆现货价格为每吨 3 210 元，某农场对该价格比较满意，但大豆在 9 月份才能收获出售，因此该投资者担心到时现货价格可能下跌，从而减少收益。为避免将来价格下跌带来的风险，该投资者决定在大连商品交易所进行大豆期货交易。

交易情况如表 4.3 所示。

表 4.3 交易情况

	现货市场	期货市场	基差
7 月份	大豆价格 3 210 元/吨	卖出 10 手 9 月份大豆合约，价格 3 250 元/吨	-40 元/吨
8 月份	卖出 100 吨大豆，价格 3 250 元/吨	买入 10 手 9 月份大豆合约，价格 3 220 元/吨	-40 元/吨
套利结果	亏损 30 元/吨	盈利 30 元/吨	
最终结果	净获利 0 元		

注：1 手=10 吨。

根据上例我们可以得到以下结论：第一，完整的卖出套期保值实际上包括两笔期货交易。第一笔是卖出期货合约，第二笔是在现货市场上卖出现货的同时，在期货市场上买进对冲原先持有的部位。第二，因为在期货市场上交易顺序是先卖后买，所以该例为卖出套期保值。第三，通过这一套期保值交易，虽然现货市场上出现了对该投资者不利的价格变动，价格下跌了 30 元/吨，因而少收入了 3 000 元，但在期货市场上盈利了 3 000 元，从而消除了价格变动的不利影响。

（二）基差不变与买入套期保值效果

【例 4.4】7 月份，某加工厂预计 11 月份需要 100 吨阴极铜作为原材料，当时铜的现货价格为每吨 15 000 元，加工厂对该价格比较满意。根据预测，到 11 月份铜的价格可能会上涨，因此为避免价格上涨带来的风险，决定在上海期货交易所进行铜套期保值期货交易。

交易情况如表 4.4 所示。

表 4.4 交易情况

	现货市场	期货市场	基差
7 月份	铜价格 15 000 元/吨	买入 20 手 11 月份铜期货，价格 15 500 元/吨	-500 元/吨
11 月份	买入 100 吨铜现货，价格 16 500 元/吨	卖出 20 手 11 月份铜期货，价格 17 000 元/吨	-500 元/吨
套利结果	亏损 1 500 元/吨	盈利 1 500 元/吨	
最终结果	净获利 0 元		

注：1 手=5 吨。

根据上例我们可以得到以下结论：第一，完整的买入套期保值实际上包括两笔期货交易。第一笔是买入期货合约，第二笔是在现货市场上买入现货的同时，在期货市场上卖出对冲原先持有的头寸。第二，因为在期货市场上交易顺序是先买后卖，所以该例为买入套期保值。第三，通过这一套期保值交易，虽然现货市场上出现了对该投资者不利的价格变动，价格上涨了 1 500 元/吨，因而原材料成本提高了 150 000 元，但在期货市场上盈利了 150 000 元，从而消除了价格的不利影响。

二、基差缩小与套期保值效果

（一）基差缩小与卖出套期保值效果（正向市场）

【例 4.5】3 月 1 日，小麦现货价格为每吨 1 600 元，某经销商对该价格比较满意，买入 1 000 吨现货小麦。为避免现货价格可能下跌带来的收益减少，决定在郑州商品交易所进行小麦交易。此时小麦 5 月份合约的价格为每吨 1 640 元，基差 40 元/吨，该经销商于是在期货市场卖出 100 手 5 月份小麦合约。4 月 1 日，他在现货市场上以每吨 1 570 元的价格卖出小麦 1 000 吨，同时在期货市场上以每吨 1 600 元买入 100 手 5 月份小麦合约来对冲 3 月 1 日建立的空头头寸。从基差的角度看，基差从 3 月 1 日的-40 元/吨缩小到 4 月 1 日的-30 元/吨。

交易情况如表 4.5 所示。

表 4.5 交易情况

	现货市场	期货市场	基差
3 月 1 日	买入 1 000 吨小麦， 价格 1 600 元/吨	卖出 100 手 5 月份小麦合约， 价格 1 640 元/吨	-40 元/吨
4 月 1 日	卖出 1 000 吨小麦， 价格 1 570 元/吨	买入 100 手 5 月份小麦合约， 价格 1 600 元/吨	-30 元/吨
套利结果	亏损 30 元/吨	盈利 40 元/吨	
最终结果	净获利 1 000×40-1 000×30=10 000 元		

注：1 手=10 吨。

在该例中，现货价格和期货价格均下降，但现货价格的下降幅度小于期货价格的上升幅度，基差缩小，从而使经销商在现货市场上因价格下跌卖出现货蒙受的损失小于在期货市场上因价格下跌买入期货合约的盈利，盈亏相抵后净盈利 10 000 元。

如果现货和期货的价格不降反升，经销商在现货市场上获利，在期货市场上损失。但只要基差缩小，现货市场上的盈利不仅能弥补其期货市场上的损失而且有净盈利。

（二）基差缩小与买入套期保值效果（反向市场）

【例 4.6】7 月 1 日，铝的现货价格为每吨 15 800 元，某加工商对该价格比较满意，卖出 100 吨现货铝。为避免将来现货价格可能上升导致原材料成本的提高，决定在上海期货交易所进行期货交易。此时铝 9 月份期货合约的价格为每吨 15 400 元，基差 400 元/吨，该加工商于是在期货市场上买入 20 手 9 月份铝合约。8 月 1 日，他在现货市场上以每吨 16 000 元的价格买入铝 100 吨，同时在期货市场上以每吨 15 700 元的价格卖出 20 手 9 月份铝合约来对冲 7 月

1 日建立的空头头寸。从基差角度看，基差从 7 月 1 日的 400 元/吨缩小到 8 月 1 日的 300 元/吨。

交易情况如表 4.6 所示。

表 4.6　交易情况

	现货市场	期货市场	基差
7 月 1 日	卖出 100 吨铝， 价格 15 800 元/吨	买入 20 手 9 月份铝合约， 价格 15 400 元/吨	400 元/吨
8 月 1 日	买入 100 吨铝， 价格 16 000 元/吨	卖出 20 手 9 月份铝合约， 价格 15 700 元/吨	300 元/吨
套利结果	亏损 200 元/吨	盈利 300 元/吨	缩小 100 元/吨
最终结果	净获利 100×300-100×200=10 000 元		

注：1 手=5 吨。

在该例中，现货价格和期货价格均上升，但现货价格的上升幅度小于期货价格的上升幅度，基差缩小，从而使加工商在现货市场上因价格上升买入现货蒙受的损失小于在期货市场上因价格上升卖出期货合约的盈利，盈亏相抵后净盈利 10 000 元。

三、基差变大与套期保值效果

（一）基差变大与卖出套期保值效果（正向市场）

在正向市场上基差是由持仓量决定的，随着期货合约交割日的接近，持仓费逐步递减，期货价格和现货价格逐步接近，最终一致。基差扩大也只是暂时的、短期的。

【例 4.7】7 月 1 日，大豆的现货价格为每吨 3 310 元，某经销商对该价格比较满意，买入 100 吨现货大豆。为避免现货价格可能下跌带来的收益减少，决定在大连商品交易所进行大豆期货交易。此时大豆期货 9 月份的期货合约的价格为每吨 3 340 元，基差为 30 元/吨，月持仓费 20 元/吨，7 月到 9 月的持仓费为 60 元/吨，基差小于持仓费，该经销商于是在期货市场上卖出 10 手 9 月份大豆合约。8 月 1 日，他在现货市场上以每吨 3 280 元的价格卖出大豆 100 吨，同时在期货市场上以每吨 3 320 元的价格买入 10 手 9 月份大豆合约，来对冲 7 月 1 日建立的空头头寸。经过市场机制的调节，期货价格对现货价格的升水（3 320-3 280=40 元）正好与 8 月至 9 月的持仓费（20×2=40 元）相等。从基差的角度看，基差从 7 月 1 日的-30 元/吨扩大到 8 月 1 日的-40 元/吨。

交易情况如表 4.7 所示。

表 4.7　交易情况

	现货市场	期货市场	基差
7 月 1 日	买入 100 吨大豆， 价格 3 310 元/吨	卖出 10 手 9 月份大豆合约， 价格 3 340 元/吨	-30 元/吨
8 月 1 日	卖出 100 吨小麦， 价格 3 280 元/吨	买入 10 手 9 月份大豆合约， 价格 3 320 元/吨	-40 元/吨
套利结果	亏损 30 元/吨	盈利 20 元/吨	亏损 10 元/吨
最终结果	净获利 100×30-100×20=1 000 元		

注：1 手=10 吨。

在该例中，现货价格和期货价格均下降，但现货价格的下降幅度大于期货价格的下降幅度，基差扩大，从而使经销商在现货市场上因价格下跌卖出现货蒙受的损失大于在期货市场上因价格下跌买入期货合约的盈利，盈亏相抵后仍损失 1 000 元。

（二）基差变大与买入套期保值效果（反向市场）

【例 4.8】7 月 1 日，大豆的现货价格为每吨 3 340 元，某加工商对该价格比较满意。希望以该价格在三个月后买入 100 吨现货大豆。为避免大豆价格上升，决定在大连商品交易所进行期货交易。此时大豆 9 月份期货合约的价格为每吨 3 310 元，基差 30 元/吨，该加工商是在期货市场上买入 10 手 9 月份大豆合约。8 月 1 日，他在现货市场上以每吨 3 380 元的价格买入大豆 100 吨，同时在期货上以每吨 3 340 元的价格卖出 10 手 9 月份大豆合约，来对冲 7 月 1 日建立的多头头寸。从基差的角度看，基差从 7 月 1 日的 30 元/吨扩大到 8 月 1 日的 40 元/吨。

交易情况如表 4.8 所示。

表 4.8 交易情况

	现货市场	期货市场	基差
7 月 1 日	卖出 100 吨大豆， 价格 3 340 元/吨	买入 10 手 9 月份大豆合约， 价格 3 310 元/吨	30 元/吨
8 月 1 日	买入 100 吨小麦， 价格 3 380 元/吨	卖出 10 手 9 月份大豆合约， 价格 3 340 元/吨	40 元/吨
套利结果	亏损 40 元/吨	盈利 20 元/吨	亏损 10 元/吨
最终结果	净损失 100×40-100×30=1 000 元		

注：1 手=10 吨。

在该例中，现货价格和期货价格均上升，但现货价格的上升幅度大于期货价格的上升幅度，基差扩大，从而使加工商在现货市场上因价格上升买入现货蒙受的损失大于在期货市场上因价格上升卖出期货合约的盈利，盈亏相抵后仍损失 1 000 元。

对于买入套期保值者来讲，他愿意看到的是基差缩小，分为三种情况：

第一，现货价格和期货价格均上升，但现货价格的上升幅度大于期货价格的上升幅度，基差扩大，从而使得加工商在现货市场上因价格上升买入现货蒙受的损失大于在期货市场上因价格上升卖出期货合约的获利。

第二，现货市场和期货市场的价格不是上升而是下降，加工商在现货市场获利，在期货市场损失。但是只要基差扩大，现货市场的盈利不仅不能弥补期货市场的损失，而且会出现净亏损。如果现货价格和期货价格均上升，但现货价格的上升幅度小于期货价格的上升幅度，基差缩小，从而使得加工商在现货市场上因价格上升买入现货蒙受的损失小于在期货市场上因价格上升卖出期货合约的获利。

第三，现货市场和期货市场的价格不是上升而是下降，加工商在现货市场获利，在期货市场损失。但是只要基差缩小，现货市场的盈利不仅能弥补期货市场的全部损失，而且会有净盈利。

对于卖出套期保值者来讲，他愿意看到的是基差扩大，分为两种情况：

第一，现货价格和期货价格均下降，但现货价格的下降幅度大于期货价格的下降幅度，基差扩大，从而使得经销商在现货市场上因价格下跌卖出现货蒙受的损失大于在期货市场上因价格下跌买入期货合约的获利。如果现货市场和期货市场的价格不是下降而是上升，经销商在现货市场获利，在期货市场损失。但是只要基差扩大，现货市场的盈利只能弥补期货市场的部分损失，结果仍是净损失。

第二，现货价格和期货价格均下降，但现货价格的下降幅度小于期货价格的下降幅度，基差缩小，从而使得经销商在现货市场上因价格下跌卖出现货蒙受的损失小于在期货市场上因价格下跌买入期货合约的获利。如果现货价格和期货价格不降反升，经销商在现货市场获利，在期货市场损失。但是只要基差缩小，现货市场的盈利不仅能弥补期货市场的全部损失，而且仍有净盈利。

期货价格与现货价格的变动趋势是一致的，但两种价格变动的时间和幅度不完全一致，也就是说，在某一时间，基差是不确定的，所以套期保值者必须密切关注基差的变化。因此，套期保值并不是一劳永逸的事，基差的不利变化也会给保值者带来风险。虽然套期保值没有提供完全的保险，但是它的确在一定程度上回避了与商业相联系的价格风险。套期保值基本上是风险的交换，即以价格波动风险交换基差波动风险。

基差的变化与套期保值效果的关系如表 4.9 所示。

表 4.9　基差的变化与套期保值效果的关系

基差变动情况	套期保值种类	套期保值效果
基差不变	卖出套期保值	两个市场盈亏完全相抵，套期保值者得到完全保护
	买入套期保值	两个市场盈亏完全相抵，套期保值者得到完全保护
基差走强（包括正向市场走强、反向市场走强、正向市场转变为反向市场）	卖出套期保值	套期保值者得到完全保护，并且存在净盈利
	买入套期保值	套期保值者不能得到完全保护，存在净亏损
基差走弱（包括正向市场走弱、反向市场走弱、反向市场转变为正向市场）	卖出套期保值	套期保值者不能得到完全保护，存在净亏损
	买入套期保值	套期保值者得到完全保护，并且存在净盈利

第五节　基差交易

一、基差交易的概念

基差交易是指以某月份的期货价格为计价基础，以期货价格加上或减去双方协商同意的基差来确定双方买卖现货商品的价格的交易方式。这样，不管现货市场上的实际价格是多少，只要套期保值者与现货交易的对方协商得到的基差，正好等于开始做套期保值时的基差，就能实现完全套期保值，取得完全的保值效果。如果套期保值者能争取到一个更有利的基差，套期保值交易就能盈利。

基差交易的实质是套期保值者通过基差交易，将自身面临的基差风险通过协议基差的方式转移给现货交易中的对手，从而可以达到完全的或盈利的保值目的。

【例 4.9】10 月 20 日，中国某榨油厂与美国某贸易商签订进口合同，约定进口大豆的到岸价为“芝加哥期货交易所的 1 月大豆期货合约 + CNF（成本加运费）100 美分”，即在 1 月份芝加哥期货交易所大豆期货价格的基础上加上 100 美分/蒲式耳的升水，以此作为进口到岸价。同时，双方约定由该榨油厂在 12 月 15 日装船前根据芝加哥期货交易所期货盘面价格自行作价确定。合同确立后，大豆的进口到岸价格实际上并未确定下来，如果在榨油厂实施点价之前，1 月份芝加哥期货交易所大豆期货价格上涨，该榨油厂就要接受此高价。为了规避这一风险，该榨油厂在签订进口合同的同时，在芝加哥期货交易所买入等数量的 1 月份大豆期货合约进行套期保值。

到了 12 月 15 日，该贸易商完成大豆装船，并通知该榨油厂作价。该榨油厂在 1 月份芝加哥期货交易所大豆期货上分批完成作价，均价为 1 030 美分/蒲式耳。该批大豆的进口到岸价也相应确定下来，为 1 030 + 100 = 1 130 美分/蒲式耳。该榨油厂按该价格向贸易商结清货款。与此同时，该榨油厂将套期保值头寸卖出平仓，结束交易。

在该案例中，假设在签订进口合同时期货价格为 800 美分/蒲式耳，这意味着，如果不进行套期保值，在该榨油厂实施作价时，由于期货价格上涨至 1 030 美分/蒲式耳，该厂要承担相当于 230 美分/蒲式耳的损失。如果在签订合同的同时进行买入套期保值，即使作价期间价格上涨，其期货套期保值头寸因价格上涨所带来的盈利也可以弥补现货市场上的损失，从而较好地规避价格风险。

基差交易与一般的套期保值操作的不同之处在于，由于点价交易与套期保值操作相结合，套期保值头寸了结时，对应的基差基本上等于作价交易时确立的升贴水。这就保证了在套期保值建仓时，就已经知道了平仓时的基差，从而减少了基差变动的不确定性，降低了基差风险。

二、基差交易的类型

依据现货商买卖双方谁决定成交价格，将基差交易分为三种类型，即买方叫价交易、卖方叫价交易、双向叫价交易。

（一）买方叫价交易

买方叫价交易，是由现货商的买方决定最后成交价格，一般与卖出套期保值配合交易。现货商的卖方，为自己将要卖出的现货做了卖出套期保值，当预测基差变化不利时，进行基差交易加强套期保值的效果，或确保实现套期保值目的，或取得额外利润。而现货商的买方，为了稳定货源，或避免价格不利走向可能带来的风险，也需要进行基差交易。

具体做法：买卖双方确定基差和该商品某月份合约为计价基础，由买方在一定时期内选定对自己最有利的某一天确定最终成交价，达成现货交易，并通知卖方买进该商品的期货合约，结束其卖出套保交易。

（二）卖方叫价交易

卖方叫价交易，是由现货商的卖方决定最后成交价格，一般与买入套期保值配合交易。现货商的买方，为自己将要买入的现货做了买入套期保值，当预测基差变化不利时，进行基差交易加强套期保值的效果，或确保实现套期保值目的，或取得额外利润。而现货商的卖方，为实现预期利润，或避免价格不利走向可能带来的风险，也有必要进行基差交易。

具体做法：买卖双方确定基差和该商品某月份合约为计价基础，由卖方在一定时间内选定对自己最有利的某一天确定最终成交价，达成现货交易，并通知买方卖出该商品的期货合约，结束其买入套保交易。

（三）双向叫价交易

双向叫价，是基差交易的高层次操作策略。在双向叫价交易中，由于交易者既是买方又是卖方，可以综合运用卖方叫价交易和买方叫价交易进行基差交易，即不需要再进行套期保值交易，只要能确定有利的卖出时基差和买进时基差，那么不管价格如何变动，都可获得盈利。

【例 4.10】3 月份，某贸易商与一大豆现货供应商约定以卖方叫价按低于 5 月份期货合约价格 20 元/吨买进现货，大豆现货供应商可选择 4 月份中任意一天的 5 月合约价格作为成交价的基础，同时要在期货市场上为贸易商卖出 5 月份期货合约。几天后，贸易商又与一大豆榨油厂约定以买方叫价按低于 5 月份期货合约价格 5 元/吨作为成交价格的基础，同时要在期货市场上为贸易商买进 5 月份期货合约。这样，虽然在确定价格期间价格激烈上下波动，但由于现货的亏损可由期货的获利弥补，还是能确保和基差变动相等的 15 元/吨的利润。

贸易商交易的具体情况如表 4.10 所示。

表 4.10　交易情况

	现货市场	期货市场	基差
3 月份	大豆现货买进价 1 968 元/吨	以 1 988 元/吨的价格卖出 5 月份到期的期货合约	−20 元/吨
4 月份	大豆现货卖出价 2 005 元/吨	以 2 010 元/吨的价格买进 5 月份到期的期货合约平仓	−5 元/吨
套利结果	盈利 37 元/吨	亏损 22 元/吨	变化 15 元/吨
最终结果	净获利 37−22=15 元/吨		

三、基差交易的应用

基差交易是进口商经常采取的定价和套期保值策略。采用这种方法，进口商在与出口商谈判时，可以暂时不确定固定价格，而是按交易所的期货价格固定基差，由进口商在装运前选择期货价格来定价。一旦进口商选择了某日的期货价格，则他同时会在期货交易所建立空头交易部位。等到转售货物时，进口商再以等于或大于买入现货的基差价格出售货物，并在期货交易所以多头平仓。这样，无论期货价格如何变化，进口商都不会在现货交易中受到任何损失，而且如果卖出现货的基差大于买入现货的基差，进口商还会取得基差交易的盈利。

案例

国内铁矿石基差贸易合同

2014 年 7 月 23 日，日照钢铁集团与永安资本、中信寰球商贸公司在日照签订了铁矿石基差贸易合同，这是国内首单铁矿石基差贸易合同。

永安资本为永安期货的全资子公司，业务范围包括仓单服务、定价服务、合作套保、基差交易等，涵盖期货上市品种及其产业链相关品种的现货贸易、远期交易和期货交割。永安资本总经理刘胜喜详细解读了铁矿石“期货价格+基差”定价的实例。

基差交易本质上是现货贸易，只是以期货和基差为定价基础，而非一口价。基差即远期市场现货价格的重要组成部分，通过基差可以实现期货市场为现货市场定价，也就是说，基差=现货价格-期货价格。

第一步，永安期货采用现货一口价采购1万吨铁矿石。

7月初，永安期货向中瑞矿业采购1万吨铁矿石（纽曼粉），现货湿基价格665元/湿吨，折算干基价格707元/干吨（6%水）。与此同时，在期货1409合约上做空套保，套保价格716元/吨，此时的基差为707元-716元=-9元。

第二步，永安期货与日照钢铁签订基差定价合同。

7月中旬，现货价格涨到675元/湿吨，折算干基价格718元/干吨，当日期货价格为715元/吨时，即基差为3元/吨，永安期货向日照钢铁报价升水2元/吨（优惠1个点）。合同约定，给予日照钢铁1个月作价期，该批矿石最终结算价格参照铁矿石期货1409合约加升水2元/吨为最终干基结算价。

第三步，货款交接。

签订基差交易合同后两日内，日照钢铁按照当时市场价675元/湿吨×1万吨，即675万元，支付给永安期货预付货款，永安期货收到货款后一日内，转移货权给日照钢铁。

第四步，日照钢铁点价。

7月22日，日照钢铁以电话方式向永安点价，参照期货盘面铁矿石期货1 409合约即时价格688元/干吨作价，确定为最终的干基结算价，折算湿基价格648元/湿吨。当日现货价格较之前下跌至660元/湿吨，折算干基价格为702元/干吨，基差为14元/吨（=702-688）。永安期货在此价格688元/干吨平仓1万吨空头套保头寸,随后,日照钢铁将作价函盖章传至永安期货备案。

第五步，结算开票。

日照钢铁提货后，按照实际提货吨数，永安期货按照“648元/湿吨×实际提货吨数”结算货款，开具发票，并在之前预付货款675万元的基础上多退少补。

那么，永安期货与日照钢铁的基差贸易各自收益如何?

永安期货现货采购价格为665元/湿吨，销售价格为648元/湿吨，因此现货亏损17元/湿吨。而由于永安期货在铁矿石期货上空头开仓价为716元/干吨，平仓价为688元/干吨，所以期货盈利28元/干吨，总盈利11点（=28-17），相当于基差从7月初的-9点，到7月中旬与日照钢铁签订的+2点，走强了11点。

日照钢铁在7月下旬作价后现货结算采购价为648元/湿吨，当日现货价格660元/湿吨，盈利12点，相当于基差从7月中旬的+2点到7月下旬的+14点，走强了12点。在该案例中，永安期货和日照钢铁分别盈利11元/吨和12元/吨，买卖双方实现了双赢。

来源：《证券日报》。

第六节 期货转现货交易

一、期货转现货交易概述

在实际生产活动中，众多企业的产品并非期货交易所的注册品，要么不能完全符合交易所的品质要求，不能交割；要么即使能够交割，卖方也不得不将产品运到期货交易所的指定交割库内，买方还要将产品从指定交割仓库拉回去。这增加了交易的难度和成本，为解决上述困难和问题，在期货交易中，出现了“期货转现货”（简称“期转现”）这一工具。

期货转现货是指持有同一交割月份合约的多空双方，将期货平仓价格及现货交货价格达成协议，将期货持仓按协议价格由交易所代为平仓，按协议现货价进行现货买卖，变期货部位持仓为现货部位的交易。国外很多期货交易所都允许采取“期转现”的交易方式。我国郑州商品期货交易所于 2001 年 9 月 1 日正式推出了期货转现货业务；上海期货交易所于 2000 年 6 月推出了适用于标准仓单的“期货转现货”交割办法，2001 年 4 月又经过修改完善，将其适用范围扩展到非标准仓单。

期货转现货交易有以下特点：

（1）它允许交易者进行非合约条款交易，满足投资者的不同偏好和需要，例如可以在非指定交割地点进行交割，在正常交易时间之外进行交割，还允许在交易厅外商谈交易。

（2）锁定成本和利润。它的最大特点就是利用协议基差来操作，买卖双方经过讨价还价，协定好期货平仓价格和现货交货价格的基差后，也就对双方的成本和利润进行了锁定。

（3）交割地点、交割品种的灵活性。进行期货转现货交易，不仅可以选择交易所的标准仓单，而且可以利用非标准仓单在非交割地点进行交割，这就大大增强了期货交割规则的灵活性，降低了交易成本，使套期保值者最大限度地实现了保值目的。

（4）时间上的优越性。只要双方有期货转现货的意向，在任何时间都可协商谈判，申请办理，而不仅仅限于合约到期才能交割。

（5）价格上的灵活性。在确定好期货平仓价格和现货交货的基差的基础上，达成双方认可的期货平仓价格和现货交货价格。双方协商的价格没有必要与当时的期货价格相同，只要在当日允许的期货价格波动幅度内即可，避开了有竞争的公开报价制度。

（6）“期转现”比远期合同交易和期货交易更有利。远期合同交易可以回避价格风险，但面临违约问题和流动性问题；期货交易虽没有上述问题，但在交割品级、交割时间和地点的选择上缺少灵活性，而且成本较高。“期转现”吸收了上述交易的优点，解决了上述问题。

（一）期货转现货的必要性

（1）“期转现”有利于降低交割成本。比如，粮食期货中引进“期转现”，有利于粮食经营企业、面粉加工企业和食品企业顺利接到现货，节约搬运、整理和包装等费用。

（2）“期转现”使买卖双方可以灵活地选择交货地点、时间和品级等。“期转现”能够满足加工企业和生产经营企业对不同品级货物的要求，使加工企业和生产经营企业可以灵活选择交货地点，降低了交货成本，弥补了期货标准化过程中所失去的灵活性。

（3）“期转现”可以提高资金的利用效率。“期转现”既可以使生产、经营和加工企业回避价格风险，又可以使企业提高资金利用效率。加工企业如果在合约到期集中交割，必须一次拿出几百万甚至几千万购进原料，增加了库存量，一次性占用了大量资金。“期转现”可以使企业根据加工需要分批分期地购回原料，减轻了资金压力，减少了库存量。生产经营企业也可以提前和分批收到资金，用于生产。

（4）“期转现”比“平仓后购销现货”更有优越性。“期转现”使买卖双方在确定现货买卖价格的同时，确定了相应的期货平仓价格，由此可以保证期货和现货市场风险同时锁定。如果买卖双方采取平仓后再购销现货，双方现货价格商定后，可能由于平仓时期货价格波动而给一方带来损失。

（5）“期转现”比远期合同交易和期货交易更有利。

（二）期货转现货偏重为现货企业服务

“期转现”为非注册品生产和使用企业提供了利用期货交易进行保值的又一种途径，避免现货交易中常见的拖欠货款的弊病，稳定业已建立的现货交易关系。

（1）“期转现”能够满足用料企业对实物品牌的要求。不同用料企业对品牌的要求是不一样的。比如，同样是用铜企业，有的须使用某一品牌的高纯阴极铜，有的则使用标准阴极铜；又如用胶企业，有的要用云南胶，有的则惯于用海南胶。通过期货转现货交割，能拿到指定品牌，从而稳定最终产品的质量。

（2）“期转现”能够满足用料企业对交割仓库（提货地区）的要求。用料企业分布各地，各自都有最为便捷、经济的提货地点。比如，上海的企业都希望能在上海仓库提货，广东的企业则希望在广东仓库提货。通过期货转现货交割，能让双方都在方便的仓库拿到货物。

（3）“期转现”能够减轻用料企业资金压力，让生产企业提前回笼资金，提高企业资金周转率。合约到期集中交割，用料企业必须一次性拿出几百万到几千万的资金把原料运回厂，增加了库存量，一次性占用了大量资金。“期转现”能够让用料企业根据生产需要分期分批地买回原料，减轻了集中用钱的压力，减少了库存量；而生产企业则能提前或分期分批收到资金，用于再生产。

（4）期转现将极大地降低运输成本。买卖双方不必来回运输货物，节约了费用。

（三）套期保值与期货转现货交易的关系

1. 套期保值是期货转现货的基础和保证

期货市场套期保值的参与者是期货市场存在和发展的基础，也是现货市场的主要现货供求者，只有套期保值者的存在和参与，期货转现货才有实现的可能。采取期货转现货这种措施，可以使期货市场更加贴近现货市场。一般地，期货交易品种的实物交割对于加强该品种“期现两市”的联系有重要作用，没有实物交割，期货市场如同无源之水，虽然一般期货交易品种的实物交割量仅占其成交量的 3% 左右，但这 3% 的实物交割量是套期保值的一种特殊方法，也成为连接期、现两市的纽带和桥梁。而期货转现货的措施，将交割时间从期货合约交割月拓展至任何时间，由此使多空双方具有更充分的时间完成实物的交割，缓解了期货交易价格大幅上涨或下跌而导致的市场风险，促使“期现两市”的影响因素相互渗透、相互交织，并且引导期货投资者关注现货交易。

同时，套期保值需要平仓或实物交割，而期货转现货与期货市场的在交易厅平仓后买卖现货、到期实物交割既有密切联系又有本质不同。与在交易厅平仓后买卖现货不同，“期转现”是以买卖双方商定的价格平仓，而在交易厅平仓后买卖现货的平仓价格只能竞价。“期转现”与实物交割也不同，买卖双方可以提前交货，也可以到交割月交货，交货时间、地点和品级由双方商定，而实物交割只能到期在指定地点付款提货。由此可见，“期转现”的一个重要条件是期货价格与现货价格保持在合理的价格区间内，当期价严重偏离现价时，即使包含成本因素，对于买卖中的一方，“期转现”得到的收益仍小于在交易厅平仓后买卖现货或实物交割得到的收益，这时“期转现”是无法进行的。另外，期货市场参与者的结构、套期保值者和现货贸易伙伴是否很多，“期转现”规则是否便利，都将影响“期转现”的数量。

2. 期货转现货是套期保值理论的发展和延伸

期货转现货是套期保值的一种新方法，是套期保值理论的创新。利用协议基差进行期货转现货，协议基差的大小是最重要的因素，而套期保值的方法之一就是基差交易，因此期货转现货是套期保值理论的发展和延伸。不论是套期保值还是期货转现货，在操作时都应考虑以下因素：交割的有关费用、储仓费、利息费、资金和货物提前利用所得到的机会收益、现货价格和期货价格、期货转现货交收货物和交割标准品级的现货差价等。

由于期货价格中已经包含交割、仓储和利息等费用，即期价一般高于现价，因此期价和现价之差（简称“期现价格差”）是确定协议基差的重要依据。一般来说，期货转现货双方按照结算价格平仓，用结算价格减去协议基差确定交收货物价格时，卖方应将节约费用的大部分以协议基差的形式给予买方。在“期现价格差”和上述费用基本一致的情况下，协议基差应该低于“期现价格差”，因为，与交割方式相比，卖方基本没有获得期货转现货收益，买方获得所有的期货转现货收益，买卖双方进行期货转现货的可能性很小。在上述费用小于“期现价格差”的情况下，小于部分即卖方进行期货转现货获得的收益，协议基差为买方获得的期货转现货收益。

3. 套期保值和期货转现货在一定条件下可以相互转化

（1）如果买卖双方是长期贸易伙伴，都希望未来交收货物并将现货价格风险转移出去，买卖双方可以先拟订交货地点和交货品级，然后在期货市场各自建立自己的持仓。这样，买卖双方虽然没有直接签订远期合同，实际上却是通过期货市场间接签订了一个远期合同，在期货合约到期或到期前进行期货转现货，把期货合约变成一个现货合同。在期货转现货过程中，通过期货市场间接签约，既给价格变动不利的一方平仓免除责任的机会，又使价格变动有利的一方不会因对方不愿履约而无法转移价格风险。如果在期货合约到期前，买卖双方都没有平仓，他们就可以将期货合约转换为现货合同。如果期货合约到期前一方已经平仓，另一方可以选择新的伙伴进行期货转现货、平仓后买卖现货或到期交割等方式交收现货，并达到保值目的。

期货转现货为期货市场与现货市场提供了新的衔接方式。与期货合约交易及远期合约交易一样，期货转现货使买卖双方转移了价格风险，同时，期货转现货还吸收了期货交易平仓免责的优点以及远期合同交易中货物交收的灵活性、便利性和低成本等优点，有效防止了远期合同交易中违约给对方造成的价格风险问题，节约了期货交割带来的成本和其他费用。

（2）如果买卖双方不是现货上的贸易伙伴，而是在交割时或交割前偶然达成期货转现货协议，协议中常协商现货交收价格和期货平仓价格，当然也可以协议基差进行期货转现货。在协商不成时，可以将现有的期货仓位转为套期保值的头寸；在协商一致的情况下，可以将原套期保值头寸转为期货转现货。

二、期货转现货交易的应用

一般来说，期货转现货的流程为：寻找对手—商定平仓和现货交收价格—向交易所申请—交易所核准—办理手续—纳税。郑州商品期货交易所期货转现货操作遵循以下步骤。

（一）买卖双方为现货市场的贸易伙伴

第一步：商定远期交货意向。买卖双方如果达成远期交货意向并希望远期价格稳定（保值或成本稳定），买卖双方可以初步商定远期交收货物，并通过期货转现货期货市场保值。

第二步：买卖双方在期货市场上建仓。买卖双方在期货市场上选择与远期交收货物最近的合约月份建仓，建仓量和远期货物量相当，建仓时机和价格分别由双方根据市场情况自行决定。这相当于通过期货市场，买卖双方签订了一个远期合同。

第三步：进行期转现。

（1）协商现货交收价格和平仓价格。到买卖双方希望交货的日期，买卖双方首先商定平仓价格（在审批日期货价格限制范围内）和现货交收价格。商定的平仓价格和现货交收价格之间的差额要合理，差额的确定要考虑“期转现”节约的交割成本、仓储费和利息等，签订“期转现”协议和现货买卖协议，并报交易所审批。商定成功后，买卖双方要签订“期货转现货协议（审批）表”和现货买卖协议或仓单转让协议，带上述协议到交易所交割部申请“期转现”，交易所根据上述材料进行审批。

（3）交易所接到“期货转现货协议（审批）表”和现货买卖协议或仓单转让协议后进行核对。符合条件的，第二日批准，并在批准当日的15点闭市后当即平仓；不符合条件的，通知买卖双方的会员，会员要及时通知客户。

（4）办理手续。如果用仓单进行“期转现”，批准日的下一日，买卖双方到交易所办理仓单过户和货款划转，并缴纳规定手续费。如果用仓单以外货物进行期转现，买卖双方按照现货买卖协议进行现货交收。

（5）纳税。用仓单进行“期转现”的，买卖双方到税务部门办理纳税手续。

（二）买卖双方偶然进行期货转现货交易

第一步：寻找“期转现”对象。希望“期转现”的一方可自行找“期转现”对方，或通过交易所发布期转现信息，寻找期转现对方。

第二步：进行“期转现”。与平仓、交割方式比较与“交易厅平仓买卖现货”不同，“期转现”是以买卖双方商定的价格平仓（郑州商品交易所规定商定价格在批准日价格限制范围内期货转现货）。“期转现”与交割不同，买卖双方可以提前“期转现”交货，也可以到交割月交货，交货时间、地点和品级由双方商定。

【例 4.11】在优质强筋小麦期货市场上，甲为买方，开仓价格为 1 900 元/吨；乙为卖方，开仓价格为 2 100 元/吨。小麦搬运、储存、利息等交割成本为 60 元/吨，双方商定的平仓价为 2 040 元/吨，商定的交收，小麦价格比平仓价低 40 元/吨，即 2 000 元/吨。“期转现”后，甲实际购入小麦价格 2 000-（2 040-1 900）=1 860 元/吨；乙实际销售小麦价格 2 000+（2 100-2 040）=2 060 元/吨。如果双方不进行“期转现”而在期货合约到期时实物交割，则甲按开仓价 1 900 元/吨购入小麦；乙按照开仓价 2 100 元/吨销售小麦，扣除交割成本 60 元/吨，实际售价为 2 040 元/吨。比较可知，甲“期转现”操作的实际采购成本 1 860 元/吨，比实物交割成本 1 900 元/吨低 40 元/吨；乙“期转现”操作的实际售价 2 060 元/吨，比实物交割的实际售价 2 040 元/吨高 20 元/吨。通过“期转现”交易，甲少花 40 元/吨，乙多卖 20 元/吨，“期转现”给双方带来的好处总和为 60 元/吨。

复习思考题及答案

一、名词解释

套期保值：套期保值（Hedging）又译作“对冲交易”或“海琴”等，它的基本做法就是买进或卖出与现货市场交易数量相当但交易地位相反的商品期货合约，以期在未来某一时间通过卖出或买进相同的期货合约，对冲平仓，结清期货交易带来的盈利或亏损，以此来补偿或抵消现货市场价格变动所带来的实际价格风险或利益，使交易者的经济收益稳定在一定的水平。

正向市场：正向市场也叫正常市场，即在正常情况下，期货价格高于现货价格（或者近期月份合约价格低于远期月份合约价格），基差为负值。

正向市场分为两种情况，一是期货价格高于现货价格，二是远期合约价格高于近期合约价格。因为期货市场多了未来的持有成本，理论上期货价格应该高于现货价格，远期合约的价格也相应高于近期合约的价格。正向市场是套期保值交易的理想环境。

基差交易：基差交易是指以某月份的期货价格为计价基础，以期货价格加上或减去双方协商同意的基差来确定双方买卖现货商品的价格的交易方式。这样，不管现货市场上的实际价格是多少，只要套期保值者与现货交易的对方协商得到的基差，正好等于开始做套期保值时的基差，就能实现完全套期保值，取得完全的保值效果。如果套期保值者能争取到一个更有利的基差，套期保值交易就能盈利。

期货转现货：期货转现货是指持有同一交割月份合约的多空双方，将期货平仓价格及现货交货价格达成协议，将期货持仓按协议价格由交易所代为平仓，按协议现货价进行现货买卖，变期货部位持仓为现货部位的交易。

二、简答题

1. 影响套期保值效果的因素有哪些?

答:(1)时间差异。对一个品种进行套期保值时,往往有若干不同月份的期货合约可供选择。期货价格与现货价格的波动幅度时常不一致,特别是对于那些具有明显生产周期的农产品来说,季节性供求关系的剧烈变动对两个市场的影响程度不一样。

(2)地点差异。同种商品在不同地区的现货交易价格并不相同。

(3)品质规格差异。

(4)数量差异。

2. 什么叫套期保值交易,套期保值的具体类型有哪些?

套期保值交易是指在期货市场上买进或卖出与现货商品或资产相同或相关、数量相等或相当、方向相反、月份相同或相近的期货合约,从而在期货和现货两个市场之间建立盈亏冲抵机制,以规避价格波动风险的一种期货交易方式。

套期保值的类型有:

(1)买入套期保值(多头套期保值):大多数的销售商、出口贸易商、农场主等现货市场中商品的供应者或未来的需求者采取多头套期保值的方法

(2)卖出套期保值(空头套期保值):大多数的生产者、加工商、进口商、贸易商等现货商品的需求者或者未来的供应者采用空头套期保值方法。

3. 什么叫基差?它的形成原因是什么?

答:基差是指在某一时间、同一地点、同一品种的现货价格与期货价格之差,即

$$基差=现货价格-期货价格$$

现货价格高于期货价格,则基差为正数,又称为远期贴水或现货升水,这种市场称为反向市场或逆转市场;现货价格低于期货价格,则基差为负数,又称为远期升水或现货贴水,这种市场称为正向市场或正常市场。

形成原因:基差受两个市场之间的运输成本和持有成本的影响。两个市场间的时间因素,即两个不同交割月份的持有成本,它又包括储藏费、利息、保险费和损耗费等,其中利率变动对持有成本的影响很大。持有成本的那部分基差是随着时间而变动的,离期货合约到期的时间越长,持有成本就越大。

三、计算题

1. 1月5日,大连商品交易所黄大豆1号3月份期货合约的结算价是2 800元/吨,该合约下一交易日跌停板价格正常是多少元?

答:本题考察的是期货合约涨跌幅的变化范围。

$$下一交易日的交易范围=上一交易日的结算价\pm涨跌幅$$

本题中,上一交易日的结算价为2 800元/吨,黄大豆1号期货合约的涨跌幅为±4%,故下一交易日的价格范围为(2 800−2 800×4%,2 800+2 800×4%),即(2 688,2 912)。

2. 某大豆经销商做卖出套期保值，卖出 25 手期货合约建仓，基差为-40 元/吨，买入平仓时的基差为-50 元/吨，则该经销商在套期保值中的盈亏状况是怎样的？（1 手=10 吨）

答：如题，基差变强时，盈利。现实际基差由-30 元/吨扩大到-50 元/吨，基差变弱，所以该操作导致亏损，亏损额=25×10×10=2 500 元。

第五章 期货投机与套利交易

【教学目的与要求】

通过本章的学习，学生应理解和掌握期货投机与套利交易的相关内容，熟悉期货套利交易相关方法。

【教学重点与难点】

教学重点：跨期套利。

教学难点：期现套利。

期货市场中的参与主体通常有两类：一是套期保值者，其参与期货市场进行套期保值交易的主要目的是规避现货价格波动的风险；二是期货投机者和套利者，其参与期货市场的主要目的是利用期货价格的波动或者相关期货合约之间的价格波动创造的机会而赚取收益。这一章我们主要介绍后一类参与主体的期货投机和套利交易行为。

【教学内容】

第一节 期货投机交易

期货交易中，投机者的投机性操作可以提高市场流动性，更重要的是，投机者吸收套期保值者厌恶的风险，成为价格风险承担者，因而在市场中发挥着重要作用。要正确认识期货市场运行机制及其经济功能，必须正确认识和理解期货投机。

一、期货投机的概念

投机（speculation）在英语中的原意是指预测，是一个中性词汇，即投机者根据对市场的预测和判断，利用市场出现的价差进行买卖从中获得利润的交易行为。

期货投机（futures speculation）是指交易者通过预测期货合约未来价格的变化，以在期货市场上获取价差收益为目的的期货交易行为。投机者根据自己对期货市场未来价格走势的判断，进行买卖期货合约的操作，如果市场价格走势与其判断相同，则平仓出局，并获取投机利润；如果市场价格走势与其判断相反，则在平仓出局后，投机者要承担投机损失。由于投机的目的是赚取价差收益，所以，投机者一般只是平仓了结期货交易，而不进行实物交割。

期货投机既是期货市场的一种重要交易形式，也是交易者的一种投资手段。期货投机不同于一般意义上的投资行为，它具有自身特定的运作方式和表现形式。

首先，期货投机不同于套期保值。（本节稍后将介绍两者的关系）

其次，期货投机不同于股票投机。期货投机和股票投机本质上都属于投机交易，均以获取价差为主要交易目的，但期货合约和交易制度本身所具有的特殊性，使得期货投机又明显区别于股票投机。两者的具体区别如表 5.1 所示。

表 5.1 期货投机与股票投机的区别

	期货投机	股票投机
保证金规定	5%～15%的保证金交易	足额交易
交易方向	双向	单向
结算制度	当日无负债结算	不实行每日结算
特定到期日	有特定到期日	无特定到期日

期货交易中，交易者可以用少量资金进行数倍于其资金的交易，以此寻找获取高额利润的机会，交易者在期货市场上一般只需缴纳合约总值 5%～15%的保证金，就能做成一笔交易，这就是期货交易中所谓的“保证金交易制度”。

在期货市场上，套期保值者力图回避和转移的风险由投机者承担，套期保值才成为可能。投机者频繁地建立部位，对冲手中的合约，增加了期货市场的交易量，既实现了套期保值，又减少了交易者进出市场可能引起的价格波动。投机者对市场的参与，促进了相关市场和相关商品价格的调整，有利于保持价格体系的稳定。投机者在价格处于较低水平时买进期货，使需求增加，导致价格上涨，在较高价格水平时卖出期货，使需求减少，又平抑了价格，使价格波动趋于平稳，从而形成合理的价格水平。

期货交易中的保证金杠杆机制、双向交易和对冲机制、强行平仓制度，形成了期货投机的高收益和高风险特征。期货市场价格波动频繁，存在着极大的不确定性，因此交易者面临较大的风险。

需要强调，过度投机反过来也会影响甚至破坏商品的供求关系和市场运作。然而这种破坏错不在投机本身，“过度”才是罪魁祸首。这是同一事物矛盾的两个方面。市场操纵者应受到市场的无形之手及监管制度的惩罚。

二、期货投机的作用

期货投机交易是套期保值交易顺利实现的基本保证，是期货市场不可缺少的重要组成部分。期货投机交易活动在期货市场的整个交易活动中发挥着特有的经济功能，主要体现在以下方面。

（一）承担价格风险

期货市场主要的经济功能是为生产、加工和经营者等提供价格风险转移的工具。期货市场要想实现风险转移的目的，就需要有人愿意承担风险并提供风险资金，投机者应运而生。如果没有投机者对风险的承担，只有套期保值者参与期货交易，那么只有在买入套期保值者和卖出套期保值者的交易数量完全相符时，交易才能成立，风险才能得以转移。但从实际来看，买入套期保值者和卖出套期保值者之间的不平衡是必然存在的。投机者的加入可以调节这种不平衡，促使套期保值交易的实现。由此可见，如果没有投机者的加入，套期保值交易活动就难以顺利进行，期货市场规避风险的功能也就难以发挥。期货市场具有一种把价格风险从套期保值者转移给投机者的机制，可以说，正是因为期货投机者承担了期货价格风险，套期保值者才能够有效规避现货价格波动风险，也使其现货经营平稳运行。

（二）促进价格发现

期货市场汇集了包括生产商、加工商、经销商和投机商等在内的几乎所有的供给者和需求者。其中，套期保值者在市场中的期货合约持仓时间较长，且持仓方向很少改变，其交易动机和行为对形成权威价格具有一定的作用。投机者的交易目的不是实物交割，而是利用价格波动获取利润。投机者利用各种手段收集整理有关商品价格变动的信息，分析市场行情。期货市场集中了众多投机者在交易所内进行公开竞价，由于买卖双方竞价博弈，市场价格趋于合理。当价格上涨的时候，如果投机者经过分析，认为价格不久便会回落，则在市场上采取卖空的方式进行交易；相反，如果价格下跌，市场上自然有人承接，则会缓和下跌趋势。正是如此，交易反映了相对准确、比较真实的价格趋势。期货市场的价格发现机制正是由所有市场参与者对未来市场价格走向预测的综合反映来体现的。期货市场之外的企业可充分利用交易所传播的市场行情和价格信息，作为制定经营战略的重要参考依据。

（三）减缓价格波动

适度的投机能够减缓期货市场的价格波动。投机者进行期货交易，总是力图通过对未来价格的正确判断和预测赚取差价利润。当期货市场供大于求时，市场价格低于均衡价格，投机者低价买入合约，从而增加了需求，使期货价格上涨，供求重新趋于平衡；当期货市场供不应求时，市场价格则高于均衡价格，投机者会高价卖出合约，从而增加了供给，使期货价格下跌，供求重新趋向平衡。可见，期货投机对于缩小价格波动幅度发挥了很大作用。当然，减缓价格波动作用的实现是有前提的：一是投机者要理性化操作。违背市场规律进行操作的投机者最终会被期货市场淘汰。二是适度投机。操纵市场等过度投机行为不仅不能减缓价格波动，而且会人为地拉大供求缺口，破坏供求关系，加剧价格波动，加大市场风险。

（四）提高市场流动性

市场流动性即市场交易的活跃程度。期货交易是否成功，在很大程度上取决于市场流动性的大小，而流动性又取决于投机者的多寡和交易频率。在流动性很高的市场上，交易非常活跃，众多买者、卖者频繁地出入市场，购买者随时可以找到合意的卖出者，卖出者可以轻易寻觅到合意的购买者，入市、出市均很容易；反之，如果市场流动性较低，则交易较为清淡。例如，某一农产品预计丰收，可能就会出现供过于求的局面。如果价格下跌，供应商就会做卖出套期保值，希望在价高时卖出期货；而用户则会做买入套期保值，希望在价低时买入期货。双方很难成交，市场也就无法运转。投机者的介入，就像润滑剂一样，为套期保值者提供了更多的交易机会。投机者对价格的预测，有人看涨，有人看跌，实际上增加了买卖双方的人数，扩大了交易量，使套期保值者无论是买进还是卖出都能很容易地找到交易伙伴，自由地进出期货市场，从而提高了市场流动性。

三、期货投机者的类型

那些纯粹在期货市场上为赚取买卖价差而进行交易的市场参与主体就是期货投机中的投机交易者。期货投机者依据不同的划分标准，大致可分为以下类型。

（1）依据交易主体的不同，投机者可分为机构投机者和个人投机者。机构投机者是指用自有资金或者从分散的公众手中筹集的资金专门进行期货投机活动的机构，主要包括各类基金、金融机构、工商企业等。个人投机者是指以自然人身份从事期货投机交易的投机者。

（2）依据持有头寸方向不同，投机者可分为多头投机者和空头投机者。在交易中，投机者根据对未来价格变动的预测来确定其交易头寸。投机者买进期货合约，持有多头头寸，这样的投机者被称为多头投机者。投机者卖出期货合约，持有空头头寸，则被称为空头投机者。由于价格经常变动，投机者经常变换自己的交易部分。

（3）依据交易量的大小，投机者可分为大投机者和小投机者。期货交易所通常规定，当投机者持有的空盘合约达到一定数量以后，必须定期向期货交易所报告交易的期货或期权部分，这些投机者称为大投机者。报告的原因在于：期货合约和具体的实物相联系，不规定最大持有合约数量，可能造成对期货的过度投机，从而造成现货与期货的严重脱节，不能起到期货的价格发现功能。无须报告的则为小投机者。

（4）依据投机者的交易态度或持仓时间，投机者可分为长线投机者、短线投机者、当日交易者或抢帽子者。长线投机者持有合约在数日、数周或数月以上。短线投机者一般是当天下单，在一日或几日内了结所持有合约。当日交易者通常只进行当日的买卖，一般不会持仓过夜。抢帽子者（或称逐小利者）是对日内交易者的俗称，通常是指当日交易者中频繁买卖期货合约的投机者。抢帽子者是利用微小的价格波动来赚取每张合约的微利，但他们每次买卖的数量很大。

四、期货投机与套期保值的关系

期货市场的主要经济功能之一就是满足套期保值者转移风险、稳定收入的需要。如果期货市场中只有套期保值者，而没有投机者，则套期保值者所希望转移的风险就没有承担者，套期保值也就不可能实现。可以说，投机的出现是套期保值业务存在的必要条件，也是套期保值业务发展的必然结果。

投机者提供套期保值者所需要的风险资金。投机者用其资金参与期货交易，承担了套期保值者所希望转嫁的价格风险。投机者的参与，增加了市场交易量，从而增加了市场流动性，便于套期保值者对冲其合约，自由进出市场。投机者的参与，使相关市场或商品的价格变化步调趋于一致，从而形成有利于套期保值者的市场态势。

期货投机和套期保值是期货市场的两个基本因素，共同维持着期货市场的存在和发展。而期货投机与套期保值之间在交易形式、交易目的和交易风险承担上存在着明显的区别。

（1）交易形式不同。期货投机交易主要在期货市场操作，利用期货合约的价格频繁波动进行买空卖空的交易活动，一般不做现货交易，几乎不进行实物交割；而套期保值交易则在现货和期货两个市场同时操作，以期对冲现货市场价格风险，达到两个市场的盈利与亏损基本平衡。

（2）交易目的不同。期货投机交易以较少资金作杠杆，不占用过多资金，以赚取价差收益为目的；而套期保值交易通常是在现货交易的同时，进行相关合约的期货交易，其目的是利用期货市场为现货市场规避价格波动风险。

（3）交易风险承担不同。期货投机交易是以投机者自愿承担价格波动风险为前提进行的交易，风险的大小与投机者收益的多少有着直接、内在的联系，投机者通常为了获得较高的收益，在交易时要承担很大的风险；而套期保值者则是价格风险转移者，其交易目的就是转移或规避市场价格风险。从这个意义上来说，投机者是风险偏好者，保值者是风险厌恶者。

五、期货投机与赌博的关系

赌博是一种用有价值的东西做赌资来赌输赢的游戏，是人类的一种娱乐方式。目前，在西方社会中，赌博有一个经济学的定义，即对一个事件与不确定的结果，为赢取更多的金钱或物质价值而下注钱或具有物质价值的东西。期货投机与赌博有着本质的不同：

（1）风险机制不同。赌博是人为制造的风险，赌徒所冒的风险是由赌局的设立而产生的。如果赌局不存在，这种风险也随之消失。而期货市场规避的风险，本身已在现实的商品交易中客观存在，即使没有期货投机活动，这种风险依然存在。

（2）运作机制不同。赌博以事先建立的游戏规则为基础，该游戏规则的运行是随机的，其结果是无法预测的，所以赌博者唯一能做的就是听天由命，成败完全归于运气。而期货投机依靠的是投机者的分析、判断能力以及对经济形势的掌握和理解。成功的投机者是那些能够根据已知的市场状况，运用自己的智慧去分析、判断和正确预测市场变化趋势，适时入市、出市的人。虽然投机交易中也有运气的因素，但更多的是抓住机遇。

（3）经济职能不同。赌博仅仅是个人之间金钱的转移，它所耗费的时间和资源并没有创造出新的价值，对社会也没有做出特殊的贡献。而期货投机者在期货市场承担市场价格风险的功能，是价格发现机制中不可缺少的组成部分，他不仅能够提高市场流动性，而且有助于社会经济生活正常运行，向市场输入的主要是正能量。

六、期货投机行为的规范发展

利用投机来制造市场流动性并非越多越好。当投机总量超过了保证期货市场所需足够的流动性以及市场容量的承受力，使该商品价格突然或不合理的波动，或不正常的变化，可以界定为过度投机。过度投机往往会使期货市场逐渐丧失保值基础，极易因市场风险控制不力而引起风险的集中和放大，引发金融动荡，而且会导致不合理期货价格的产生，反过来影响现货市场的供求，从而对现货价格的变动产生短期的误导。因此，需要对期货市场的投机行为进行引导，以求市场的规范发展。

（1）慎重选择期货品种。从国内外期货市场发展的经验来看，期货上市品种的选择是相当关键的，特别是在期货市场试办初期。一般地，作为期货市场的上市品种，应该是：市场容量大、拥有众多买主和卖主的商品；价格不受政府限制，由市场供需情况来决定的大宗商品；易于储存和易于标准化与分级的商品。这样的商品期货合约才不会被市场疯狂炒作。

（2）拓宽市场覆盖面，调整交易者结构。第一，交易所必须创造条件吸引各地众多的交易者加入市场，使其发展成全社会的大市场。完善市场管理、合理设计交易品种的同时，要充分扩大套期保值队伍。第二，加强套期保值的宣传，开展套期保值研究，开发套期保值的队伍。第三，加强对投机者队伍的正确引导。这就要求最大限度地对投机者开放相关商品现货市场的信息，主要包括现货生产经营知识、现货市场的历史交易、现有库存、当前生产需求情况等信息的披露。考虑到投机者一般与现货厂商存在着较大差异，因此，通过增加投机者对现货市场信息的了解，可以减少投机的盲目性。另外，有必要加强投机者的教育，既不能视投机为洪水猛兽，也不能视投机为致富的法宝，从而不断提高投机者的交易技巧和风险意识。

（3）强化政府监管，打击市场操纵。20 世纪 90 年代以来，我国期货市场有了较快发展。1999 年 6 月国务院发布《期货交易管理暂行条例》，2007 年 3 月在暂行条例的修订基础上，颁布《期货交易管理条例》（以下简称《条例》），并分别于 2012 年 10 月、2013 年 7 月、2016 年 2 月、2017 年 3 月对《条例》进行了四次修订，期货市场秩序有了较大改观。如《条例》第三条规定，从事期货交易活动，应当遵循公开、公平、公正和诚实信用的原则。禁止欺诈、内幕交易和操纵期货交易价格等违法行为。《条例》第六十七条规定，任何单位或者个人编造并且传播有关期货交易的虚假信息，扰乱期货交易市场的，依例处罚；第六十九条规定，期货交易内幕信息的知情人或者非法获取期货交易内幕信息的人，在对期货交易价格有重大影响的信息尚未公开前，利用内幕信息从事期货交易，或者向他人泄露内幕信息，使他人利用内幕信息进行期货交易的，没收违法所得，并处罚款。国务院期货监督管理机构、期货交易所和期货保证金安全存管监控机构的工作人员进行内幕交易的，从重处罚。《条例》的实施，对规范期货交易行为、加强监管、维护期货市场秩序、防范风险、保护期货交易各方的合法权益和社会公共利益起到了一定作用。只有进一步完善法律法规，在法律中明确规定市场操纵行为的主体和法律责任，真正从法律上给市场操纵者一种威慑力，才能对抑制市场操纵的发生起到积极作用。

第二节 期货投机原则与投机方法

一、期货投机原则

作为一个投机交易者，在涉足期货市场进行投机交易时，要遵循一定的投机原则。

（一）充分了解期货合约

为了尽可能准确地判断期货合约价格的将来变化趋势，在决定购买或卖出期货合约之前，应对其种类、数量和价格进行全面、准确和谨慎的研究。只有在对合约有足够认识的基础上，才能决定下一步准备交易的合约数量。在买卖合约时切忌贪多，即使有经验的交易者也很难同时进行三种以上不同类别的期货合约交易。在交易过程中，交易者应通过基本分析或技术分析，或将两种方法加以综合运用，只有这样才能在交易中掌握主动权。由于各期货交易所规定的期货标准化合约是不同的，即使是同一种商品，不同的期货交易所的报价单位和数量规定也是不同的，所以也要注意交易所的选择。

（二）制订交易计划

没有明确的交易计划，根本不可能长期在期货市场上立足，这一点已被无数投机者的经验教训所验证。一个漫不经心的投机者，最明显的特征就是缺少交易的策略计划。在期货交易中，交易计划就是获取成功的蓝图。制订交易计划，可以使交易者考虑一些可能被遗漏、考虑不周或没有给予足够重视的问题；可以使交易者明确自己正处于何种市场环境，需要采取什么样的交易方向，明确自己应该在什么时候改变交易计划，以应付多变的市场环境；可以使交易者选取适合自身特点的交易方法，只有方法正确方能有利可图。

（三）确定获利目标和亏损限度

一般情况下，个人倾向是决定可接受的最低获利水平和最大亏损限度的重要因素。通过对期货价格走势进行预测，应该把现实的和潜在的各种可获得的交易策略结合起来，获利的潜在可能性应大于所冒的风险。既然从事投机交易同时面临着盈利和亏损两种可能，那么，在决定是否买空或卖空期货合约的时候，交易者应该事先确定一个最低获利目标和所能承受的最大亏损限度，做好交易前的心理准备。许多交易者在进行投机买卖时，只设定盈利目标，而没有设定亏损限度，导致投机失败进而心理失衡。由于价格走势往往与投机交易者预期走势不一致，投机交易者应该有足够的心理准备，一旦证实价格走势同自己预测的走势相反，应尽快平仓以减少损失。

（四）确定投入的风险资本

在确定了获利目标和亏损限度后，还要确定用于风险的资金额度。第一，分散资金投入方向，而不是集中用于某一笔交易，有利于减少风险性；第二，持仓应限定在自己可以完全控制的数量之内，否则，持仓合约数量过大，是一个交易者很难控制的；第三，还应有长远的眼光，为可能出现的新的交易机会留出一定数额的资金。

一些投机商得出这样的经验，即只有当最初的持仓方向被证明是正确的、可获利的，才可以进行追加的投资交易，并且追加的投资额应低于最初的投资额。应该按照当初制订的交易计划进行交易头寸的对冲，严防贪多。不过，市场变化反复无常，投机商应该根据市场行情的实际变化做出适当调整，保持一定的灵活性和应变能力，做到既按计划行事又不墨守成规。对于一笔交易的获利愿望主要取决于投机商的经验和个人偏好。成功的交易预测和交易结果最终还受个人情绪、客观现实、分析方法和所制订的交易计划的影响。

二、期货投机方法

期货投机交易时，投机者需要制定一个指导投机活动全过程的切实可行的交易策略和交易技巧。熟练掌握这些策略和技巧，有利于交易者游刃有余地进行交易操作，实现交易目标。

期货投机交易中，投机者欲实现获利目的，主要有以下交易思路或方法：

（1）买低卖高或卖高买低。认为后市价格上涨就可买进，等价格上升到一定价位后再卖出平仓；认为后市价格下跌就可卖出，待价格下跌到一定价位后再买进平仓。

（2）平均买低或平均卖高。

（3）金字塔式买入卖出。

（4）套利。

具体的，在期货投机交易的不同阶段，应该选择不同的交易策略。

（一）建仓阶段

1. 选择入市时机

首先，应仔细研究市场是牛市还是熊市。如果是牛市，要分析市场升势有多大，该状态持续时间会有多长；如果是熊市，要分析市场跌势有多大，该状态持续时间会有多长。此时，技术分析法是一个比较合适的分析工具。（本书后续章节将具体介绍技术分析法和基本分析法）

其次，权衡市场的风险程度和未来获利前景。只有在获利的概率较大时，才能入市。一般说来，遵循风险和获利机会此消彼长的关系，风险和获利机会是对等的，获利潜力大意味着承担的风险也大；反之亦然。所以，投机者在入市时，要充分考虑自身承担风险的能力，量力而行，选择适合自身的风险水平，并确定获利目标。

最后，决定入市的具体时间。因为期货价格变化很快，入市时间的决定尤为重要。即使对市场发展趋势的分析正确无误，如果入市时间错了，在预测趋势尚未出现时即已买卖合约，仍会使投机者蒙受惨重损失。技术分析法对选择入市时间有一定作用。依基本分析法，从长期来看期货价格将上涨（或下跌），如果当时的市场行情却持续下滑（或上升），这时可能是基本分析出现了偏差，过高地估计了某些供求因素，也可能是一些短期因素对行情具有决定性的影响，使价格变动方向和长期趋势出现暂时的背离。建仓时应该注意，只有在市场趋势已经明确上涨时，才买入期货合约；只有在市场趋势已经明确下跌时，才卖出期货合约。如果趋势不明朗或不能判定市场发展趋势，就不要匆忙建仓。

2. 平均买低和平均卖高策略

如果建仓后市场行情与预测的相反，可以采取平均买低或平均卖高的策略。在买入合约后，如果价格下降则进一步买入合约，以降低平均买入价格，一旦价格反弹可在较低价格上卖出止亏盈利，这称为平均买低；在卖出合约后，如果价格上升则进一步卖出合约，以提高平均卖出价格，一旦价格回落可以在较高价格上买入止亏盈利，这称为平均卖高。

【例 5.1】某投机者预测 5 月份大豆期货合约价格将上升，故买入 1 手（1手=10 吨）大豆期货合约，成交价格为 2 015 元/吨。此后价格不升反降，下降到 2 005 元/吨。为了补救，该投机者再次买入 1 手合约，成交后 2 手合约平均买入价为 2 010 元/吨，低于第一次入市的成交价。如果此后市价反弹，只要升到 2 010 元/吨，卖出 2 手合约便可止亏（如果不计算手续费和其他费用）。如果在价格下跌到 2 005 元/吨时没有买入第二手合约，只有当市价反弹到 2 015 元/吨时才可以避免损失。

投机者在采取平均买低或平均卖高的策略时，必须以对市场大势的看法不变为前提。在预计价格将上升时，价格可以下跌，但最终仍会上升；在预测价格即将下跌时，价格可以上升，但必须是短期的，最终仍会下跌。否则，这种做法只会增加损失。如在该例中，买入第二手合约后价格仍在下跌，跌到 1 995 元/吨，则 2 手合约损失 20×（2 010−1 995）=300 元。

如果不采取这种平均买低策略，只损失 10×（2 015-1 995）=200 元。正因为如此，有的投资专家主张：为了保险，只有在头笔交易已经获利的情况下，才能增加持仓。

3. 金字塔式买入卖出

如果建仓后市场行情与预测相同并已经使投机者获利，可以增加持仓。增加持仓应遵循以下两个原则：

（1）只有在现有持仓已经盈利的情况下，才能增仓。

（2）持仓的增加应渐次递减。

【例 5.2】某投机者预测 5 月份大豆期货合约价格将上升，故买入 5 手（1 手=10 吨），成交价格为 2 015 元/吨，此后合约价格迅速上升到 2 025 元/吨，首次买入的 5 手合约已经为他带来盈利 10×5×（2 025-2 015）=500 元。为了进一步利用该价位的有利变动，该投机者再次买入 4 手 5 月份合约，持仓总数增加到 9 手，9 手合约的平均买入价为（2 015×50+2 025×40）/90=2 019.4 元/吨。当市场价格再次上升到 2 030 元/吨时，又买入 3 手合约，持仓总计 12 手，所持仓的平均买入价为 2 022 元/吨。当市价上升到 2 040 元/吨时，再买入 2 手，所持有合约总数为 14 手，平均买入价为 2 024.6 元/吨。当市价上升到 2 050 元/吨时，再买入 1 手，所持有合约总数为 15 手，平均买入价为 2 026.3 元/吨。操作过程如图 5.1 所示。

价格（元/吨）	持仓数（手）	平均价（元/吨）
2 050	0	2 026.3
2 040	0 0	2 024.6
2 030	0 0 0	2 022
2 025	0 0 0 0	2 019.4
2 015	0 0 0 0 0	2 015

图 5.1 金字塔式买入操作过程

图 5.1 是金字塔式的持仓方式和建仓策略。上例中，采取金字塔式买入合约时持仓的平均价虽然有所上升，但升幅远小于合约市场价格的升幅。市场价格回落时，持仓不至于受到严重威胁，投机者可以有充足的时间卖出合约并取得相当的利润。例如，当市场价格上升到 2 050 元/吨后开始回落，下跌到 2 035 元/吨，该价格仍然高于平均价 2 026.3 元/吨，立即卖出 15 手合约仍可获利（2 035-2 026.3）×15×10=1 305 元。

金字塔式卖出的做法可以同理类推。

如果建仓后，虽市况变动有利，投机者增加仓位不按原则行事，每次买入或卖出的合约份数总是大于前次买入或卖出的合约份数，买入或卖出合约的平均价就会和最近的成交价相差无几，只要价格稍有下跌或上升，便会吞食所有利润，甚至蚀本。因而，倒金字塔式买入是应尽量杜绝的。

为了尽可能利用市场的有利变动，也可以采取一种金字塔式的变形。最初建仓时买卖少量合约，如果市况有利，分次买入或卖出同种合约，每次买入或卖出的合约份数均大于前次买卖的数量。在持仓达到一定数量后，分次逐步递减买卖合约。持仓的增加情况如图 5.2 所示。

最后一次买/ 买 → 0

0 0

0 0 0

0 0 0 0

0 0 0

0 0

建仓 → 0

图 5.2　持仓的增加情况

4. **合约交割月份的选择**

建仓时除了要决定买卖何种合约和何时买卖外，还必须确定合约的交割月份。

根据现货价格与期货价格之间的关系或期货市场远期月份合约价格和近期月份合约价格之间的关系，市场均可分为正向市场和反向市场。当远期月份合约的价格高于近期月份合约的价格时，市场处于正向市场。如果市场行情上涨，在远期月份合约价格上升时，近期月份合约的价格也会同步上升，以维持与远期月份合约间的价差和持仓费用的相等关系，且近期月份合约的价格上升可能更多；如果市场行情下滑，远期月份合约的跌幅不会小于近期月份合约。所以，决定买入某种期货月份合约，做多头的投机者应买入近期月份合约，做空头的投机者应卖出远期月份合约。

当远期月份合约的价格低于近期月份合约的价格时，市场处于反向市场。如果市场行情上涨，在近期月份合约价格上升时，远期月份合约的价格也上升；如果市场行情下滑，近期月份合约受的影响较大，其跌幅很可能大于远期月份合约。所以，决定买入某种期货合约，做多头的投机者应买入交割月份较远的远期月份合约，行情看涨时同样可以获利，行情看跌时损失较少；做空头的投机者应卖出交割月份较近的近期月份合约，行情下跌时可以获得较多的利润。

（二）平仓阶段

投机者建仓后应该密切关注市场行情的变动，适时平仓。行情变动有利时，通过平仓获取投机利润；行情变动不利时，通过平仓限制损失。

1. **掌握限制损失、滚动利润的原则**

这一原则要求投机者在交易出现损失且损失已经达到事先确定数额时，立即对冲了结。过分的赌博心理只会造成更大损失。在行情变动有利时，不必急于平仓获利，而应尽量延长持仓的时间，充分获取市场有利变动产生的利润。投机者即使投资经验非常丰富，也不可能每次投资都会获利。损失出现并不可怕，怕的是不能及时止损，酿成大祸。

2. **灵活运用止损指令**

止损指令是实现限制损失、滚动利润原则的有力工具。只要运用止损单得当，可以为投机者提供保护。不过投机者应该注意，止损单中的价格不能太接近于当时的市场价格，以免价格稍有波动就不得不平仓；也不能离市场价格太远，否则易遭受不必要的损失。止损单中价格的选择可以利用技术分析法确定。目前，我国期货交易指令中没有止损指令，但投机者可及时用限价指令起到部分止损作用。下面是在小麦期货交易中假设运用止损指令的例子。

【例 5.3】某投机者决定做小麦期货合约的投机交易，并确定其最大损失额为 20 元/吨。在以 1 440 元/吨买入 1 手合约后，又下达了一个止损指令，价格定为 1 420 元/吨。如果市价下跌，一旦达到 1 420 元，场内的出市代表立即按在交易大厅可以得到的最好价格将其合约卖出。通过该指令，该投机者的投机可能失败，但损失额仅限于 20 元/吨左右。止损单可以保护投机者的利益。

如果市场按照预测的趋势，朝有利的方向发展，投机者就可以继续持有自己买入或卖出的仓位，直至基本分析表明市场趋势已经出现逆转为止。

【例 5.4】某投机者决定做小麦期货合约的投机交易，以 1 440 元/吨买入 1 手合约，成交后市价上涨到每吨 1 460 元。因预测价格仍将上涨，投机者决定继续持有该合约。为了防止市价下跌侵蚀已经到手的利润，遂下达一份止损单，价格定于 1 450 元/吨。如果市价下跌，一旦达到 1 450 元/吨，场内的出市代表立即按在交易大厅可以得到的最好价格将其合约卖出。通过该指令，该投机者的投机利润虽有减少，但仍然有 10 元/吨左右的利润。如果价格继续上升，该指令自动失效，投机者可以进一步获取利润。

以上做法，既可以限制损失，又可以让利润不断滚动，充分利用市场价格的有利变动。

【例 5.5】综合前两例，某投机者决定做小麦期货合约的投机交易，以 1 440 元/吨买入 1 手合约。成交后立即下达一份止损单，价格定为 1 420 元/吨。此后市价下跌，可以将损失限制到每吨 20 元左右。若价格上升，该指令自动失效。在价格上升到 1 460 元/吨时，投机者决定下达一份新的止损指令，价格定于 1 450 元/吨，若市价回落，可以保证获得 10 元/吨左右的利润，若市价继续上升，则该指令作废。当上升到 1 480 元/吨，再下达一份止损指令，价格定于 1 470 元/吨，即使价格下跌也可保证 30 元/吨的利润。如果价格继续上升，第三份指令自动失效。以此类推。

同样，如果投机者做空头交易，卖出合约后可以下达买入合约的止损指令，并在市场行情有利时不断调整指令价格，下达新的指令，可以达到限制损失、滚动利润的目的。可见，止损指令是期货投机中广泛运用的工具。

（三）做好资金和风险管理

资金管理是指资金的配置问题，包括投资组合的设计、多样化的安排、在各个市场上应分配多少资金去投资、止损点的设计、报偿与风险比的权衡、在经历了成功或挫折之后采取何种措施，以及选择保守稳健的交易方式还是积极大胆的方式等方面。资金账户的大小、投资组合的搭配以及在每笔交易中的金额配置等，都会影响到最终的交易结果。

1. 一般性的资金管理要领

（1）投资额必须限制在全部资本的 50% 以内。这就是说，在任何时候，交易者投入市场的资金都不应该超过其总资本的一半。剩下的一半是储备，用来保证在交易不顺手或临时支用时有备无患。比如，如果账户的总资本金额是 100 000 元，其中只能动用 50 000 元，投入交易中。

（2）在任何单个市场上所投入的总资金必须限制在总资本的 10% ~ 15% 以内。对于 100 000 元的账户来说，在任何单独的市场上，最多只能投入 10 000 ~ 15 000 元作为保证金存款。这一措施可以防止交易商在一个市场上注入过多的本金，从而避免出现“鸡蛋放在同一个篮子里”的危险。

（3）在任何单个市场上的最大总亏损金额必须限制在总资本的 5% 以内。这个 5% 是指交易商在交易失败的情况下，将承受的最大亏损。在决定应该做多少张合约的交易以及应该把止损指令设置在多远以外时，这一点是交易者重要的出发点。因此，对于 100 000 元的账户来说，可以在单个市场上冒险的资金不超过 5 000 元。

（4）在任何一个市场群类上所投入的保证金总额必须限制在总资本的 20% ~ 25%以内。这一条禁忌的目的，是防止交易商在某一类市场中注入过多的本金。同一群类的市场，往往步调一致。例如，黄金市场和白银市场是贵金属市场群类中的两个成员，它们通常处于一致的趋势下。如果把全部资金头寸注入同一群类的各个市场，就违背了多样化的风险分散原则。因此，应当控制投入同一商品群类的资金总额。

上述要领在国际期货市场上是比较通行的，也可以对之加以修正，以适应各个交易商的具体需要。有的交易商更大胆进取，往往持有较大的头寸；也有的交易商较为保守稳健，持有较少的头寸。

2. 决定头寸的大小

一旦交易者决定在某市场进行交易，并且选准了入市时机，下面就该决定买卖多少张合约了。这里采用 10%的规定，即把总资本（如 100 000 元）乘以 10%得出在每笔交易中可以注入的金额。对于 100 000 元的账户来说，100 000 元的 10%是 10 000 元。假定每手黄金合约的保证金要求为 2 500 元，那么 10 000÷2 500=4，即交易商可以持有四手黄金合约的头寸。如果每手长期国债合约的保证金是 5 000 元，那么只能持有 2 手长期国债合约。

3. 分散投资与集中投资

虽然分散投资是限制风险的一个办法，但是也不能过度分散。如果交易商在同一时候把交易资金散布于过多市场，那么其中为数不多的几笔盈利，就会被大量的亏损交易冲抵掉。因此，在分散投资中必须找到一个合适的平衡点。有些成功的交易者把他们的资金集中于少数几个市场上。期货投机与证券投资的不同之处在于，期货投机主张纵向投资分散化，而证券投资主张横向投资多元化。所谓“纵向投资分散化”，是指选择少数几个熟悉的品种在不同的阶段分散资金投入。所谓“横向投资多元化”，是指可以同时选择不同的证券品种组成证券投资组合，这样可以起到分散投资风险的作用。

第三节　套利交易

期货是理性的交易。在期货市场中存在着种类繁多的交易方式，其中套利交易以其较低的风险、稳定的收益，成为理性交易者常用的一种交易方式。然而，一些初次与期货打交道的人士并没有理解“合于利而动，不合于利而止”的套利精髓，没有合理判断套利时机是否成熟，套利价差是否达到经验模型所要求的经验极值，价差的波动趋势是否适应套利的方向，而是简单地认为只要“一买一卖”就可以稳获利润，错误地选择了时机和交易方向从而造成亏损。本节主要从套利的理论基础出发，介绍套利交易的主要方式与基本交易策略。

一、套利交易的概念

套利交易是指在买入或卖出某种期货合约的同时，卖出或买入相关的另一种合约，并在某个时间同时将两种合约平仓的交易方式。套利交易从两合约价格间的变动关系中获利。在进行套利时，交易者注意的是合约之间的相互价格关系，而不是绝对价格水平。正如一种商品的现货价格与期货价格经常存在差异，同种商品不同交割月份的合约价格之间也存在差异，同种商品在不同交易所的交易价格变动也存在差异。

期货套利是指利用相关市场或相关合约之间的价差变化，在相关市场或相关合约上进行方向相反的交易，以期价差发生有利变化时同时将持有头寸平仓而获利的交易行为。通常，套利被视为投机交易中的一种特殊的交易方式。

在我国学术界，一般流行“将套利视为投机交易中的一种特殊交易技术”的观点，但在国外却有不同的观点。在早期，理论界一般也是将套利归入投机范畴，但现在有些专家、学者开始将套利视为发挥着特定作用的具有独立性质的与投机交易不同的一种交易方式。美国著名期货专家、金融期货的创始人利奥·梅拉梅德在 1977 年发表的《市场流动性和套利技术》一文中指出：“从事期货交易的技术不外几种，交易所场内和场外的交易者交替使用这些技术。这些技术从广义上可区分为小投机商（做市商），普通投机者和套利者。……期货市场套利的技术与做市商或普通投机者大不一样，套利者利用同一商品在两个或更多合约月份之间的差价，而不是任何一个合约的价格进行交易。因此，他们的潜在利润不是基于商品价格的上涨或下跌，而是基于不同合约月份之间差价的扩大或缩小，从而构成其套利的头寸。”可见，套利者是一个与投机者或套期保值者都不同的独立群体。

期货套利是与期货投机交易不同的一种交易方式，在期货市场中发挥着特殊的作用。期货套利与期货投机交易的区别主要体现在：

第一，期货投机交易只是利用单一期货合约绝对价格的波动赚取利润，而套利是从相关市场或相关合约之间的相对价格差异变动套取利润。期货投机者关心和研究的是单一合约的涨跌，而套利者关心和研究的则是两个或多个合约相对价差的变化。

第二，期货投机交易在一段时间内只做买或卖，而套利交易则是在同一时间买入和卖出相关期货合约，或者在同一时间在相关市场进行反向交易，同时扮演多头和空头的双重角色。

第三，期货套利交易赚取的是价差变动的收益。通常情况下，因为相关市场合约价格变化方向大体一致，所以价差的变化幅度小，承担的风险也较小。而普通期货投机赚取的是单一的期货合约价格有利变动的收益，与价差的变化相比，单一价格变化幅度较大，承担的风险也较大。

第四，期货套利交易成本要低于投机交易成本。一方面，套利的风险较小，因此在保证金的收取上要小于普通期货投机，从而大大节省了资金的占用；另一方面，通常进行相关期货合约的套利交易至少同时涉及两个合约的买卖。在国外，为了鼓励套利交易，一般规定套利交易的佣金支出比单笔交易的佣金费用要高，但比单独做两笔交易的佣金费用之和要低，所以，套利交易的成本较低。

二、套利交易的种类

（一）期现套利和价差套利

套利操作的目标是市场中的“基差”和“价差”。基差是指某一特定商品在某一特定时间和地点的现货价格与该商品在期货市场的期货价格之差，即基差=现货价格-期货价格。期货价差是指期货市场上两个不同月份或不同品种期货合约之间的价格差。利用期货市场和现货市场之间的价差（即基差）进行的套利行为，称为期现套利（Arbitrage）。利用期货市场上不同合约之间的价差进行的套利行为，称为价差交易（Spread），或价差套利、套期图利。

一般而言，期货套利交易主要是指期货价差套利。期现套利在之后的内容中将单独介绍。

（二）期货价差

与投机交易不同，在价差交易中，交易者不关注某一期货合约的价格向哪个方向变动，而是关注相关期货合约之间的价差是否在合理的区间范围内。如果价差不合理，交易者可以利用这种不合理的价差对相关期货合约进行反向交易，待价差趋于合理时再同时将两个合约平仓来获取收益。

在价差交易中，交易者要同时在相关合约上进行反向的交易，也就是说，交易者要同时建立一个多头头寸和一个空头头寸，这是套利交易的基本原则。如果缺少了多头头寸或空头头寸，就像一个人缺了一条腿一样无法正常行走，因此套利交易中建立的多头头寸和空头头寸被形象地称为套利的“腿”（legs，也可称为“边”或“方面”）。

大多数套利活动都是由买入和卖出两个相关期货合约构成的，因而套利交易通常具有两个“边”。但也有例外的情况，如跨品种套利中，如果涉及的相关商品不只两种，比如在大豆、豆粕和豆油三个期货合约间进行的套利活动，可能包含了一个多头、两个空头或者一个空头、两个多头，在这种情况下，套利交易可能会有三个“边”。

在计算建仓时的价差时，应用价格较高的一“边”减去价格较低的一“边”。同时，为了保持计算的一贯性，也要用建仓时价格较高合约的平仓价格减去建仓时价格较低合约的平仓价格。因为只有计算方法一致，才能恰当地比较价差的变化。

（三）价差的扩大与缩小

由于套利交易是利用相关期货合约间不合理的价差进行的，价差能否在套利建仓之后“回归”正常，会直接影响到套利交易的盈亏。具体来说，如果套利者认为目前某两个相关期货合约的价差过大时，他会希望在套利建仓后价差能够缩小（narrow）；同样，如果套利者认为目前某两个相关期货合约的价差过小时，他会希望套利建仓后价差能够扩大（widen）。如果当前（或平仓时）价差大于建仓时价差，价差是扩大的；反之，则价差是缩小的。我们可以通过下面的例子来说明。

【例 5.6】套利者甲在 8 月 1 日买入 9 月份白糖期货合约的同时卖出 11 月份白糖期货合约，价格分别为 5 620 元/吨和 5 720 元/吨，到了 8 月 15 日，9 月份和 11 月份白糖期货价格分别变为 5 890 元/吨和 5 950 元/吨，价差变化如下：

8 月 1 日建仓时的价差：5 720−5 620=100（元/吨）

8 月 15 日的价差：5 950−5 890=60（元/吨）

由此可以判断出，8 月 15 日的价差相对于建仓时缩小了，即价差缩小了 40 元/吨。

（四）价差套利的盈亏计算

在计算套利交易的盈亏时，可分别计算每个期货合约的盈亏，然后进行加总。

【例 5.7】套利者乙在期货市场上以 4 326 元/吨的价格买入 1 月的螺纹钢期货，同时以 4 570 元/吨的价格卖出 5 月的螺纹钢期货。持有一段时间后，该套利者以 4 316 元/吨的价格将 1 月合约卖出平仓，同时以 4 553 元/吨的价格将 5 月合约买入平仓。该套利交易的盈亏计算如下：

1 月的螺纹钢期货合约：亏损=4 326−4 316=10（元/吨）

5 月的螺纹钢期货合约：盈利=4 570−4 553=17（元/吨）

由此可计算出，该套利交易后每吨螺纹钢盈利为−10+17=7 元/吨。

（五）套利交易指令

在套利交易实施中，多数交易所为了给套利交易提供便利，往往会设计套利指令，套利者可使用套利指令来完成套利操作。套利指令通常不需要标明买卖各个期货合约的具体价格，只要标明两个合约的价差即可，非常便利。在有些国家的交易所（例如美国），套利交易还可以享受佣金、保证金方面的优惠待遇。

在指令种类上，套利者可以选择市价指令或限价指令，如果要撤销前一笔套利交易的指令，则可以使用取消指令。

1. 套利市价指令的使用

如果套利者希望以当前的价差水平尽快成交，则可以选择使用市价指令。套利市价指令是指交易将按照市场当前可能获得的最好的价差成交的一种指令。在使用这种指令进行套利时，套利者不需注明价差的大小，只需注明买入和卖出期货合约的种类和月份即可；具体成交的价差如何，则取决于指令执行时点上市场行情的变化情况。该指令的优点是成交速度快；但也存在缺点，即在市场行情发生较大变化时，成交的价差可能与交易者最初的意图有较大差距。

【例 5.8】某交易者看到大连商品交易所 1 月份和 5 月份棕榈油期货的市场价格分别为 8 200 元/吨和 8 350 元/吨，价差为 150 元/吨。该交易者认为此价差过大，有套利机会，并希望尽快入市买入 1 月、卖出 5 月棕榈油期货合约进行套利。该交易者发出以下指令：

买入 1 月棕榈油期货合约

卖出 5 月棕榈油期货合约

市价指令

在上述指令中，虽然交易者没有明确表明套利的价差，但表明了套利者希望以当前 150 元/吨的价差水平成交。在这个指令的下达过程中，实际成交价差并不一定是 150 元/吨，因为从指令下达到执行有一个很短的时间间隔，此期间棕榈油期货价格可能会发生变化，价差也会随之变化。如果 1 月和 5 月棕榈油期货在指令下达到交易系统时的价格分别为 8 190 元/吨和 8 330 元/吨，则将会以 140 元/吨的价差成交。一般情况下，如果市场行情没有发生突然变化，采用市价指令可以使套利者迅速以 150 元/吨左右的价差建仓。

2. **套利限价指令的使用**

选择使用套利限价指令，可以使套利者以一个希望的价差成交。套利限价指令是指当价格达到指定价位时，指令将以指定的或更优的价差来成交。限价指令可以保证交易能够以指定的甚至更好的价位来成交。在使用限价指令进行套利时，需要注明具体的价差及买入、卖出期货合约的种类和月份。该指令的优点在于可以保证交易者以理想的价差进行套利，但是限价指令只有在价差达到所设定的价差时才可以成交，因此使用该指令不能保证套利交易立刻成交。

【例 5.9】交易者丙 9 月 3 日看到郑州商品交易所 11 月和次年 1 月 PTA 期货的市场价格分别为 8 582 元/吨和 8 708 元/吨，价差为 126 元/吨。该交易者认为价差偏小，想买入 1 月、卖出 11 月 PTA 期货合约进行套利，但他根据市场的走势判断，目前的价差可能还会进一步缩小，希望能够以 120 元/吨的价差建仓，以期获得更多利润，于是发出如下限价指令：

买入 1 月 PTA 期货合约

卖出 11 月 PTA 期货合约

1 月 PTA 期货合约价格高于 11 月 PTA 期货合约价格 120 元/吨

使用该限价指令意味着只有当 1 月与 11 月 PTA 期货价格的价差等于或小于 120 元/吨时，该指令才能够被执行。由此可以看出，套利者并不关注买入和卖出 PTA 期货合约的价格，而是关注相关合约之间的价差。理论上说，使用限价指令可能得到的成交结果有多种，现任意列举三种如下。

情况一：两合约价格同时上涨，11 月和 1 月 PTA 期货价格分别涨至 8 589 元/吨和 8 709 元/吨，价差变为 120 元/吨，指令立即以该价差被执行，表明交易按指定价差成交。

情况二：两合约价格同时下跌，11 月和 1 月 PTA 期货价格分别跌至 8 563 元/吨和 8 683 元/吨，价差变为 120 元/吨，指令立即以该价差被执行，表明交易按指定价差成交。

情况三：两合约价格上涨，11 月和 1 月 PTA 期货价格分别涨至 8 596 元/吨和 8 716 元/吨，价差变为 120 元/吨，但当指令下达至交易系统时，两合约价格发生小幅变化，最终以 117 元/吨的价差成交，表明交易按照比指定条件更理想的价差成交。

三、套利交易的方法

期货市场的套利交易主要有跨期套利、跨品种套利和跨市套利等。

（一）跨期套利

跨期套利（calendar spread）指在同一市场（即同一交易所）同时买入或卖出同种商品不同交割月份的期货合约，以期在有利时机同时将这些期货合约对冲平仓获利。

【例 5.10】（100 万元资金套利计划）在 20×8 年 12 月 9 日以 26 650 元买入 30 手 3 月铜合约，同时以 25 430 元卖出 30 手 6 月铜合约，至 20×9 年 1 月 24 日以 30 620 元卖出平仓 30 手 3 月铜合约，同时以 28 400 元买入平仓 30 手 6 月铜合约。

盈利：（30 620−26 650）×30×5=595 500（元）

亏损：（28 400−25 430）×30×5=445 500（元）

最后盈利：595 500−445 500=150 000（元）

一般来说，同一期货品种的各个合约有较为相似的基本面影响因素，合约之间有较为稳定的价差。但是由于资金分布不均衡和季节性因素，有时资金主要集中在某一合约上角逐，使得合约的波动速度要明显地快于其他合约，这就意味着套利机会的来临。

对于普通投资者来说，跨期套利的阶段性收益未必很高，但好处是不用判断单个合约行情的涨跌，且如果可以保持月度 1%～2%的收益，年化收益就已经很高了。

据《中国期货报》，2010 年北京一位张先生把主要精力放在了白糖期货的跨期套利上。他利用换月的套利机会操作白糖期货，对他来说，每一次白糖主力合约的换月都是套利交易的好时机。由于 2011 年各月的郑糖期货合约总体仍呈现远月升水，每逢主力合约换月时，多头资金向后来月份合约的迁移都会带动跨期价差的放大，这正是买入远月合约、抛空稍近合约的时机。当年 4 月下旬，郑糖主力逐渐由 1009 合约向 1101 合约过渡，远月 1105 与 1101 之间的价差也在扩大，不到一个月的时间，两者价差从 20 元扩大至 80 元左右。虽然只有 60 元左右的收益，但从张先生投入的本金看，他已经实现 1%～2%的目标。据他估算，白糖 9 月和 5 月间的理论价差在 70～80 点，而 6 月初，两者价差曾一度高达 120 余点，抛空该价差的胜算显然比单边做多某一个合约更高。与换月时的套利机会相比，这种做空价差的套利操作频率也较高，每个月都有数次抛空价差的机会。张先生称，跨期套利在 2010 年已为其带来 30% 的收益，这也超过了他平均每月 2% 的收益预期。

（二）跨品种套利

跨品种套利指利用两种或三种不同的但相互关联的商品之间的期货合约价格差异进行套利，即同时买入或卖出某一交割月份的相互关联的商品期货合约，以期在有利时机的同时将这些合约对冲平仓获利。

由于不同期货品种对市场变化的敏感度不同，交易者根据对它们发展趋势的预测，可以选择做多头或空头交易。跨品种套利策略中的资产间具备一定程度的相关关系，这种关系来源于上市品种间的相互替代性或因处于同一产业链受成本和收益约束，跨品种套利正是利用这种相关性在不同合约分别做多和做空，以期在有利时机对冲所持有的合约获利。

跨品种套利具有三个特点：套利组合中资产品质不同，不能以实物交割的方式平仓；资产间的相关性对套利策略的成功与否更为重要；不存在无风险套利的可能，套利的收益率也无法在策略制定时确定。

（三）跨市套利

跨市套利指在某个交易所买入（或卖出）某一交割月份的某种商品合约的同时，在另一个交易所卖出（或买入）同一交割月份的同种商品合约，以期在有利时机分别在两个交易所同时对冲在手的合约而获利。跨市套利既可以在国内的不同交易所之间进行，亦可以在国外的不同交易所之间进行。

不同交易所之间会出现价差的主要原因如下：

（1）运输成本不同。不同期货交易所与商品产地的距离是不同的。一般情况下，产地与期货交易所指定的交割仓库越近，运输成本就越低；反之，运输成本越高。运输成本不同，表现在期货商品上的价格也就会有差距。如伦敦金属交易所和上海期货交易所，同时经营铜期货，由于两个期货交易所所处的地点不同，因而即使其他条件完全相同，但因运输成本不同，铜的合约价格也必然会有差异。

（2）各期货交易所规定的商品交割等级不同。以小麦为例，美国芝加哥期货交易所以当地生产的软红冬小麦价格为小麦期货基准价格，而堪萨斯期货交易所以当地生产的硬红冬小麦作为交割品种。

（3）各地收获季节不同。这表现在：一方面，不同国家之间产生季节性的价差，如澳大利亚的小麦收获季节和中国的小麦收获季节不同，就会有不同的供求关系。一般情况下，收货地区的期货价格相对低一些，未收获地区的期货价格相对高一些，这样就出现了不同地区之间同一商品价格的差距。此时，套利操作方法是买进收货地区的商品期货，卖出未收货地区的商品期货。另一方面，对农产品期货而言在国内不同地区之间也会产生季节性的价差，如粳米和籼米，在中国不同地区的收获季节的价格相差甚大。

（4）各国不同的反周期政策。一般情况下，各国所处的经济周期是不同的，有的处于经济萧条时期，有的处于经济繁荣时期。处于经济萧条时期的国家，各种期货的价格相对较低；处于经济繁荣时期的国家，各种期货价格相对较高，因而反映在不同国家期货交易上有不同的价格。这时，套利操作的一般原理是：买进经济萧条时期国家的期货，同时卖出经济繁荣时期国家的期货。

（5）价格是离散的。这主要有两个原因：一是供求条件在不断变化，而且供求条件越不稳定，价格越离散；二是寻求价格的信息成本极其昂贵。我们认为，这一理论同样适合商品期货，而且期货供求影响因素比现货多，供求稳定性则更弱，因而更容易产生离散。离散就是价差，有价差就可以进行跨市套利操作。

以上的前两种原因引起的价差在实际价格时会自然消失，因而不可能有利可图。

一套完整的跨市套利操作方案应该包括以下 5 个步骤：

（1）选择进场时机。首先必须密切关注目标期货交易所和目标现货批发市场同期合约的价格波动关系。通常情况下，当两市场期货合约（或远期合同价）基准价相差超过转换费用的基差时，就能初步确认出现套利时机。此时可判断基差是否有继续扩大的可能性。其次当基差继续扩大时，跨市套利的可操作性将大大加强，此时可择机进场。

（2）合理调配资金。根据两个市场的容量及流动性，确定投入的总资金量，同时根据期货交易所和现货批发市场保证金制度的差异合理分配资金，确保在两个市场交易标的物数量相等。

（3）操作过程。在目标现货批发市场买入（卖出）近月合约的同时，在目标期货交易所卖出（买入）对应的远月合约。交易价差应符合跨市套利价差基准扩大的前提，两市交易行为应同时发生，不应存在明显时滞。

（4）获利平仓。理论上，当期货合约（或远期合约）进入到临近交割月时，两市当月合约价差应会缩小。此时由于基差缩小，所持有的双向持仓存在套利利润，如达到赢利预期，即可同时反方向平仓获利出局。

（5）实物交割。假如由于市场环境和具体操作方面的原因，两个市场的基差不断扩大，反方向平仓已无获利机会，此时就必须做好实物交割准备。要在两个市场合约之间的间隔期内及时完成注册仓单等工序，防范出现交割风险。仓单注册完成之后，交易所相应释放保证金，获得套保利润。

【例 5.11】20×3 年 4 月初，由于助理操作原因，上海期货交易所橡胶的期价在 15 000 元以上，呈现明显投机状态，而此时海南批发市场橡胶价在 12 000 元左右，两市价差高达 3 000 元/吨，已远远超过跨市套利的理论基准值。此时某机构决定进行跨市套利操作，交易策略是：买海南橡胶、卖上海橡胶。

操作步骤：在海南 0305 以 12 540 元买进 1 000 吨，同时在上海 0306 以 15 505 元卖出 1 000 吨，锁定价差 2 965 元。4 月 15 日之后，上海 0306 合约大幅跌至 11 550 元，海南 0305 合约跌至 10 500 元，在两个市场同时对冲平仓。

在上海期货交易所赢利：1 000×（15 505−11 550）=3 955 000（元）

在海南批发市场亏损：1 000×（12 540−10 500）=2 040 000（元）

合计赢利：3 955 000−2 040 000=1 915 000（元）

跨市套利在一般情况下要比单边交易的风险小得多。跨市套利既可在国内的不同交易所之间进行，也可以在不同国家的交易所之间进行。如果两个市场是跨国度的，则其最大的风险就是汇率风险。

四、期现套利

期现套利是指当某种期货合约在期货市场和现货市场的价格上出现差距时，交易者就会在两个市场间进行反向交易，利用两个市场的价格差距低买高卖而获利的交易方式。理论上，期货价格是商品未来的价格，现货价格是商品目前的价格，按照经济学上的同一价格理论，两者间的差距（即基差）应该等于该商品的持有成本。一旦基差与持有成本偏离较大，就出现了期现套利的机会。一般地，期货价格要高出现货价格，并且超过用于交割的各项成本，如运输成本、质检成本、仓储成本、开具发票所增加的成本等。

期现套利有助于保持期货市场和现货市场之间合理的价格关系。可以说，期现套利是跨市套利的扩展，是把套利行为发展到现货与期货两个市场而已。

【例 5.12】20×9 年 3 月，大连商品交易所 5 月（交割月）玉米期货价为 1 300 元/吨。长春玉米市场现货价为 1 000 元/吨，而大连商品交易所规定长春交割异地贴水 50 元/吨，所以存在较大价差。丁粮库分析后认为这是很好的套利机会，于是果断入市，以 1 300 元/吨卖出 1 000 手（1 手合约为 10 吨）玉米期货。结果期货价格向现货价格回归，最后大连商品交易所 5 月玉米期货价跌至 960 元/吨。在此期间，该粮库决定不再交割实物，而是抓住机会在 1 040 元/吨左右就平仓出市了。于是，该粮库利用此次期现套利而获得收益。

中国期货理论界认为：广义的套期保值概念包括实物交割，实物交割是实现套期保值的一种形式，即套期保值可以选择对冲平仓，也可以选择实物交割。套期保值不一定进行实物交割；实物交割不等于套期保值，更不是套期保值的全部。而在实际中，许多市场参与者将套期保值视为在期货市场买卖现货，认为进行实物交割是完成套期保值的最后环节。至今，中国期货市场仍有许多现货企业在套期保值过程中采取实物交割的方式，支付了更多的交易成本（期货交割成本远高于现货购销成本）。中国期货市场出现这样的情况主要有以下原因：一是现货相关企业对期货市场认识错位，把期货市场当成现货远期市场使用；二是现货市场不够发达，信用程度较差，相关现货企业更愿意在期货市场高成本实物交割，而不愿承担现货市场对方不履约的风险。

在发达国家期货市场，期货交割一般都是由套利形成的，当某一期货合约的价格出现偏离时，就会出现大量的无风险套利机会。当期货价格明显高于现货价格时，就会有套利者进行期现套利，买进现货并用于期货交割。期现套利有助于现货价格与期货价格的趋同。

期现套利作为一种收益稳定、风险可控的投资方式，越来越受到投资者的重视，这一点在股指期货上市后表现得尤为明显。市场上更有资金专门用于股指期货的期现套利交易。

五、套利策略分析

依据不同的套利方法分别介绍套利策略。

（一）跨期套利

跨期套利是指在同一交易所同时买进和卖出同一品种不同交割月份的期货合约，以便在将来合约价差变动于己有利时再对冲获利。例如，投资者注意到 9 月的绿豆和 11 月的绿豆价差超出正常的保管费，就会买入一张 9 月的绿豆合约而卖出一张 11 月的绿豆合约。后来，当 11 月绿豆合约更接近正常成本而缩小了两合约的差异时，交易商能从差异变动中获得一笔收益。跨期套利与商品绝对价格无关，仅与价差变化有关。

在期货市场中，影响不同交割月份合约价差的因素较多，主要有市场供求状况、结转库存状况、全额持仓费用（仓储费、保险费、利息等）、预期的通货膨胀率、仓储设施的丰裕程度及利率波动的幅度等。

根据所买卖的期货合约交割月份即买卖方向的不同，跨期套利可以分为牛市套利、熊市套利、蝶式套利三种情况。

1. **牛市套利（Bull Spread）**

当市场出现供给不足、需求旺盛时，导致较近月份的合约价格上涨幅度大于较远月份的合约价格上涨幅度，或者较近月份的合约价格下降幅度小于较远月份的合约价格下跌幅度。无论是正向市场还是反向市场，在这种情况下，买入较近月份的合约同时卖出远期月份的合约进行套利盈利的可能性比较大，我们称这种套利为牛市套利，又称买空套利或多头套利。牛市套利利用了近期月份在牛市中的领涨作用和抗跌性强的特点，使其组合头寸获利可能性增加。

一般来说，牛市套利对于可储存的商品并且是在相同的作物年度最有效。例如，买入 5 月棉花期货的同时卖出 9 月棉花期货。适用于牛市套利的可储存的商品有小麦、棉花、大豆、糖、铜等。对于不可储存的商品，如活牛、生猪等，不同交割月份的商品期货价格间的相关性很低或者根本不相关，进行牛市套利是没有意义的。

假定开仓时，近、远期合约的成交价分别是 F_1、F_2，近、远期合约的价差（近期合约-远期合约）为 B。假定平仓时，近、远期合约的成交价格分别为 F_1'、F_2'，近、远期合约的价差为 B'。那么牛市套利交易者的盈利计算为 $F_1'-F_1+F_2-F_2'=B'-B$。由此可见，不管合约的绝对价格如何变化，只要价差变大，那么牛市套利就可以盈利。

【例 5.13】在 20×9 年 3 月，甲交易者认为 7 月大豆期货价与新豆上市后的 11 月大豆期货的价差异常。当时由于看好大豆现货价格，估计会带动期货价格上涨，且 7 月期货价将比

11 月期货价格上涨快，决定进行牛市套利。交易者下指令“买 7 月大豆期货，同时卖 11 月大豆期货各 20 手，价差 0.6 美元/蒲式耳”。经纪人分别以 5.6 美元/蒲式耳、5.0 美元/蒲式耳成交，CBOT 大豆合约规模为 5 000 蒲式耳/手。2 个月后，7 月大豆期货价升至 5.84 美元/蒲式耳，11 月大豆期货价升至 5.12 美元/蒲式耳。该交易者将 7 月、11 月期货全部平仓，交易结果见表 5.2。

表 5.2 牛市套利实例 1 单位：美元/蒲式耳

	7 月份合约	11 月份合约	价差
3 月×日	买进 20 手，价格 5.6	卖出 20 手，价格 5.0	0.6
5 月×日	卖出 20 手，价格 5.84	买进 20 手，价格 5.12	0.72
结果	5.84-5.6=0.24	5.0-5.12=-0.12	
	盈利（0.24-0.12）×5 000×20=12 000 美元		

【例 5.14】 20×9 年 10 月 26 日，次年 5 月棉花合约价格为 27 075 元/吨，次年 9 月合约价格为 27 725 元/吨，两者价差 650 元/吨。交易者预计棉花价格将上涨，5 月与 9 月的期货合约的价差将有可能缩小。于是，交易者买入 50 手 5 月棉花期货合约的同时卖出 50 手 9 月份棉花期货合约。12 月 26 日，5 月和 9 月的棉花期货价格分别上涨为 27 555 元/吨和 28 060 元/吨，两者的价差缩小为 505 元/吨。交易者同时将两种期货合约平仓，从而完成套利交易，交易结果见表 5.3。

表 5.3 牛市套利实例 2 单位：元/吨

	5 月份合约	9 月份合约	价差
10 月 26 日	买进 50 手，价格 27 075	卖出 50 手，价格 27 725	650
12 月 26 日	卖出 50 手，价格 27 555	买进 50 手，价格 28 060	505
结果	27 555-27 075=480	27 725-28 060=-335	
	盈利（480-335）×50×5=36 250 元		

注：1 手=5 吨。

上例中，交易者预计棉花期货价格将上涨，2 个月后，棉花期货价格的走势与交易者的判断一致，最终交易结果是套利者获得了 36 250 元的盈利。现假设 2 个月后棉花价格并没有出现交易者预计的上涨行情，而是出现了一定程度的下跌，交易者的交易情况见例 5.15。

【例 5.15】 20×9 年 10 月 26 日，次年 5 月棉花合约价格为 27 075 元/吨，次年 9 月合约价格为 27 725 元/吨，两者价差 650 元/吨。交易者预计棉花价格将上涨，5 月与 9 月的期货合约的价差将有可能缩小。于是，交易者买入 50 手 5 月棉花期货合约的同时卖出 50 手 9 月棉花期货合约。12 月 26 日，5 月和 9 月的棉花期货价格不涨反跌，价格分别下跌至 26 985 元/吨和 27 480 元/吨，两者的价差缩小为 495 元/吨。交易者同时将两种期货合约平仓，从而完成套利交易，交易结果见表 5.4。

表 5.4 牛市套利实例 3 单位：元/吨

	5 月份合约	9 月份合约	价差
10 月 26 日	买进 50 手，价格 27 075	卖出 50 手，价格 27 725	650
12 月 26 日	卖出 50 手，价格 26 985	买进 50 手，价格 27 480	505
结果	26 985−27 075=−90	27 725−27 480=245	
	盈利（245−90）×50×5=38 750 元		

注：1 手=5 吨。

上例中，交易者预计棉花期货价格将上涨，2 个月后棉花期货价格不涨反跌，虽然棉花价格走势与交易者的判断相反，但最终交易结果仍然是套利者获得了 38 750 元的盈利。

由例 5.14 和例 5.15 可以判断，套利是在正向市场进行的，如果在反向市场上，近期价格要高于远期价格，牛市套利是买入近期合约的同时卖出远期合约。在这种情况下，牛市套利可以归入买进套利这一类中，则只有价差扩大时才能够盈利。

在进行牛市套利时，需要注意的一点是：在正向市场上，牛市套利的损失相对有限而获利的潜力巨大。这是因为：在正向市场进行牛市套利，实质上是卖出套利，而卖出套利获利的条件是价差要缩小。如果价差扩大，该套利可能会亏损，但是由于在正向市场上价差变大的幅度要受到持仓费水平的制约，价差如果过大，超过了持仓费，就会产生套利行为，会限制价差扩大的幅度。而价差缩小的幅度则不受限制，在上涨行情中很有可能出现近期合约价格大幅度上涨，远远超过远期合约的可能性，使正向市场变为反向市场，价差可能从正值变为负值，价差会大幅度缩小，使牛市套利获利巨大。

2. **熊市套利（Bear Spread）**

当市场出现供给过剩、需求相对不足时，一般地，较近月份的合约价格下降幅度往往要大于较远月份的合约价格下降幅度，或者较近月份的合约价格上升幅度小于较远月份的合约价格上升幅度。无论是正向市场还是反向市场，在这种情况下，卖出较近月份的合约同时买入远期月份的合约进行套利，盈利的可能性比较大，我们称这种套利为熊市套利，又称卖空套利或空头套利。熊市套利利用了近期月份在熊市中的领跌作用和反弹力度弱的特点，使其组合头寸获利可能性增加。

在进行熊市套利时需要注意的是，当近期合约的价格已经相当低，以至于它不可能进一步偏离远期合约时，进行熊市套利是很难获利的。

假定开仓时，近、远期合约的成交价分别是 F_1，F_2，近、远期合约的价差（近期合约-远期合约）为 B。假定平仓时，近、远期合约的成交价格分别为 F_1'，F_2'，近、远期合约的价差为 B'。那么熊市套利交易者的盈利计算为 $F_1-F_1'+F_2'-F_2=B-B'$。由此可见，不管合约的绝对价格如何变化，只要价差变小，那么熊市套利就可以盈利。

【例 5.16】某年，媒体普遍认为厄尔尼诺现象影响了全球气候，全国大豆减产近一成，这使大连商品交易所大豆合约价格高涨。而某公司在黑龙江产地调研实际情况后，认为大豆将有好收成，并由此判断未来大豆价格将下降，且近月期货下跌将会比远月更快，于是做了熊市套利，买入 7 月大豆期货合约 10 手，同时卖出 5 月大豆期货合约 10 手，大连商品交易所大豆期货合约规模是 10 吨/手。一个月后，平仓出市。其交易结果见表 5.5。

表 5.5 熊市套利实例 1　　单位：元/吨

	5 月份合约	7 月份合约	价差
5 月	卖出 10 手，价格 3 200	买进 10 手，价格 3 250	-50
6 月	买进 10 手，价格 2 800	卖出 10 手，价格 2 900	-100
结果	3 200-2 800=400	2 900-3 250=-350	
	盈利（400-350）×10×10=5 000 元		

注：1 手=10 吨。

【例 5.17】假设交易者在某年 7 月 8 日看到，11 月上海期货交易所天然橡胶期货合约价格为 21 955 元/吨，次年 1 月合约价格为 22 420 元/吨，前者比后者低 465 元/吨。交易者预计天然橡胶价格将下降，11 月与次年 1 月的期货合约的价差将有可能扩大。于是，交易者卖出 60 手（1 手为 5 吨）11 月天然橡胶期货合约的同时买入 60 手次年 1 月合约。到了 9 月 8 日，11 月和次年 1 月的天然橡胶期货价格分别下降为 21 215 元/吨和 21 775 元/吨，两者的价差为 560 元/吨，价差扩大。交易者同时将两种期货合约平仓，从而完成套利交易，交易结果见表 5.6。

表 5.6 熊市套利实例 2　　单位：元/吨

	11 月份合约	次年 1 月份合约	价差
7 月 8 日	卖出 60 手，价格 21 955	买进 60 手，价格 22 420	465
9 月 8 日	买进 60 手，价格 21 215	卖出 60 手，价格 21 775	560
结果	21 955-21 215=740	21 775-22 420=-645	
	盈利（740-645）×60×5=28 500 元		

注：1 手=5 吨。

该例中，交易者预计天然橡胶期货价格将下跌，2 个月后天然橡胶期货价格的走势与交易者的判断一致，最终交易结果是套利者获得了 28 500 元的盈利。现假设 2 个月后天然橡胶期货价格并没有出现交易者预计的下跌行情，而是出现了上涨，交易者的交易情况见例 5.18。

【例 5.18】假设交易者在某年 7 月 8 日看到，11 月上海期货交易所天然橡胶期货合约价格为 21 955 元/吨，次年 1 月合约价格为 22 420 元/吨，前者比后者低 465 元/吨。交易者预计天然橡胶价格将下降，11 月与次年 1 月的期货合约的价差将有可能扩大。于是，交易者卖出 60 手（1 手为 5 吨）11 月天然橡胶期货合约的同时买入 60 手次年 1 月合约。到了 9 月 8 日，11 月和次年 1 月的天然橡胶期货价格不降反涨，价格分别为 22 075 元/吨和 22 625 元/吨，两者的价差为 550 元/吨，价差扩大。交易者同时将两种期货合约平仓，从而完成套利交易，交易结果见表 5.7。

表 5.7 熊市套利实例 3　　单位：元/吨

	11 月份合约	次年 1 月份合约	价差
7 月 8 日	卖出 60 手，价格 21 955	买进 60 手，价格 22 420	465
9 月 8 日	买进 60 手，价格 22 075	卖出 60 手，价格 22 625	550
结果	21 955-22 075=-120	22 625-22 420=205	
	盈利（205-120）×60×5=25 500 元		

注：1 手=5 吨。

该例中，交易者预计天然橡胶期货价格将下跌，2 个月后天然橡胶期货价格不跌反涨，虽然天然橡胶期货价格走势与交易者的判断相反，但最终交易结果仍然是套利者获得了 25 500 元的盈利。

由例 5.17 和例 5.18 可以判断，套利是在正向市场进行的，如果在反向市场上，近期价格要高于远期价格，熊市套利是卖出近期合约的同时买入远期合约。在这种情况下，熊市套利可以归入卖出套利这一类中，则只有在价差缩小时才能够盈利。

3. 蝶式套利（Butterfly Spread）

蝶式套利是跨期套利中的又一种常见的形式。它是利用不同交割月份的价差进行套期获利，由两个方向相反、共享居中交割月份合约的一个牛市套利和一个熊市套利的跨期套利组合。由于近期和远期月份的期货合约分居于居中月份的两侧，形同蝴蝶的两个翅膀，称之为蝶式套期图利。蝶式套利风险有限，盈利也有限。在合约数量上，居中月份合约等于两旁月份合约之和。

蝶式套利的具体操作方法是：买入（或卖出）近期月份合约，同时卖出（或买入）居中月份合约，并买入（或卖出）远期月份合约，其中，居中月份合约的数量等于近期月份和远期月份数量之和。这相当于在近期与居中月份之间的牛市（或熊市）套利和在居中月份与远期月份之间的熊市（或牛市）套利的一种组合。例如，套利者同时买入 2 份 5 月玉米合约、卖出 6 份 7 月玉米合约、买入 4 份 9 月玉米合约。

以上两种操作方法又可以总结为“牛市套利+熊市套利”“熊市套利+牛市套利”。

蝶式套利与普通的跨期套利的相似之处在于：都认为同一商品但不同交割月份之间的价差出现了不合理的情况。两者的不同之处在于：普通的跨期套利只涉及两个价格月份合约的价差，而蝶式套利认为居中交割月份的期货合约价格与两旁交割月份合约价格之间的相关关系出现了差异情况。

设入市时蝶式套利近月合约与居中月份价差为 B_1，居中月份合约与远月合约价差为 B_2，相应的出市时价差分别为 B_1'，B_2'。

对于“牛市套利+熊市套利”的蝶式套利方式而言，套利者的实际收益=牛市套利收益+熊市套利收益=$(B_1'-B_1)+(B_2-B_2')$，套利者若想盈利，最好是前一个价差变强，后一个价差变弱。在价差图上表现为前一个价差呈上升趋势，后一个价差呈下降趋势。

对于“熊市套利+牛市套利”的蝶式套利方式而言，套利者的实际收益=熊市套利收益+牛市套利收益=$(B_2'-B_2)+(B_1-B_1')$，套利者若想盈利，最好是前一个价差变弱，后一个价差变强。在价差图上表现为前一个价差呈下降趋势，后一个价差呈上升趋势。

【例 5.19】某年 2 月 1 日，3 月、5 月、7 月的大豆期货合约价格分别为 4 050 元/吨、4 130 元/吨和 4 175 元/吨，某交易者认为 3 月和 5 月之间的价差过大而 5 月和 7 月之间的价差过小，预计 3 月和 5 月的价差会缩小而 5 月和 7 月的价差会扩大，于是该交易者以上述价格同时买入 150 手（1 手为 10 吨）3 月合约、卖出 350 手 5 月合约、买入 200 手 7 月合约。到了 2 月 18 日，三个合约的价格均出现不同幅度的下跌，3 月、5 月、7 月的合约价格分别跌至 3 850 元/吨、3 910 元/吨和 3 970 元/吨，于是该交易者同时将三个合约平仓。在该蝶式套利操作中，交易结果见表 5.8。

表 5.8　蝶式套利实例　　单位：元/吨

	3 月合约	5 月合约	7 月合约
2 月 1 日	买进 150 手，价格 4 050	卖出 350 手，价格 4 130	买进 200 手，价格 4 175
2 月 18 日	卖出 150 手，价格 3 850	买进 350 手，价格 3 910	卖出 200 手，价格 3 970
结果	3 850-4 050=-200	4 130-3 910=220	3 970-4 175=-205
	盈利（220×350-205×200-200×150）×10=60 000 元		

注：1 手=10 吨。

可见，蝶式套利是两个跨期套利的组合，从理论上看，风险和利润都较小。

（二）跨品种套利

跨品种套利是指利用两种不同的但相互存在关联的商品之间的期货合约价格差异进行套利，即买入某一交割月份某种商品的期货合约，同时卖出另一相同交割月份、相互关联的商品期货合约，以期在有利时机同时将这两种合约平仓获利。跨品种套利可分为两种情况，一是相关商品间的套利，二是原料与成品间的套利。

1. 相关商品间的套利

商品的价格总是围绕着内在价值上下波动，而不同的商品因其内在的某种联系，如需求替代品、需求互补品、生产替代品、生产互补品等，它们的价格之间存在着某种稳定合理的关系。但由于受政策、季节、市场等因素的影响，这些有关联的商品的价格有时会偏离合理的区间，表现出一种商品被高估、另一种商品被低估的情况，从而使跨品种套利获益成为可能。在此种情况下，交易者可以通过期货市场卖出被高估的商品合约，买入被低估商品合约进行套利，等有利时机出现后分别平仓，从中获利。例如，铜和铝都可以用来作为电线的生产原材料，两者之间具有较强的可替代性，铜的价格上升会引起铝的需求量上升，从而导致铝价格的上涨。因此，当铜和铝的价格关系脱离了正常水平时，就可以利用这两个品种进行跨品种套利。具体做法是：买入（或卖出）一定数量的铜期货合约，同时卖出（或买入）与铜期货合约交割月份相同价值量相当的铝期货合约，待将来价差发生有利变化时再分别平仓了结，以期获得价差变化的收益。再如，在美国玉米和燕麦之间的套利交易十分流行，因为这两者均可以做饲料，具有用途上的相互替代性。国外的套利交易较我国发展成熟，且套利在市场上较为盛行，因此这里以美国燕麦与玉米套利为例进行说明。

【例 5.20】燕麦与玉米价差的变化有一定的季节性。一般来说，燕麦价格高于玉米。每年的 5 月、6 月、7 月是冬小麦收割季节，小麦价格降低会使得近期价差缩小；每年的 9 月、10 月、11 月是玉米收获季节，玉米价格下降会引起价差扩大。套利者甲认为今年燕麦与玉米价差变化还将遵循这一规律，于是入市进行套利，其操作分析见表 5.9 和表 5.10。

表 5.9　7 月份入市套利——价差扩大的策略　　单位：美元/蒲式耳

	燕麦期货	玉米期货	价差
7 月	买进 12 月期货，价格 4.6	卖出 12 月期货，价格 3.5	1.1
9 月	平仓，价格 4.9	平仓，价格 2.95	1.95
结果	4.9-4.6=0.3	3.5-2.95=0.55	
	盈利 0.3+0.55=0.85		

表 5.10 3 月份入市套利——价差缩小的策略 单位：美元/蒲式耳

	燕麦期货	玉米期货	价差
3 月	卖出 6 月期货，价格 4.4	买进 6 月期货，价格 3.4	1
5 月	平仓，价格 4.1	平仓，价格 3.2	1.95
结果	4.4-4.1=0.3	3.2-3.4=-0.2	
	盈利 0.3-0.2=0.1		

假设两种商品期货的价差为正，当预计价差扩大时，可采用以下策略，即入市时，买进价高商品期货的同时卖出价低商品期货；当预计价差缩小时，则采用相反的策略，即入市时卖出价高商品期货，同时买进价低的商品期货。

从以上分析可以看出，相关商品套利的盈亏结果正是入市、出市时价差的变动额。因此交易者交易时并不十分在意具体的成交价，而只关注价差的变化。

相关商品间的套利必须具备以下条件：两种商品之间应具有关联性与相互替代性；交易受同一因素制约；买进或卖出的期货合约通常应在相同的交割月份。

跨商品套利需注意市场态势。在牛市时，假设 A 和 B 是可相互替代的商品，若 A 商品预期供不应求，这势必引起 B 商品价格上升，此时 A 商品期货价格上涨幅度大于 B 商品期货价格上涨幅度，套利操作是 A 做多头，B 做空头。相反，若预期 A 商品价格上涨是由 B 商品供给不足或需求拉上引起的，此时的操作是 A 做空头，B 做多头。在熊市时，若 A 商品预期供过于求引起价格下跌，替代品 B 可能连续下跌，这时 A 商品期货价格下跌幅度大于 B 商品期货价格下跌幅度，套利操作是 A 做空头，B 做多头。若 A 商品价格下跌是由 B 商品预期供过于求引起的，则 B 商品价格下降幅度大于 A 商品价格下跌幅度，这时套利操作是 A 做多头，B 做空头。

2. 原料与成品间的套利

原料与成品间的套利是指利用原材料商品和它的制成品之间的价格关系进行套利。最典型的是大豆与其两种制成品豆油和豆粕之间的套利。大豆压榨后，生产出豆粕和豆油。在大豆、豆粕、豆油之间存在着一种天然联系，能限制它们的价格差异额的大小。在我国，大豆与豆油、豆粕之间一般存在着“100%大豆=18%豆油+78.5%豆粕+3.5%损耗”的关系（出油率的高低和损耗率的高低要受大豆的品质和提取技术的影响，因而比例关系也处在变化之中），因而也就存在“100%大豆×购进价格+加工费用+预期利润=18%豆油×销售价格+78.5%豆粕×销售价格”的平衡关系。三种商品之间的套利，有两种做法：大豆提油套利和反向大豆提油套利。

（1）大豆提油套利。

大豆提油套利是大豆加工商在市场价格关系基本正常时进行的，目的是防止大豆价格突然上涨，或豆油、豆粕价格突然下跌，从而产生亏损或使已产生的亏损降至最低。大豆加工商对大豆的购买和产品的销售不能够同时进行，因而存在着一定的价格变动风险。具体做法是：购买大豆期货合约的同时卖出豆油和豆粕的期货合约，当在现货市场上购入大豆或将成品最终销售时再将期货合约对冲平仓。这样，大豆加工商就可以锁定成品和原料间的价差，防止市场价格波动带来的损失。

（2）反向大豆提油套利。

反向大豆提油套利是大豆加工商在市场价格反常时采用的套利。当大豆价格受某些因素的影响出现大幅上涨时，大豆可能与其产品出现价格倒挂，大豆加工商将会采取反向大豆提油套利。具体做法是：卖出大豆期货合约，买进豆油和豆粕的期货合约，同时缩减生产，减少豆粕和豆油的供给量，三者之间的价格将会趋于正常，大豆加工商在期货市场中的盈利将有助于弥补现货市场中的亏损。

（三）跨市套利

在期货市场上，许多交易所都交易相同或相似的期货商品，如芝加哥期货交易所、大连商品交易所、东京谷物交易所都进行玉米、大豆期货交易；伦敦金属交易所、上海期货交易所、纽约商业交易所都进行铜、铝等有色金属交易。一般来说，这些品种在各交易所间的价格会有一个稳定的差额，一旦这一差额发生短期的变化，交易者就可以在这两个市场间进行套利，购买价格相对较低的合约，卖出价格相对较高的合约，以期在期货价格趋于正常时平仓，赚取低风险利润。

设 A、B 两交易所均交易同一品种期货合约，若投资者注意到 A 交易所价格相对偏高（注意，是相对于正常的价差偏高，而不是实际价格高），则可在 A 交易所卖出而在 B 交易所买进，结果分析如表 5.11 所示。

表 5.11 跨市套利

	A 交易所	B 交易所	价差
入市	F_A	F_B	B
出市	F'_A	F'_B	B'

套利结果：$F_A-F'_A+F'_B-F_B=B-B'$

可见，跨市套利的最终结果也决定于合约间的价差变动。

【例 5.21】某年 7 月 1 日，堪萨斯期货交易所 12 月小麦期货合约价格为 7.50 美元/蒲式耳，同日芝加哥期货交易所 12 月小麦期货合约价格为 7.60 美元/蒲式耳。套利者认为：虽然堪萨斯期货交易所的合约价格较低，但和正常情况相比仍然稍高，预测两交易所 12 月合约的价差将扩大。据此分析，套利者决定卖出 1 手堪萨斯期货交易所 12 月小麦合约，同时买入 1 手芝加哥期货交易所 12 月份小麦合约，以期未来某个有利时机同时平仓获取利润，交易结果如表 5.12 所示。

表 5.12 跨市套利实例 1 单位：美元/蒲式耳

	堪萨斯期货交易所	芝加哥期货交易所	价差
11 月初某日	卖出 1 手合约，价格 7.5	买进 1 手合约，价格 7.6	0.1
一周后	买进 1 手合约，价格 7.4	卖出 1 手合约，价格 7.55	0.15
结果	7.5−7.4=0.1	7.55−7.6=−0.05	
	盈利（0.1−0.05）×5 000=250 美元		

【例 5.22】某年 11 月初，受利空因素影响，苏黎世市场 1 月黄金期货价格为 396 美元/盎

司，同时伦敦市场 1 月黄金期货价格为 402 美元/盎司。某投资基金注意到这一反常价差状况，并判断不久价格还将下降，于是果断入市进行套利操作。一周后，两市场的价格均降为 394 美元/盎司，交易结果如表 5.13 所示。

表 5.13　跨市套利实例 2　　单位：美元/盎司

<table>
<tr><th></th><th>伦敦市场</th><th>苏黎世市场</th><th>价差</th></tr>
<tr><td>11 月初某日</td><td>卖黄金合约，价格 402</td><td>买黄金合约，价格 396</td><td>6</td></tr>
<tr><td>一周后</td><td>平仓，价格 394</td><td>平仓，价格 394</td><td>0</td></tr>
<tr><td rowspan="2">盈亏结果</td><td>8</td><td>-2</td><td></td></tr>
<tr><td colspan="3">8-2=6 美元</td></tr>
</table>

跨市套利交易的风险及操作难度较跨期套利大。因为它涉及不同的交易所，交易者必须同时考虑两个市场的情形和影响因素。由于地理空间相异、品质规格不同等因素的作用，同一品种在不同交易所往往存在价差，而且市场在正常情况下应有合理的价差。一般来说，出现比价不正常的持续时间较短，套利者必须抓住时机入市。从实际情况看，这样的时机最容易被那些在不同交易所都有场内经纪人的投资机构抓住，他们的交易量往往很大，在几分钟之内便可获得巨额盈利。

地理空间相异使得运输费用不同，而运输费用是决定同一期货品种在不同交易所间价差的主要因素。一般来说，距离产地较近的交易所期货价格则较低，距离产地较远的则较高，两者之间的正常价差为两地间的运费。投资者在进行跨市套利时，应着重考虑两地间的运输费用价差的关系。

跨市套利交易中交易的虽然是同一品种，但各交易所的交易规则、交割等级、交割期、最后交易日等的规定都是有差异的，而且期货市场上的流动性也不一样。不同交易所对交割品的品质级别和替代品升贴水有不同的规定，这在一定程度上造成了各交易所间价格的差别。投资者在进行跨市套利时，对此应有充分的了解。投资者在进行跨市套利时，可能会遇到交易单位和报价体系不一致的问题，应将不同交易所的价格按相同计量单位进行折算，才能进行价格比较。

若是做不同国家的跨市套利，还要考虑汇率变动的影响，要承担汇率波动的风险。投资者在进行套利前，应对可能出现的损失进行全面估量。

做跨市套利策略时，还必须考虑保证金和佣金成本。跨市套利需要投资者在两个市场缴纳保证金和佣金，保证金的占用成本和佣金费用要计入投资者的成本之中，这也使得跨市套利的交易成本一般高于其他套利方式。只有两市间套利价差高于上述成本时，投资者才会进行跨市套利。

若想在跨市套利中取得成功，必须全面考虑各种因素。国外进行跨市套利交易的投资者一般是大的投资基金、投资银行。在我国期货市场上，同一品种在几个交易所交易的情况，过去并不罕见。但市场上真正的跨市套利者却比较少。主要原因是当时期货市场不成熟、不规范，套利者即使发现了机会也会望而却步。反过来，由于缺少大量的套利者，扭曲的价格关系难以迅速扭转，影响了期货市场功能的发挥。受流动性因素的影响，在现阶段我国期货市场上参与跨市套利的投资机构也并不是很多。

六、期货套利操作的策略

套利交易时，其套利策略就须不断进行优化和改进。事实上，优化和改进套利策略的本质就是减少错误交易的概率，期货市场里的成功者都是较少犯错误的人。为使期货套利者最大限度地规避可能产生的风险，提高获利的机会，期货套利交易者在实际操作过程中应该注意以下基本点。

1. 制订完整的套利交易计划，并保证套利计划得到严格的执行

盲目的套利交易必然产生令人不愉快的套利结果，因此事先制订完整的套利计划是必要和应当的。

在套利执行过程中，多运用限价单以保证既定套利目标的实现，而市价单入市则可能使套利交易偏离理想的价差水平。下单报价时明确指出价格差。套利的关键在于合约间的价格差，与价格的特定水平没有关系。以价格差代替具体价格，可以更加灵活，只要价差符合，可以按任何价格成交。

进行套利时，必须坚持同时进出，也就是开仓时要同时买入卖出，平仓时要同时卖出买入。在实际操作中，套利者在进行套利开仓时，通常是同时买入和卖出的。但是在准备平仓的时候，许多套利者自以为是，先了结价格有利的那笔交易。这样他就将套利交易做成了投机交易，假如市场真如他所愿，当然可以获利，但是一旦价格对其不利，将遭受更大的损失，不仅会逐渐侵蚀掉卖盘的获利，而且更有可能出现亏损，所以必须坚持同时进出。交易者必须清醒地认识到，自己进行的是套利交易而不是一般性的投机交易，套利结束时应将自己的多单和空单全部进行平仓。心存侥幸的交易往往会破坏原本的套利计划，而单边持有的空单或多单所带来的风险则可能导致巨大的亏损。如果视套利为一个行为过程，套利计划则是重要的起点，良好的套利计划也许不是套利成功的充分条件，却是套利成功的必需要素。

不能因为低风险和低额保证金而做超额套利。套利确实有降低风险的作用，而且在国外交易所为了鼓励套利，套利的保证金数额比一般的投机交易低 25% ~ 75%，但不能因此就把交易数量盲目扩大。这样，如果价差并不向预期的方向发展，投资者面临的亏损额与他的合约数量是成正比的，无形中增加了风险。此外，超额套利后，佣金也随套利量的增加而增加，套利的优势也无法正常发挥出来。

2. 不要在陌生的市场做套利交易

由于套利者一般是通过合约之间的价差赚取利润，而对具体的商品并无需求，所以，套利者通常关心的是合约之间的价差，对交易的期货品种并没有兴趣。但是，农产品期货市场的跨期套利和跨市套利中，套利者必须了解和具备该农产品何时收获上市、年景如何、仓储运输条件怎样等基本知识。

在具体操作上，套利交易应尽量规避即将到期的合约，多选择较为活跃的大品种，只参与自己熟悉的期货合约进行套利交易。总之，套利风险既可能来源于交易者自身的主观错误（如错误估计了价格波幅），也可能来源于外在的客观因素（如政府政策导致的商品价格扭曲）。

3. 要考虑综合总成本

这一点涉及企业应该注意，企业在进行期现套利时要合计期现套利存在的成本约束。商品期现套利成本包括：① 直接成本，如交易的佣金支出、现货交易中寻找下家和协议定价花费的时间成本和费用支出、保证金占用的机会成本等；② 借贷资金的利息支出和持有现货的存储费用；③ 发现期货定价失当的成本，套利者需要花费大量的时间和精力去判断期货定价是否适当，并依此判断套利机会，这些花费也是一种成本。这些成本共同组成的套利总成本越高，市场上出现的套利机会的可操作性就会越小，当套利成本大于套利价差时，套利机会就完全失去了可操作性。期现套利的直接成本可能并不高，但货物的存储成本却不低。根据经验，在不考虑通胀、汇率变动的情况下，易于存储的初级原料由于存储所发生的年费用占产品市场价格的 6%~10%，而一些一般货物的年存储成本占 15%~20%，特殊时期可能会更高，再加上通常不低于 10%的风险收益，商品价格中的年存储成本最高可达 30%~50%。

套利是同时做两笔交易，期货经纪商总是想从投资者的套利中收取双份的全额佣金。在如何征收套利的佣金上，各方看法不一，各个交易所规定也不同。按国外的管理方法，套利的佣金支出比一个单盘交易的佣金费用要高，但又不及一个单盘交易的两倍。当投资者下达套利指令时，应明确表示，这是一笔套利。如果投资者不能做到进行套利的两笔交易同时进场和出场，则期货经纪商和交易所是不会承认这是一笔套利交易的，佣金仍要按两笔单盘交易收取。虽然佣金费用占交易额的比例较小，但如果交易额巨大，也是一笔不小的支出。

4. 不要用锁单来保护已亏损的单边交易

锁单不是套利交易，锁单无法把握不同合约间的价差收益。在期货市场上进行交易，输赢是正常的，在出现亏损时就应该忍痛了结，不肯服输的投资者有时可能会出现更大的损失。但在实际交易过程中，有的投资者买入一份期货合约后，价格出现节节下跌，本来应该迅速平仓出场，可他仍寄希望于奇迹发生，价格出现反弹，于是继续留在市场中观望。为了避免更糟的情况发生，他又卖出同一种期货合约以形成套利的模式。其理由是如果价格继续下跌，卖出的这份合约将可以补偿当初买入合约的一部分损失。事实上，后来卖出的期货合约只能起到已有损失不再扩大的作用，先前买入的期货合约的亏损已经客观存在，采用锁单的方法是无法将其挽回的。

通常情况下不使用套利交易来保护已亏损的单边交易，但在某些情况下亦可运用套利交易来分散风险。如果单边做空某一期货合约后，市场价格不断上涨，唯一的选择就是承认损失迅速离市。这时如果通过套利交易，卖空同一商品期货的另一合约，只能将损失暂时锁住，并不能扭转亏损的事实，反而增加了保证金和交易费。但在一些特殊情况下，若做了单边多头或空头交易后因判断失误而存在较大亏损风险时，仍可借助套利交易来力挽狂澜。

总之，套利是一个连续的操作决策过程，从研究套利对象的特性到制订套利计划，然后选择入市和出市的时机，最后确保套利交易的理想收益，都需要一定的自律、足够的耐心和持续的总结。

应当指出的是，套利尽管从总体上来说风险较小，但期货市场是复杂多变的，理论上风险较小不等于实践中风险就一定小，当套利遇到诸如现货交割月、市场供求状况急剧变化以及其他破坏正常价格关系的情况时，仍然具有相当大的风险性。对此，交易者应对自己的交易策略和模型进行认真的设计，反复验证，以确保成功率。

复习思考题及答案

一、名词解释

期货投机：交易者通过预测期货合约未来价格的变化，以在期货市场上获取价差收益为目的的期货交易行为。

套利交易：在买入或卖出某种期货合约的同时，卖出或买入相关的另一种合约，并在某个时间同时将两种合约平仓的交易方式。

期现套利：利用期货市场和现货市场之间的价差（即基差）进行的套利行为。

价差交易：利用期货市场上不同合约之间的价差进行的套利行为，或称价差套利、套期图利。

跨期套利：在同一市场（即同一交易所）同时买入或卖出同种商品不同交割月份的期货合约，以期在有利时机同时将这些期货合约对冲平仓获利。

跨市套利：在某个交易所买入（或卖出）某一交割月份的某种商品合约的同时，在另一个交易所卖出（或买入）同一交割月份的同种商品合约，以期在有利时机分别在两个交易所同时对冲在手的合约而获利。

跨品种套利：利用两种不同的但相互存在关联的商品之间的期货合约价格差异进行套利，即买入某一交割月份某种商品的期货合约，同时卖出另一相同交割月份、相互关联的商品期货合约，以期在有利时机同时将这两种合约平仓获利。

牛市套利：当市场出现供给不足、需求旺盛时，导致较近月份的合约价格上涨幅度大于较远月份的合约价格上涨幅度，或者较近月份的合约价格下降幅度小于较远月份的合约价格下跌幅度。无论是正向市场还是反向市场，在这种情况下，买入较近月份的合约同时卖出远期月份的合约进行套利，盈利的可能性比较大，我们称这种套利为牛市套利，又称买空套利或多头套利。

熊市套利：当市场出现供给过剩、需求相对不足时，一般来说，较近月份的合约价格下降幅度往往要大于较远期合约价格的下降幅度，或者较近月份的合约价格上升幅度小于较远期合约价格的上升幅度。无论是正向市场还是反向市场，在这种情况下，卖出较近月份的合约同时买入远期月份的合约进行套利，盈利的可能性比较大，我们称这种套利为熊市套利，又称卖空套利或空头套利。

蝶式套利：利用不同交割月份的价差进行套期获利，由两个方向相反、共享居中交割月份合约的一个牛市套利和一个熊市套利的跨期套利组合。

二、简答题

1. 期货投机者的类型有哪些？期货投机具有什么作用？

答：依据交易主体的不同，投机者可分为机构投机者和个人投机者。依据持有头寸方向不同，投机交易者可分为多头投机者和空头投机者。依据交易量的大小，投机者可分为大投机者和小投机者。依据投机者的交易态度或持仓时间，投机者可分为长线投机者、短线投机者、当日交易者或抢帽子者。

期货投机的作用：第一，承担价格风险。第二，促进价格发现。第三，减缓价格波动。第四，提高市场流动性。

2. 期货投机需要注意哪些原则？

（1）充分了解期货合约。（2）制订交易计划。（3）确定获利目标和亏损限度。（4）确定投入的风险资本。

3. 期货投机与套期保值有什么关系？

联系：投机的出现是套期保值业务存在的必要条件，也是套期保值业务发展的必然结果。投机者提供套期保值者所需要的风险资金。

区别：交易形式不同；交易目的不同；交易风险承担不同。

4. 什么是平均买低法和平均卖高法？如何运用？

如果建仓后市场行情与预料的相反，可以采取平均买低或平均卖高的策略。在买入合约后，如果价格下降则进一步买入合约，以求降低平均买入价，一旦价格反弹可在较低价格上卖出止亏盈利，这称为平均买低。在卖出合约后，如果价格上升则进一步卖出合约，以提高平均卖出价格，一旦价格回落可以在较高价格上买入止亏盈利，这就是平均卖高。

投机者在采取平均买低或平均卖高的策略时，必须以对市场大势的看法不变为前提。在预计价格将上升时，价格可以下跌，但最终仍会上升。在预测价格即将下跌时，价格可以上升，但必须是短期的，最终仍要下跌。否则，这种做法只会增加损失。

5. 什么是金字塔买入和金字塔卖出？如何运用？

如果建仓后市场行情与预料相同并已经使投机者获利，可以增加持仓。增仓应遵循以下两个原则：只有在现有持仓已经盈利的情况下，才能增仓；持仓的增加应渐次递减。这是金字塔式的持仓方式和建仓策略。金字塔式卖出的做法可以同理类推。

如果建仓后，虽市况变动有利，投机者增加仓位不按原则行事，每次买入或卖出的合约份数总是大于前次买入或卖出的合约份数，买入或卖出合约的平均价就会和最近的成交价相差无几，只要价格稍有下跌或上升，便会吞食所有利润，甚至蚀本。因而，倒金字塔式买入是应尽量杜绝的。

为了尽可能利用市场的有利变动，也可以采取一种金字塔式的变形。最初建仓时买卖少量合约，如果市况有利，分次买入或卖出同种合约，每次买入或卖出的合约份数均大于前次买卖的数量。在所持有的持仓达到一定数量后，分次逐步递减买卖合约。

三、计算题

某交易者在 3 月 20 日卖出 1 手 7 月份大豆合约，价格为 1 840 元/吨，同时买入 1 手 9 月份大豆合约，价格为 1 890 元/吨。5 月 20 日，该交易者买入 1 手 7 月份大豆合约，价格为 1 810 元/吨，同时卖出 1 手 9 月份大豆合约，价格为 1 875 元/吨（注：交易所规定 1 手=10 吨）。请计算套利的净盈亏。

答：如题，5 月份合约盈亏情况：1 840−1 810=30，获利 30 元/吨。7 月份合约盈亏情况：1 875−1 890=−15，亏损 15 元/吨。因此，套利结果：（30−15）×10=150 元，获利 150 元。

第六章　期货价格分析和预测

【教学目的与要求】

通过本章的学习，学生应了解商品期货交易与商品期货标的物的价格波动之间的联系，利用基本分析法和技术分析法分析、研判行情，预测期货价格走势。

【教学重点与难点】

教学重点：基本分析法的基本理论；技术分析法的图形方法；期货市场中价格、交易量和持仓量的关系；趋势分析、形态分析和指标分析。

教学难点：运用基本分析法分析预测商品期货价格走势。

【教学内容】

期货市场投资，无论是为了避险还是投机获利，能否掌握期货价格的变动趋势及买卖时机，是投资成功与否的关键。预测期货价格走势的分析方法分为基本分析法和技术分析法。本章在对期货行情表和期货行情图进行解读的基础上，重点讨论期货价格的基本分析和技术分析。

第一节　基本分析法

期货价格的基本分析法（Fundamental Analysis），主要是分析影响期货合约价格变动的基础性敏感因素，并据此做出正确判断，来解释和预测期货价格变化趋势的方法。基本面是期货价格运行的基础；期货价格是基本面各种因素在市场的最终反映，综合了各类因素变化的结果，是买卖双方不同力量博弈而达成的一种动态的平衡。基本分析法主要分析的是大势，即期货市场的中长期价格走势，并据此判断中长期持有合约，不会因日常价格的反复波动而频繁地改变持仓方向。

期货交易是以现货交易为基础的，因而期货价格与现货价格之间有着十分紧密的联系。目前我国期货市场上主要是商品期货，商品供求状况及影响供求的相关因素对现货市场商品价格产生重要影响，也必然会对期货价格产生重要影响。所以，通过分析商品供求状况及其影响因素的变化，可以帮助期货交易者预测和把握商品期货价格变化的基本趋势。对商品期货的这种分析，注重商品的生产量、消费量、进出口量等因素对商品供求状况直接或间接的影响，也关注经济、政治、自然、投机等因素。

一、期货商品的供给与需求

基本分析法所依据的经济学原理是商品的价格由供给和需求的变化来决定的，供求的均衡形成商品的市场价格。商品价格与供给成反比，供给增加，价格下降；供给减少，价格上升。商品价格与需求成正比，需求增加，价格上升；需求减少，价格下降。在其他因素不变的条件下，商品价格的变化受供给和需求变动的影响；而商品价格的变化又反过来对供给和需求产生影响。这种供求与价格互相影响、互为因果的关系，使商品供求分析更加复杂化，所以不仅要考虑供求变动对价格的影响，还要考虑价格变化对供求的反作用。

（一）期货商品的供给

供给是指在一定时间和地点，在各种价格水平下，生产者或卖者愿意并可能提供的某种商品或劳务的数量。当供大于求时，期货价格下跌；反之，期货价格上升。供给分析主要考察本期商品供给量的构成及其变化情况。商品市场的供给量则主要由期初库存量、当期国内生产量和当期进口量三部分构成。

1. 期初库存量

期初库存量是指上年度或上季度积存下来的期末结存量。期末结存量的多少，直接影响本期的供给。库存充裕，就会制约价格的上涨；库存较少，则难以抑制价格上涨。存货可以分为生产供应者存货、经营商存货和政府储备。前两种存货可根据价格变化随时上市供给，可视为市场商品可供量的实际组成部分。而政府储备的目的在于为全社会整体利益而储备，不会因一般的价格变动而轻易投放市场。但当市场供给出现严重短缺，价格猛涨时，政府可能动用政府储备来平抑物价，则将对市场供给产生重要影响。对于耐储藏的小麦、玉米、大豆等农产品以及能源化工和金属矿产品等，研究期初库存是非常重要的。例如，某年 5 月后棉花期货市场上演的一波上涨行情就是低库存的结果。当时，棉花供应日趋紧张，商业库存锐减，相比上年减少 60 多万吨，加上之后国家控制棉花配额发放速度，棉花价格由 5 月的 12 900 元/吨上涨至 8 月的 14 375 元/吨。

2. 当期国内生产量

当期国内生产量是指本年度或本季度的商品生产量。它是市场商品供给量的主体，其影响因素也相对复杂。从短期看，它主要受生产能力、自然条件、生产成本及政府政策等因素的影响。不同商品生产量的影响因素可能相差很大，比如：农产品的产量与天气状况密切相关；矿产品的产量会因为新矿的发现和开采而大增。因此，必须对商品生产量的影响因素进行具体分析。当期产品产量本身是一个变量，这一点对于受自然因素影响大的农产品，尤其是某些不能储藏的商品，表现尤为明显。比如，大豆的种植、供应是季节性的，中国和美国的大豆收获期在每年的 10 月至 11 月，南美国家大豆的收获期在每年的 4 月至 5 月，一般来说，在收获期，大豆的价格比较低。美国农业部在每月中旬发布的《世界农产品供求预测》中预测世界大豆等农产品的供应量，以及分国别的供应量。这一报告对芝加哥大豆期货价格有相当大的影响。

3. 当期进口量

当期进口量是本国市场销售的在国外生产的产品数量。它是对国内生产量的补充，通常会随着国内市场供求平衡状况的变化而变化，还会受到国际国内市场价格差、汇率和国家进出口政策以及国际政治因素的影响。进口数据可以从每月海关的统计数据中获得。进口量对商品期货的价格会形成冲击，例如，某年1—5月我国累计进口小麦3 839万吨，低于上年同期的6 852万吨。小麦期货价格某年1—5月的走势强硬，进口减少是重要因素。

影响商品供给的一般因素除了上述内容外，社会风俗习惯以及国家宏观政策等也会对商品供给造成影响。因此，在研究商品供给时，应综合考虑各种因素。

（二）期货商品的需求

需求是指在一定时间、地点和价格条件下买方愿意购买并有能力购买的某种商品数量，它通常由国内消费量、出口量和期末结存量三部分组成。

1. 国内消费量

当期国内消费量包括居民消费量和政府消费量。同生产量一样，当期国内消费量也是一个变量。影响当期国内消费量的因素有整体行业发展状况、消费人数、消费者购买力的变化、消费结构、相关产品价格等。这些因素对期货商品需求及价格的影响要大于对现货市场的影响。以大豆为例，大豆的食用消费相对稳定，对价格的影响较弱；而大豆的压榨需求变化较大，对价格的影响较大，比如大豆压榨后的主要副产品（80%以上）是豆粕，豆粕是饲料中的主要配料之一，与饲养业的景气状况密切相关，豆粕的需求情况对大豆期价的影响很大。国内消费量是当期商品需求量的主要组成部分，特别是对于出口量不大甚至需要进口的那些商品，对需求量的分析几乎都集中在当期国内消费量上。

2. 出口量

出口量是本国生产和加工的商品销往国外市场的数量，是影响国内需求总量的重要因素之一。在产量一定时，某种商品出口量的变化会引起商品价格的波动。在预测出口量对商品期货价格影响时，不仅要分析国内年度出口计划的变化趋势，更重要的是还要密切关注和分析已签订合同的实际出口量与计划出口量之间可能发生的差额大小、方向及出口商品合同的订约期和交货期。除此之外，尽可能掌握国家出口政策、国际市场商品供求趋势、进口国外贸政策、其他同类产品出口国供应量的变化及其产品的竞争力的变化等。期内出口量分析的重点集中在影响出口量的国际市场各种因素上。

3. 期末结存量

期末结存量具有双重作用：一方面，它是商品需求的组成部分，是正常社会再生产的必要条件；另一方面，它又在一定程度上起着平衡短期供求的作用。期末结存量就像蓄水池，当本期商品供不应求时，期末结存将会减少；反之，就会增加。一般说来，如果当年年底商品存货量增加，表示当年商品供大于求，下年的期货商品价格就有可能下跌；如果当年年底商品存货量减少，表示当年商品供不应求，则下年的期货商品价格将会上升。因此，商品期末结存量是分析期货商品价格变化趋势最重要的数据之一。

二、经济因素

商品期货价格与经济因素有着密切的联系，它与整个经济运行状况有关。期货价格一般受下列经济因素的影响：经济波动周期、利率和汇率等。

1. 经济波动周期

商品市场波动通常与经济波动周期紧密相关，期货价格也不例外。期货市场是与国际市场紧密相连的开放市场，因此，期货市场价格波动不仅受国内经济波动周期的影响，而且受世界经济的景气状况的影响。

从宏观角度看，经济周期一般经历复苏、繁荣、衰退和萧条四个阶段。在复苏阶段开始时，产出和价格均处于最低水平。随着经济的复苏、生产的恢复和需求的增长，价格也开始逐步回升。繁荣阶段，由于投资需求和消费需求的不断扩张超过了产出的增长，刺激价格迅速上涨到较高水平。衰退阶段，经济周期高峰过去后，需求萎缩，供给大大超过需求，库存增加导致了价格迅速下跌。萧条阶段是经济周期的谷底，供给和需求均处于较低水平，价格停止下跌，处于低水平上，但这一阶段社会购买力仍然很低，商品销售仍然困难。在整个经济周期演化过程中，价格波动略滞后于经济波动。商品价格在经济周期各个阶段的变化会导致期货市场出现短期的价格上涨或下跌的现象。因此，当我们分析较长时期期货价格走势时，应密切注意国内外经济情况的变化。

这些是经济周期四个阶段的一般特征。不同国家、不同时期的经济周期可能具有各自不同的特点。认真观测和分析经济周期的阶段和特点，对于正确地把握期货市场价格走势具有重要意义。经济周期阶段可由一些主要经济指标值的高低来判断，如 GDP 增长率、失业率、价格指数、汇率等。这些都是期货交易者应密切注意的。

2. 利率

调整利率可以扩张或紧缩一国的经济，同时也会对商品的现货和期货价格产生影响。对于投机性期货交易者来说，保证金利息是其交易的主要成本，因此，当利率提高时，一部分多头投资者会因利息负担过重、交易风险增加而抛出期货平仓出场。此外，提高利率还给投资者一个信号：政府将采取紧缩的经济政策，这势必会使商品价格普遍下跌，从而可能引发期货价格下跌，投资者因此会卖出期货平仓了结，或减少新的做多头寸和增加新的做空头寸。因此，提高利率会引起期货价格下跌。相反，如果利率降低，较低的利息负担及对期货价格有可能上涨的预期，使得投资者纷纷涌入期货市场，买进期货合约。因此，降低利率会引起期货价格上涨。

3. 汇率

世界贸易中绝大部分农产品、主要工业原材料和能源的价格，是根据世界各地相应的商品交易所成交价格确定的。期货市场是一种开放性市场，期货价格与国际市场商品价格紧密相关。因此，在期货交易中，考虑所选用的计价货币及其同其他货币的汇率变动对于期货价格的影响是相当重要的。汇率是本国货币与外国货币交换的比率。当本币贬值时，即使外国商品价格不变，但以本国货币表示的外国商品价格将上升，反之则下降，因此汇率的高低变化必然引起相应的期货价格变化。据测算，美元对日元贬值 10%，日本东京谷物交易所的进口大豆价格会相应下降 10% 左右。同样，如果人民币对美元贬值，那么，国内大豆期货价格也会上涨。因此，期货交易者必须密切注意自己所交易商品相关汇率的变动情况。

在世界贸易中，主要的工业原材料、能源和绝大部分农产品的价格是参照世界上著名的商品期货交易所的相应的期货价格来确定的。而世界贸易中大约 70% 的商品是以美元计价的，因此，美元对各国货币汇率的变化对国际化的商品交易所的期货价格具有重要的影响。假如美元升值，那么期货价格会因美元升值而下跌。例如，1967 年 11 月 11 日英镑被迫贬值 14.3%，1968 年 6 月羊毛的期货价格在纽约商品交易所由原来的每单位羊毛 114 美元下降至每单位羊毛 102 美元。

三、政治因素

政治与经济是密切相关的。期货价格尤其是金融期货、石油期货、黄金期货及与世界经济紧密相连的主要工业原材料期货价格对政治局势的变化十分敏感，商品期货价格对政治因素也有着不同程度的反映。一般来说，如果某期货商品与整体国民经济及世界经济相关性大，那么，该种商品期货价格对政治因素反应大；如果期货商品与整体国民经济及世界经济联系不是很紧密（如我国绿豆等小品种期货），那么，该种商品期货价格不会因政治因素而发生很大的变化。

政治因素通常分为国内和国际两大部分：国内方面包括各种政治动荡和局势的变化，例如政变、内战、罢工、大选、劳资纠纷等；国际方面包括战争、恐怖事件、经济制裁、政坛重要人物逝世等。

例如，在“9·11”事件的一周年纪念日即 2002 年 9 月 11 日，伦敦国际金融交易所（IPE）布伦特原油上涨了 1.6 美元/加仑，涨幅为 6%，创下了海湾战争以来单日最大涨幅；黄金价格上涨了 6.7 美元/盎司，涨幅 2.5%；而黄金现货价格暴涨了 16 美元/盎司，涨幅 6%。又如，1980 年 1 月 4 日美国为警告苏联入侵阿富汗，决定向苏联禁运粮食 1 700 万吨，引起芝加哥交易所闭市两天，到 9 日开市后又出现多次跌停板。

对期货交易者来说，当政治因素引起期货价格巨幅波动时，一定要沉着冷静，正确预测期货价格变动的方向和幅度，利用政治因素对期货价格的影响获取价格波动的丰厚利润。但是，各种政治性事件的发生是很难预测的。因此，在分析政治因素对期货价格的影响时，特别需要注意期货市场价格的操纵者利用一些偶发性的政治事件或政治新闻操纵价格。对这种情况，期货交易者就应广泛搜集、整理有关的资料、信息，全面系统地加以分析，以把握政治因素可能给期货价格带来的真正影响，避免造成不可估量的损失。在分析政治因素对期货价格的影响时，应注意不同商品所受的影响程度是不同的。如国际局势紧张时，对战略性物资价格的影响就比对其他商品的影响大。

此外，相关政策性因素的改变，也会影响到期货的价格。比如，作为大豆主产国的美国，1996 年国会批准了新的《联邦农业完善与改革法》，新的农业政策使得 1997 年农场主播种大豆的面积猛增 10%，从而导致大豆的国际市场价格大幅走低。同样，贸易政策也将直接影响商品的可供应量，对商品的未来价格影响特别大。例如从 1999 年 11 月 10 日开始，中美贸易代表团在北京举行关于中国加入世界贸易组织的谈判，消息一出，大连大豆期价即告下跌，大豆 2000 年 5 月合约价格从 2 240 元/吨下跌至 2 060 元/吨。

四、自然因素

商品期货，尤其是农产品的价格与自然条件有着密切联系。自然条件因素主要是气候条件、地理变化和自然灾害等。期货交易所上市的粮食、金属、能源等商品，其生产和消费与自然条件因素密切相关。有时自然因素的变化，会对运输和仓储造成影响，从而也间接影响生产和消费。自然因素通过影响农产品的收成和供给直接影响其期货价格。自然因素对非农产品（如能源、金属）期货价格也有着一定程度的影响，相对于农产品而言，这类商品期货受自然因素影响小。对于这些商品期货，自然因素主要通过运输、仓储影响需求从而影响商品价格。一般说来，自然因素对农产品价格的影响是长期的，而对非农产品的期货价格影响是短期的，一旦自然因素的影响消失，非农产品的需求就会马上恢复到原来的水平，从而使期货价格回到原来价格附近。对于农产品而言，自然条件恶劣时，农作物的产量就会受到影响，使期内生产量减少从而造成实际供给的减少，期货价格上涨；反之，期货价格下降。

例如，巴西是咖啡和可可等热带作物的主要供应国，因而巴西灾害性天气的出现，对国际上咖啡和可可的价格影响很大。因此，期货交易商必须密切关注灾情、霜冻、作物生长期内温湿度等情况以及这些自然因素对世界范围内农作物生长和牲畜饲养的影响，以提高对期货价格预测的准确性。

例如，2008 年 1 月至 2 月南方地区尤其是长江流域遭遇雪灾霜冻，严重影响了当地油菜籽生长。至 2008 年 2 月 14 日，湖南、江西、贵州、四川等 20 个省（区、市），因连续暴雪冻雨天气导致油菜受灾面积达到 3 392 万亩①，绝收面积 615 万亩，油菜籽因雪灾减产约 170 万吨。受此影响，中国菜籽油期货价格连创新高，出现了大牛行情，RO803 在 2 月份短短的 20 个交易日从 11 000 元/吨涨至近 16 000 元/吨，涨幅超过 40%，日均上涨 250 元，其间出现 4 个涨停板。

五、投机因素

在期货市场中有大量的投机者，他们参与交易的目的就是利用期货价格上下波动来获利。当价格看涨时，投机者会迅速买进合约，以期价格上升时抛出获利，而大量投机性的抢购，又会促进期货价格的进一步上升；反之，当价格看跌时投机者会迅速卖空，当价格下降时再补进平仓获利，而大量投机性的抛售，又会促使期货价格的进一步下跌。在期货市场中，大投机商经常利用某些消息或价格的波动，人为地进行买空和卖空，从而对期货价格的变动起着推波助澜的作用。有时，投机大户甚至制造谣言，虚张声势，哄抬价格，操纵市场，从中牟利。大户凭借自身在信息及资金上的优势人为地进行过度投资性的大量买进或卖出期货合约，操纵市场价格，从中获取暴利。这种操纵市场价格的行为是期货市场不允许的。

期货投资者在遇到大户操纵市场时，要正确判断，不要跟着追涨杀跌，否则会造成巨大的经济损失。

与投机因素相关的是心理因素。投机者的心理变化与投机行为在期货交易中形成了相互制约、相互依赖的关系。当市场处于牛市时，一些微不足道的利好消息都会刺激投机者的看好心理，引起价格上涨。当市场处于熊市时，往往任何利好消息都无法扭转价格疲软的趋势。在期货交易中，投机者的心理变化往往与期货投机因素交织在一起，产生综合效应。

---

① 1 亩≈666.666 7 平方米。

第二节　技术分析法的图形方法

技术分析法（Technical Analysis）又称为市场分析法，主要是根据历史的期货市场行为来分析和预测期货价格将来的行为。

技术分析法的理论基础主要基于以下三条假设：一是假设市场行为包容消化一切，即市场行为包容消化一切影响价格的任何因素（基本面、政治因素技术分析、心理因素等因素）都要最终通过买卖反映在价格中，也就是价格变化反映供求关系，供求关系决定价格变化；二是假设价格以趋势方式演变，即对于已经形成的趋势来说，通常是沿现存趋势继续演变；三是假设历史会重演，即过去出现过的价格形态今后也可能重现。对于这三条假设的合理性一直存在争论。比如，第三个假设为历史会重演，但期货市场的市场行为是千变万化的，不可能有完全相同的情况重复出现，差异总是或多或少的存在。

技术分析法的效用，取决于市场的有效性：在有效市场中，价格波动完全是一种随机行为，这时技术分析法将失去作用。根据我们的研究，当前期货市场，特别在我国，弱型有效市场还没有达到，技术分析法在期货价格预测中是有用的。

技术分析法可划分为图形分析和指标分析两大类（指标分析将在下一节介绍）。图形分析是最常用的技术分析方法。技术分析派认为，记录期货价格的图表是技术分析的基础。具体方法是：按时间序列将历史价格数据绘成图形，从图形表现的价格波动形态和趋势来判断未来价格走势。本节将介绍 K 线图、条形图、价量图、圈叉图的基本概念，线条、缺口、波浪理论、圈叉图要点及其优缺点，各种反转形态和整理形态在实际操作中的要点及其优缺点。

一、图形的类型与制作

图形，按内容不同可分为价格图和成交量图，按时间不同可分为日线图、周线图、十日线图、月线图、季线图和年线图等，按性质不同可划分为 K 线图（也称阴阳线图）、条形图、圈叉图（也称点数图）等。下面主要介绍 K 线图（K Chart）、条形图（Bar Chart）、价量图（Price and Volume Chart）以及圈叉图（Point and Figure Chart）的基本原理与制作。

（一）K 线图

K 线图又称阴阳线图、蜡烛图（Candle Chart）。K 线图最早起源于 18 世纪日本德川幕府时代的米市交易。本间宗久是日本第一个运用过去价格预测未来价格变动的人，本间宗久年轻时就主持家族财产管理，后来涉足大阪的大米期货交易，通过对收集的各种历史记录加以分析，并依据自己不同凡响的洞察力积累了大量财富。本间宗久后来成为政府的金融顾问，他在著作《酒田战法》中详细地记载了 K 线图分析方法。经过 200 多年的发展，它现已广泛应用于期货市场的技术分析中，成为技术分析中的最基本的方法之一，从而形成了现在具有完整形式和分析理论的一种技术分析方法。K 线图是将每日开盘价、收盘价、最高价、最低价绘制而成的图形（见图 6.1），每个 K 线图代表一个规定的时间段，这个时间段可以是 5 分钟、60 分钟、一天、一周、一个月甚至是一年。如果是一天，称为日 K 线图；如果是一个月，则称为月 K 线图。

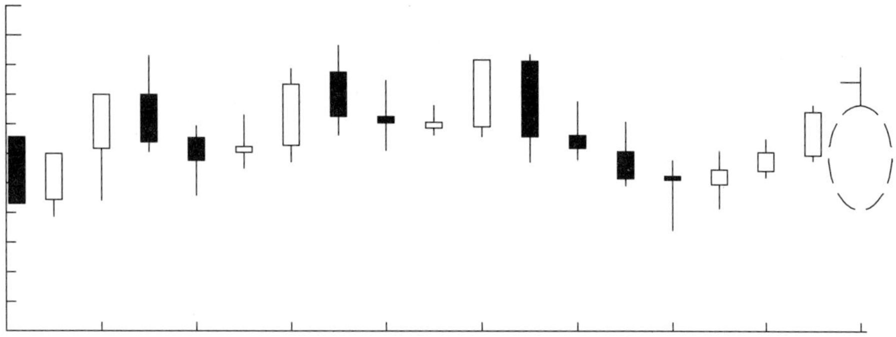

图 6.1 K 线图

1. K 线图的绘制

纵轴代表价格，横轴代表时间，开盘价与收盘价之间形成一个矩形，称为实体或柱体。柱体分：阳柱，收盘价比开盘价高，用红色表示（本书用空白代替）；阴柱，收盘价比开盘价低，用黑色表示。最高价高于实体的上限称为上影线，其颜色按其实体的颜色而定；若最高价等于收盘价或开盘价，则无上影线。最低价低于实体的下限称为下影线，其颜色按其实体的颜色而定；若最低价等于开盘或收盘价，则无下影线。最高价和最低价的画法是：在相应的价位上做点，然后用线段与矩形相连。收盘价与开盘价相等，则以前一日实体的颜色为准，在该价位画一横线，连同影线，成为十字星，也称十字线。具体图形如图 6.2 所示。

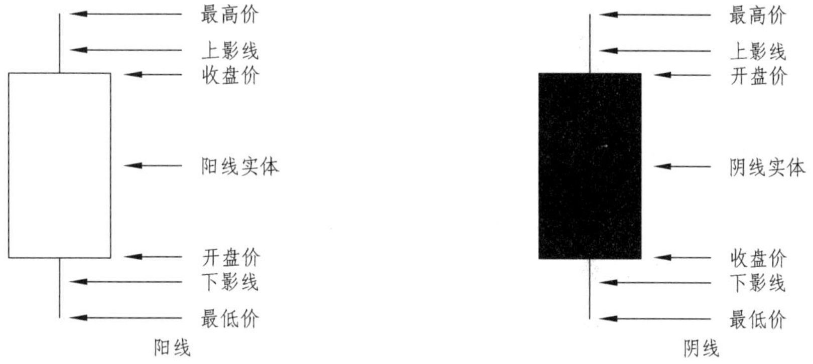

图 6.2 K 线图的绘制

2. K 线（以日 K 线为例）的典型形态

日 K 线的典型形态如图 6.3 所示。

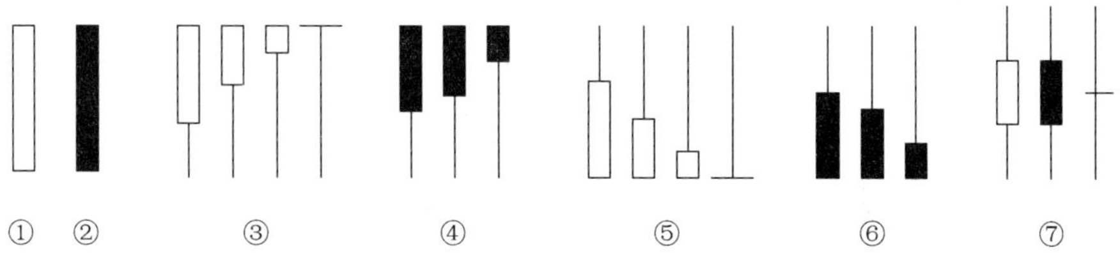

图 6.3 日 K 线的典型形态

图 6.3 中，① 表示大阳线（光头阳线），开盘后买方势强，使价格一直上扬到收市；② 表

示大阴线，开盘后卖方一直势强；③ 表示先跌后涨型，会因买卖双方力量变化而有不同的形态；④ 表示下跌抵抗型，也会因买卖双方力量变化而有不同形态；⑤ 表示上升抵抗型，也有不同形态；⑥ 表示先涨后跌型，同样会因买卖双方力量变化而有不同形态；⑦ 表示反转试探型，除图上所绘不同形态外，还有上、下影线长短不同的各种形态。

（二）条形图

条形图的构造比较简单，如图 6.4 所示。

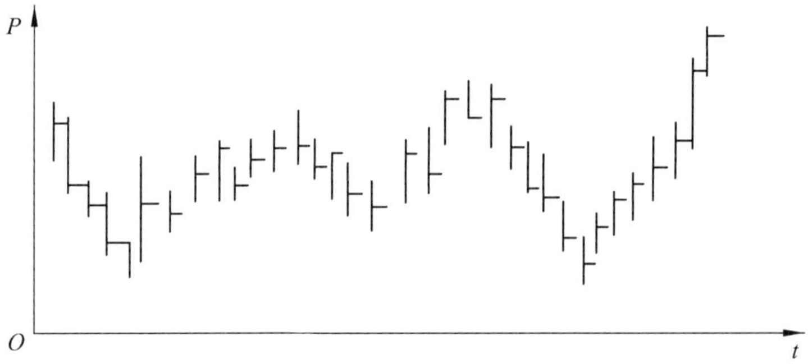

图 6.4　条形图

与条形图类似的是竹线图。竹线图与 K 线图组成要素完全一样，差别在于最高价和最低价之间为一条竖线段，开盘价以位于竖线左侧的短横线表示，收盘价以位于竖线右侧的短横线表示。竹线图如果不标出开盘价，就是在条形图上，每一根竖线代表一天（或一周、一月、一年）里价格曾出现过的最高、最低价，其与竖线相接的短横线表示收盘价。

一般来说，每星期绘出 5 个交易日的条形图，代表该星期的价格变动情势。此条形图也可以按周、月等绘制。

（三）价量图

价量图是期货交易者经常使用的图表，以横坐标为成交量，纵坐标为价格，反映期货交易量与交易价格。从价量图可直观地看出成交量密集区的成交价格（见图 6.5）。

图 6.5　价量图

（四）圈叉图

圈叉图又叫点数图，它完全省略了时间的变化，以价格变动到一定程度为规则来绘制的图形。

绘制圈叉图是用一种特别的方格纸，纵轴代表价格，以一个方格表示一个价格波动区间，价格变动不是用坐标来表示，而是用小方格来表示，横轴不代表时间，只是表示随着时间的推移，价格一波一波地反复变动，以“×”表示上升一个价位，以“○”表示下跌一个价位。每当价格由上升转为下跌，并且跌低一个价位时，则另起一列画下一个“○”；价格由下跌转为上升达到一个价位时，也同样另起一列画上一个“×”。为了区分每日的交易，有些分析者把当天最后一个空格涂黑。价格经过一段变化后，就可形成圈叉图（见图 6.6）。

圈叉图的优点是能够更精确地表现出每日交易的情形，不足之处是过多地偏重交易细节及偶然性的偏离波动。为了克服上述的缺点，在绘制圈叉图时，以每 3 个价位占一小格，当价位波动超过 3 个价位时便画“×”或“○”，不是 3 个价位波动时不予表示，这样，忽视价格的微小变化，只有价格变化达到事先确定的程度才能反映出来，使图表较为清晰。在进行较长时间的价格趋势分析时，可以以每 5 个价位占一小格。

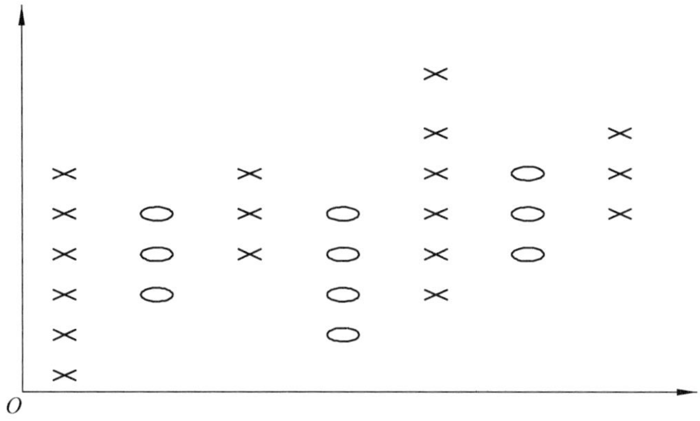

图 6.6　圈叉图

二、线条

用于价格走势分析中的线条主要有趋势线、支撑线和阻力线、扇形线、速度线等。

1. **趋势线**（Trend Line）

趋势线是技术分析中最基本的图形，表示一段时间价格变动方向。由趋势线的方向可以明确地看出价格的趋势，市场行情上有上升、下降和水平三条趋势线。

根据图像观察价格变化一段时间，等新的价格趋势似乎形成以后，将波谷最明显的两个谷点连接起来且向上倾斜的直线称之为上升趋势线（见图 6.7）。将最明显的两个波峰顶点连接起来且向下倾斜的直线称之为下降趋势线（见图 6.8）。要得到一条真正起作用的趋势线，要经过多方面的验证才能最终确认，不符合条件的一般应删除。首先，必须确认有趋势的存在，亦即在上升趋势中，必须确认出两个依次上升的低点；在下降趋势中，必须确认两个一次下降的高点，才能确认趋势的存在。其次，画出之先后，还应得到第三个点的验证才能确认这条趋势线是有效的。一般来说，所画出的直线被触及的次数越多，它作为趋势线的有效性越被确认，用它进行预测越准确有效。

当价格处于横行趋势时，形成水平趋势线，即价格的高峰和谷底呈水平状横向发展，通常被称为盘整或“无趋势”。一般说来，在上升趋势中应该买入，在下跌趋势中应该卖出，遇到横行趋势则退出市场，静观其变。

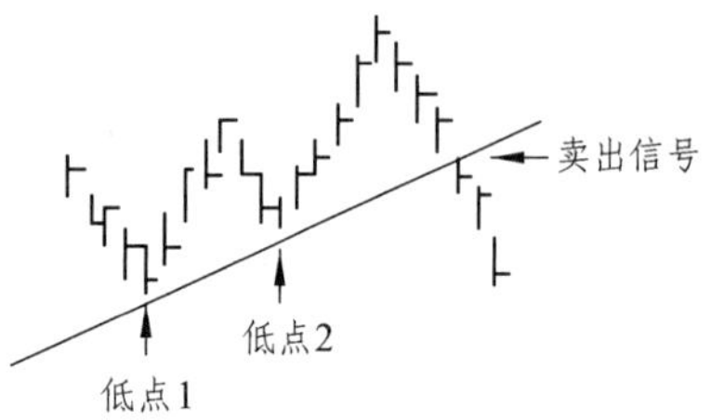

图 6.7 上升趋势线

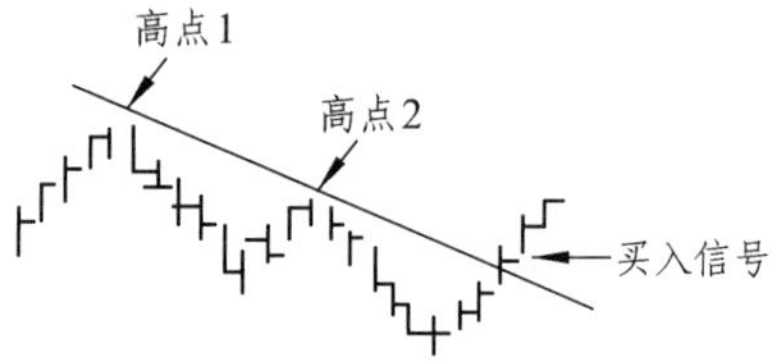

图 6.8 下降趋势线

当一条趋势线在时间上涵盖了长达数月之久，可以称为主要趋势或长期趋势线；较短时间的趋势线，则称为次要趋势线或短期趋势线。在期货交易中，长期操作者要站在主要趋势一边进行交易操作，短线操作者则依照短线操作。

当价格趋势线形成以后，其后每次价格小幅变动的下限都不能突破趋势线，而最多只能触及。若出现了跌破或突破现象，则意味着未来价格可能出现反转信号。如，当期货价格跌破上升趋势线时，就是一个卖出信号（见图 6.7）。在没有跌破之前，上升趋势线就是每一次价格回落的支撑。当期货价格向上突破下降趋势线时，就是一个买入信号（见图 6.8）。在没有突破下降趋势线之前，下降趋势线就是每一次价格回升的阻力。

此外，如果期货价格随着固有趋势线移动的时间愈久，这条趋势线愈有效；期价沿趋势线运行时，期价每次变动都配合成交量的增加，当有巨大的成交量出现时，可能是中期行情终了的信号，紧随着而来的将是反转行情；趋势线与水平线形成的角度愈陡，愈容易被一个短期的横向整理所突破，因此趋势线愈平，愈具有技术意义；期价的上升与下跌，在各种趋势的末期，均有加速上升与加速下跌的现象，因此趋势反转的顶点或底部，大都远离趋势线。

2. **支撑线**（Support Line）**和阻力线**（Resistance Line）

价格在波动过程中的某一阶段，往往会出现两个或两个以上的最高点和最低点。将两个或两个以上的价格最低点连接起来所形成的直线即支撑线。在此线附近，具有相当大的买盘，支撑价格。支撑线反映的是买者众多而商品的价格足以使买方的需求扩大，市场上的买盘足以使价格不下降。将两个或两个以上的价格最高点连接起来所形成的直线即阻力线，又称压力线。在此线附近，具有相当大的卖盘，阻止价格上涨。阻力线说明供给在扩大，市场上的买盘足以使价格难以上升。（见图 6.9）。

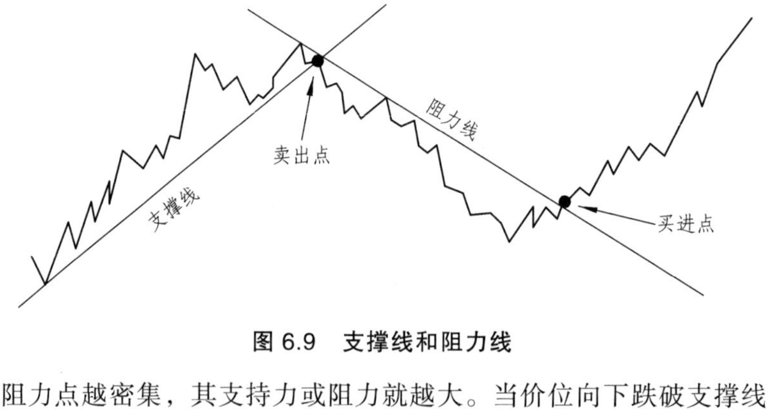

图 6.9 支撑线和阻力线

支撑点或阻力点越密集，其支持力或阻力就越大。当价位向下跌破支撑线时，出现卖出信号，可做空头。当价位向上突破阻力线时，应平仓空头头寸，同时可反手做多。操作时，要特别注意，阻力线的突破或支撑线的跌破必须有 2%～3%以上的幅度才视为有效。水平的支撑线及阻力线一般出现在整数价位上，这个价位线亦可称为“关卡价”。支撑线和阻力线不是固定不变的，当关卡阻力被突破或支撑被跌破后，阻力线变成支撑线，支撑线反成为阻力线。

3. **扇形线**（Fan）

扇形线与趋势线有着很紧密的联系，初看起来像趋势线的调整。扇形线丰富了趋势线的内容，明确给出了趋势反转（不是局部短暂的反弹和回落）的信号。扇形线是找到一点（通常是下降的低点和上升的高点），然后以此点为基础，画出很多条射线，这些射线就是未来可能成为支撑线和压力线的直线。趋势要反转向上，必须突破很多条压在头上的压力线；要反转向下，必须突破很多条横在下面的支撑线。稍微的突破或短暂的突破都不能被认为是反转的开始，必须消除所有的阻止反转的力量，才能最终确认反转的来临。

在上升趋势中，先以两个低点画出上升趋势线后，如果价格向下回落，跌破了刚画的上升趋势线，则将新出现的低点与原来的第一个低点相连接，画出第二条上升趋势线。再往下，如果第二条趋势线又被向下突破，则同前面一样，用新的低点与最初的低点相连接，画出第三条上升趋势线（见图 6.10）。依次变得越来越平缓的这三条直线形成张开的扇子，扇形线和扇形原理由此而得名。对于下降趋势也可如法炮制，只是方向正好相反（见图 6.11）。

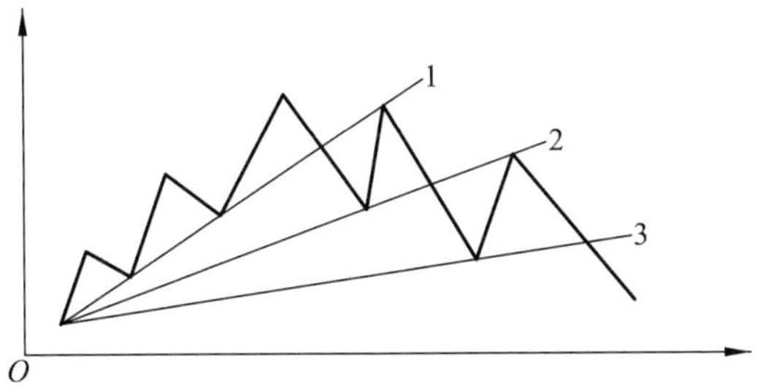

图 6.10　上升趋势扇形线

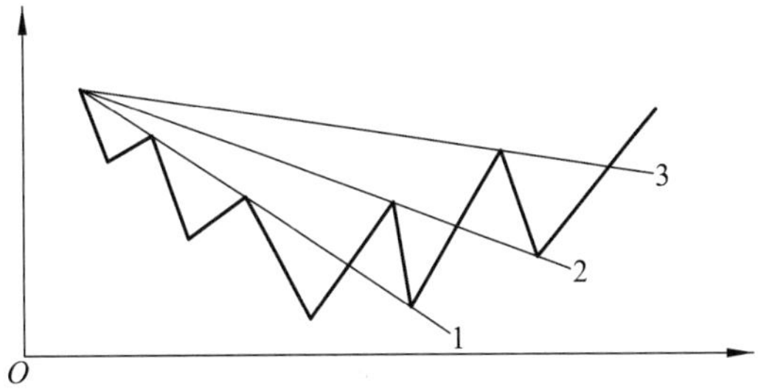

图 6.11　下降趋势扇形线

4. **速度线**（Speed Line）

速度线也是用来判断趋势是否将要反转。画速度线时，首先找到一个上升或下降过程的最高点和最低点，然后将高点和低点的垂直距离分成三等分；再连接低点（在上升趋势中）与 1/3 分界点和 2/3 分界点（见图 6.12），或连接高点（在下降趋势中）与 1/3 分界点和 2/3 分界点（见图 6.13），得到两条直线。这两条直线就是上升或下降趋势的速度线。

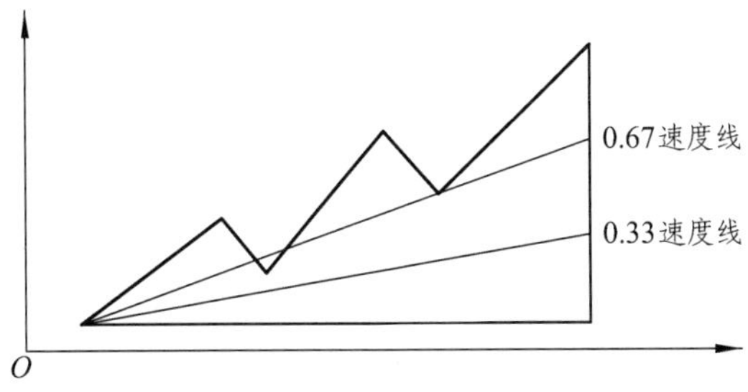

图 6.12　上升趋势速度线

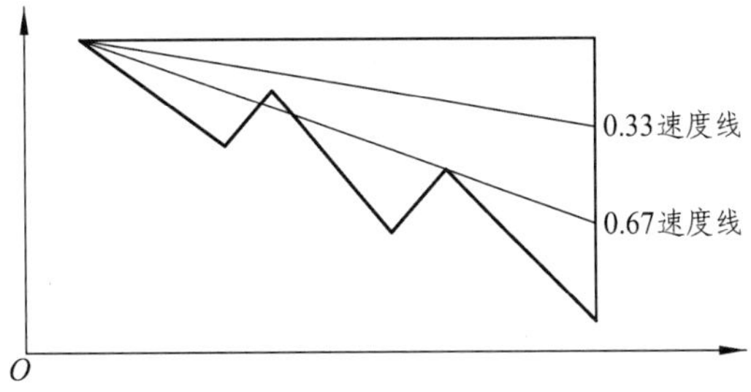

图 6.13　下降趋势速度线

当速度线被突破时，其原来的支撑线变成压力线，而压力线则变成支撑线。在上升趋势的调整之中，如果向下折返的程度突破了位于上方的 2/3 速度线，则价格将试探下方的 1/3 速度线。如果 1/3 速度线被突破，则价格将一泻而下，预示这一轮上升趋势的结束，也就是转势。在下降趋势的调整中，如果向上反弹的程度突破了位于下方的 2/3 速度线，则价格将试探上方的 1/3 速度线。如果 1/3 速度线被突破，则价格将一路上行，标志着这一轮下降趋势的结束，价格进入上升趋势。

三、缺口

缺口（Gap）是指期价在某一价格水平没有达成任何交易而形成的价格空当，出现在连续的期价走势图上是一个空白，这个区域称为缺口，又称跳空。当期价出现缺口，经过几天变动，然后反转过来，回到原来缺口的价位时，称为缺口的封闭，又叫补空。缺口具有明显的价格走势预测功能，因而技术分析重视各种形式的缺口。

缺口共有四种类型：普通缺口、突破缺口、逃逸缺口和竭尽缺口（见图 6.14）。

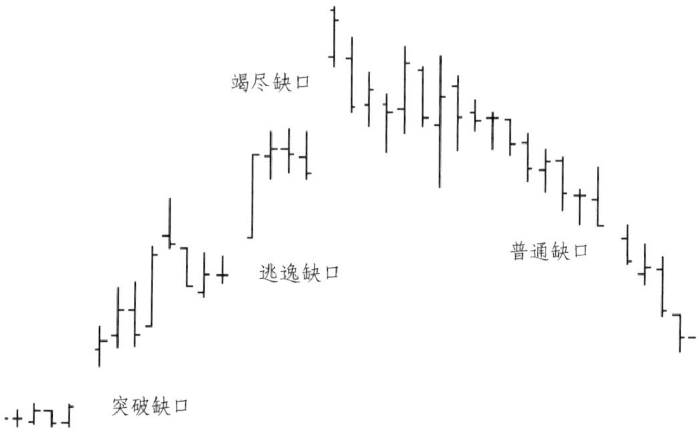

图 6.14　缺口

1. 普通缺口

普通缺口通常在密集的交易区域中出现。在一般的市场交易中，受到营业时间的限制，在休市的时差中，由于短期内的供需失去平衡，或因突发性的谣传、消息，造成此类缺口。普通缺口并无特别的分析意义，一般在短时间内便会完全填补，其在整理形态出现的机会要比反转形态时大得多。

2. 突破缺口

突破缺口通常在交易量剧增，价格大幅上涨或下跌时出现。比如它经常在重要的反转形态如头肩形态的突破时出现，当期价以一个很大的缺口跳空远离形态时，这表示真正的突破已经形成了。突破缺口包含两种意义：一是表示反转形态已经完成；二是表示未来的走势将会加速进行，它常常伴随着一轮上涨或下跌行情。这种缺口用来辨认突破信号的真伪。

如果期价突破支撑线或阻力线后，以一个很大的缺口跳离形态，则突破有效且强有力。突破缺口一旦出现，获胜的一方不是一路轧空踏空上涨，就是一路杀多下跌。它伴随着成交量的急剧增加与价格的大幅度波动。突破缺口出现以后，价格会向新的方向快速波动，涨跌要看突破的方向。若价格的变动幅度相当大，则在随后的几个交易日里，缺口无法封闭，若缺口后来封闭了，其仍可能具有重大意义。如果在突破 50% 前有大量成交，而缺口出现后成交量相对减少，那么迅速填补缺口的机会有 50%。但若缺口形成之后成交量明显增加，期价在继续脱离形态时仍保持很大的成交量，那么缺口短期补空的可能性便会很低了。

3. 逃逸缺口

逃逸缺口又叫持续缺口，它常出现在一段时间内急剧上涨或下跌的行情之后。在一段较短时间的急促上涨行情之后，这时新的买盘会介入，变动趋势通常会加速，原来卖盘的人开始转为买盘，这样第二波买盘又出现，造成了逃逸缺口。

逃逸缺口在技术分析中意义很大。它通常是期价突破后至下一个反转式整理形态的中途出现，能大致预测期价未来可能运动的距离，所以又称为量度缺口。其量度方法是从持续缺口开始期价继续上涨或下跌的幅度等于突破口到持续性缺口的垂直距离。持续性缺口是在期价大幅度变动中途产生的，因此不会在短时期内封闭。期价在突破整理区域时急速上升或下跌，成交量在初期最大，然后在上升或下跌过程中不断减少，当原来具有优势一方重新取得优势后，放量跳空高开，或跳空下跌，便形成巨大的持续性缺口。这时，成交量在后续的上涨或下跌行情中慢慢减少，这是持续性缺口形成时成交量的变化情形。从成交量的变化也可以反过来辨认是否是持续性缺口。

4. 竭尽缺口

竭尽缺口是伴随快的大幅期价波动而出现的，是一大段飙涨行情中所出现的最后一个跳空缺口。此时，行情大幅上涨或下跌，使得大多数交易者一路追高或杀跌，导致跳空高开或低开的超强态势。此时的跳空缺口就是竭尽缺口，又称消耗缺口。

竭尽缺口在技术分析中具有重要的意义。竭尽缺口的出现，通常表示期价的趋势将暂告一段落。如果在上升趋势中出现，表示期价将下跌；若在下跌趋势中出现，表示期价将上涨。在缺口发生的当天或后一天若成交量特别大，而且趋势的未来交易量无法再放大，这就可能是竭尽缺口了，假如在缺口出现的后一天其收盘价停在缺口的边缘，就更加可确定这是竭尽缺口了。竭尽缺口是行情即将到终点的最后现象，通常在几天内被封闭，正因为如此，应从两方面采取行动以减少损失获得原始利润：一是如果重要的一日反转似乎出现时，应尽快卖出平仓；二是如不能肯定是否翻转，可在出现缺口前一日的最低价格的稍下方设定止损委托。

普通缺口和突破缺口很容易辨认，但逃逸缺口和接近缺口的分辨则相对困难。

四、波浪理论

波浪理论（Wave Theory）是美国技术分析专家艾略特（R. Elliott）于 1939 年提出的预测价格趋势分析工具。波浪理论原先只用于对股票价格走势的分析，后来被广泛用于商品期货买卖和外汇买卖等。

艾略特认为，不管是期货价格还是股指的波动，都与大自然的潮汐、波浪一样，一浪跟着一浪，周而复始，具有一定的规律性，表现出周期循环的特点，任何波动均有迹可循。因此，从事期货的交易者可根据这些规律性的波动来预测价格未来的走势，从而决定自己的买卖行为。波浪理论是期市和股市上运用最多也是最难以了解和精通的分析工具。

艾略特最初的波浪理论是以周期为基础的。他把大的运动周期分为时间长短不同的各种周期，在一个大周期之中可能存在一些小周期，而小周期又可以细分成更小的周期。

波浪理论的基本观点：一个商品（股票、期货等）价格的波动周期，从“牛市”到“熊市”的完成，包括了 5 个上升浪与 3 个下降浪，总计有 8 浪（见图 6.15（a））。每一个上升的波浪，称之为“推动浪”，如图 6.15（a）中的第 1 浪、第 3 浪、第 5 浪。每一个下跌的波浪，是前一个上升波浪的“调整浪”，如图 6.15（a）中第 2 浪、第 4 浪。第 2 浪为第 1 浪的调整浪，第 4 浪为第 3 浪的调整浪。对于整个大循环来讲，第 1 浪至第 5 浪是一个“大推动浪”，*A*，*B*，*C* 三浪为“大调整浪”。在每一对上升的“推动浪”与下跌的“调整浪”组合中，大浪中又可细分小浪，亦同样以 8 个波浪来完成较小的级数的波动周期。图 6.15 在一个大的价格波动周期涵盖了 34 个小波浪（见图 6.15（b）），再细分，就得到 144 个小小波浪。

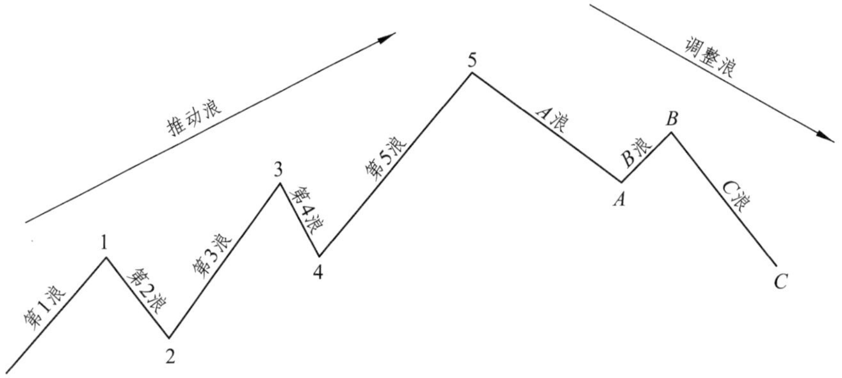

（a）

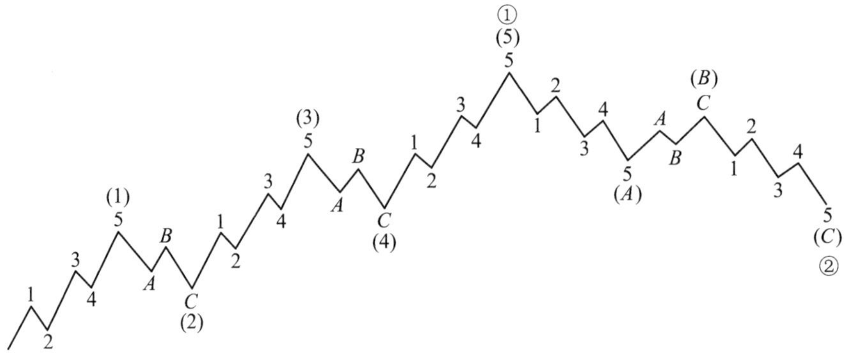

（b）

图 6.15 艾略特波浪理论

在波浪理论中，每一波浪之间的比例，包括波动幅度与时间长度的比例，均符合黄金分割率的比例。对于技术分析者来说，黄金分割率是非常重要的参考依据。

黄金分割率的由来：数学家斐波那契在 13 世纪写了一本书，关于一些奇异数字的组合，这些奇异数字的组合是 1，2，3，5，8，13，21，34，55，89，144，233，…，以上任何一个数字都是前面两数字的总和。有人说，这些数字是他研究金字塔得出来的。金字塔尺寸与上列奇异数字息息相关。金字塔的几何形状有 5 个面，8 个边，总数为 13 层。由任何一边看去，都可以看到 3 个层面。金字塔的高度为 5 813 英寸（5—8—13），有人研究过向日葵，发现向日葵花有 89 个花瓣，55 个朝向一方，34 个朝向另一方。另外，金字塔五角形的任何一边长度都等于这个五角形对角线的 0.618 倍，而高与底边之比是 0.618。0.618 是上述奇异数字的任何两个连续数之比。这些数字，有许多有趣的性质：第一，任意两个相邻的数字之和，等于两者之后的那个数字；第二，除了开始的四个数字外，任意一个数字与相邻的后一个数字之比，均约等于 0.618；第三，任意一个数字与相邻的前一个数字的比值约等于 1.618，或者说是 0.618 的倒数；第四，隔一个数字相邻的两个数字的比值约等于 2.618，或者其倒数为 0.382。除了 0.618，1.618，2.618，0.382 以外，在波浪理论中涨幅及跌幅运用到的有关比例数值还有 0.5，1，1.382，1.5，2 等。

斐波那契序数在波浪理论上的应用包括了时间周期与波段幅度的计算和预测。波浪理论之中，一再强调“自然法则”，从波浪的数目可以发现与斐波那契序数相当吻合。每一个波动周期由 8 浪构成，其中 5 浪上升，3 浪下跌；较大波动周期有 89 浪，更大的波动周期有 144 浪。

一般说来，8 个浪各有不同的特征。

（1）第 1 浪中几乎半数以上属于营造底部形态的一部分。第 1 浪是 8 浪循环的开始，由于这段行情的上升出现在空头市场跌势后的反弹或反转过程中，买方力量并不强大，加上空头继续存在卖压。因此，在此类第 1 浪上升之后出现第 2 浪调整回落时，其回档的幅度往往很深；另外半数的第 1 浪，出现在长期盘整完成之后，在这类第 1 浪内，其行情上升幅度较大。

（2）第 2 浪是下跌浪。由于市场人士误以为熊市尚未完结，其调整下跌的幅度相当大，几乎跌掉，有时也可能跌掉第 1 浪升幅的 0.5 倍或 0.618 倍。第 1 浪的升幅，当行情在此浪中跌至接近底部（第 1 浪起点）时，卖压逐渐衰竭，成交量也逐渐缩小时，第 2 浪调整才会宣告结束。在此浪中经常出现反转形态，如头肩底、双底等。

（3）第 3 浪的涨势往往是最大、最有爆发力的上升浪。这段行情持续的时间最长，幅度最大，一般为第 1 浪涨幅的 1.618 倍，也可能是其他比例，如 1、1.5、1.382 等。在这一阶段，市场投资者信心恢复，成交量大幅上升，常出现传统图表中的突破信号。这段行情的走势非常激烈，一些图形上的关卡，非常轻易地被穿破，尤其在突破第 1 浪的高点时，表现为最强烈的买进信号。由于第 3 浪涨势激烈，经常出现“延长波浪”的现象。

（4）第 4 浪是第 3 浪的调整浪。它常以倾斜三角形的形态走完第 4 浪。在调整过程中，此浪的最低点一般不会低于第 1 浪的最高点。

（5）第 5 浪是期货交易者特别关注的一浪。对于商品期货市场来说，第 5 浪经常是最长的波浪，且常常出现延伸浪。但是，对于股市而言，第 5 浪的涨势通常小于第 3 浪，第 5 浪的涨幅一般为第 1 浪底点到第 3 浪顶点的距离的 1.618 倍，也可能是 1、1.5、1.382 等。

（6）在 a 浪中，交易者大多一致看多，认为正处于牛市涨势，上升趋势不变，此时价格下跌仅为一个暂时的回档现象。实际上，a 浪的下跌，在第 5 浪的后期通常已发出下跌浪的信号，如成交量与价格走势背离或技术指标上的背离等。由于投资者的看多心理，a 浪的调整幅度往往不会太深，常出现平势调整或者以“之”字形态运行。

（7）b 浪一个最突出的特点就是成交量不大。b 浪是多头出货的一次好机会，然而由于它是出现在一轮上涨行情之后，外加 a 浪调整幅度一般不会太大，很容易给投资者一个错觉，误认为是另一波段的涨势，常在此形成多头陷阱。许多多头在此失去出逃的好机会。

（8）c 浪是一段破坏力很强的下跌浪。在该浪中，交易者看空气氛很浓，此浪跌势较为强劲，跌幅深，持续的时间也较长。

波浪理论最大的不足是应用上的困难。波浪理论从理论上讲是 8 个浪构成一个完整的过程，但逐浪的变形和调整浪的变形会产生复杂多变的形态，波浪所处的层次又会产生大浪套小浪、浪中有浪的多层次形态，这些都会使应用者在具体数浪时发生偏差。浪的层次的确定和浪的起始点的确认是应用波浪理论的两大难点。此外，对于相同的形态，不同的人会产生不同的数法，结果可能相差很大。

波浪理论忽视了成交量的影响，这给人为制造波浪形状的人提供了机会。

五、反转形态

反转形态是指期价趋势逆转形成的图形，即表示价格趋势将与此前趋势的原方向相反，是期价由涨势转为跌势，或由跌势转为涨势的信号。常见的反转形态有头肩型、圆弧型、双重形态、三重形态、直角三角形、V形形态、菱形形态等。

1. 头肩型

头肩型是期价走势中最常出现的图形之一，也是可靠性较高的反转形态。完整的头肩型应该包括一左肩、一头、一右肩，三者之中缺一就不能称为头肩型（见图 6.16）。头肩型又分为头肩顶型和头肩底型（见图 6.17）。

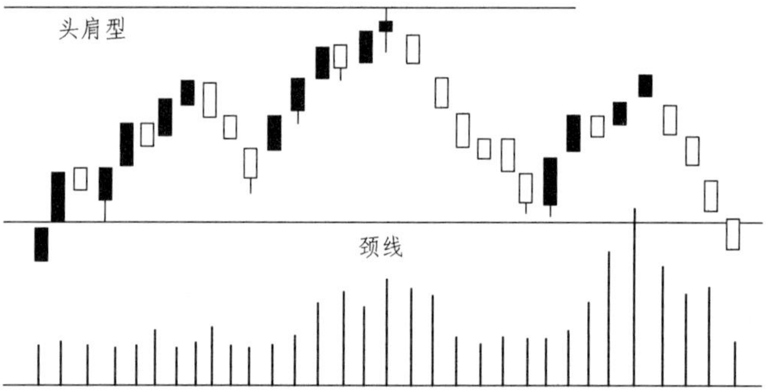

图 6.16 头肩型

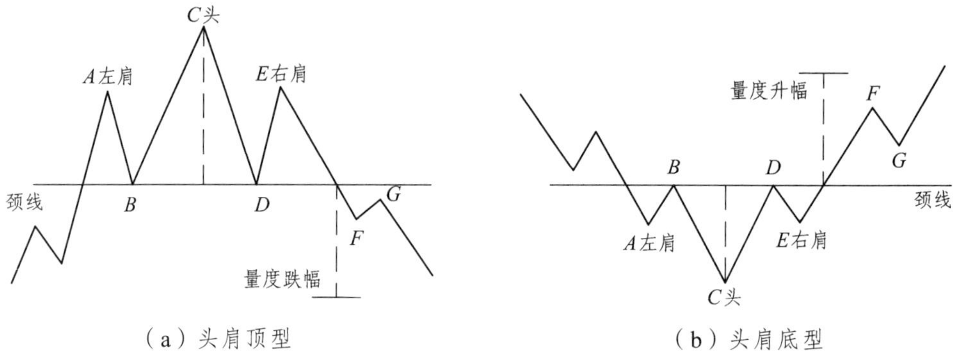

图 6.17 头肩顶型和头肩底型

以头肩底的形成过程为例。在一个长期跌市中，市价再一次下跌，成交量相对减少，接着价位出现反弹，形成左肩，其后市价第二次下跌，创出新低，随成交量增加，价位逐步回升，形成头部，然后成交量继续减少，当市价第三次下跌时，没有创出新低就回升，形成右肩，之后市价随成交量较大的上升冲破颈线，可认为升势已经展开。

头肩型是一个长期性趋势的转向形态，头肩顶型常出现于牛市的尽头，而头肩底型常出现于熊市的尽头。整个头肩型成交量的特征是：左肩成交量显著增加，其次是头部，而右肩的成交量明显减少。当头肩顶的颈线被突破时，是卖出的信号，其未来价格跌幅通常会相当于头部顶点至颈线的距离；当头肩底的颈线被突破时，是买入的信号，其价格上涨的幅度通常等于头部顶点到颈线的距离。当颈线被跌破或被突破时，需要成交量的配合，否则可能出现假跌破和假突破。

2. 圆弧型

将价格在一段时间的顶部高点用折线连起来，每一个局部的高点都考虑到，我们有时可能得到一条类似于圆弧的弧线，盖在价格之上；将每个局部的低点连在一起也能得到一条弧线，托在价格之下。圆弧形态分为圆弧顶及圆弧底（见图 6.18、图 6.19）。对于圆弧顶来说，期价呈弧形上升或下降，即虽然期价不断升高，但每一次涨幅不大，然后达到最高点又缓慢下落。对于圆弧底来说，走势正好相反，期价首先缓慢下跌，至最低点又慢慢攀升，形成圆弧底。

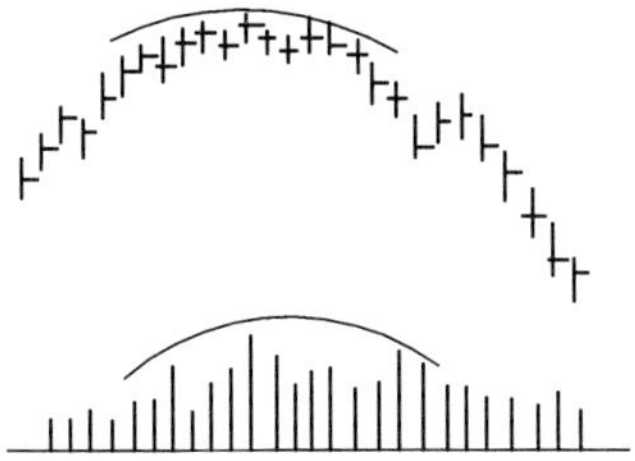

图 6.18　圆弧顶

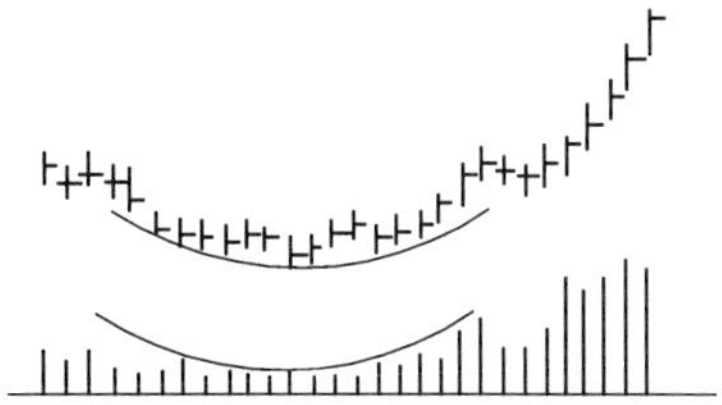

图 6.19　圆弧底

圆弧型在实际中出现的机会较少，但是一旦出现则是绝好的机会，它的反转深度和高度是不可测的，这一点同前面几种形态有一定的区别。当圆弧顶及圆弧底形成后，期价并不马上下跌或上升，通常要横向整理一段时间。一旦期价突破横向整理区域，对于圆弧顶的情况而言，会出现很大的跌幅，此时是卖出的信号；对于圆弧底而言，则会出现大的涨幅，是买入的信号。

圆弧的形成在很大程度上是一些机构大户炒作的产物。这些人手里有足够的筹码，如果一下抛出太多，价格下落太快，手里的货可能不能全出手，只能一点一点地往外抛，形成众多的来回拉锯，直到手中的筹码接近抛完时，才会大幅度打压，一举使价格下落到很深的位置。如果这些人手里持有足够的资金，一下买进太多，价格上涨太快，也不利于今后的买入，也要逐渐地分批建仓，直到价格一点一点地来回拉锯，往上接近圆弧边缘时，才会用少量的资金一举往上提拉到一个很高的高度。因为，这时大部分筹码在机构大户手中，别人无法打压价格。

在识别圆弧型时，成交量也是很重要的。无论是圆弧顶还是圆弧底，在它们的形成过程中，成交量的过程都是两头多中间少。越靠近顶部或底部，成交量越少，到达顶部或底部时成交量达到最少（圆弧底在达到底部时，成交量可能突然扩大一下，之后恢复正常）。在突破后的一段，都有相当大的成交量。

3. 双重形态

双重形态在实际中出现得非常频繁，分为双重顶（M 头）和双重底（W 底）两种形态。当期价上升到某一高价位时，出现大成交量，期价随后开始下跌，成交量跟着减少；然后，期价又上升至前一高价位几乎相等的顶点，成交量随之大增；之后，期价再次下跌，这样形成双重顶。双重底（Double Bottom）与双重顶（Double Top）形态正相反，表现为期价先下跌后上升，然后再次下跌，再次上升（见图 6.20、图 6.21）。

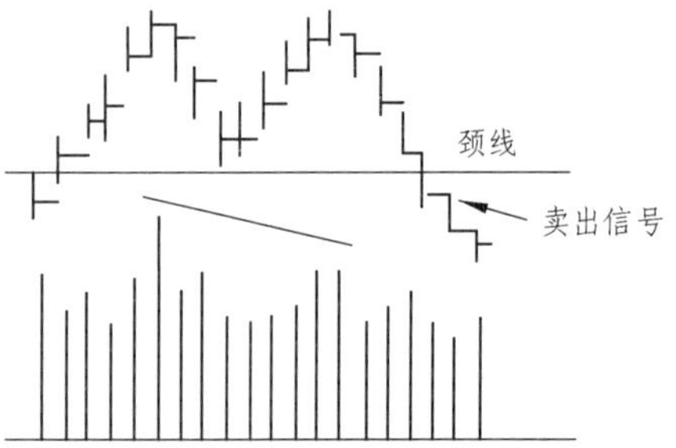

图 6.20　M 头

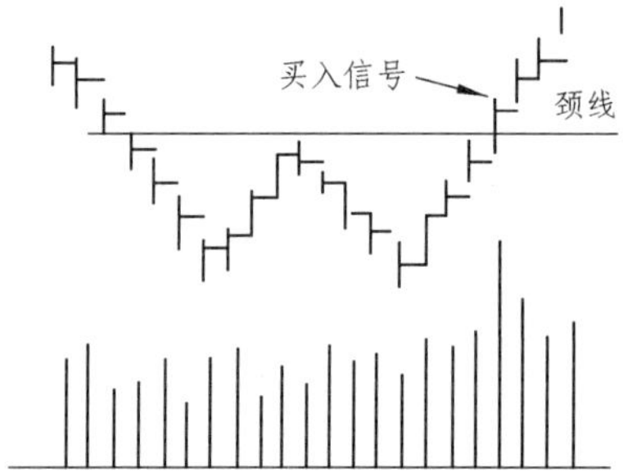

图 6.21　W 底

双重顶颈线跌破，是可靠的卖出信号。而双重底颈线突破，则是可靠的买入信号。突破颈线就是突破轨道线、突破支撑线。此时要注意有关突破的确认原则，如在此前介绍过的，主要是百分比原则和时间原则，前者要求突破一定的百分比数，后者要求突破后至少是两日。

双顶和双底形态中，当价格冲至第一个峰顶或谷底时，成交量通常较小，因而后劲乏力。但当价格突破颈线时，成交量开始放大，当价位突破一定幅度后，可以看作有效突破，市场由此开始反转。通常，双顶或双底突破后的涨跌最小变动幅度，是从顶点或底点到颈线的垂直距离。

双头的两个最高点并不一定在同一水平，两者相差少于 3% 是可接受的。双重顶（底）不一定都是反转形态。两顶（底）之间的势差越大，其反转形态的可能性越大。

4. 三重形态

三重形态是头肩形态的一种小小的变体，它是由三个一样高或一样低的顶或底组成的。它与头肩形态的区别是头的价位回缩到与肩差不必相等的位置，有时甚至低于或高于肩部一点。三重顶形态成交量在上升期间一次比一次少（见图 6.22）。三重底则是倒转的三重顶，分析含义一样（见图 6.23）。

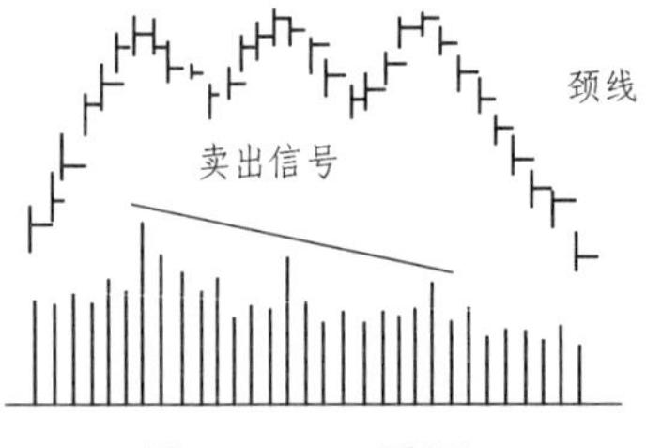

图 6.22　三重顶

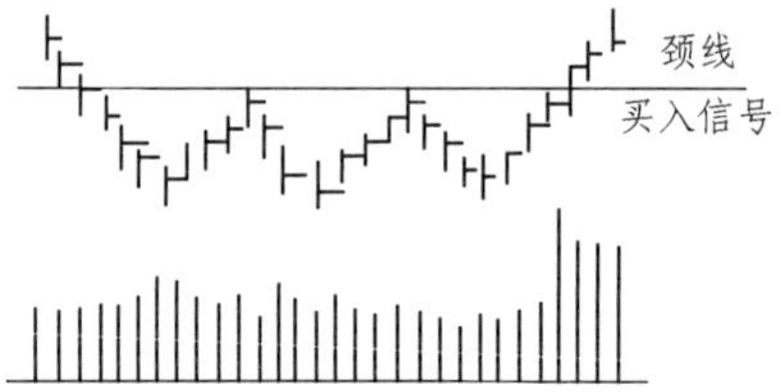

图 6.23　三重底

三重顶（底）的顶峰与顶峰，或谷底与谷底的间距时间不必相等，同时三重顶的底部与三重底的顶部不一定在相同的价位处形成。三个顶点（或三个底点）价格不必相等，可相差 3%。三重顶（底）突破其颈线时，所能下跌或上升的空间应至少为顶或底到颈线之间的距离。三重顶的第三个顶，成交量非常小时，预示下跌，而三重底在第三个底部上升时，成交量大增，则预示上升。

5. V 形形态

V 形是一种反转形态。V 形形态分 V 形形态和倒转 V 形形态两大类（见图 6.24、图 6.25）。它出现在市场进行剧烈的波动之中。由于市场中卖方的力量很大，令期价持续迅速下挫。当这股卖空的力量消失之后，买方的力量完全控制整个市场，使得期价迅速回升，几乎以下跌时同样的速度涨至原来的期价。因此，在图标上期价的运行，形成一个 V 字形的移动轨迹；倒转 V 形形态正好相反，市场看好的情形使股价节节高升，可是突如其来的一个因素扭转整个趋势，卖方以上升时同样的速度下跌，形成一个倒转 V 形的移动轨迹。

V 形的顶部或底部只出现一次，这一点同其他反转形态有较大的区别。V 形走势是个转向形态，显示过去的趋势已逆转过来。期价将向着与原来相反的方向运行。通常 V 形形态的价格比起上述各种形态的价格变化更快些。V 形的底部十分尖锐，一般来说形成这一转势点的时间仅二三个交易日，而且成交在该低点明显增多。有时候转势点就在一个交易日中出现。V 型的反转一般事先没有明显的征兆，我们只能从别的分析方法中得到一些不明确的信号，如已经到了支撑区、阻力区等。V 形是一种失控的形态，在应用时要特别小心。

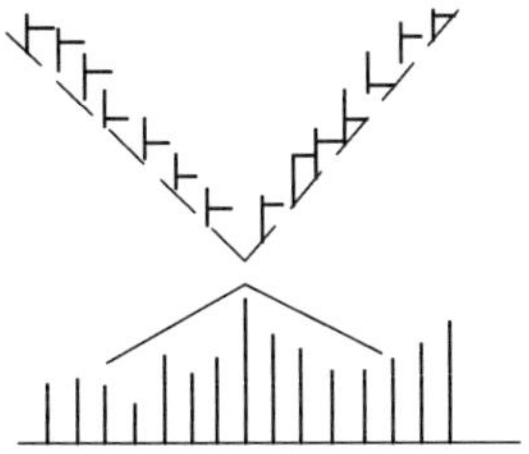

图 6.24　V 形

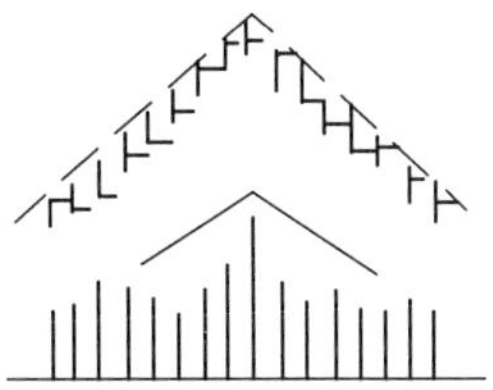

图 6.25　倒转 V 形

六、整理形态

整理形态代表当前市场暂时休整，即行情经过一段时间后，不再是大幅度上升或下跌，而是在一定区域内上下窄幅变动，等时机成熟后再继续以往的走势，即下一步市场运动将与此前趋势的原方向一致，而不是反转。常见的整理形态有三角形、矩形、旗形等。除此以外，上述的反转形态中，头肩型、双重形态也可能以整理形态出现。

1. 三角形

三角形很容易辨认，处于一些特殊形态的密集区。三角形的出现主要是某种价格趋势发展到一段时间以后，因买卖双方势均力敌，以致趋势暂时停顿时发生的。三角形通常分为对称三角形、上升三角形和下降三角形（见图 6.26）。

对称三角形又称敏感三角形，表示原有的趋势暂时处于休整阶段，之后还要随着原趋势的方向继续行动。就对称三角形而言，期价的变化具有如下特点：近期的价格高点越来越低，近期的价格低点越来越高，将各高点和各低点连成的趋势线交于一点，呈一压缩的对称三角形。有统计表明，对称三角形中大约 3/4 属于整理形态，1/4 属于反转形态。对称三角形的期价变动愈接近其顶点而未能突破三角形界线时，其力量愈小，若太接近顶点的突破则无效。通常在距三角形端部一半或 3/4 处突破，才会形成真正的突破。对称三角形向上突破需要大的成交量伴随，向下突破则不需要大的成交量配合。假如对称三角形向下跌破时有极大的成交量配合，这可能是一个虚假的跌破信号，期价跌破后不会继续下跌。有假突破时，应随时重划界限找出新的对称三角形。对称三角形通常持续的时间不应太长。持续时间太长了，保持原有趋势的能力就会下降。一般说来，突破上下两条直线的包围，继续沿原有既定的方向运动的时间要尽量早些，越靠近三角形的顶点，三角形的各种功能就越不明显，对我们进行买卖操作的指导意义就越不强。

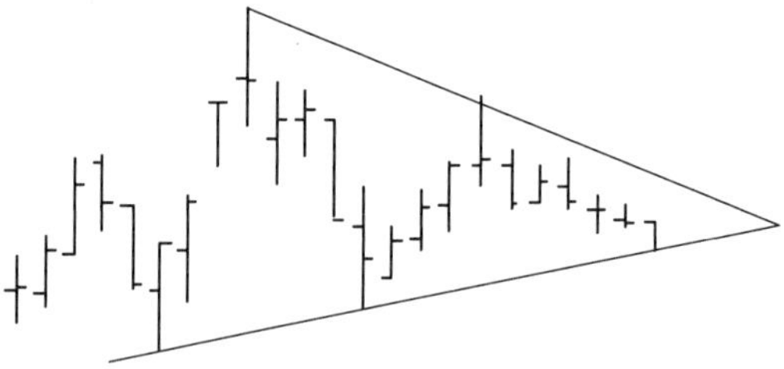

（a）对称三角形示意图

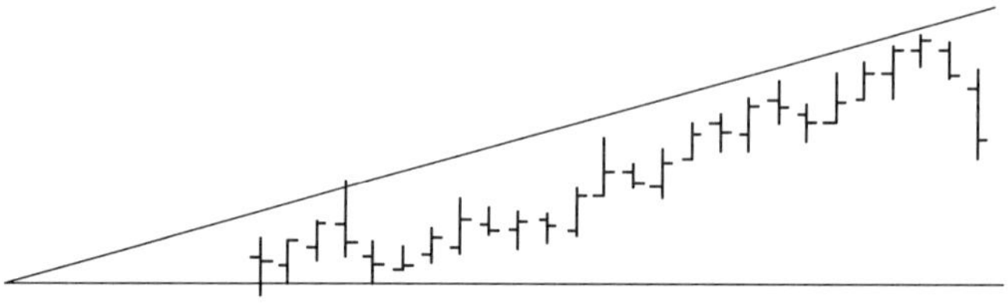

（b）上升三角形示意图

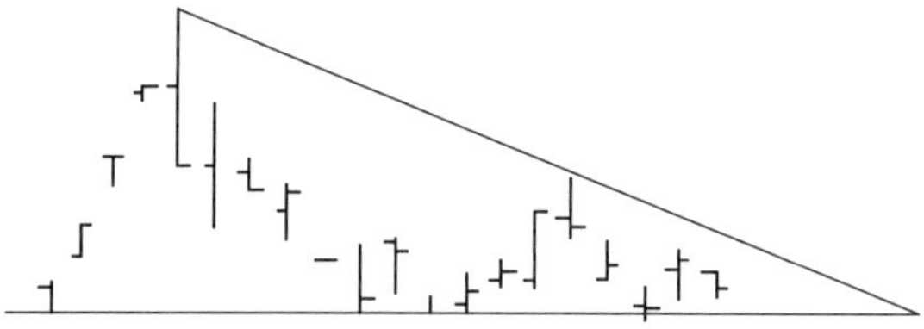

（c）下降三角形示意图

图 6.26 三角形

上升三角形的总体情形是上升趋势被展开，但由于卖方压力造成多次回档或打压，每次回档，买盘出现的价格越来越高，即最低价逐步提高，但最高价几乎没有多少提高，这样价格的波动间距越来越缩小。其走势是：若在三角形出现以前，价格已经上涨一个台阶，则从三角形突破以后，价格波动的目标是再涨一个台阶；若三角形出现以后，价格并未恢复通常所预示的上涨趋势，反而下跌，则回档的目标是降到三角形的低点，然后出现技术型反弹，其后价格可望跌到先前的整个涨势，回到这个上升的起点。

下降三角形形成的方式以及以后的走势，与上升三角形相似。

2. **矩形**

矩形又叫箱型，是一种典型的整理形态，是期价由一连串在两条水平上下界线之间变动而形成的形态。当期价上升到某水平时，掉头回落，但很快便获得支撑而回升，可是回升到上次同一高点时再一次受阻，回落到上次低点时则再得到支撑。这些短期高点和低点分别以直线连接起来，便可以绘出一条水平通道，这就是矩形形态（见图 6.27）。

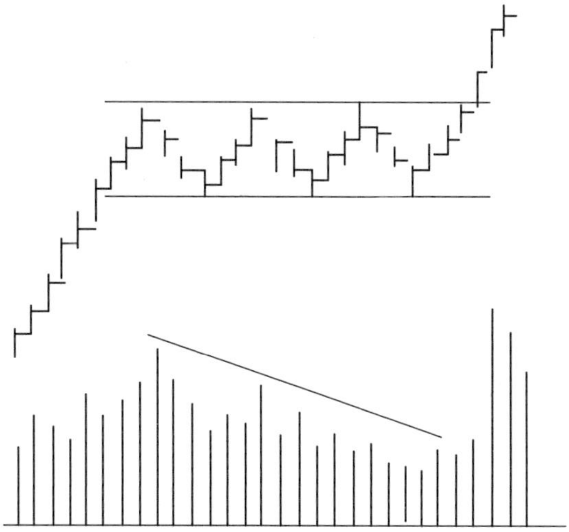

图 6.27 矩形

矩形在形成之初，多空双方全力投入，各不相让。空方在价格升高上去后，在某个位置就抛压，多方在价格下跌到某个价位就买入。时间一长就形成两条明显的上下界限。随着时间的推移，双方的战斗热情会逐步减弱，市场区域平淡。矩形形态说明多空双方力量均衡，升势和跌势可能出现，长而窄且成交量小的矩形常出现在原始底部。

与其他大部分形态不同，矩形为我们提供了一些短线操作的机会。如果在矩形形成的早期能够预计到将进行矩形调整，那么可以在矩形的下界线附近买入，在矩形的上界线附近抛出，来回做几次短线的进出。如果矩形的上下界线相聚较远，那么，这样短线的收益也是相当可观的。

期价突破上下界限后分别是买入和卖出的信号，涨跌幅度通常等于矩形本身的宽度。矩形往上突破后，期价经常出现回跌，这种情形通常会在突破后的三天至两星期之内出现。回跌将止于颈线水平上，往下跌后的假回升，将受阻于底线水平上。

3. **旗形**

旗形形态就像一面挂在旗杆顶上的旗帜，从几何学的观点看旗形应该叫平行四边形。这种形态通常在急速而又大幅的市场波动中出现，价格的运动是剧烈的、近乎直线上升或下降的方式。由于上升下降得过于迅速，市场必然会有所休整，旗形就是完成这一休整过程的主要形式之一。

期价经过短期波动后，形成一个稍微与原来趋势呈相反方向倾斜的长方形，这就是旗形。旗形又分为上升旗形和下降旗形。前者表示旺市，后者表示淡市。对于上升旗形而言，期价经过陡峭的飙升后，接着形成一个紧密、狭窄和稍微向下倾斜的成交密集区域，把这密集区域高点和低点分别连接起来，就可以画出两条平行而又下倾的直线，这就是上升旗形（见图 6.28（a））。下降旗形刚刚相反，当期价出现急速或垂直的下跌后，接着形成一个波动狭窄而又紧密、稍微上倾的成交密集区域，像是一条小上升通道，这就是下降旗形（见图 6.28（b））。

旗形是个整理形态。上升旗形将是向上突破，而下降旗形则是往下跌破。上升旗形大部分在牛市第三期中出现，下降旗形大多是在熊市第一期出现。旗形在形成之前和被突破之后，成交量都很大。在旗形的形成过程中，成交量从左向右逐渐减少。旗形出现之前，一般应有一个旗杆，这是由于价格做直线运动的结果。旗形形态可量度出最小升跌幅度，其方法是突破旗形（上升旗形和下降旗形相同）后最小升跌幅度等于整支旗杆的长度，而旗杆的长度是形成旗杆突破点开始到旗形的顶点为止。在形态形成中，若期价趋势形成旗形而其成交量是逐渐减少的，下一步将是很快的反转而不是整理，即上升旗形往下突破而下降旗形则向上突破。因此，成交量的变化在旗形走势中是十分重要的。旗形持续的时间不能太长，时间一长，它的保持原来趋势的能力将下降。经验告诉我们，这一时间应该短于三周。期价一般在四周内向预定的方向突破。

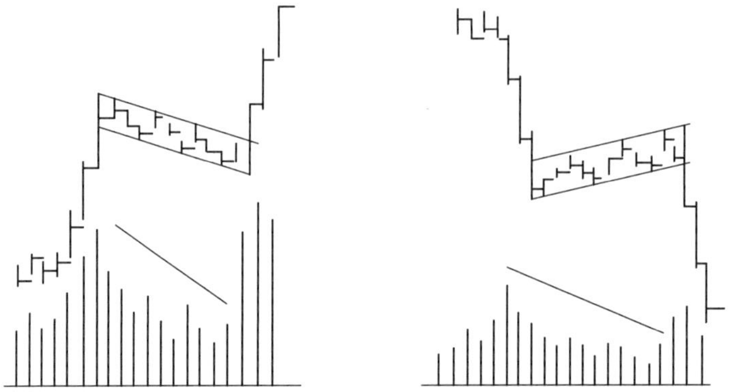

图 6.28　上升旗形和下降旗形

旗形的走向与价格走势相反，当旗形是向上走向时，走出旗形以后的价格是向下波动；而当旗形是向下走向时，走出旗形以后的价格是向上波动。旗形是相当可靠的图形，走出旗形以后，上升或下跌的幅度可能要达到 30%~50%。

第三节　技术分析法的指标方法

行情分析的技术指标较多，一般可分为两类，一类是追随趋势的，典型的是移动平均线（MA），其目的是预测新趋势的萌芽，并尽快地予以解释；另一类是摆动指数，如常用的相对强弱指数（RSI）、随机指数（KD）等。当市场进入无趋势阶段时，价格通常在水平区间上下波动，这时，绝大多数跟随趋势系统都无法正常工作，而摆动指数则独树一帜，有助于揭示市场短期的超买和超卖状态，提醒投资者警惕可能出现的相互背离现象。这里将介绍移动平均线（MA）、相对强弱指数（RSI）、随机指数（KD）、人气指标（OBV）、乖离率（BIAS）、心理线（PSY）、MACD 等。

一、移动平均线

1. 移动平均线概述

移动平均线（Moving Average，MA）是由美国葛兰维尔（Granvile）发表，一般以截至当日以前的收盘价格来计算移动平均数，再将每日的移动平均数连接绘制而成的曲线。MA 最基本的思想就是消除价格随机波动的影响，寻求价格波动的趋势。

在期货价格分析中，天数就是 MA 的参数，所取的天数通常有 5 天，10 天，20 天，……，30 天等，甚至 90 天。n 天的移动平均线常简称为 n 日线[MA(n)]。5 天、10 天的移动平均线可用于分析短期价格走势，10 天、20 天、30 天的多用于分析中期价格走势，30 天与更大值的用于分析长期价格走势。

2. 葛氏法则

根据中短期移动平均线与日线图位置的相互转换来分析期货价格走势，选择买卖时机，在实际操作中是相当重要而有效的。葛兰维尔经过长期的实践与研究，总结出有关移动平均线的法则，即葛兰维尔法则（简称葛氏法则），如下：

（1）当平均线从下降逐渐转为水平，价格从平均线的下方向上移动并突破平均线时，是买入信号。

（2）价格一时跌破平均线，但平均线短期内依然继续上升，价格在 3 天之内马上又回升到平均线之上时是买入信号。

（3）当价格连续上升远离平均线之上时突然下跌，但未跌破平均线便又上升时，为买入信号，并且这一买进法则的可靠性最高。

（4）价格跌破平均线后急速暴跌，远离平均线，造成超卖。如果这时价格有所回升，并接近平均线，也为买入信号。

（5）当平均线走势由原先的上升逐渐走平且弯曲向下，而价格又从平均线的上方向下突破平均线时，是重要卖出信号。

（6）虽然价格轨迹一时向上突破平均线，但在 3 天之内又急跌到平均线之下，平均线仍在下滑时，是卖出信号。

（7）当价格连续暴跌远离平均线之下时突然反弹靠近平均线，但还未突破平均线便又回落，是卖出信号。

（8）当价格急速上升，在平均线上方移动且距平均线越来越远，涨幅很大时，表明近期内买盘均已获利，随时都会出现回吐，这也是卖出信号。

3. 排列与交叉点

分析长期、中期和短期三种 MA 的位置关系及产生的交叉点，对于把握期货价格走向和选择出入场时机，是非常有指导意义的。

平均线之间的位置关系，归纳起来可以分为两种主要排列方式：一种可以称之为“牛市排列”，另一种则可称之为“熊市排列”。所谓“牛市排列”，是三种移动平均线趋势都向上，而且短期移动平均线在最上面，中期移动平均线在中间，长期移动平均线在最下面（见图 6.29）。而“熊市排列”的情况则相反，即三种移动平均线都是向下的趋势，短期移动平均线在最下面，长期移动平均线在最上面，中期移动平均线则在中间（见图 6.30）。

三种周期的移动平均线随着期货价格的涨跌而发生位置变换，这时必然产生交叉。观察交叉点的出现可以获得明确的买卖信号。交叉点根据不同情况也分为两类，即“黄金叉”和“死亡叉”。“黄金叉”就是短期移动平均线向上穿过中期移动平均线，或者中期移动平均线向上穿过长期移动平均线产生的交叉点。当“黄金叉”出现时，表明期货价格将有一段较大的上涨行情。而“死亡叉”则是短期移动平均线向下穿过中期移动平均线，或者中期移动平均线向下穿过长期移动平均线出现的交叉点。“死亡叉”表明后市将大跌，是卖出做空的好时机

（见图 6.31）。

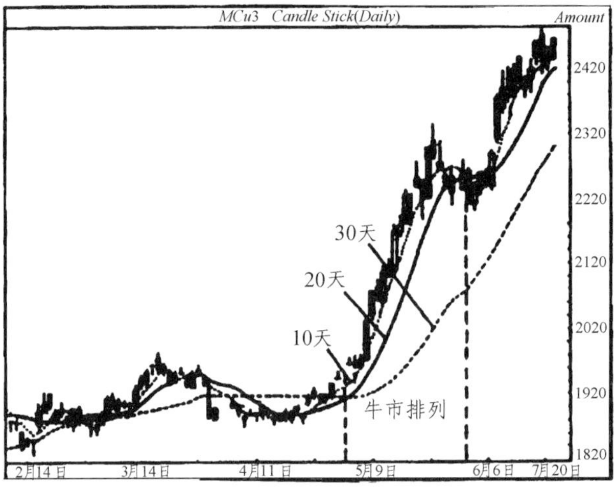

图 6.29 “牛市排列”移动平均线

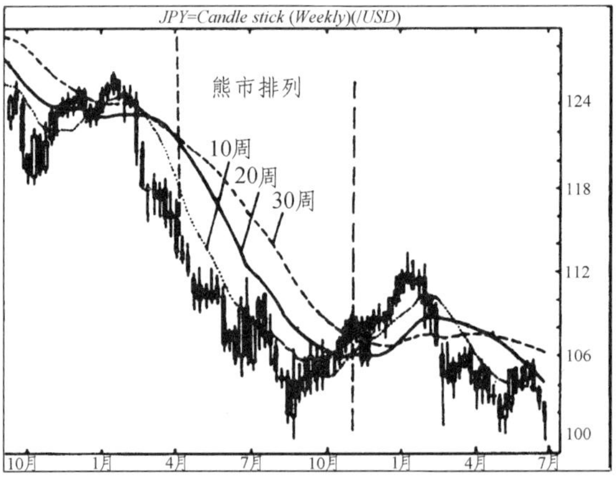

图 6.30 “熊市排列”移动平均线

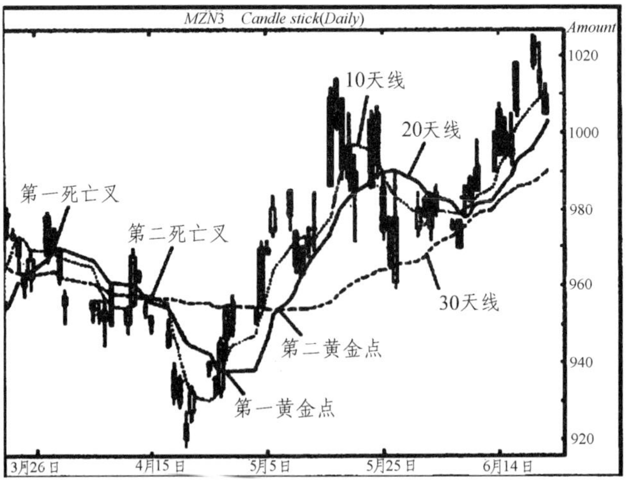

图 6.31 黄金点和死亡叉

一般认为，使用两根移动平均线分析比一根平均线分析可靠，而采取三根移动平均线又比两根移动平均线可靠度高。但任何事物都是两方面的，可靠度高要求的信息更多，这就在客观上造成了一些时间上的滞后，结果虽然资金的安全度提高和风险减小了，但相应的盈利率也降低了。在实际分析中，大多投资者喜欢采用 10—20—30 天平均线系统。

4. 评价

移动平均线的“黄金交叉点”和“死亡交叉点”，能显示出买入卖出信号，而且准确度高。移动平均线能直观地显示价格变动的大致方向。但当行情处于盘整时，移动平均线频繁地发出买卖信号，容易误导交易者；移动平均线变动缓慢，不易把握期价的高峰及低谷，对于长期移动平均线，这点表现尤为突出；凭移动平均线的买卖信号，交易者很难做出买卖决策，通常需得到其他技术指导的辅助。

二、相对强弱指数

相对强弱指数（Relative Strength Index，RSI）是以一个特定时期内价格的变动情况推测价格未来的变动方向，并根据价格涨跌幅度显示市场的强弱。

1. RSI 的计算

这里的参数是天数，即考虑时间长度，一般有 5 日、9 日、14 日等。下面以 RSI（14）为例介绍相对强弱指数的计算。先找到包括当天在内的连续 15 天的收盘价，用每一天的收盘价减去前一天的收盘价，这样得到有正有负的 14 个数字。令 A=14 个数字中正数之和，B=14 个数字中负数之和×（−1）。此时 A 和 B 都是正数，且 RSI（14）=A/（A+B）×100。

从数学上看，A 表示 14 天中价格向上波动的大小，B 表示 14 天中价格向下波动的大小，A+B 表示价格总的波动大小。RSI 实际上表示向上波动的幅度占总波动的百分比，如果占的比例大就是强势，否则就是弱势。

在计算及应用 RSI 指数时，应首先确定基期天数，最初使用过的基期天数是 14 天，后来有人认为应短一些（如 9 天），以便更敏感地反映期价波动。同 MA 一样，天数多的 RSI 考虑的时间范围越大，结论越可靠，但速度越慢，这是无法避免的。

相对强弱指数是目前被广泛应用的技术分析工具。依次连接各个 RSI 值即形成 RSI 线。

2. RSI 的运用

RSI 值始终介于 0 ~ 100，且通常在 30 ~ 70 之间波动。当 RSI 大于 50 时，表示强势市场；而 RSI 低于 50 时，则表示弱势市场。

一般而言，当 RSI 大于 80 时，表示存在超买（Over Bought）现象，如果 RSI 继续上升，超过 90 时，则表示严重超买，极可能在短期内出现下跌；当 RSI 下降到 20 时，表示存在超卖（Over So1d）现象，如果 RSI 继续下降到低于 10 时，则表示已到严重超卖区域，期价可能止跌回升。对于期价变化不过分剧烈的市场，RSI 超过 70 视为超买，RSI 低于 30 视为超卖。

当 RSI 出现超买超卖现象，表示走势有可能反转，但不构成真正的入市信号。有时行情变化得过于迅速，RSI 会很快地进入超买超卖区域。例如，在牛市初期，RSI 往往会很快进入超买区域，并在此区域内停留相当长一段时间，但这并不表示期价将要下跌或是卖出信号。恰恰相反，它表示价格还有继续上升的空间，是买入的好时机。只有在牛市初期或熊市之中，超买才是比较可靠的卖出的入市信号。基于这个原因，一般不宜在 RSI 一进入非正常区域就采取买卖行动，最好是价格本身也发出转向信号时再入市。价格转向信号应具备几个条件：趋势线的突破；移动平均线的突破；某种反转价格形态的完成；价格出现背驰。

当强弱指标上升而期价反而下跌，或是强弱指标下降而期价反而上升，这种情况称为价格出现背驰。

3. RSI 的评价

RSI 反应迅速，灵敏度高，直观性强，可作为判断大势的量化标准。但背驰走势的信号并不十分准确，常有背驰现象发生行情并不反转，有时背驰两三次才真正反转，特别在盘整行情时，RSI 徘徊于 40 ~ 60，虽有时突破阻力线和压力线，期价并无多大的变化。

三、随机指数

随机指数（Stochastic Index，KD）是期货市场常见的技术分析工具，是乔治·莱恩（George Lane）首先提出的，它在图表上是由 K%和 D%两条曲线构成的，故简称 KD 线。随机指数综合了 MA、RSI 的一些优点，它主要研究最高价、最低价与收市价的关系，以分析价格走势的强弱及超买和超卖现象。它的理论依据是：当价格上涨时，收盘价倾向接近当日价格区间的上端；而当价格下跌时，收市价倾向接近其下端。目前常用的 KD 线并非乔治·莱恩的原始公式，而是稍做修改的 KD 线。

1. KD 的计算方法

第一步，在计算随机指数之初，应先算出未成熟随机值 RSV（Row Stochastic Value），它是最后一日收盘价在前一段行情的最高价与最低价间的位置比率，其计算公式为

$$RSV=(C_n-L_n)/(H_n-L_n)\times 100\%$$

式中：C_n 为当日收盘价，L_n 为最近 n 日最低价，H_n 为最近 n 日最高价。RSV 值始终介于 0 到 100 之间。

第二步，计算 K 值和 D 值。

K 值是 RSV 值的 3 日平滑移动平均线，即

$$K\text{值}=\text{当日 RSV}\times(1/3)+\text{前一日 }K\text{ 值}\times(2/3)$$

D 值是 K 值的 3 日平滑移动平均线，即

$$D\text{值}=\text{当日 }K\text{ 值}\times(1/3)+\text{前一日 }D\text{ 值}\times(2/3)$$

式中：1/3 为平滑因子，可以改成别的数字，但已约定俗成，固定为该数值。

首次计算 K，D 值时，设 $K_0=50$，$D_0=50$，代入计算，KD 线多选用 9 日、15 日为计算周期，但实际操作中也可根据情况灵活确定。

2. KD 的应用

KD 应用时，主要从以下几个方面考虑：

（1）KD 取值。

K 值在 80 以上、D 值在 70 以上为超买的一般标准；K 值在 20 以下、D 值在 30 以下为超卖的一般标准。在价格持续上涨或下跌时，K 值有可能达到大于 90 或小于 10 的极限值，即

随机指数进入严重超买超卖区域。此时，市场正处于极强的牛市或熊市中，价格达到并超过当期最高或最低值，并不能说明它已到达顶点。相反，此时价格极可能再创新高或新低。K 值达到极限后常略做回档，再次接触极点，此时，市场极可能发生反转。

（2）KD 曲线的形态。

当期价走势一峰比一峰高时，随机指数的曲线一峰比一峰低；当期价走势一底比一底低时，随机曲线一底比一底高，这种现象被称为背驰。随机指数与期价走势产生背驰时，一般为转势的信号，表示中期或短期走势已到顶或见底，此时是买卖信号。

当 KD 指标在较高或较低的位置形成了头肩形或多重顶（底）时，是采取行动的信号。还可以对 KD 曲线画趋势线，当某一条支撑线或阻力线被突破，也是采取行动的信号。

（3）KD 指标的交叉。

当 K 值大于 D 值时，表明当前是一种上涨的趋势。因此，当 K 线从下向上穿破 D 值时，是买进的信号。反之，当 D 值大于 K 值，表示当前是一种下跌的趋势。因此，当 K 线从上向下跌破 D 线时，是卖出信号；K 线与 D 线的交叉突破，在 80 以上或 20 以下信号较为准确。KD 线与强弱指数的不同之处是它不仅能够反映市场的超买超卖现象，还能通过交叉突破实现发出买卖信号的功能。但是，当这种交叉突破发生在 50 左右，期价又处于盘整状况，买卖信号应视为无效。

出现买卖信号是否该买卖，还要综合考虑很多其他条件。

（4）KD 指标的背离。

背离就是走势的不一致。在 KD 处在高位或低位时，如果出现与价格走向的背离，则是采取行动的信号。当 KD 处在高位，并形成两个依次向下的峰，而此时价格还在持续地上涨，这叫顶背离，是卖出的信号；与之相反，KD 处在低位，并形成一底比一底高，而价格还继续下跌，这构成底背离，是买入的信号。

3. KD 的评价

随机指标是一种较短期的敏感指标，分析比较全面，但比强弱指数复杂；随机指数的典型背驰准确性颇高，另外还可以通过两条曲线交叉寻求最佳买卖点。随机指数是一种操作性强的技术分析工具。

4. J 指标

在介绍 KD 时，往往还附带一个 J 指标，其计算公式为

$$J=3D-2K=D+2(D-K)$$

J 是 D 加上一个修正值。J 指标取值超过 100 和低于 0 都属于价格的非正常区域，大于 100 为超买，小于 0 为超卖。

四、人气指标 OBV

1. OBV（On Balance Volume）的分析原理

1963 年，美国投资分析师李·格兰维在《股票获利的最新技巧》中提出了人气指标（On Balance Volume，OBV）。OBV 线亦称 OBV 能量潮，是将成交量值予以数量化，制成趋势线，配合期价趋势线，从价格的变动及成交量的增减关系，推测市场气氛。

格兰维尔认为，价格走势基本上受市场供求双方力量对比的影响，而成交量的多少是市场人气兴衰的代表，也是市场的动能。因而成交量是价格变化的先行指标，也即常说的“先见量后见价”。能量潮理论就是利用累计成交量变化来分析市场内人气是否汇集及涣散，进而据此研判股价的走势。

2. OBV 的计算方法

当日 OBV=前一日的 OBV±今日成交量

逐日累计每日成交量，当日收市价高于前一日时，成交量为正值；当日收市价低于前一日时，成交量为负值；若相等，则为零。然后将累计所得的成交量逐日定点连接成线，与期价曲线并列于一图中，观察其变化。

3. OBV 的运用

量是价的先行指标，是将其成交量值予以数量化，制成趋势线，配合股价趋势线，从价格变动及成交量的增减关系中，领先一步推测市场气氛。众所周知，短期期价的波动主要受量影响。当期价上涨而 OBV 线下降，表示能量不足，期价应回跌；当价格与 OBV 线同步缓慢上升时，表示市况继续看好，多头可继续持有合约，可观望也可跟进；当 OBV 线急升，不管价格是否暴涨或回跌，都表示买盘能量即时耗尽，大势可能已达到顶峰（见图 6.32）。

4. OBV 的评价

OBV 线为期市短期波动的重要判断方法，但运用 OBV 线应配合期价趋势线予以研判分析；OBV 线能帮助确定期市突破盘局后的发展方向。

OBV 线的适用范围比较偏向短期进出，与基本分析无关；OBV 计算方法过于简单。

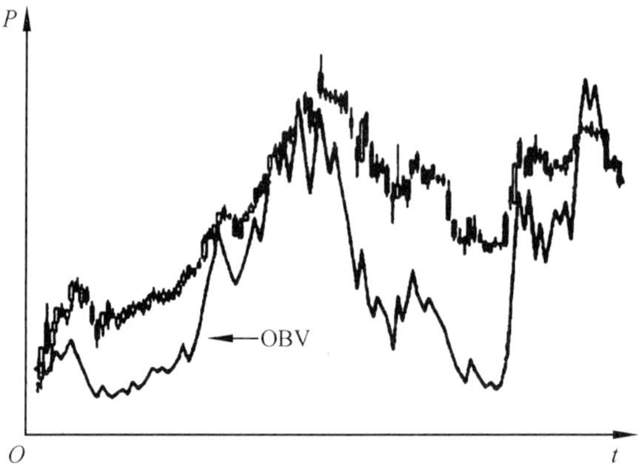

图 6.32 OBV 图

五、乖离率

乖离率（BIAS）简称 Y 值，是 MA 原理派生的一项技术指标。

乖离是指当日价格与平均线之间的差距，将乖离再除以移动平均值即乖离率。

乖离率的功能主要是通过测算期价在波动过程中与移动平均线出现偏离的程度，得出期价在剧烈波动时因偏离移动平均趋势而造成可能的回档或反弹，以及期价在正常波动范围内移动而形成继续原有趋势的可信度。如果期价偏离移动平均线太远，不管期价在移动平均线

之上或之下，都有可能趋向移动平均线。乖离率的计算公式为

$$Y值=（当日收盘价-N日内移动平均收盘价）/N日内移动平均收盘价\times100\%$$

式中：N 日为设立参数，可选用移动平均线日数设立，一般设定为 5 日、10 日、25 日等。

乖离率分正乖离和负乖离。当期价在移动平均线之上时，其乖离率为正，反之则为负。当期价与移动平均线一致时，乖离率为 0。

当 BIAS 为持续正数时，表示做多较为有利，属于多头市场；当 BIAS 为持续负数时，表示做空较为有利，属于空头市场；当 BIAS 在正、负之间震荡时，表示处于盘整。

一般而言，正乖离率涨至某一百分比时，表示短期间多头获利大，则获利回吐可能性也大，呈现卖出信号；负乖离率降到某一百分比时，表示空头回补的可能性也大，呈现买入信号（见图 6.33）。对于乖离率达到何种程度方为正确的买入点和卖出点，目前并没有统一原则，使用者可凭经验和对行情强弱的判断得出综合结论。一般来说，在大势上升进场，如遇负乖离率，可以待回跌买进。因为进场风险小，在大势下跌的走势中如遇正乖离率，可以待回升高价时抛出。

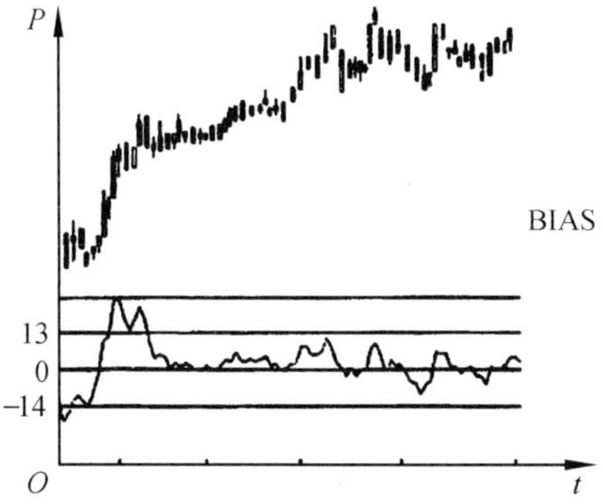

图 6.33　BIAS 图

六、心理线

心理线（Psychological Line，PSY）是将某段时间内交易者倾向买方还是卖方的心理与事实转化为数值，形成人气指标，作为做多或做空的依据。

1. PSY 的计算方法

$$PSY=N日内的上涨天数/N\times100$$

式中：N 一般设定为 10 日。

2. PSY 的应用

PSY 在 25 ~ 75 区域内变动属于正常范围。PSY 超过 75 时为超买，低于 25 时为超卖，价格回跌或上升的机会增多，可准备卖出或买进。一段上升行情展开前，通常超卖的低点会出现两次。同时，一段下跌行情展开前，超买的最高点也会出现两次。在出现第二次超卖的低点或超买的高点时，一般是买进或卖出的时机。当 PSY 值高于 90 或低于 10 时，是真正的超买和超卖。当 PSY 值在常态区域内上下移动时，一般应持观望态度。

七、指数平滑异同移动平均数（MACD）

1. MACD 的计算

MACD 是期货交易者用得较多的一种技术分析指标，MACD 由正负值（DIF）和异同平均数（DEA）这两部分组成，当然 DIF 是核心，DEA 是辅助。另外还使用了柱状线（BAV）这个指标。

我们先来介绍 DIF 的计算。

DIF 是快速平滑移动平均线与慢速平滑移动平均线的差。快速是指短期，慢速是指长期。以现在常用的参数 12 日和 26 日为例来计算 DIF 值。

快速平滑移动平均线（EMA）是 12 日的，其计算公式为

$$\text{今日 EMA}(12)=2/(12+1)\times\text{今日收盘价}+11/(12+1)\times\text{昨日 EMA}(12)$$

慢速平滑移动平均线（EMA）是 26 日的，其计算公式为

$$\text{今日 EMA}(26)=2/(26+1)\times\text{今日收盘价}+25/(26+1)\times\text{昨日 EMA}(26)$$

以上两个公式是指数平滑的公式，平滑因子分别为 2/13 和 2/27。如果选别的系数，则可照此法计算：

$$\text{DIF}=\text{EMA}(12)-\text{EMA}(26)$$

有了 DIF 之后，MACD 就有了核心。单独的 DIF 也能进行行情预测，但为了使信号更可靠，我们引入了另一个指标 DEA。

DEA 是 DIF 的移动平均，也就是连续数日的 DIF 的算术平均。这样，DEA 自己又有了一个参数，那就是作算术平均的 DIF 的个数，即天数。对 DIF 作移动平均就像对收盘价作移动平均一样，是为了消除偶然因素的影响，使结论更可靠。

BAR 计算更加简便，但交易者用得较多，其公式为

$$\text{BAR}=2\times(\text{DIF}-\text{DEA})$$

2. MACD 的运用

DIF 和 DEA 均为正值时，属多头市场。DIF 向上突破 DEA 是买入信号；DIF 向下跌破 DEA 是卖出信号。

DIF 和 DEA 均为负值时，属空头市场。DIF 向下突破 DEA 是卖出信号；DIF 向上穿破 DEA 是买入信号。

可利用趋势线连接 MACD 的高点或低点，衡量未来的阻力或支撑位置。如果价格逐渐升高，但 MACD 的高点一波比一波低时，形成熊市背离，未来行情大跌的概率高；倘若价格不断创新低，但 MACD 的低点不断升高时，称为牛市背离，未来行情大涨的概率高。

BAR 采用“0 线原则”，当 BAR 条形棒由负数的最大值向“0”轴靠近时是买入时机，当 BAR 条形棒由正数最大值向“0”轴靠近时是卖出时机；BAR 条形棒在“0”线以上是牛市，在“0”线以下是熊市（见图 6.34）。

3. MACD 的评价

MACD 克服了移动平均线频繁产生的买入卖出信号，使发出信号的要求和限制增加，避

免假信号的出现，买入与卖出信号较移动平均线有较高的准确度。BAR 应用简单明了，但 MACD 在盘整期也常常可发出买卖信号。此外，它对未来价格的上升和下降的深度不能进行有帮助的建议。

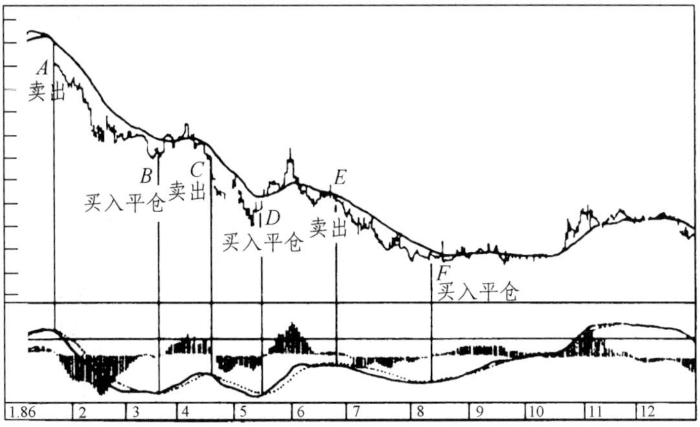

图 6.34 MACD 走势图

八、量价分析

成交量和未平仓合约量是期货交易所中每天公布的两项非常重要的可供分析的数据。技术指标分析法认为，成交量和未平仓合约量的变化会对期货价格产生影响，而期货价格的变动也会引起成交量和未平仓合约量的增减。因此，只有将成交量和未平仓合约量的变化联系起来进行分析时，才有利于预测期货市场价格的走势变化。

成交量是指每个交易日买卖合约的数量。由于每一个期货合约的卖出，必定有另一交易者相应买进期货合约，成交量并不是买和卖数字的简单相加。例如，某交易者卖出 10 手 3 月份交运的玉米合约，必然有另一交易者买进 10 手玉米合约，此时交易量为 10 手，而不是 20 手。

成交量与期货价格走势之间的关系可归纳为以下方面：

（1）成交量增加且价格同步上升时，这是市场的正常特性，此种量价关系表明期货交易继续看涨，目前价格趋势可望维持。

（2）成交量增加，价格下跌，表示原来做多的交易者急于对冲而抛出以前购买的合约，说明市场看跌，预示着价格还会维持下跌趋势。

（3）价格上升而成交量大减，表示期货市场缺乏新的做多的交易者，卖空者急于补货平仓而使得价格短期内上升，一旦做空者平仓完毕价格将会回落。

（4）价格和成交量都下跌，表示该商品期货市场进入调整期，短期内价格可能继续下跌。但也表明，该商品期货价格已跌入或正在跌入谷底，一段时间后价格将有望回升。

成交量的增减变化反映了市场对商品期货合约的供求关系的一个方面，但要真正把握期货合约的供求关系，还需进一步研究未平仓合约量。

未平仓合约量，是指尚未对冲仍在期货市场上流通的某期货合约数量，故也称平仓量或空盘量。未平仓合约只计未对冲的买方合约数量或卖方合约数量，而不是两者的总和。因而，只有新买家和新卖家成交后，未平仓合约量才增加；如果买方是第一次成交，而卖方为对冲以前买进的期货合约，即卖出以前买的合约，未平仓合约量不变；反之亦然。如果买卖双方都是为对冲而成交，未平仓合约量就减少；当一次新购买的合约数同对冲交易合约相等时，未平仓合约量不变；反之亦然。成交量往往是一天内的成交量的累计，而未平仓量则是从合约开始交易到某一天未平仓量的总和。

在一定时期内，通过对未平仓合约量的变化分析可推测资金在期货市场流向的变化，当未平仓合约量增加时，说明资金涌入期货市场；反之，当未平仓合约减少时，说明资金正从期货市场流出。

未平仓合约数的增减与期价涨跌之间有着很大的相关关系：

（1）市场价格上涨，未平仓量增加。此时，新的买主和卖主会大量涌入市场，而且做多方会比做空方更积极地抢占市场。空头显然较为被动而谨慎，仅愿意选择较高的价格放空。

（2）市场价格上涨，未平仓量减少。由于未平仓合约量的减少，说明已存在的买主或卖主都在设法平仓，而且速度很快，在这种情况下，卖出合约交易者的意愿比买进合约交易者的平仓意愿高，并无新的多头进场跟进，价格的上涨仅归因于空头回补。

（3）市场价格下跌，未平仓量增加。这时，新买主和新卖主的涌入造成未平仓量增加，而卖主又比买主更积极地抢占市场，便使市场价格下跌。

（4）市场价格下跌，未平仓量减少。说明已存在合约的平仓数比新成交的开仓合约数多，由于市场价格下跌，已存在买进合约的交易者的平仓意愿高。在这种情况下，显示市场价格见底，跌势即将结束。

从以上四种情况可以看出：当未平仓合约数与价格同方向增减时，技术性后市看好；而当两者反方向增减（背离）时，后市看跌。

市场技术分析者在不能确定后市去向的时候，通过未平仓合约与价格关系能深入分析醒目资金（即大户）的流向，观察究竟是从“看好”转为“看跌”还是从“看跌”转为“看好”。未平仓合约数量的增减可以帮助人们对市场内部合约的转手（从强者手中转到弱者手中或从弱者手中转入强者之手）情况做进一步的了解。市场分析者在决策时除非认为有特殊的理由，否则不宜持相反意见，此点为分析未平仓合约的一个极大优点。但在运用未平仓合约与价格关系来预测市场行情时，存在一个基本的困难，即时间问题。例如，在观察方面究竟从哪段时间开始计算未平仓合约的升或降，此问题很难有明确不变的规定。

未平仓合约配合价格的测试法应作为辅助性的参考工具，实际的操作仍以其他工具为好。

复习思考题及答案

一、名词解释

支撑线：价格在波动过程中的某一阶段，往往会出现两个或两个以上的最低点，将两个或两个以上的价格最低点连接起来所形成的直线即支撑线。

阻力线：价格在波动过程中的某一阶段，往往会出现两个或两个以上的最高点，将两个或两个以上的价格最高点连接起来所形成的直线即阻力线，又称压力线。

反转形态：反转形态指期价趋势逆转形成的图形，即表示价格趋势将与此前趋势的原方向相反，是期价由涨势转为跌势，或由跌势转为涨势的信号。

整理形态：整理形态代表当前市场暂时休整，即行情经过一段时间后，不再是大幅度上升或下跌，而是在一定区域内上下窄幅变动，等时机成熟后再继续以往的走势，即下一步市场运动将与此前趋势的原方向一致，而不是反转。

缺口：期价在某一价格水平没有打成任何交易而形成的价格空当，出现在连续的期价走势图上是一个空白，这个区域称为缺口，又称跳空。

MA：以截至当日以前的收盘价格来计算移动平均数，再将每日的移动平均数连接绘制而成曲线，即移动平均线。MA 最基本的思想就是消除价格随机波动的影响，寻求价格波动的趋势。

RSI：相对强弱指数（RSI）是以一个特定时期内价格的变动情况推测价格未来的变动方向，并根据价格涨跌幅度显示市场的强弱。

KD：随机指数在图表上是由 K%和 D%两条曲线构成的，故简称 KD 线，主要研究最高价、最低价与收市价的关系，以分析价格走势的强弱及超买超卖现象。当价格上涨时，收盘价倾向接近当日价格区间的上端，而当价格下跌时，收市价倾向接近其下端。

OBV：OBV 线亦称 OBV 能量潮，是将成交量值予以数量化，制成趋势线，配合期价趋势线，从价格的变动及成交量的增减关系，推测市场气氛。

BIAS：乖离是指当日价格与平均线之间的差距，将乖离再除以移动平均值即乖离率，乖离率简称 Y 值。乖离率的功能主要是通过测算期价在波动过程中与移动平均线出现偏离的程度，从而得出期价在剧烈波动时因偏离移动平均趋势而造成可能的回档或反弹，以及期价在正常波动范围内移动而形成继续原有趋势的可信度。

PSY：心理线是将某段时间内交易者倾向买方还是卖方的心理与事实转化为数值，形成人气指标，作为做多或做空的依据。计算方法：PSY=N 日内的上涨天数/N×100。式中：N 一般设定为 10 日。

二、简答题

1. 在基本分析法中，影响商品期货价格的因素有哪些？

第一，期货商品的供给与需求。第二，经济因素，包括经济波动周期、利率和汇率等。第三，政治因素。第四，自然因素。第五，投机因素。

2. 如何制作 K 线图？各种典型 K 线图的市场含义是什么？

K 线图的绘制：纵轴代表价格，横轴代表时间，开盘价与收盘价之间形成一个矩形，称为实体，或柱体。柱体分：阳柱，收盘价比开盘价高，用红色表示；阴柱，收盘价比开盘价低，用黑色表示。最高价高于实体的上限称为上影线，其颜色按其实体的颜色而定；最高价等于收盘价或开盘价，则无上影线。最低价低于实体的下限称为下影线，其颜色按其实体的颜色而定；若最低价等于开盘或收盘价，则无下影线。最高价和最低价的画法是：在相应的价位上做点，然后用线段与矩形相连。收盘价与开盘价相等，则以前一日实体的颜色为准，在该价位画一条横线，连同影线，成为十字星，也称十字线。

K 线（以日 K 线为例）的典型形态：① 表示大阳线（光头阳线），开盘后买方势强，使价格一直上扬到收市；② 表示大阴线，开盘后卖方一直势强；③ 表示先跌后涨型，会因买卖双方力量变化而有不同的形态；④ 表示下跌抵抗型，也会因买卖双方力量变化而有不同形态；

⑤ 表示上升抵抗型，也有不同形态；⑥ 表示先涨后跌型，同样会因买卖双方力量变化而有不同形态；⑦ 表示反转试探型，除图上所绘不同形态外，还有上、下影线长短不同的各种形态。

3. 如何根据葛兰维尔法则进行买入和卖出操作？

（1）当平均线从下降逐渐转为水平，价格从平均线的下方向上移动并突破平均线时，是买入信号。

（2）价格一时跌破平均线，但平均线短期内依然继续上升，价格在 3 天之内马上又回升到平均线之上时，是买入信号。

（3）当价格连续上升远离平均线之上时突然下跌，但未跌破平均线便又上升时，为买入信号，并且这一买进法则的可靠性最高。

（4）价格跌破平均线后急速暴跌，远离平均线，造成超卖。如果这时价格有所回升，并接近平均线，也为买入信号。

（5）当平均线走势由原先的上升逐渐走平且弯曲向下，而价格又从平均线的上方向下突破平均线时，是重要卖出信号。

（6）虽然价格轨迹一时向上突破平均线，但在 3 天之内又急跌到平均线之下，平均线仍在下滑时，是卖出信号。

（7）当价格连续暴跌远离平均线之下时突然反弹靠近平均线，但还未突破平均线便又回落，是卖出信号。

（8）当价格急速上升，在平均线上方移动且距平均线越来越远，涨幅很大时，表明近期内买盘均已获利，随时都会出现回吐，这也是卖出信号。

第七章　外汇期货

【教学目的和要求】

为了准确把握外汇期货的交易原理和策略相关知识，能够理解和掌握合理利用外汇期货交易来规避汇率风险的运用，本章节要求学生们掌握外汇的标价方法、外汇期货的产生发展，掌握外汇期货交易的定义，外汇期货交易合约的主要内容、要素及方法特点，外汇交易的基本规则以及外汇交易的运用，除了基础知识和基本理论外，更重要的是，要求学生们掌握如果利用外汇期货交易来规避汇率波动所带来的汇率风险问题。

【教学重点和难点】

教学重点：外汇期货交易的定义，汇率的标价方法，影响汇率的因素，外汇期货交易合约的主要内容及特点，外汇期货交易的基本规则，外汇期货交易套期保值与投资原理及其实务操作。

教学难点：外汇期货交易套期保值与投资原理及其实物操作。

【教学内容】

外汇期货是金融期货的重要组成部分，是金融期货中最早出现的品种。利用外汇期货可以规避汇率波动所引起的汇率风险。为了准确把握外汇期货的交易原理和策略，本章首先简述了外汇基础知识，介绍了外汇和外汇期货；然后阐述了影响汇率的因素；最后对外汇期货交易分类做了详细介绍，并对我国现阶段建立期货市场的可行性和必要性做了深入探讨。

第一节　外汇期货概述

一、外汇期货概念

（一）外汇概念

外汇是国际汇兑的简称，是指外币以及用外币表示的用于国际债权债务结算的各种支付手段。不能与他国货币自由兑换的货币不是外汇，自由兑换性是外汇必须具有的特征。

外汇分为静态外汇和动态外汇。静态外汇是指一种以外币表示的，用于国际结算的支付手段。它具体包括：外国货币，包括纸币和铸币；外币有价证券，包括政府债券、公司债券、股票等；外币支付凭证，包括票据、银行存款凭证、邮政储蓄凭证等；特别提款权和其他外汇资产。动态外汇，是不同国家的货币进行交易的行为，即通过“汇”和“兑”，把一个国家的货币转换成另一个国家的货币，并转移到另一个国家的金融活动中去。我国 2008 年 8 月修订后的《中华人民共和国外汇管理条例》中规定的外汇范围就是指广义的外汇，它包括：① 外汇现钞，包括纸币、铸币；② 外币支付凭证或者支付工具，包括票据、银行存款凭证、银行卡等；③ 外币有价证券，包括债券、股票等；④ 特别提款权；⑤ 其他外汇资产。

国际货币信用活动中所广泛使用的“外汇”一词，一般指静态外汇。理解静态外汇的含义应该把握两点：其一，外汇是以外国货币表示的金融资产；其二，外汇是具有国际兑换性的金融资产。

（二）汇率及其标价方法

1. 汇率概念

汇率（Exchange Rate），从根本上讲是各种货币价值的体现。也就是说，货币具有的或代表的价值决定汇率水平的基础，汇率在这一基础上受其他各种因素的影响而变动，形成现实的汇率水平。在不同的货币制度下，各国货币所具有的或者所代表的价值是不同的，即汇率具有不同的决定因素，影响税率水平变动的因素也不相同。

2. 汇率的种类

汇率按汇率制度的不同有固定汇率和浮动汇率之分。固定汇率是将一国货币与另一国货币的兑换比率基本固定的汇率，固定汇率并非汇率完全固定不动，而是围绕一个相对固定的平价的上下限范围波动，第二次世界大战后到 20 世纪 70 年代初以美元为中心的国际货币体系，都实行固定汇率制。浮动汇率制度是指一国货币的汇率根据市场供求而定，其涨落基本自由，不加限制，一国货币当局原则上没有义务维持，但在必要时可以进行一定程度的干预。实际上，不存在完全听任外汇市场供求的力量而不采取干预措施的所谓完全自由浮动（Free Float）汇率。大多数国家采用的是存在一定程度干预的管理浮动（Managed Float）汇率。

3. 汇率的标价方法

汇率的标价方法一般分为三类：直接标价法、间接标价法、美元标价法。我国现行的标价方法是直接标价法。

（1）直接标价法。

直接标价法是目前世界上绝大多数国家都采用的汇率标价方法。直接标价法（Direct Quotation），又叫应付标价法，是指以本币表示外币的价格，即计算购买一定单位的外币所应支付的本币数量。例如，某日，中国国家外汇管理局公布的外汇牌价为 100 美元/人民币 667.28，表示 100 美元可以兑换 667.28 元人民币；100 英镑/人民币 1 053.13，表示 100 英镑可以兑换 1 053.13 元人民币等，采用的就是直接标价法。

在直接标价法下，外国货币的数额保持不变，本国货币的数额则随着外国货币或本国货币币值的变化而改变。如果一定单位的外币折合的本币值多于之前的数量，则说明外币的币值上升，本币的币值下跌，叫作外汇汇率上升；反之，若用比前期较少的本币就可以兑换到同一数额的外币，则说明外币的币值下跌，本币的币值上升，叫作外汇汇率下跌，即外汇汇率的涨跌与本国货币标价数额的增减趋势一致。比如，中国外汇交易市场上的汇率标价由 100 美元/人民币 679.73 变为 100 美元/人民币 681.26，表明要用更多的人民币才能兑换 100 美元，外国货币（美元）升值，即外汇汇率上升，本国货币（人民币）贬值。

（2）间接标价法。

英国、美国和欧元区均采用间接标价法。间接标价法（Indirect Quotation），又叫应收标价法，是以外币表示本币的价格，即以一定单位的本国货币作为标准，折算为一定数额的外国货币的标价方法。例如，某日，纽约外汇市场的汇率标价为 1 美元/英镑 0.632 3，表示 1 美元可兑换 0.632 3 英镑；1 美元/日元 81.74，表示 1 美元可兑换 81.74 日元。某日，伦敦外汇市场的汇率标价为 1 英镑/美元 1.532 7，表示 1 英镑可兑换 1.532 7 美元这些采用的就是间接标价法。

在间接标价法中，本国货币的数额保持不变，外国货币的数额随着本国货币币值的变化而改变。如果一定数额的本币能兑换的外币数额少于之前的数量，则说明外币的币值上升，本币币值下降，即外汇汇率下降；反之，如果一定数额的本币能兑换的外币数额多于之前的数量，则说明外币币值下降，本币币值上升，即外汇汇率上升，即外汇汇率的涨跌与外国货币标价数额的增减趋势一致。例如，伦敦外汇市场的汇率标价由 1 英镑/美元 1.531 1 变为 1 英镑/1.572 4，表明要用更多的美元才能兑换 1 英镑，本国货币（英镑）升值，外国货币（美元）贬值，即外汇汇率下跌。

（3）美元标价法。

直接标价法和间接标价法都是针对本国货币和外国货币之间的关系而言的，在两种货币当中有一种是本国货币，而另一种是外国货币。因此，对于某个国家或某个外汇市场来说，本币以外其他各种货币之间的比价无法用直接标价法或间接标价法来判断。实际上非本币货币之间的外汇是以一种国际主要货币为标准的，第二次世界大战以后，特别是欧洲货币市场兴起以来，国际金融市场之间的外货交易量迅速增长，为便于在国际进行外汇业务交易，银行间的报价都以美元为标准来表示各国货币的价格，这就是“美元标价法”。美元标价法由美国在 1978 年 9 月 1 日制定并执行，目前是国际金融市场上通行的标价法。

美元标价法是指以一定数量的非美元货币来表示若干单位美元的价值的标价法。美元标价法的目的是简化报价并广泛地比较各种货币的汇价。目前，除英镑、欧元、澳元等几种货币外，其他货币都以美元为基准货币进行标价（人们将各种标价法下数量固定不变的货币叫作基准货币）。例如，USD/JPY=82.58，是指 1 美元兑 82.58 日元；USD/CAD=1.137，是指 1 美元兑 1.137 加拿大元。至于英镑、欧元、澳元的标价则采用本身为基准货币，美元为标价货币的方法。例如，EUR/USD=1.361 7，表示 1 欧元兑 1.361 7 美元；GBP/USD=1.548 9，表示 1 英镑兑 1.548 9 美元。

（三）外汇风险

外汇风险（Foreign Exchange Exposure）又称汇率风险，是指一个企业组织、国家、金融公司或者个人在一定时期内对外经济、金融、贸易、外汇储备的管理与营运等经济活动中，以外币表示的资产（债券、权益）与负债（债务）由于未预料的外汇汇率的变动而引起的价值的增加或减少的可能性。外汇风险可能具有两种结果，或是损失，或是获利。在一个国际企业组织的全部活动中，即在它的经营活动过程、结果、预期经营收益中，都存在着由于外汇汇率变化而引起的外汇风险。狭义的外汇风险是指汇率风险和利率风险。广义的外汇风险包括利率风险、汇率风险，也包括信用风险、会计风险、国家风险等。在经营活动中的风险为交易风险，在经营活动结果中的风险为会计风险，预期经营收益的风险为经济风险。交易风险是当前交易或结算中因汇率变化而造成的实际的经济损失或经济效益；而经济风险是因汇率变化对未来的经营收益所产生的潜在影响。

20 世纪 70 年代初，浮动汇率制实行之后，各国的货币汇率频繁地大幅度波动，大大加深了涉外经济主体的外汇风险，市场对外汇风险的防范要求日益增强。为了避免外汇风险的日渐增大，基于外汇的各种衍生金融工具层出不穷，而其中应用最为广泛和最为有效的手段之一则是外汇期货。

（四）外汇期货的产生及其发展

1. 外汇期货概念

外汇期货（Foreign Exchange Futures）又称货币期货，是交易双方约定在未来的某一时间，根据现在约定的比例，以两种不同货币作为交换对象的标准化合约的交易。外汇期货以汇率为标的物，目的是规避汇率风险。它是金融期货中最早出现的品种。在外汇期货市场买卖外汇期货合约的交易，称为外汇期货交易。

外汇期货买卖与合约现货买卖有共同点亦有不同点。合约现货外汇的买卖是通过银行或外汇交易公司来进行的，外汇期货的买卖是在专门的期货市场进行的。目前，全世界的期货交易所主要有：芝加哥期货交易所、纽约商品交易所、悉尼期货交易所、新加坡期货交易所、伦敦期货交易所。期货市场至少要包括两个部分：一是交易市场，二是清算中心。期货的买方或卖方在交易所成交后，清算中心就成为其交易对方，直至期货合同实际交割为止。外汇期货和合约外汇交易既有一定的联系，在具体运作方式也有一定的区别。

外汇期货合约的交易单位，每一份外汇期货合约都由交易所规定标准交易单位。例如，德国马克期货合约的交易单位为每份 125 000 马克。国际货币市场所有外汇期货合约的交割月份都是一样的，为每年的 3 月、6 月、9 月和 12 月。交割月的第三个星期三为该月的交割日。在具体操作中，交易所和期货佣金商以及期货行情表都是用代号来表示外汇期货。八种主要货币的外汇期货的通用代号分别是，英镑 BP、加元 CD、荷兰盾 DG、德国马克 DM、日元 JY、墨西哥比索 MP、瑞士法郎 SF、法国法郎 FR。国际货币市场对每一种外汇期货报价的最小波动幅度做了规定。在交易场内，经纪人所做的出价或叫价只能是最小波动幅度的倍数。八种主要外汇期货合约的最小波动价位：英镑 0.000 5 美元、加元 0.000 1 美元、德国马克 0.000 1 美元、瑞士法郎 0.0001 美元、日元 0.000 000 1 美元、荷兰盾 0.000 1 美元、墨西哥比索 0.000 01 美元、法国法郎 0.000 05 美元。每日涨跌停板额是一项期货合约在一天之内比前一交易日的结算价格高出或低过的最大波动幅度。八种外汇期货合约的每日涨跌停板额规定如下：马克 1 250 美元、瑞士法郎 1 875 美元、日元 1 250 美元、墨西哥比索 1 500 美元、荷兰盾 1 250 美元、法国法郎 1 250 美元等，一旦报价超过涨跌停板额，则成交无效。

2. 外汇期货的产生和发展

1972 年 5 月 16 日芝加哥商业交易所的国际货币市场分部（IMM）推出外汇期货合约，标志着外汇期货的诞生。

1944 年，第二次世界大战即将结束，西方主要工业化国家在美国的布雷顿森林召开了会议，创建了国际货币基金组织。布雷顿森林体系是一种以美元为中心的固定汇率制度，根据布雷顿森林协议，每 1 美元币值相当于 1/35 金衡盎司黄金含量，并规定各国的中央银行将本国的货币汇率与美元含金量挂钩，将汇率波动范围限制在±1%之内，这就是所谓的“固定汇率制”。

但是，到了20世纪60年代初，美国的经济实力就相对下降、美元不断外流，国际收支逆差逐渐增加，而欧洲经济得到恢复和实力相对增强，固定汇率制度开始动摇。美元不断外流到欧洲先进工业国家，使得欧洲工业国家积累了大量的美元，由于担心美国自由兑换的承诺无法兑现，欧洲国家纷纷向美国挤兑黄金，造成美国黄金储备急剧减少。尽管美国政府为了挽救美元和固定汇率制度采取了许多新措施，但效果并不明显。1971年8月15日，美国宣布实行“新经济政策”，停止其对外国政府和中央银行履行美元兑黄金的义务。1971年年底，“十国集团”在美国签订《史密森协定》，规定美元兑黄金贬值7.89%，且汇率波动范围限制扩大到2.25%。但是，这一举动仍无法阻挡美元危机的继续发生与进一步加剧。1973年2月，美国政府不得不宣布美元再一次贬值 10%，引发西方各国政府的不满，纷纷宣布其货币与美元脱钩，开始实行浮动汇率制度。20世纪70年代布雷顿森林体系就此崩溃，浮动汇率制从此取代了固定汇率制。

芝加哥商业交易所（CME）董事长梅拉梅德在1971年拜访了诺贝尔经济学奖得主弗里德曼博士，弗里德曼博士同年12月写下了题为《货币需要期货市场》的论文，表示对当布雷顿森里体系瓦解时推出外汇期货这一举动的肯定，极大地鼓舞了芝加哥商业交易所开设外汇期货的决心。芝加哥商业交易所于1972年5月16日正式推出英镑、加元、德国马克、日元、瑞士法郎、墨西哥比索及意大利里拉七种外汇期货合约交易，从而揭开了期权市场创新发展的序幕。1976年以来，外汇期货市场迅速发展，交易量激增了数十倍。

进入20世纪80年代，外汇期货市场发展更加迅速，交易量激增，国际经济往来十分活跃，各国外币资产和负债大量积累。美国经营外汇期货的交易所在外币持有者和交易者寻找回避汇率风险的金融工具的情况下数量大增。1978年纽约商品交易所增加了外汇期货业务，1979年纽约证券交易所宣布设立一个新的交易所专门从事外币和金融期货。1981年2月，芝加哥商业交易所首次开设了欧洲美元期货交易。随后，澳大利亚、加拿大、荷兰、新加坡等国家和地区也开设了外汇期货交易市场。从此，外汇期货市场便蓬勃发展起来。

外汇期货在美国的迅猛发展引发了其他国家和地区的纷纷仿效。1982年9月，英国在伦敦开设金融期货交易所。澳大利亚、法国、加拿大、新加坡、日本等国家也开设外汇期货交易市场。此后，外汇期货市场得到迅速的发展，并连续多年保持旺盛的发展势头，为广大投资者提供了有效的套期保值工具，为套利者和投机者提供了新的获利手段。2000年欧元的逐渐流通，使得欧元替代了德国、法国、奥地利、比利时、卢森堡、芬兰、爱尔兰、希腊、意大利、西班牙、葡萄牙、荷兰12国的货币，外汇市场上货币交易品种明显减少，外汇期货期权的交易量也有所减少。外汇期货期权交易量较小，除上述原因外，另一个重要原因是外汇市场相对比较发达，以金融机构为主的外汇市场遍布全球各个国家和地区，交易网点非常之多，除了现货交易方式外，还有众多的衍生品交易方式，所以外汇期货交易的空间一定程度上被挤压了。进入20世纪90年代，全球化和交易电子化进一步发展，一些新兴国家和地区的外汇期货市场也逐渐发展，但和股指期货和利率期货相比，外汇期货期权在全球的交易量仍然较少。美国期货业协会统计显示，2009年，在全球期货期权交易中，股指期货和期权占各类期货和期权交易总量的36.06%，居于首位，个股期货、期权交易量占31.38%，利率期货、期权交易量占13.94%，外汇品种所占比重仅仅5.56%，可见，外汇品种是金融期货期权中交易量最小的品种。

过去，中国汇率曾经由国家统一制定，实行严格的外汇管制。20 世纪 80 年代末 90 年代初，随着中国外汇管制的放松，汇率风险逐渐显现。1992 年 6 月，上海外汇调剂中心建立了中国第一个人民币期货市场。但我国的外汇期货交易一直处于低迷状态并被迫于 1993 年停止了人民币外汇期货交易。2006 年 4 月，中国外汇交易中心同芝加哥商业交易所（CME）达成合作协议，根据这一协议，外汇交易中心的会员单位可以通过外汇交易中心参与芝加哥商业交易所（CME）全球电子交易平台的国际货币市场（IMM）汇率和利率产品交易。外汇交易中心将作为 CME 的超级清算会员，为交易这些货币产品的市场参与者提供交易便利和清算服务，这使得国内金融机构参与境外衍生品交易有了新渠道。

2006 年 5 月，中国期货保证金监控中心成立（2015 年 4 月更名为中国期货市场监控中心）。中国期货市场监控中心作为期货保证金的安全存管机构，为有效降低保证金挪用风险、保证期货交易资金安全以及维护期货投资者利益发挥了重要作用。2006 年 9 月，中国金融期货交易所在上海挂牌成立，并于 2010 年 4 月推出了沪深 300 指数期货。中国金融期货交易所的成立和股票指数期货的推出，对于丰富金融产品、完善资本市场体系、发挥资本市场功能，以及深化金融体制改革具有重要意义。

（五）外汇期货交易与其他交易方式的比较

1. 外汇期货交易与远期外汇交易比较

远期外汇交易方式是一种传统的交易方式。远期外汇交易（Forward Exchange Transaction）又称期汇交易，是指交易双方在成交后并不立即办理交割，而是事先约定币种、金额、汇率、交割时间等交易条件，到期才进行实际交割的外汇交易。远期外汇交易是一种分散的市场机制，只有经营外汇业务的大银行才能进行。一般客户要想到外汇市场上进行远期外汇买卖都要以与大银行建立良好的信用关系为前提，远期外汇交易的发展受到了一定的限制。到 20 世纪 70 年代，由于国际上汇率的剧烈变动，传统的远期外汇交易方式已经不能满足银行和各类投资者避免或减少风险的要求，因此，外汇期货作为一种新的外汇交易方式产生了。外汇期货交易与远期外汇交易在许多方面有着相同或相似之处，它们各有不同的特征，能够在国际金融市场上并存。

外汇期货交易与远期外汇交易的相同点如下：

（1）客体相同。外汇期货交易与远期外汇交易的客体都是外汇。这两种交易是有关联的两种交易活动。

（2）交易原理相同。外汇期货交易与远期外汇交易的买卖双方都是为了规避汇率风险，达到套期保值或投机获利的目的而约定在一个未来的时间，按照约定的价格和交易条件交收一定金额的外汇资产。

（3）经济作用相同。外汇期货交易与远期外汇交易的作用都是为了便利国际贸易，提供风险转移和价格发现的机制。

外汇期货交易与远期外汇交易的不同点如下：

（1）交易场所与方式不同。外汇期货交易是在一定的交易场所中，在交易所规定的交易时间里，采取公开竞价的交易方式进行的，这种交易竞争很强。远期外汇交易一般由银行和其他金融机构采用场外交易的方式达成，没有固定交易场所和交易时间的限制。

（2）市场参与者不同。在外汇期货交易中，只有交易所会员与会员之间才可以进行交易，非交易所会员买卖外汇期货合约必须委托会员进行。远期外汇交易则没有上述限制，交易双方可以直接买卖，也可以委托经纪人进行。

（3）合约形式不同。外汇期货合约是一种标准化合约。合约对交易币种、交割月份、合约金额、交割地点、交割方式、合约价格波动的限制都有具体规定，因此，外汇期货合约流动性强，易于转让。远期外汇交易则由双方根据需要自行商定合约细则，并且交易双方都有要求对方履行义务的权利，而没有允许对方转让权利和责任的义务。

（4）有无保证金的不同。外汇期货交易双方均须缴纳保证金，并通过期货交易所逐日清算，逐日计算盈亏，补交或退回多余的保证金。远期外汇交易是否缴纳保证金，由双方的信用关系而定，大多数情况下不缴纳保证金，主要依靠对方的信用，盈亏要到合约到期日才结清。

（5）结算机构不同。外汇期货交易的结算工作由结算机构负责。结算机构处理每日未结清合约的金额、现金支付和交割程序。在每个交易日结束时，结算机构根据当日结算价格计算盈亏，并通过保证金的增减进行结算。远期外汇交易没有结算机构，由双方在协议的结算日自行结算。

2. 外汇期货交易与外汇保证金交易比较

外汇保证金交易产生于20世纪80年代的伦敦。外汇保证金交易（Foreign Exchange Margin Trading）也称按金交易，是指通过与指定投资银行签约，开立信托投资账户，存入一笔保证金作为担保，由投资银行（或经纪行）设定信用操作额度（即20~200倍的杠杆效应），即利用杠杠投资的原理，在金融机构之间、金融机构与个人投资者之间通过银行或外汇经纪商进行的一种即期或远期外汇买卖方式。

外汇期货交易与外汇保证金交易的相同点如下：

（1）合约形式相同。所有的交易品种的数量、品质等要素都是固定的，合约中唯一可变的是价格。

（2）保证金制度相同。利用杠杠方式投资，做到以大搏小。

（3）交易方式相同。投资者既可以看涨也可以看跌，可以在低价买入、高价卖出中获利，也可以在高价先卖出，然后在低价买入中获利。

外汇期货交易与外汇保证金交易的不同点如下：

（1）参与者、场所不同。在外汇期货交易中，所有交易者都必须通过期货交易所的会员在期货交易所进行交易。外汇保证金交易却没有固定的交易所，它的交易市场是无形的、不固定的，所有交易都在投资者与金融机构之间、金融机构之间通过各银行或外汇经纪公司进行。

（2）交易种类不同。外汇保证金交易的币种比外汇期货的币种丰富，任何国际上可兑换的货币都能成为交易品种。

（3）交易期限不同。外汇保证金交易没有到期日，交易者可以无限期持有头寸。外汇期货则涉及了交割日、交割月的概念。

（4）营业时间不同。外汇保证金交易为 24 小时不间断交易（除周末全球休市）。投资者可以根据及时的信息在任一时间进入外汇市场进行买卖。外汇期货交易的交易所的营业时间则都有一定的限制。

（六）国际主要外汇期货合约

外汇期货合约，是指期货交易所指定的、以外汇作为交割内容的一种标准化合约，该合约对交易币种、合约金额、交割地点、交易时间、交割月份等内容都有统一的规定。在外汇期货中买卖的就是这种标准化合约。不同期货交易所指定的外汇期货合约的主要内容基本相同。芝加哥商业交易所是最早开设外汇期交易的场所，也是美国乃至世界最重要的外汇期货交易场所，活跃的外汇交易品种有欧元、英镑、日元、加拿大元、澳元等。此外，外汇期货的主要交易所还有法国国际期货交易所（MATIF）、东京国际金融期货交易所（LIFFE）等。每个交易所基本都有本国货币与其他主要货币交易的外汇期货。表 7.1 列出了目前世界主要金融期货交易所交易的外汇期货。

表 7.1 主要外汇期货一览

国家	交易所	交易内容
美国	芝加哥商业交易所国际货币市场	英镑、澳元、加拿大元、日元、小型日元期货、欧元、瑞士法郎、墨西哥比索、俄罗斯卢布、新西兰元、南非兰特、挪威克朗、瑞典克朗、CME $ Index 指数期货
	费城期货交易所	英镑、日元、加拿大元、欧元、澳大利亚元小型欧元货币
	中美洲商品交易所	英镑、日元、加拿大元、瑞士法郎
英国	伦敦国际金融期货期权交易所	英镑、日元、美元、瑞士法郎期货，美元、英镑、瑞典克朗、欧元期权
澳大利	悉尼期货交易所	澳元期货期权、澳元期货
新加坡	新加坡交易所	英镑、日元期货

此处主要介绍芝加哥商业交易所的主要外汇期货合约。表 7.2 是欧元期货合约细则，其他货币期货合约条款基本与之相同。

表 7.2 欧元期货合约

合约月份	6 个连续的季度月
交易单位	125 000 欧元
最小变动价位	0.000 1 点，每合约 12.50 美元；价差套利最小变动价位减半
每日价格波动限	不设价格限制
交易时间	上午 7:20 至下午 2:00（场内公开叫价）（周一至周五）；周日下午 5:00 至次日下午 4:00；周一至周四下午 5:00 至次日下午 4:00。周五下午 4:00 收市，周日下午 5:00 重新开市（全球电子交易系统）
最后交易日	交割日期前第二个营业日（通常为星期一）的上午 9:16
交割日期	合约交割月份的第三个星期三
交割地点	结算所指定的各货币发行国银行
大户报告制度	每个交易者持有期货合约和期权合约头寸（包括所有月份）的净多或净空超过 10 000 张时，必须向交易所报告

不同币种的期货合约有关交易单位、最小变动价位的规定不尽相同。表 7.3 为芝加哥商业交易所主要外汇期货合约的交易单位和最小变动价位。

表 7.3　芝加哥商业交易所主要外汇期货合约的交易单位和最小变动价位

交易单位	最小变动价位
125 000 欧元	0.000 1 每合约 12.50 美元
62 500 英镑	0.000 2 每合约 12.50 美元
12 500 000 日元	0.000 001 每合约 12.50 美元
125 000 法郎	0.000 1 每合约 12.50 美元
100 000 澳元	0.000 1 每合约 10 美元
100 000 加元	0.000 1 每合约 10 美元

2006 年 8 月 28 日，芝加哥商业交易所推出了人民币兑美元、人民币兑欧元、人民币兑日元的期货及期权交易，当年期货合约成交 5 407 张，2007 年成交 8 179 张，2008 年月均成交 1 398 张合约，折合约 2 亿美元，虽然同比增长达一倍以上，但在芝加哥商业交易所日均约 1 000 亿美元的交易额中所占比例非常小。芝加哥商业交易所人民币外汇期货合约见表 7.4。

表 7.4　芝加哥商业交易所人民币外汇期货合约

合约月份	连续 13 个日历月再加上 2 个延后的季度月
交易单位	1 000 000 元人民币
最小变动价位	0.000 01 点，每合约 10 美元；价差套利最小变动价位减半
每日价格波动限制	不设价格限制
交易时间	周日下午 5:00 点至次日下午 4:00（美国中部时间）；周一至周五下午 5:00 至次日下午 4:00。周五下午 4:00 收市，周日下午 5:00 重新开市（美国中部时间）（全球电子交易系统）
最后交易日	合约最后交易时间为北京时间第三个星期三之前的一个交易日（通常为周二）上午 9:00，相当于美国冬季中部时间下午 7:00 或者夏令时中部时间次日下午 8:00
交割方式	现金交割，交割价格以中国人民银行于该合约最后交易日上午 9:15（北京时间）公布的汇率为准
大户报告制度	每个交易者持有期货合约和期权合约头寸（包括所有月份）的净多或净空超过 6 000 张时，必须向交易所报告；现货月合约限制为 2 000 张

二、影响汇率因素分析

在外汇期货交易中，人们对汇率的高低和汇率的变动非常重视。无论外汇期货交易参与者的入市动机如何，都要对未来的汇率走势做出判断，判断准确与否，直接影响他们的盈亏状况。所以，了解影响汇率走势的各种因素，是进行外汇期货交易的重要前提。

在不同的货币制度下汇率的制定方法也不同。在本位金制下，决定汇率的基础是两国货币的含金量之比，也称铸币平价。在纸币制度下，决定汇率的基础理论仍应是两国纸币的铸币平价，但纸币贬值的现象普遍存在，所以纸币的汇率应以贬值了的纸币实际代表的金量为依据，同时受政治、经济等多种因素的影响。汇率的走势是由供求关系决定的，一般来说，影响外汇供给的因素包括基本经济因素、宏观经济政策因素、政治因素、中央银行干预因素以及心理因素等多种因素。

（一）基本经济因素

（1）经济增长率是影响汇率水平的基本因素之一。一个国家的经济增长是由国内生产总值的增长来衡量的，决定汇率长期变化的根本因素是经济增长率。经济增长率的差异对汇率变动产生的影响是多方面的。在其他条件不变的前提下，一国实际经济增长率上升较快（相对于其他国家来说），其国民收入增长也较快，会使该国增加对外国商品和劳务的需求，结果导致该国对外汇的需求相对于其可得到的外汇供给来说趋于增加，该国货币贬值，汇率上升；反之，会导致汇率下跌。但是有两种特殊情况要注意：一是对于出口导向型国家来说，经济增加往往超过进口增加，其汇率不升反跌；二是如果国内外投资者把该国经济增长率较高看成是经济前景看好、资本收益率提高的反映，那么就可能扩大对该国的投资，以致抵消经营项目的赤字，这时，该国汇率可能不是上升而是下跌。

（2）国际收支状况是影响汇率水平的关键问题。国际收支状况是一国对外经济活动的综合反映，是影响汇率最重要的因素，它对汇率的影响非常直接、迅速、明显。国际收支的顺差或逆差的状况通过影响外汇市场，从而影响汇率形成。从一国对外贸易状况对汇率造成的影响出发，可以看出国际收支状况直接影响汇率变动。如果一国国际收支为顺差，那么外汇收入会增加，外汇支出减少，导致外汇供给大于需求，进而导致外币贬值，本币升值；反之，如果一国国际收支为逆差，那么外汇收入降低，外汇支出增加，致使外汇需求大于供给，进而导致外币升值，本币贬值。例如，美元汇率自 20 世纪 90 年代中期开始下跌的一个重要原因，就是没过的贸易逆差日益严重；相反，近年来中国由于大量的贸易顺差，国际收支情况较好，人民币对外汇率呈不断上升趋势。同样，当一国资本项目有大量逆差，国际收支的其他项目又不足以弥补时，该国国际收支会出现逆差，从而引起本国货币对外汇率下跌。

（3）通货膨胀是决定汇率长期趋势的重要因素，是一个长期因素，它对汇率的影响一般要经过一段时间才能显现出来。20 世纪 70 年代后，随着浮动汇率取代固定汇率，通货膨胀对汇率变动的影响变得更为重要。在纸币流通的条件下，两国货币之间的比率，是由各自所代表的价值量的对比关系决定的。物价是一国货币价值在商品市场的体现，该国发生通货膨胀意味着国内物价上涨，也就意味着该国货币代表的价值量下降。在国内外商品市场紧密联系的情况下，由于通货膨胀，国内物价上涨，一般会引起出口商品的减少和进口商品的增加，从而对外汇市场的供求关系发生影响，导致该国汇率变动。同时，一国货币对内价值的下降必定影响其对外价值，削弱该国货币在国际市场上的信用地位，而且人们会因通货膨胀而预测该国货币的汇率将趋于疲软，把手中持有的该国货币转化为其他货币，从而导致该国汇率下跌。一般而言，如果一国的通货膨胀率超过另一个国家，则该国货币对另一国货币的汇率就要下跌，反之上涨。需要指出的是，通货膨胀是通过国际收支来间接影响汇率的。当一国较另一国发生较高的通货膨胀时，该国商品和劳务的价格就上涨，从而使出口相对减少、进口相对增加，国际收支出现逆差的压力。

（4）利率在一定条件下对汇率的短期影响很大。利率是货币的价格，是投资成本和投资收益的决定因素。在国际资本流动规模巨大且日益频繁的当今世界，利率的高低影响着一国资金的流动。在一个国家，信贷紧缩时利率上升，信贷松动时利率下降。而在国际上，利率的差异会引起资金在各国移动，资本一般总是从利率低的国家流向利率高的国家。这样，一定条件下，高利率水平可吸引国际短期资金流入，提高本币币值；低利率国家则会发生资本外流，进而降低本币币值。所以，一般情况下，一国提高利率、紧缩信用会导致本国货币升值；反之，则导致本国货币贬值。利率提高或降低的幅度越大，对本币汇率的影响也越大。20 世纪 80 年代前半期，美国虽然存在着大量的贸易逆差和巨额的财政赤字，但美元依然坚挺，就是美国实行高利率政策，使大量资本从日本和西欧流入美国的结果。进入 21 世纪，尤其是金融危机以来，美国的利率水平在较长一段时间内保持在低位，美元也相对处于贬值通道中。要注意的是，利率水平对汇率虽有一定的影响，但从决定汇率升降趋势的基本因素看，其作用是有限的，它只是在一定的条件下，对汇率的变动起暂时的影响。

（二）宏观经济政策因素

宏观经济政策指的是一国为实现充分就业、价格稳定、经济增长和国际收支平衡的目标而实施的经济政策，主要包括财政政策和货币政策。宏观经济政策会通过对产出、就业、通货膨胀等经济因素的影响，进而对汇率产生影响。

1. 财政政策

一国的财政政策收支状况是影响该国货币对外比价的基本因素，是汇率预测的主要指标之一。财政政策的调整对汇率走势的影响是通过财政支出的增减和税率调整来影响外汇的供求关系。当一国财政收支不平衡时，其货币汇率的升降主要取决于该国政府所选择的财政政策。如果一国出现财政赤字，政府为弥补财政赤字会实行紧缩性的财政政策。紧缩性的财政政策通过减少财政支出和提高税率会抑制总需求与物价上涨，有利于改善一国的贸易收支和国际收支，从而引起一国货币对外汇率的上升。相反，如果一国实行扩张性的财政政策，则最终会促使本币贬值。扩张性或紧缩性的财政政策并不是必然导致货币的贬值或升值，还要分析国家的宏观经济形势以及采取的具体措施的影响。

2. 货币政策

货币政策对汇率的影响的主要形式是改变经济体系中的货币供给量。如果一国政府实行扩张性的货币政策，增加货币供应量，将使国内物价水平上升，降低利率，使资本流出增加，资本流入减少，则该国货币的汇率将下跌。反之，紧缩的货币政策是指中央银行提高再贴现率、提高商业银行在中央银行的存款准备金率和在市场上卖出政府债券，即减少货币供给，造成汇率的升值。这两种情况都会引起本币对外比价的降低。20 世纪 80 年代初，美元的强劲势头在很大程度上就是美国采取紧缩政策的结果。

（三）中央银行干预因素

各国中央银行或货币当局对外汇市场的干预是一个短期因素但也是影响汇率的一个不容忽视的因素。各国政府为了保持汇率稳定以及经济的健康发展，都会对外汇市场进行直接干预。某一国家的中央银行或与其他多个国家的中央银行联手直接在外汇市场上买进或卖出外汇，通过入市干预直接影响外汇市场供求。中央银行的干预行动只是希望市场汇价的变化更有秩序，或希望汇价水平可以稳定下来，并不是企图要扭转市场形势。但无论如何，一国中央银行或多国中央银行对外汇市场进行的单独或联手干预都是应该重视的。

按照干预汇市时是否采取其他金融政策，中央银行入市干预可分为冲销式干预和非冲销式干预。冲销式干预是指中央银行在外汇市场上进行交易的同时，通过其他货币政策工具（主要是国债市场上的公开市场业务）来抵消前者对货币供应量的影响，从而使货币供应量维持不变的外汇市场干预行为。非冲销式干预就是指中央银行在干预外汇市场时不采取其他金融政策与之配合，即不改变因外汇干预而造成的货币供应量的变化。不同的干预方式对汇率的影响不同。由于冲销式干预基本上不改变货币供应量，从而很难引起利率的变化，对汇率的影响是比较小的，而非冲销式干预直接改变了货币供应量，从而有可能改变利率以及其他经济变量，所以非冲销式干预对汇率的影响是比较持久的。

（四）政治因素

政治因素对外汇汇率走势的影响很大。政治因素主要包括选举和政权更迭、政变或战争、政府官员丑闻或资本流动，从而引起汇率变化。当国际政治局势出现激烈动荡时，处于不利地位的国家货币汇率表现为下跌，处于有利地位的国家货币汇率表现为上升。政府的改选更替、财政部部长和中央银行行长易人也会给外汇市场的预期心理带来不同程度的影响，从而引起汇率变动。目前，美元在外汇市场上仍占统治地位。一般情况下，如果是在美国以外的政治危机，会促使美元汇率上涨。相反，如果美国出现政治危机，则美元汇率下跌。政治形势的稳定与否关系着货币的稳定与否。一国的政治形势越稳定，该国的货币汇率越稳定。

（五）外汇储备因素

一国中央银行所持有外汇储备充足与否反映了该国干预外汇市场和维持汇价稳定的能力大小，因而外汇储备的高低对该国货币稳定起主要作用。如果一国外汇储备增加，外汇市场会促使本币升值；反之，一国外汇储备减少，则会影响外汇市场对该国货币稳定的信心，从而促使该国货币贬值。

第二节　外汇期货交易

同商品期货一样，外汇期货交易也有套期保值、投资和套利三种交易方式。其原理与商品期货交易大致相同，但因标的不同，适应的范围有很大差别。外汇期货交易一般可分为外汇期货空头套期保值、外汇期货多头套期保值和外汇期货投机套利。

一、外汇期货空头套期保值

汇率的大幅波动，使得外汇持有者、银行、贸易厂商、企业等均需要采用套期保值，将风险降至最低限度。外汇期货套期保值是指在期货市场和现汇市场上做币种相同、数量相等、方向相反的交易，即在现汇市场上买进或卖出外汇的同时，又在期货市场上卖出或买进金额大致相当的期货合约，通过在即期外汇市场和外汇期货市场上建立盈亏冲抵机制而使其价值大致保持不变，实现保值。

外汇期货空头套期保值，是指在现货市场上处于多头低位（Long Position）的人（如出口商等债权人），即套期保值者通过在期货市场上建立空头头寸，预期期货对冲其目前持有的或者未来将卖出的商品或资产的价格下跌的风险的操作。适合做外汇期货卖出套期保值的情形主要包括：① 持有外汇资产者担心未来货币贬值。② 出口商和从事国际业务的银行预计未来某一时间将会得到一笔外汇，为了避免外汇汇率下跌造成损失。

【例 7.1】美国一位投资者发现欧元的利率高于美元利率，于是他决定购买 50 万欧元以获高息，计划投资 3 个月，但又担心在这期间欧元对美元贬值。为避免欧元汇价贬值的风险，该投资者利用芝加哥商业交易所外汇期货市场进行空头套期保值，每手欧元期货合约为 12.5 万欧元，具体操作过程见表 7.5。

表 7.5 外汇期货空头套期保值

时间	即期市场	期货市场
3 月 1 日	当日欧元即期汇率为 EUR/USD=1.343 2（表示 1 欧元兑 1.343 2 美元），购买 50 万欧元，付出 67.16 万美元	卖出 4 手 6 月到期的欧元期货合约，成交价格为 EUR/USD=1.345 0（表示 1 欧元兑 1.345 0 美元）
6 月 1 日	当日欧元即期汇率为 EUR/USD=1.212 0（表示 1 欧元兑 1.2120 美元），出售 50 万欧元，得到 60.6 万美元	买入 4 手 6 月到期的欧元期货合约对冲平仓，成交价格为 EUR/USD=1.210 1（表示 1 欧元兑 1.210 1 美元），与 3 月 1 日的卖出价格比，期货合约下跌 134 9 个点，即 1.345 0−1.210 1=0.134 9，每个点的合约价值为 12.5 美元，4 手合约共获利：12.5×4×1349=6.745 万美元
	损失 6.56 万美元	获利 6.745 美元

从表 7.5 中可以看出，该投资者投资 50 万欧元，因欧元汇价下跌而在即期外汇市场上损失 6.56 万美元，但由于他同时在外汇期货市场上做了套期保值交易，期货市场获利 6.745 万美元，使得即期市场的损失可以从期货市场的获利中得到弥补。当然，若欧元汇价在这期间上涨，该投资者在即期市场的获利也将被期货市场的损失所抵消。由此可见，无论汇价在此期间如何变动，外汇期货市场套期保值的操作实质上是为现货外汇资产“锁定汇价”，消除或减少其受汇价上下波动的影响。

二、外汇期货买入套期保值

外汇期货买入套期保值，又称外汇期货多头套期保值，是在期货市场购入期货，用期货市场多头保证现货市场的空头，以规避价格上涨的风险。持有多头头寸，来为交易者将要在现货市场上买进的现货商品保值。因此又称为“多头保值”或“买空保值”。适合做外汇期货买入套期保值的情形主要包括：① 外汇短期负债者担心未来货币升值。② 国际贸易中的进口商担心付汇时外汇汇率上升造成损失。

【例 7.2】在 6 月 1 日，某美国进口商预期 3 个月后需支付进口货款 2.5 万元，当日的即期汇率为 USD/JPR=146.70（表示 1 美元兑 146.70 日元），该进口商为避免 3 个月后因日元升值而需付出更多的美元来兑换日元，就在 CME 外汇期货市场买入 20 手 9 月到期的日元期货合约，进行多头套期保值，每手日元期货合约代表 1 250 万日元，具体操作过程见表 7.6。

表 7.6 外汇期货多头套期保值

时间	即期市场	期货市场
6 月 1 日	当日即期汇率为 USD/JPR=146.70（表示 1 美元兑 146.70 日元），2.5 亿日元价值 1 704 160 美元	买入 20 手 9 月份到期的日元期货合约，成交价为 JPR/USD=0.006 835，即 6 835 点（外汇期货市场上 1 个点=0.000 001，该报价相当于即期市场报价的 USD/JPR=146.30）
9 月 1 日	当日即期汇率为 USD/JPR=142.35，从即期市场买入 2.5 亿日元，需付出 1 756 230 美元。与 6 月 1 日相比，需要多支付 52 070 美元（1 756 230−1 704 160）	卖出 20 手 9 月份到期的日元期货合约对冲平仓，成立价格为 7030 点（该报价相当于即期市场报价的 USD/JPR=142.25）。期货市场每手日元期货合约共获利 195 点（7 030−6 835，每个点代表 12.5 美元，共 20 手合约，总盈利为 48 750 美元）
	成本增加 52 070 美元	获利 48 750 美元

上述例子显示，该进口商于 3 个月后实际支付日元货款时，因日元汇价上升而需多付出 52 070 美元的成本，但因他同时在外汇期货市场上做了多头套期保值，使成本的增加可从期货市场的获利中大致得到弥补。当然，若 9 月 1 日的日元汇价下跌，则即期市场上的成本减少的好处将被期货市场的亏损大致抵消。

三、外汇期货投机和套利交易

1. 外汇期货投机交易

外汇期货投机交易是指在期货市场上以获取价差收益为目的的期货交易行为。投机者根据自己对期货价格走势的预测，做出买进或卖出的决定，有意识地使自己处于外汇风险暴露之中，如果这种判断与市场价格走势相同，则投机者平仓出局后可获取投机利润；如果判断与价格走势相反，则投机者平仓出局后承担投机损失。一旦外汇期货合约的走势与自己的预测一致，则出售或购买以上合约进行对冲，可从中赚取买卖差价；如果外汇期货价格的走势与自己的预测相反，投机者则需要承担相应的风险损失。外汇期货投机交易可分为空头投机交易和多头投机交易两种类型。

（1）空头投机交易。空头投机交易是指投机者预测外汇期货价格将要下跌，从而先卖后买。希望高价卖出，低价买入对冲的交易行为。它是售出卖主并不实际具有的货物、抵押品、外汇的一种交易。

【例 7.3】3 月 10 日，某投机者预测英镑期货将进入熊市，于是在 1 英镑=1.496 7 美元的价位卖出 4 手 3 月期英镑期货合约。3 月 15 日，英镑期货价格果然下跌。该投机者在 1 英镑=1.471 4 美元的价位买入 2 手 3 月期英镑期货合约平仓。此后，英镑期货进入牛市，该投资者只得在 1 英镑=1.517 4 美元的价位买入另外 2 手 3 月期英镑期货合约平仓。其盈亏如下：

（1.496 7−1.471 4）×62 500 ×2=3 162.5（美元）

（1.496 7−1.517 4）×62 500 ×2= −2 587.5（美元）

在不计算手续费的情况下，该投机者从英镑期货的空头投机交易中获利 575（3 162.5 − 2 587.5）美元。

（2）多头投机交易。多头投机交易是指投机者预测外汇期货价格将要上升，从而先买后卖，希望低价买入，高价卖出对冲的交易行为。

【例 7.4】6 月 10 日，某投机者预测瑞士法郎期货将进入牛市，于是在 1 瑞士法郎=0.877 4 美元的价位买入 2 手 6 月期瑞士法郎期货合约。6 月 20 日，瑞士法郎期货价格果然上升。该投机者在 1 瑞士法郎=0.903 8 美元的价位卖出 2 手 6 月期瑞士法郎期货合约平仓。其盈亏如下：

（0.903 8−0.877 4）×125 000×2=6 600（美元）

在不计算手续费的情况下，该投机者在瑞士法郎期货的多头投机交易中获利 6 600 美元。

2. 外汇期货套利交易

外汇期货套利交易是指交易者同时买进和卖出两种相关的外汇期货合约，此后一段时间再将其手中合约同时对冲，从两种合约相对的价格变动中获利的交易行为。外汇期货套利形式与商品期货套利形式大致相同，可分为跨市场套利、跨币种套利和跨月套利三种类型。

（1）跨市场套利。

跨市场套利是指交易者根据对同一外汇期货合约在不同交易所的价格走势的预测，在一个交易所买入（或者卖出）一种外汇期货合约，同时在另一个交易所卖出（或者买入）同种外汇期货合约，以期利用两个市场的价差变动来获利。

【例 7.5】4 月 10 日，某交易者在国际货币市场以 1 英镑=1.536 3 美元的价格买进 200 手 6 月期英镑期货合约，同时在伦敦国际金融期货交易所以 1 英镑=1.548 6 美元的价格卖出 500 手 6 月期英镑期货合约。之所以卖出 500 手合约，是因为国际货币市场与伦敦国际金融期货交易所的英镑期货合约的交易单位不同，前者是 62 500 英镑/手，后者是 25 000 英镑/手。因此，为保证实际价值一致，前者买进 200 手合约，后者则要卖出 500 手合约。5 月 10 日，该交易者以 1 英镑=1.497 8 美元的同样价格分别在两个交易所对冲手中合约。其交易过程见表 7.7。

表 7.7　外汇期货跨市场套利交易

时间	国际货币市场	伦敦国际金融期货交易所
4 月 10 日	买入 200 手 6 月期英镑期货合约（开仓） 价格：1.536 3 美元/英镑 总价值：19 203 750 美元	卖出 500 手 6 月期英镑期货合约（开仓） 价格：1.548 6 美元/英镑 总价值：19 357 500 美元
5 月 10 日	卖出 200 手 6 月期英镑期货合约（平仓） 价格：1.497 8 美元/英镑 总价值：18 722 500 美元	买入 500 手 6 月期英镑期货合约（平仓） 价格：1.497 8 美元/英镑 总价值：18 722 500 美元
	结果：亏损 481 250 美元	结果：盈利 635 000 美元

该交易者在国际货币市场上亏损 481 250 美元，在伦敦国际金融期货交易所中盈利 635 000 美元，通过跨市场套利交易净盈利 153 750 美元。其中的原因就在于两个交易所的 5

月份英镑期货合约价格都降低了，而且国际货币市场的降幅（0.038 5 美元/英镑）低于伦敦国际金融期货交易所的降幅（0.050 8 美元/英镑），从而在国际货币市场做多的损失低于在伦敦国际金融期货交易所做空的盈利，净盈利正是来源于两个交易所该种期货合约的相对价格变动，即（0.050 8−0.038 5）×12 500 000=153 750（美元）。

进行跨市场套利的经验法则是：

① 两个市场都进入牛市，A 市场的涨幅高于 B 市场，则在 A 市场买入，在 B 市场卖出。

② 两个市场都进入牛市，A 市场的涨幅低于 B 市场，则在 A 市场卖出，在 B 市场买入。

③ 两个市场都进入熊市，A 市场的跌幅高于 B 市场，则在 A 市场卖出，在 B 市场买入。

④ 两个市场都进入熊市，A 市场的跌幅低于 B 市场，则在 A 市场买入，在 B 市场卖出。

（2）跨币种套利。

跨币种套利是指交易者根据对交割月份相同而币种不同的期货合约在某一交易所的价格走势的预测，买进某一币种的期货合约，同时卖出另一种相同交割月份的期货合约，从而进行套利交易。

【例 7.6】6 月 10 日，国际货币市场 6 月期瑞士法郎的期货价格为 0.087 74 美元/瑞士法郎，6 月期欧元的期货价格为 1.211 6 美元/欧元，那么 6 月期瑞士法郎兑欧元期货的套算汇率为 1 瑞士法郎=0.72 欧元（0.877 4 美元/瑞士法郎÷1.211 6 美元/欧元），预计 6 月 20 日瑞士法郎兑欧元的汇率将上升。某交易者在国际货币市场买入 100 手 6 月期瑞士法郎期货合约，同时卖出 72 手 6 月期欧元期货合约。之所以卖出 72 手合约是因为瑞士法郎期货合约与欧元期货合约的交易单位不同，前者是 125 000 瑞士法郎，后者则是 125 000 欧元，而两者的套算汇率为 1∶0.72。因此，为保证实际价值基本一致，前者买入 100 手合约，后者则要卖出 72 手合约。6 月 20 日，瑞士法郎兑欧元的汇率果真从 0.72 上升为 0.73，该交易者分别以 0.906 8 美元/瑞士法郎和 1.239 0 美元/欧元的价格对冲手中合约。其交易过程见表 7.8。

表 7.8 外汇期货跨币种套利交易

时间	瑞士法郎	欧元
6 月 10 日	买入 100 手 6 月期瑞士法郎期货合约（开仓） 价格：0.877 4 美元/瑞士法郎 总价值：10 967 500 美元	卖出 72 手 6 月期欧元期货合约（开仓） 价格：1.211 6 美元/欧元 总价值：10 904 400 美元
6 月 20 日	卖出 100 手 6 月期瑞士法郎期货合约（平仓） 价格：0.9 068 美元/瑞士法郎 总价值：11 335 000 美元	买入 72 手 6 月期欧元期货合约（平仓） 价格：1.239 0 美元/欧元 总价值：11 151 000 美元
	结果：盈利 367 500 美元	结果：亏损 246 600 美元

该交易者在瑞士法郎期货交易中盈利 367 500 美元，在欧元期货交易中损失 246 600 美元，通过跨币种套利交易净盈利 120 900 美元。

进行跨币种套利的经验法则是：

① 预期 A 货币对美元贬值，B 货币对美元升值，则卖出 A 货币期货合约，买入 B 货币期货合约。

② 预期 A 货币对美元升值，B 货币对美元贬值，则买入 A 货币期货合约，卖出 B 货币期货合约。

③ 预期 A、B 两种货币都对美元贬值，但 A 货币的贬值速度比 B 货币快，则卖出 A 货币期货合约，买入 B 货币期货合约。

④ 预期 A、B 两种货币都对美元升值，但 A 货币的升值速度比 B 货币快，则买入 A 货币期货合约，卖出 B 货币期货合约。

⑤ 预期 A 货币对美元汇率不变，B 货币对美元升值，则卖出 A 货币期货合约，买入 B 货币期货合约。若 B 货币对美元贬值，则相反。

⑥ 预期 B 货币对美元汇率不变，A 货币对美元升值，则买入 A 货币期货合约，卖出 B 货币期货合约。若 A 货币对美元贬值，则相反。

（3）跨月套利。

跨月套利是指交易者根据对币种相同而交割月份不同的期货合约在某一交易所的价格走势的预测，买进某一交割月份的期货合约，同时卖出另一交割月份的同种期货合约，从而进行套利交易。

【例 7.7】2 月 10 日，某交易者在国际货币市场买入 100 手 6 月期欧元期货合约，价格为 1.360 6 美元/欧元，同时卖出 100 手 9 月期欧元期货合约，价格为 1.346 6 美元/欧元。5 月 10 日，该交易者分别以 1.352 6 美元/欧元和 1.269 1 美元/欧元的价格将手中合约对冲。其交易过程见表 7.9。

表 7.9　外汇期货跨月套利交易

时间	6 月期欧元	9 月期欧元
2 月 10 日	买入 100 手 6 月期欧元期货合约（开仓） 价格：1.360 6 美元/欧元 总价值：17 007 500 美元	卖出 100 手 9 月期欧元期货合约（开仓） 价格：1.346 6 美元/欧元 总价值：16 832 500 美元
5 月 10 日	卖出 100 手 6 月期欧元期货合约（平仓） 价格：1.352 6 美元/欧元 总价值：17 007 500 美元	买入 100 手 9 月期欧元期货合约（平仓） 价格：1.269 1 美元/欧元 总价值：15 863 750 美元
	结果：亏损 100 000 美元	结果：盈利 968 750 美元

该交易者在 6 月期欧元期货交易中损失 100 000 美元，在 9 月期欧元期货交易中盈利 968 750 美元，通过跨月份套利交易盈利 868 750 美元。

进行跨月份套利的经验法则是：

① 如果较远月份的合约价格升水，并且两国利率差将下降，则买入较近月份的期货合约，卖出较远月份的期货合约。

② 如果较远月份的合约价格升水，并且两国利率差将上升，则买入较远月份的期货合约，卖出较近月份的期货合约。

③ 如果较远月份的合约价格贴水，并且两国利率差将下降，则买入较远月份的期货合约，卖出较近月份的期货合约。

④ 如果较远月份的合约价格贴水，并且两国利率差将上升，则买入较近月份的期货合约，卖出较远月份的期货合约。

综上所述，外汇期货市场的存在为众多的经济主体提供了一个规避汇率风险的场所。外汇期货较远虽然不可能完全消除进行各种贸易和金融较远的全部风险，但规避了大部分风险，增加了经济主体营商的稳定性。同时，外汇期货交易因合约条款的标准化而具有很好的市场流动性，交易手续简便，费用低廉，且只需付出少量保证金即可达到规避风险的目的，节约了资金成本。

复习思考题及答案

一、名词解释

远期外汇交易：远期外汇交易方式是一种传统的交易方式。远期外汇交易（Forward Exchange Transaction）又称期汇交易，是指交易双方在成交后并不立即办理交割，而是事先约定币种、金额、汇率、交割时间等交易条件，到期才进行实际交割的外汇交易。

外汇期货交易：外汇期货（Foreign Exchange Futures）又称货币期货，是交易双方约定在未来的某一时间，根据现在约定的比例，以两种不同货币作为交换对象的标准化合约的交易。外汇期货以汇率为标的物，目的是规避汇率风险。它是金融期货中最早出现的品种。在外汇期货市场买卖外汇期货合约的交易，称为外汇期货交易。

二、简答题

1. 什么是外汇期货买入套期保值？

答：外汇期货买入套期保值又称外汇期货多头套期保值，是在期货市场购入期货，用期货市场多头保证现货市场的空头，以规避价格上涨的风险。持有多头头寸，来为交易者将要在现货市场上买进的现货商品保值。因此又称为“多头保值”或“买空保值”。适合做外汇期货买入套期保值的情形主要包括：（1）外汇短期负债者担心未来货币升值。（2）国际贸易中的进口商担心付汇时外汇汇率上升造成损失。

2. 简述外汇期货交易与远期外汇交易的关系。

答：远期外汇交易方式是一种传统的交易方式。远期外汇交易（Forward Exchange Transaction）又称期汇交易，是指交易双方在成交后并不立即办理交割，而是事先约定币种、金额、汇率、交割时间等交易条件，到期才进行实际交割的外汇交易。远期外汇交易是一种分散的市场机制，只有经营外汇业务的大银行才能进行。一般客户要想到外汇市场上进行远期外汇买卖，都要以与大银行建立良好的信用关系为前提，远期外汇交易的发展受到了一定的限制。到 20 世纪 70 年代，由于国际上汇率的剧烈变动，传统的远期外汇交易方式已经不能满足银行和各类投资者避免或减少风险的要求，因此，外汇期货作为一种新的外汇交易方式产生了。外汇期货交易与远期外汇交易在许多方面有着相同或相似之处，它们各有不同的特征，能够在国际金融市场上并存。

两者的异同点如下：

相同点：（1）客体相同。（2）交易原理相同。（3）经济作用相同。

不同点：（1）交易场所与方式不同。（2）市场参与者不同。（3）合约形式不同。（4）有无保证金的不同。（5）结算机构不同。

三、计算题

假设10月初某投机者预测1个月后瑞士法郎对美元的汇率将上升，于是买进10份11月的法郎期货（每份合约金额为125 000瑞士法郎），支付保障金为15 000美元，成交价格为CHF1/USD=0.783 6。1个月后瑞士法郎对美元的汇率果然上升，该投机者以CHF1/USD=0.796 2卖出10份瑞士法郎期货，可获得多少投资利润？投机利润率是多少？

答：10月份投机者购买10份11月份瑞士法郎期货，总价值为

$$125\ 000\times10\times0.783\ 6=979\ 500\text{（美元）}$$

11月份投机者卖出10份11月份瑞士法郎期货，总价值为

$$125\ 000\times10\times0.796\ 2=995\ 250\text{（美元）}$$

投机利润：995 250−979 500=15 750（美元）

投机利润率：15 750/15 000×100=105%

第八章　利率期货交易

【教学目的和要求】

利率期货是以债券类证券为标的物的期货合约，它可以规避银行利率波动所引起的证券价格变动的风险。利率期货自产生以来是最活跃的期货品种之一，在全球期货市场占较大份额，在全球经济中扮演着较为重要的角色。通过本章的学习，学生应掌握利率期货的定义，利率期货的产生与发展，利率期货的特征以及种类，利率期货的交易规则、基差、趋同以及相关的基本知识和基本原理；掌握利率期货合约报价，交割月份和挂牌数，利率期货的定价原理；理解利率期货价格与收益率的关系，利率期货价格与现期利率之间的变化关系等；了解利率期货交易策略以及利率期货在我国发展的历史和基本情况。

【教学重点和难点】

教学重点：利率期货的定义，利率期货的产生与发展，利率期货的特征以及种类，利率期货的交易规则，利率期货合约报价，交割月份和挂牌数，利率期货的定价原理，利率期货交易策略以及利率期货在我国发展的历史和基本情况。

教学难点：利率期货的套利以及套期保值。

【教学内容】

利率期货是当今最为活跃的期货品种之一，其产生于 20 世纪 70 年代中期，在全球期货市场占有较大份额，在世界经济中扮演着十分重要的角色。各种债券凭证对利率非常敏感，利率的些许波动都会引起期货价格的大幅度波动，给持有者带来了巨大的风险。利率波动给金融市场上的借贷双方带来利率风险，特别是越来越多持有国家债券的投资者，急需回避风险、套期保值，在此情形下，利率期货应运而生。本章将对利率期货的特征、种类、发展等作一一介绍。

第一节　利率期货

一、利率期货概述

（一）利率期货的概念和特征

利率期货是指以依赖于利率水准的资产为标的物的期货合约，它可以规避银行利率波动所引起的证券价格变动的风险。

作为一种全新的金融期货产品，利率期货交易不但具有传统期货产品交易的特点，而且也具有其自身的一些特征：第一，利率期货是以不同期限的利率产品为标的物的，包括利率衍生产品。比如，在 CBOT 上市的 10 年期利率到期期货的标的物本身就是利率衍生品。第二，利率期货价格与实际利率呈反方向变动。利率水平越高，债券期货价格越低：而利率水平越低，债券期货价格越高。第三，利率期货的交割方法相对较为特殊。短期利率期货主要采用现金交割方式，中长期利率期货则采用现券交割。第四，利用利率期货对利率产品进行套期保值、对冲，需要利率期限结构和收益率曲线，所以比商品期货的套期保值复杂得多。

（二）利率期货的种类

利率期货一般可分为短期利率期货和中长期利率期货，前者大多以短期银行同业拆借利率和短期国债为标的物，后者大多以中长期债券为标的物。短期利率期货最有代表性的品种，早期有美国 3 月期国债期货与 3 月期欧洲美元期货，欧元区成立后，3 月期欧元期货已成为最活跃的短期利率期货品种之一。中长期利率期货的代表品种是欧元德国中长期国债期货和美国中长期国债期货。

1. 短期利率期货

短期利率期货是指期货合约标的期限在 1 年以内的各种利率期货。以货币市场的各类债务凭证为标的物的利率期货均属短期利率期货，包括各种期限的商业票据期货、国库券期货及欧洲美元期货等。

短期利率期货的交割有现金交割和实物交割之分。现金交割一般应用于期限较短的债券期货合约，比如 30 天短期债券期货合约。采用现金交割时，期货交易所通常会规定一个相当于交割日现货市场价格的价格（比如规定交割月现货市场的算数平均价格作为交割日现货市场的价格），买方只需向卖方交付最后交易日利率期货的结算价与该价格的价差，即完成交割（当最后交易日的结算价与该价格的价差为负时，买方实际是收钱）。实物交割是买方向卖方支付发票金额即可。短期利率期货一般以贴现的方式发行，票面金额是按最后交易日的结算价计算的价格。

短期利率期货中，最具代表性的当属美国短期国债期货。美国短期国债是由美国财政部发行的一种短期债券，首次发行时间为 1929 年 12 月，由于美国短期国债流动性高，美国政府为之担保，安全性高，在利率期货开发出来以后，颇受欢迎，成为最重要的利率期货工具之一。美国短期国债期货合约在美国芝加哥商业交易所挂牌交易。合约规模一般是面额为 100 万美元的 3 个月期（13 周）美国短期国债。美国短期国债的报价方式，按照市场的报价指数来计算，报价指数是（1-贴现率）×100，一张 3 个月到期交割的短期国债的实际价格应是 100-（100-报价指数）×3/12（单位：万美元）。假设，一张短期国债期货合约的贴现率是 2.25%，那么期货合约的报价指数就是 97.75，到期日的实际价格就是 100-（100-97.75）×3/12=99.437 5 万美元。短期国债期货合约的交割月份为每个季度的最后一个月，即每年的 3 月、6 月、9 月、12 月，一般以现金交割。

另一个代表性的短期利率期货是欧洲美元期货合约。欧洲美元是指美国境外金融机构的美元存贷款。这种境外美元存贷款业务始于欧洲，被称为欧洲美元。欧洲美元不受美国政府监管，不须提供存款准备，不受资本流动限制。欧洲美元期货合约的交易对象是存放在美国境外各大银行的 3 个月期的欧洲美元定期存款。这种期货合约的票面是 100 万美元，于 1981 年 12 月在芝加哥商业交易所国际货币市场分部推出。欧洲美元期货采用现金交割的方式，即最后交易日未平仓合约以欧洲美元期货的交割结算价格为基准计算交易双方的盈亏来了结头寸。现金交割的成功应用在金融期货发展史上具有重要的意义，不但直接促进了欧洲美元期货的发展，而且为股票指数期货的推出铺平了道路。

2. **中长期利率期货**

中长期利率期货是指期货合约标的物的期限在 1 年以上的各种利率期货。以资本市场的各类债务凭证为标的物的利率期货属于中长期利率期货，包括各种期限的中长期国债期货和市政公债指数期货等。长期国债对于利率水平的变动极为敏感，同时具有富有竞争力的利率、保证及时还本付息、市场流动性强等特点，吸引了各国政府和公司的巨额投资。长期国债期货二级市场迅速扩张。

以美国的中长期国债期货为例，美国政府每年于 2 月、5 月、8 月、11 月发行，每次发行的债券包括 1 至 10 年期的中期债券，其中以 5 年期和 10 年期较为常见，还有 10 年期至 30 年期的长期债券。长期债券的二级流通市场很大，流动性很强。

美国中长期债券期货合约的规格包括：

第一，交易单位。美国芝加哥商品交易所的中长期债券期货合约的面额为 10 万美元。

第二，价格。中长期政府债券的期货合约的价格以 8%的息票利率和 20 年期的有效债券为计算基础，用价格指数来表示。行情表上的期货合约价格是以合约数额的一定百分比表示的，百分之一以下的数是以 1/32 为基础计算的。例如：96-32，意思就是 96“点”另加 32“滴”。1“点”代表面值 10 万美元的 1%即 1 000 美元；1“滴”代表 1/32 点，也就是 1“滴”=1000 美元×1/32=31.25 美元。96-32，即表示该期货合约的金额为面额的（96+32/32）%倍，可以算出 96×1000 美元+32/32×1 000 美元=97 000 美元。

第三，交割方式。中长期债券期货的交割涉及三天。第一天称为 Position Day，是期货合约交割月份的第一个营业日前的第二天。第二天称为 Notice of Intention Day，在该日，清算所从众多的未平仓的多头之中选择买方。一旦选定，卖方就会对某特定的交割债券开出发票，买方准备支付款项；第三天称为 Dlivery Day，即实际交割和付款日。

第四，交割债券价格的折算。对于中长期债券的期货合约，交易所规定，期货价格是以 8%的息票利率为基础计算的，可交割的中长期债券有许多种。因此，要求不同标准的债券价格进行折算，使每一种债券都保持 8%的息票利率。在实际交割时，卖方给买方开出的发票金额是由下式决定的：

发票金额=（10 万美元×期货清算价格×转换系数）+ 积累利息

积累利息是指由于中长期债券持有者按一定的期限取得利息收入，在交割时，债券的持有者或空头要向买入债券的人收取从上次票息支付后到交割日的持有债券的利息收入。所以，积累利息=（n×息票年利率×债券票面额）÷365（其中：n 是从上次票息支付之日到交割日时的天数）。

转换系数是指为了把各种各样的符合交割要求的债券价值统一于 8%的票面利率标准，美国芝加哥商品交易所计算出不同债券之间的价值转换系数。

二、利率期货的产生与发展

利率期货最早出现在 1975 年 10 月的美国芝加哥商品交易所的国际货币市场上。20 世纪 70 年代中期以来，西方各国为了治理国内经济、稳定汇率自由浮动后的利率水平，纷纷推出了金融自由化政策。以往的利率管制得到放松甚至取消，使得利率波动日益频繁剧烈。面对日趋严重的利率风险，各类金融商品持有者——各国政府、各类金融机构迫切需要一种既简便可行又切实有效的管理利率风险的工具。利率期货正是在这种背景下应运而生的。

利率期货是利率自由化的产物，保值者利用它来防范利率风险，投资者利用它来投机盈利。利率期货具有套期保值和投机盈利的功能，因此被各金融机构等投资者广泛采用，发展极为迅速。现在利率期货的范围很广，在美国期货市场上交易几乎为总量的一半，几乎所有信誉高、流动性强的金融工具均可做利率期货交易。

美国的金融市场一向资本充足，因此金融市场上各种金融产品的利率水平较低而且稳定，尤其是中长期国家债券的利率非常平稳。但是美国受到了 20 世纪 70 年代两次“石油冲击”的影响，经济陷入通货膨胀的危机之中。为了抑制通货膨胀，美国政府采取了提高资金利率的高息政策。但结果是通货膨胀依然存在的情况下，失业率上升更是雪上加霜，造成了严重的社会问题。无奈之下，美国政府只好重新降低利率水平，但是利率一降，物价重新上涨。20 世纪 70 年代美国利率水平几乎每月都在变。利率反复变动，给银行、公司以及其他投资者带来了同利率相关联的金融风险。投资者为了保证营运资本不受利率影响，收益得到充分保障，利率期货交易应运而生。

在美国，最具代表性的利率期货交易所有两个：一是芝加哥交易所（Chicago Board of Trade，CBOT）；二是芝加哥商品交易所（Chicago Mercantile Exchange，CME）。1975 年 9 月，CME 首次开办了国民抵押协会债券期货交易，并于 1976 年 1 月开办了 91 天短期美国政府国库券期货；1977 年 8 月 CBOT 开办了美国政府长期国债期货；1987 年 9 月在 CME 加做 1 年期国债期货；1982 年 5 月 CBOT 增做 10 年期中期国债；1985 年 5 月在 MYCE 开始做美国政府 5 年期债券期货；1988 年 4 月 CBOT 开始做 5 年期债券期货。80 年代初期，美国银行利率涨跌幅度较大，利率曾经在 1 年之内出现了 10%的较大波幅，使利率期货的投机者获利颇丰，同时也使金融机构、银行、投资机构认识到，对付利率波动的最可靠办法就是利用期货市场的对冲，于是利率期货的规模出现了井喷式的增长。1982 年，各种利率期货达到了空前的 3 000 万份合约的水平。到了 1986 年，在 CBOT 交易的美国长期国债期货合约已经跃居美国金融期货交易的首位，达到了 5 259.9 万份合约；在 CBOT 交易的美国中期国债期货合约位居第六，数量上高达 442.6 万份合约。

利率期货规模上越来越大，品种上也越来越多。目前，交易的债券期货有美国中长期国债券、美国市政债券、英国政府金边债券、日本政府债券、加拿大长期和中期国库券、荷兰政府债券、瑞典政府债券和欧洲债券等。交易的利率期货有短期国库券（或短期债券）利率、欧洲美元利率、存款单利率等。除此之外，还有商业票据期货、房屋抵押券期货等，2004 年全球利率期货交易量（以单边合约数计）为 12.06 亿手，占同期全球期货交易量的 56%。

三、利率期货合约标价方法

由于期货套利及避险与期货定价有相当大的关联性，期货投资者在建立利率期货头寸时，最关心的问题之一是利率期货合约的价格是否公平。为了对利率期货进行合理定价，需要对影响利率期货价格的主要因素进行分析。

（一）利率期货价格的影响因素

1. **利率**

利率是影响利率期货价格的最主要因素，其他因素都是通过改变人们对利率的预期来影响利率期货的价格。利率期货价格本身就是反映利率变动的一种形式，由于利率期货价格的形成与变动均基于对远期利率的预期，而且由于其具有较低的交易成本和杠杆效应，决定了利率期货市场是比国债市场接受利率政策调整影响更快也是更直接的市场，也是发现利率的主要机制，更是传导利率政策调整信号最主要的渠道之一。

利率对不同期限国债期货品种价格的影响是有差异的。一般情况下，长期国债期货对利率的敏感性比短期国债期货要大些，利率调整和市场利率预期变动会使长期国债期货价格的波动幅度更大些。但是，这种规律并非一定是绝对的，因为这还要看货币当局对未来经济增长形势的判断和公开市场业务的操作情况。一般来说，当货币当局公布利率下调之后，为了增强这一政策效果，刺激货币供给量的增加，中央银行会在市场上买进国债释放基础货币量。由于中央银行公开市场业务操作重在基础货币的吞吐，因此每次国债购买价格都要高于平均市场价格而且数量巨大，这定会促使国债期货价格上涨。

2. **货币供给量**

货币供给量的作用原理是通过影响利率而对国债期货价格产生影响，它是央行稳定物价或者刺激需要最有效的工具之一。货币供给量减少，社会上流动中的资金量减少，抑制了物价的上涨，利率水平上升，引起了国债期货价格的下跌；货币供给量上升，社会上流动中的资金量增加，物价将来有上涨的趋势，利率水平下降，将使资金流向国债和国债期货市场，从而提高了国债期货价格水平。

3. **工业生产指数**

工业生产指数是指企业生产规模指数，该指数代表着一国实质经济生产面的不确定性，而实质经济面会影响到债券市场。当工业生产指数上升的时候，经济发展速度较快，贷款需要增加，利率水平升高，使得国债期货价格下跌；反之，当工业生产指数下降时，经济发展速度放缓，贷款需求减少，利率水平下降，使得国债期货价格上升。

4. **投机和心理因素**

一些较大的市场投机者还会经常利用某些消息或者价格的暂时波动，人为地进行投机性的大量抛出或者补进，对利率期货波动起到推波助澜的作用。投机者对市场的信心对于利率期货价格也有较大的影响，当然会受到一定条件的约束。

5. **国际利率水平**

在一个开放的社会经济环境中，利率的变动会受到国际利率水平的影响，特别是在资本的国际流动日益频繁、流动规模越来越大的情况下，国际因素对利率的影响会越来越大。资本金在国际的流动，会导致一国利率水平上下浮动，进而对利率期货价格产生影响。

（二）持有成本定价模型

持有成本定价模型是建立在无套利原则基础之上的，无套利理论是和经济学中的“一价原则”相联系的。“一价原则”是指在运行良好的金融市场中，价格相等的资产应该有相同的价格，当一价原则不满足时，套利机会就会出现，市场参与者可以在一个市场中低价买进，在另一个市场中高价卖出，获取无风险套利利润，并迫使利率期货价格向其理论价格回归，消除套利机会，这一理论均衡价格就是所谓的无套利价格。假设，期货价格高于其无套利均衡价格时，套利交易者采用现货持仓策略，就是买进现货，同时卖出相应数量的期货合约，直至交割；同样，期货价格低于其无套利均衡价格时，套利交易者采用反现货持仓策略，即卖出现货，同时买进相应数量的期货合约，直至交割，就可以获得无风险利润。

套利概念在现代金融学中有非常重要的地位，可以通过无套利条件对复杂金融产品进行定价。套利是指以初始投资购买一种资产，同时出售相同或等效的另一种金融资产，以获得因定价不合理而带来的无风险利率。将新产品用现在可以定价的工具组合进行复制，那么新产品和复制产品必然有相同的价值，如果二者不同，就存在获取套利利润的潜在机会。

持有成本定价模型基于期货合约是一个未来对应现货资产交易的临时替代物。此模型要想成立，必须满足如下条件：利率期货标的资产是无限可分的，即固定收益债券数量可以是分数；借入和贷出的标的资产现金利率是确定的；资金利率是相同的；卖空现货是没有限制的，而且马上可以得到对应货款；没有交易税收和交易成本；无保证金成本；期货合约没有违约风险；现货价格已知；对应标的资产市场具有足够的流动性。

期货合约的买卖双方交易的不是真实资产，而是协议，双方同意在以后的某个时间进行现货交易，协议开始时是没有资金易手的。期货合约的卖方要以后才能付出现金交收现货，因此必须得到因持有对应现货而放弃马上到手的资金所带来的利益的补偿；与之相对应，期货合约的买方要以后才能付出现金交收现货，必须支付使用资金头寸推迟现货支付的费用，因此期货价格必然要高于现货价格以反映这些融资或持有资本。因此，期货价格应该等于现货价格加上持有成本。

如果，期货合约对应的标的资产是支付现金利率的金融工具，那么期货合约的买方就会因为没有马上获得金融资产而失去了获得相应利息收益的机会，而合约卖方因持有该种金融资产而获得了相应的利息收益，因而减少了其持有成本。因此，期货价格向下调整一定的幅度，相当于利息收入。结果为

期货价格=现货价格+净持有成本=现货价格+融资成本−金融工具利息收益

假设：t 代表初始时刻，T 代表期货合约到期日，F_0 代表初始时刻的期货价格，F_t 代表期货合约到期日 T 时的期货价格，S_0 代表初始时刻的现货价格，S_t 代表期货合约到期日 T 时的现货价格，r 代表市场无风险利率，D 代表初始时刻至期货合约到期日现货持有期间所获复利总和。

为了确定利率期货的合理价格，交易策略做如下假设：固定收益债券期限为 N 年，票面利率为 R，在 t 为代表的初始时刻，出现价格为债券面额，在初始时刻按照市场无风险利率 r

借入资金，购入债券 1 张，同时买进 1 张以该债券为标的的期货合约，交割日期为 T。到期，用持有的债券进行期货合约交割，并且连本带利偿还购买债券所用款项。

在之前的假设条件下，借入的资金用于购买债券，初始时刻 t 的净现金流为 0。到了 T 时刻，交割所持有的债券，并偿还银行贷款本息，此刻有现金流产生。在无套利的均衡市场状态下，上述交易策略（见表 8.1）在时刻 T 产生的净现金流贴现至时刻 t 后应与时刻 t 的净现金流相等，即

$$(F_T+D)-S_t\times(1+r)(T-t)=0$$

因此，利率期货理论价格应为

$$F_T= S_t\times(1+r)(T-t)-D$$

表 8.1　上述交易策略及产生的现金流

	操作策略	净现金流
时刻 t	银行贷款：S_t 购买债券支出：$-S_t$	0
时刻 T	期货交割款收入：F_T 债券利息收入：D 偿还银行贷款本息：$-S_t\times(1+r)(T-t)$	$(F_T+D)-S_t\times(1+r)(T-r)$

同样，如果在 t 时刻卖空债券，同时买入相应数量的利率期货合约，那么在同样的假设前提和市场均衡条件下，依然可以得出上述结论。

债券利息的发放时间一般都是固定的，但可以把不在初始时刻发放的债券利息折现到 t 时刻，这时，可以计算出持有债券的利息收益，我们称之为 d，利率期货理论价格公式为

$$F_T=S_t\times(1+r-d)(T-t)\times S_t\times e(r-d)(T-t)$$

式中：$r-d$ 是债券收益率调整过后的融资利率，表示投资者的净融资成本，即持有成本。当 $r>d$ 时，购买债券的融资成本大于债券收益，持有成本是正数；当 $r<d$ 时，购买债券的融资成本小于债券收益，持有成本是负数。持有成本决定了利率期货合约的理论价格相当于其标的价格是溢价还是折价。而且，随着期货合约到期日的临近，持有成本会逐渐接近于零。

利率期货理论价格公式是持有成本模型给出的利率期货理论价格，如果市场是无摩擦的，那么上述定价公式是成立的，这是因为一旦利率期货价格偏离其理论均衡价格，那么套利交易者将介入市场套利，并迫使期货实际价格向其均衡价格回归。投资者总是会在市场上寻找套利的机会，当期货价格偏离其理论持有成本模型时，说明期货合约价格相对来说是被高估或低估，套利者可以买入被低估的一方，卖出被高估的一方，持有到期交割后，就能获得无风险利润。当众多套利者都进行套利交易时，套利买盘就会推动着被低估的资产价格上涨，被高估资产价格也会因套利卖盘而下跌，最后达到持有成本模型所确定的价格。

但是，现实中的市场条件并不是无摩擦的，因此在实际应用利率期货合约持有成本定价模型时，必须考虑到有摩擦的市场条件的限制，以实际情况对理想状态下的持有成本模型进行修正。

（三）利率期货合约定价中需要考虑的因素

在实际交易中，利率期货市场上期货理论价格与实际价格的差异，是因为原始的持有成本模型没有把一些实际的市场因素纳入。

1. 税负

经济学家认为，得出期货合约的价格经常低于其理论价格的结论，是因为在研究期货合约的价格时，原始持有成本模型没有考虑税负因素，必须将税负因素的影响纳入模型中才能得出合理的理论价格，然后其实证结果显示，在调整税负影响后，实际期货价格仍然低于理论价格。

2. 交易成本

经济学家研究认为，期货价格有低估想象，是因为原始持有成本模型中没有考虑交易成本。

3. 借贷利率不对称

理论借贷利率与市场上实际借贷利率不一致的时候，将会对期货合约价格产生较大的影响，从而使得持有者的收益发生较大的改变。

第二节 利率期货交易

一、利率期货的交易

（一）套期保值的目的

理论界对于有关套期保值的目的有不同的观点，大致可以分为三种：风险最小化、收益最大化、现代投资组合理论中的风险—收益理论。

1. 风险最小化

风险最小化认为，在现实的经济生活中，当投资者面临风险时，总希望能够减小或完全消除风险，因此套期保值的目的是风险最小化。风险最小化是最传统的套期保值观点。

以风险最小化为追求目标的套期保值又被称为消极的套期保值，它不涉及对现货市场价格的未来的预测，仅仅通过在期货市场和现货市场同时进行反向操作锁定价格。这种期货保值者参与期货市场的目的就在于降低或完全消除他们在现货市场中所面临的价格风险，对他们来说，重要的不是通过利率期货合约获得利润，而是通过持有利率期货合约，增加其所持有的现货仓位价值的确定性。

2. 收益最大化

收益最大化为目标的套期保值又被称为积极的套期保值，这种观点认为，套期保值的目的不应是风险最小化，而是从相应的期货合约和现货资产的价格波动中获得利益。但这并不是说以收益最大化为目标的投资者不关心风险，而是说其交易动机是为了获取最大利润。

收益最大化是通过对固定收益债券现货市场未来的走势的判断，有选择地运用套期保值策略来规避市场价格波动风险。大多数积极的套期保值者对投资组合实施套期保值策略的目的是保证投资组合的价值不跌破某一地线，同时又有相当的上升空间。一般来说，积极的套期保值者希望获得较高的收益，并具有一定的风险承担能力，只对其所能承受亏损以外的现货仓位进行套期保值，或者在能够有很大把握明确未来现货价格的变动趋势时才进行选择性的套期保值交易。

3. 现代投资组合理论

现代投资组合理论纠正了风险最小化的套期保值忽略了对收益的考虑，同样，纠正了收益最大化的套期保值没有考虑对风险的控制。这种观点认为，期货套期保值交易不能仅仅被视作一种风险规避行为，其目的不仅仅要使风险最小化或收益最大化，而是将期货作为投资组合中的一种资产，而是可以将套期保值归结为一个资产组合的选择问题，认为套期保值的目的是谋求降低组合风险和获取收益，既能实现组合风险降到最低，同时又能实现收益最大化的目的，因此需要在组合风险和组合收益之间达到一种平衡。

（二）套期保值的操作原则

套期保值大体上遵循交易方向相反、商品种类相同或相近、商品数量相当、月份相同或相近等原则。在进行套期保值交易时，必须遵循这四大操作原则，否则，所做的交易就有可能达不到套期保值交易应有的效果，难以实现规避价格风险的目的。

1. 交易方向相反原则

交易方向相反原则是指在做套期保值交易时，套期保值者必须先后或同时在现货市场上和期货市场上采取相反的买卖行动，即进行反向操作，在两个市场上处于相反的买卖位置。

只有遵循交易方向相反的原则，同种商品的期货价格和现货价格变动趋于相同，交易者才能取得在一个市场上亏损的同时在另一个市场上盈利的结果，从而才能用一个市场上的盈利去弥补另一个市场上的亏损，达到套期保值的目的。

如果违反了交易方向相反的原则，所做的期货交易不仅无法达到规避风险的目的，反而增加了价格风险，其结果是会同时在两个市场上亏损，或者同时在两个市场上盈利。比如，对于现货市场上的买方，如果他同时也是期货市场的买方的话，那么，在价格上涨的情况之下，他在两个市场上都会出现盈利，在价格下跌的情况下，在两个市场上都会出现亏损。

2. 商品种类相同或相近原则

商品种类相同或相近原则是指在做套期保值交易时，所选择的期货品种必须和套期保值者将在现货市场上买进或卖出的现货商品在种类上相同，就算没有完全相同的期货品种，也应该选择较为相近的期货品种来保值。当商品种类相同或者相近时，现货价格和期货价格之间才有可能形成密切的关系，才能在价格走势上保持大致相同的趋势，而在两个市场上同时采取反向买卖行动取得效果。在做套期保值交易时，必须遵循商品种类相同或相近原则，否则，所做的套期保值交易不仅不能达到规避风险的目的，反而有可能会增加价格波动的风险。

3. 商品数量相当原则

商品数量相当原则是指在做套期保值交易时，所选择的期货条约上所载的商品数量必须与交易者将要在现货市场上买进或卖出的商品数量相当。

因为只有保持两个市场上买卖的商品数量相当，才能使一个市场上的盈利额与另一个市场上的亏损额相等或者最接近，所以做套期保值交易必须坚持商品数量相当原则。另外，结束套期保值时，两个市场上盈亏的多少，还取决于当时的基差与开始做套期保值时的基差是否相等。在基差不变的情况下，两个市场上的亏损额与盈利额取决于商品数量，只有当两个市场上的买卖数量相当时，两个市场上的亏损额和盈利额才会相等，盈利额刚好可以弥补亏损额，实现完全规避价格风险的目的。如果两个市场上买卖的商品数量不相等，那么两个市场上的亏损额和盈利额将不相等。

由于期货合约是标准化的，每手期货合约代表的商品数量是固定不变的，但是，交易者在现货市场上买卖的商品数量确实各不相同，这就使得在做套期保值交易时，很难做到所买卖的期货商品数量等于现货市场上买卖的现货商品数量，这就给套期保值交易带来一定困难，并在一定程度上影响套期保值交易的效果。

值得注意的是，这里所说的数量相当并不是指期货数量与现货数量相一致，而是表示为达到套期保值目的所需的期货合约数量是与现货数量有一定关系的，必须依据现货数量确定期货合约数量。

4. 月份相同或相近原则

月份相同或相近原则是指在做套期保值交易时，所选择的期货合约的交割月份最好与交易者将来在现货市场上实际买进或卖出现货商品的时间大致相当。

在选用期货合约时，因为两个市场上出现的亏损额和盈利额受到两个市场价格变动幅度的影响，所以必须要遵循月份相同或相近原则。如果想让期货价格和现货价格之间的联系更加密切，加强套期保值效果，就必须使所选用的期货合约的交割月份和交易者决定在现货市场实际买进或卖出的现货商品的时间相同或相近。因为，随着期货合约交割期的到来，期货价格和现货价格会趋向一致。

（三）套期保值的基本类型

按照套期保值者在期货市场上买卖方向的不同，利率期货套期保值的基本类型分为两种，即买入套期保值和卖出套期保值。

1. 买入套期保值

买入套期保值是指交易者为了将来在固定收益债券现货市场买进现货时不致因利率下降而给自己造成经济损失，而在现在的利率期货市场上买入期货的一种套期保值方式。这种用期货市场的盈利对冲现货市场亏损的做法，可以将远期价格固定在预计的水平上。买入套期保值是需要现货商品而又担心其价格会上涨的客户常用的保值方法。

例如，某投资者在 3 个月后（6 月 20 日）将收到 100 万元的资金，该笔资金可用于投资，因此他打算买入长期国债，该投资者认为目前（3 月 20 日）4.76%的利率水平已经较高，3 个月后利率可能会下跌，他预测投资的收益将减少，为使收益率维持在现有水平上，他在期货市场上买进 10 张长期国债合约，每个合约的面值为 10 万元，即他提前使用现货投资，在期货市场上购买等值的期货（见表 8.2）。

3 个月后，当他把这笔资金投资到长期国债上时，利率实际上已经下降，国债价格随之上升。在这个例子中，机会损失是 2 万元。投资者把这笔资金投资到现货市场的同时卖出 10 张期货合约，冲销其期货交易。由于现货利率降低，期货价格随着现货价格的上升而上升，卖出期货合约就会获利，冲抵了现货市场上的损失。

表 8.2 买入套期保值交易策略与结果

	现货市场	期货市场
3 月 20 日	投资者将于 6 月 20 日投资 100 万元于长期国债市场，息票利率是 4.25%、收益率是 4.76%，国债市场价格是 95.16 元	投资者买入 10 张 5 月份面值 10 万元长期国债，价格为 95.00 元
6 月 20 日	投资者买入 100 万元长期国债，息票利率是 4.25%，由于利率下降，国债价格上升为 97.16 元	投资者卖出 10 张 5 月份面值 10 万元长期国债期货合约，价格为 97.00 元
交易结果	现货市场损失为 10 000×（97.16−95.16）=20 000（元）	期货市场盈利为 10 000×（97.00−95.00）=20 000（元）

注：假定基差不变，且不计交易成本和保证金成本，还假定期货合约名义利率与长期国债票面利率相同，这样就不需要转换因子。

在运用买入套期保值交易中，也可能会出现投资者的预测与市场实际走势不一致的情况，即利率出现不降反升的相反情况，则投资者将会在期货市场上发生损失，但这种损失会因在国债市场上盈利而予以补偿，因此仍能达到保值和规避风险的目的。

2. 卖出套期保值

卖出套期保值是指交易者先在期货市场卖出期货，当利率上升、债券现货价格下跌时，用期货市场的盈利来弥补现货市场的损失，从而达到保值目的的一种套期保值方式。它是与买入套期保值相反的一种交易。卖出套期保值主要适用于持有债券的投资者，他们担心将来债券价格下跌使得自己受到损失。卖出套期保值的另一种情况是，需要在将来借入款项的投资者用来防范利率的上升，控制借款成本。

例如，3 月 20 日，一个投资者持有票面价值为 10 万元的长期国债，打算三个月后卖出这项资产，在此期间，投资者受到利率提高风险的威胁，利率上升将引起固定收益证券价格下跌，从而使持有者的利益遭受损失。为了避免预期利率提高的风险，这个投资者可以立即卖出长期国债，投资到两个月的定期存款上，但因为期货交易成本很低，并且在期货市场上没有违约风险存在，投资者就在期货市场上卖出同等数量的长期国债，即他卖出一个期货合约。这样，他在现货市场上的多头资产就与期货市场上相反的空头资产相抵。

三个月后，投资者在现货市场上卖出长期国债，利率像预测的那样提高了，因此投资者在现货交易中受到了损失。同时，投资者在套期保值交易开始时卖出一项合约，现在买进一项合约，要结清期货交易。由于利率提高，期货合约的价格与现货价格一样下跌，投资者买进合约所支付的价格比他在卖出合约时所得到的价格低，因此，在结束期货交易时，他获得了一定的利润。由于现货和期货价格完全同步变化，现货交易的损失正好与期货市场的利润抵消，期货交易的目的即免受利率变化的风险就达到了（见表 8.3）。

如果与投资者的预测相反，在这期间利率降低了，投资者卖出现货债券本来可以获利，但是，随着现货价格的上升，期货价格也上升了，要以更高的价格买回合约，这就会造成损失，至少也会部分地冲销现货市场上的利润。像这种情况，投资者不受利率变动影响的目标也达到了，但无法享受到利率变动带来的利益，如果不进行套期保值交易的话，其境况会好些。

表 8.3 卖出套期保值交易策略与结果

	现货市场	期货市场
3 月 20 日	投资者用息票利率 4.25%、票面价值总共 10 万元的长期国债，该国债的市场价格为 95.16 元，收益率为 4.76%	投资者卖出一个 8 月份的长期国债合约，价格为 95.00 元
6 月 20 日	卖出息票率为 4.25%、票面价值为 10 万元的长期国债，价格为 92.16 元	投资者买入一个 8 月份的长期国债合约，价格为 92.00 元
交易结果	现货交易损失为 （95.16−92.16）×1 000=3 000（元）	期货交易盈利为 （95.00−92.00）×1 000= 3 000（元）

注：假定基差不变，且不计交易成本和保证金成本，还假定期货合约名义利率与长期国债票面利率相同，这样就不需要转换因子。

3. 交叉套期保值

交叉套期保值是使用最多的一种套期保值方式。理想的套期保值结果是现货头寸可能发生的损失正好与期货头寸的盈余相抵消，以及所谓的完美套期保值。但在实际中，由于期货合约规格是标准化的，买卖合约必须整手，而且市场上未必就存在以所持有的现货品种为标的资产的期货品种，所以完美套期保值往往是不存在的。在为现货进行套期保值时，若没有刚刚好的同品种标的、相对应的期货合约时，这种风险规避方法被称为交叉套期保值。

在金融市场中，投资者持有的金融工具种类多种多样，有抵押债券、公司债券和其他国家的债券等，而市场上往往没有以这些金融工具为标的资产的期货合约，因此如果对它们进行套期保值，就必须用交叉套期保值的方法。由于中长期利率期货合约标的多为名义债券，所以利用利率期货进行的套期保值都属于交叉套期保值。

例如，某券商在 9 月 7 日购入承销一家公司决定在一个月后发行的 90 天商业票据，筹资额为 9 700 万美元，如果当时商业票据的贴现率为 12%，则该券商承销 1 亿美元面额的 90 天商业票据可筹足所需资金。为避免因利率上升而造成该票据价格下跌的风险，该券商决定进行套期保值。由于市场上只有国债期货合约，券商决定用 3 个月短期国债期货做交叉套期保值。该券商根据回归分析，90 天国债与 90 天商业票据的利率相关系数为 0.86，于是他认为用 86 张短期国债期货合约即可以达到规避风险的目的。套期保值效果可以从如下对比中看出：如不实行套期保值，因贴现率上升为 14%，券商发行 1 亿美元 90 天商业票据，只筹得资金 9 650 万美元，损失 50 万美元；实行交叉套期保值，4 月 7 日卖出 86 张 90 天国债期货合约，合约总价值为 8 406.5 万美元，10 月 7 日买进 86 张 90 天国债期货条约对冲，因利率上升导致合约价值下降，合约总价值为 8 357.05 万美元，则该券商在期货市场上收益 49.45 万美元，抵减承销发行中的损失，券商亏损 5 500 美元（见表 8.4）。

表 8.4 交叉套期保值交易策略与结果

	现货	期货
9月 7 日	商业票据贴现收益率为 12%，承销 1 亿美元公司 90 天商业票据，计划筹资 9 700 万美元	以每张合约 97.75 万美元的价格卖出 86 张短期国债期货
10月 7 日	商业票据贴现率上升为 14%，发行 1 亿美元公司 90 天商业票据，筹资 9 650 万亿美元	以每张合约 97.165 万美元买进 86 张短期国债期货
交易结果	亏损 50 万美元	盈利 49.45 万美元

通过这个例子，我们可以发现，利用利率期货合约进行交叉套期保值，可以将企业债券、商业票据以及其他价格变动与市场利率变化关系密切的金融工具的风险进行有效规避。利用交叉套期保值的关键是要选择合适的用于套期保值的期货品种，并准确计算出需要多少张合约才能达到最有效的保值效果。

（四）套利的原理

由于市场对各种证券的反应存在时滞或是供给与需求之间的暂时不平衡，导致不同的市场之间出现暂时的价格不合理现象。一些敏锐的交易者能够迅速地发现这种情况，并立即购入定价过低的金融工具或期货合约，同时卖出定价过高的金融工具或期货合约，从中获取无风险的或几乎无风险的利润，这种交易方式称为套利交易。

利率期货套利是套利交易的一种，若利率期货合约的价格与根据其标的现货推算出的期货无套利价格间出现明显的偏离，套利交易者就可以在相关的两个利率期货合约之间建立空头头寸和多头头寸，获取套利利润。利率套利交易的关键在于，这两个利率期货合约间的价差的变动关系是否已在平仓后产生利润。进行套利交易时，套利者不用关心期货合约价格走势是涨还是跌，这是因为一个头寸的损失可由另一个头寸的获利所弥补。

在这里，我们有必要指出一个与套利有密切联系的，可以作为套利的同义词的概念——价差交易。价差交易与套利交易究竟有何区别呢？根据马歇尔的解释：套利者是利用空间上的不合理的价格关系，通过同时买进和卖出来获利；而价差交易者则是利用时间上的不合理的价格关系，通过同时买进和卖出来获利。所以，套利者所进行的是一种“空间套利”，而价差交易者所进行的是一种“时间套利”。由此可见，价差交易也是一种套利交易。因此，在某些场合，价差和套利这两个概念可交互使用。我们可以看出套利与差价的区别只是体现在具体的方法上，而不是体现在基本的特征上，也就是说，它们的基本特征是一致的。因此，在不致引起误解的前提下，为了使分析便利，我们在下文中把差价交易和套利交易作为同一种交易行为，并将它们系统地称为“套利”。

我们所谓的不合理的价格关系包括多种不同的情况：第一种情况是同种金融商品或金融期货合约在不同市场之间的不合理的价格关系；第二种情况是同一市场、同种金融期货合约在不同交割月份之间的不合理的价格关系；第三种情况是同一市场、同一交割月份之间的不合理的价格关系。所有这些不合理的价格关系一般只存在于一个较短的时间内，通过套利者的套利活动，这些不合理的价格关系将很快得到矫正或拉平。相应的，套利交易也分为三种类型：跨期套利（Intertemporal Arbitrage）、跨品种套利（Cross-species Arbitrage）、跨市场套利（Cross-market Arbitrage）。

跨期套利一般有两种情况：买入跨期套利和卖出跨期套利。

1. 买入跨期套利

买入跨期套利又称牛市套利，在正向市场上，如果供给不足，需求相对旺盛，就会导致近期月份合约价格的下跌幅度小于远期月份合约，或者近期月份合约价格的上涨幅度大于远期月份合约，交易者可以通过买入近期月份合约的同时卖出远期合约，希望在看涨的市场行情中近期期货合约涨幅大于远期合约涨幅或者近期期货合约跌幅小于远期合约跌幅。

例如，一位美国金融市场的投资者，在对美国债市场进行了长期研究之后，发现在 5 月中旬，芝加哥期货交易所 8 月份交割的长期国债期货合约价格为 80.10 美元，11 月份合约价格为 80.02 美元，价差为 8 美分。该投资者预计，由于美国经济增长速度放缓，信贷需求压力减小，所以，美联储可能会降低利率，以提振美国经济，长期国债和长期国债期货价格将上涨，并且 8 月至 11 月间的国债期货合约之间的价差可能会进一步扩大。也就是说，8 月份期货合约的价格涨幅将大于 11 月份期货合约的价格涨幅，并且净持仓费用将降低。于是，该投资者决定进行跨期套利交易，买入 1 张近期月份期货合约，同时卖出 1 张远期期货合约。结果，到 7 月份，美联储果然下调利率，国债期货出现上涨，到 7 月 11 日，长期国债期货 8 月份合约价格上涨至 76.16 美元，11 月份合约价格上涨至 75.20 美元，两种合约价差扩大到 0.96 美元，在此价格水平上，该投资者进行了对冲平仓。交易结果见表 8.5。

表 8.5 买入跨期套利交易结果 单位：美元

	8 月份合约	11 月份合约	价差
5 月 15 日	80.10	80.02	0.08
7 月 11 日	76.16	75.20	0.96
盈亏	3.94	-4.82	0.86

在该例中，近期月份期货价格涨幅超过了远期月份期货合约价格，因此套利者能够从中获取利润。如果投资者单独买入 8 月份长期国债期货合约，并在 7 月 10 日对冲平仓，他可以获得更大利润。但是，假如该投资者判断失误，美联储为抑制战争可能带来的通货膨胀压力反而提高了联邦利率，那么利率期货价格将会出现与该投资者相反的模式，在这种情况下，单独买入 8 月份长期国债期货合约将造成很大的损失，而进行跨期套利交易虽然使投资者的预期利润降低，但也有效减少了投资者判断失误所引致的损失，提高了投资者的风险承受能力。

2. 卖出跨期套利

卖出跨期套利又称熊市套利，是与买入跨期套利正好相反的一种套利交易方式，投资者根据期货市场价格变化情况，卖出近期月份的期货合约，同时买进远期交割的期货合约，当近期合约价格下跌幅度超过远期交割的期货合约下跌幅度或近期合约上涨幅度低于远期合约上涨幅度时，卖出跨期套利将获利。

例如，某期货合约交易者注意到，在 5 月份至 8 月份之间，美国市场短期利率低于长期利率，并且相当平稳。但至 8 月末，市场短期利率上扬并高于长期利率，受此影响，在芝加哥期货交易所交易的 10 年期国债期货合约（12 月份）与远期期货合约（3 月份）出现价格贴水，价差为 0.14 美元，此种现象一直维持到 10 月份，不过价差缩小至 0.05 美元。该交易者预期，由于经济形势看好，对短期信贷增加，短期利率将会进一步上扬，所以，国债期货价格将会下跌，且近期月份合约跌幅会大于远期合约跌幅，价差将会继续扩大，期货持仓费用将会上升。于是该投资者决定做卖出跨期套利，并按 72.13 美元的水平买进 1 张 3 月份交割的 10 年期国债期货合约，同时按 72.08 美元的水平卖出 1 张 12 月份交割的 10 年期国债期货合约。随着时间的推移，至 10 月份中旬，债券价格果然下跌，致使 12 月份合约与 3 月份合约的价差明显扩大，至 11 月中旬，价差已扩大到 3.31 美元，于是该投资者进行了对冲平仓。交易结果见表 8.6。

表 8.6 卖出跨期套利交易结果 单位：美元

	12月份合约	3月份合约	价差
10月15日	72.08	72.13	0.05
11月15日	67.15	70.46	3.31
盈亏	4.93	−1.67	3.26

在该跨期套利交易活动中，由于国债期货远期合约价格跌幅小于近期合约价格跌幅，投资者对国债期货市场价格走势及不同月份合约间价差变化做出了正确的判断，它能够获取卖出跨期套利利润。如果投资者仅卖出12月份合约，那么它就能获取更高的利润，但也将自己置于很大的风险中。如果他判断失误，国债期货价格不跌反升，那么他将遭受很大损失。进行跨期套利虽然冲销了部分利润，但同时也降低了可能面临的风险。

二、我国债券交易历史及发展趋势

（一）我国发行债券的历史

在20世纪90年代，我国曾经发行过国债期货，但是由于当时的条件不能满足其发展的要求，故而国债期货发行不久即告夭折。其具体原因如下：

1. 利率形成机制并非市场化

国债期货是用来规避利率风险的一种金融工具，而利率市场化则是发展国债期货的必要条件。在当时我国发行国债期货期间，利率一直是由政府决定的，国债期货利率由同期银行储蓄存款的利率水平为参照上浮一两个百分点来确定。正因为如此，当时我国的利率尚未实现市场化，国债期货几乎失去了规避利率风险、套期保值的功能，同时其受政策信息的影响过大，因此加大了政策性的风险，这直接助长了过度投机。

2. 国债的现货市场发展不完善，国债的期限结构设置不合理

从金融市场发展的普遍规律来看，发展货币市场应该在发展资本市场之后。而中国的证券市场是在货币市场没有取得什么发展的条件下超前发展起来的，这无疑在市场结构上产生了某些断裂。当时情况下我国存在的主要问题是国债现货市场规模较小、流动性不足和期限结构失衡、国债品种过少，这些原因直接导致了在国债期货结构不合理的情况下很难通过期货交易形成连续的远期利率体系，故而国债利率作为基准利率的作用和国债期货的价格发现功能都被削弱，这使得国债期货的经济效应大大减弱了。

3. 政府对国债期货的功能定位存在偏差，对国债期货的市场监管缺乏效率

当时我国的国债期货市场并非基于规避风险、套期保值建立的，而是作为活跃二级市场、带动一级市场的一项金融创新业务由政府主导的，故而当时政府并没有针对真正意义上的国债期货交易市场设计出相应的制度。当时政府并没有为国债期货市场设定一个专门的主管机构，这使得该市场长期处在缺乏效率的多边管理当中，且各部门之间缺乏配合协调。同时在对期货市场的监管中，政府对交易所的具体人事安排、部门设置和规则指定等行政干涉都直接破坏了市场的效率，这些因素直接导致了政府对国债期货市场的监管效率极其低下。正因为如此，国债期货交易从一开始就偏离了正确的轨道。

（二）我国重新推出国债期货的必要性与可行性

虽然我国国债期货的发展已停滞了十多年，但随着金融经济的不断发展，特别是在利率逐渐走向市场化的今天，恢复国债期货意义重大。在现在的市场环境中，重新推出国债期货不但具有必要性，而且具有可行性。

1. 必要性

重新推出国债期货不仅能够给投资者提供一个规避利率风险的有效工具，而且能够推动国债二级市场的发展。国债期货作为一种用于规避利率风险的金融衍生品，是国债流通市场的重要组成部分。由于国债交易的二级市场发展不完善，国债的流动性一直处于一个较低的水平，这严重制约了国债一级市场的发展。由于目前我国国债利率水平相对较低，人们购买国债的积极性同时也受到了一定的影响。随着我国经济的不断加快，影响经济增长的不确定因素也增多，故而今后我国利率水平有可能会有较大的波动，这样就使得规避市场风险对于投资者而言显得特别重要，而国债期货作为投资者规避利率风险的有效工具也就显得更有价值。同时，随着国债期货交易的不断发展，与之配套的二级市场也必将得到充分的完善，我国的金融市场体系也必将得以进一步规范。

从有利于我国的利率市场化进程角度出发，重新推出国债期货是有一定意义的，有利于完善我国的利率体系。在一个仅有现货的国债市场上，要形成完整合理的利率体系是十分困难的。对市场利率不敏感、现货交易的交易成本高以及利率的地域性、单一性等特点使得目前国债市场只能反映当期利率、无法对未来的利率水平进行合理的预测，从而难以形成一个利率体系。所以，推出国债期货对于完善国债市场具有重要的意义。另外，国债期货作为利率期货中的一种，其在交易过程中所形成的收益率就是市场利率。不同期限的国债期货的收益率代表了不同期限的市场利率水平，从而形成了一个从短期到长期的完整的利率体系，这为国债发行利率的确定提供了参考。因此，国债期货交易是国债利率市场化改革顺利进行的必要保证。

2. 可行性

（1）利率市场化改革的不断推进为国债期货的恢复提供了必要条件。

随着我国市场经济体制的逐步完善，我国对利率的管制已越来越宽松，利率市场化将成为必然趋势。近年来中央银行先后采取了改革利率结构、放开同业拆借市场利率等一系列有利于利率市场化的措施，并有步骤地实现了公开市场业务的利率的市场化和国债发行利率的市场化机制。随着我国利率市场化改革的不断推进，国债的现货市场、期货市场和发行市场的利率将相互作用，从而共同决定市场均衡利率。由此可见，利率市场化和国债期货的发展是相互作用、相互影响的，利率市场化的不断深入为国债期货的恢复提供了必要条件，国债期货的恢复又可为利率市场化提供配套的保障机制。

（2）国债现货市场的不断完善为国债期货的重新推出提供了坚实的基础。

通过近十几年的发展，我国的国债现货市场有了明显的发展。具体表现为：① 国债的发行规模越来越大。我国从 1990 年至 2001 年，国债发行数量的年平均增长速度约为 38.85%，2008 年国债发行额近 8 615 亿元。国债规模的扩大使得国债价格被操控的可能性大大减少，从而有效遏制了国债期货市场上的投机行为。② 国债的期限结构日趋合理。自 2002 年以来，国债期限包括了 1 年、2 年、3 年、7 年、10 年、15 年和 30 年，在长短期限配搭上较以前分布更为科学，从而使我国国债市场的收益率曲线更为完整，为我国国债期货的恢复提供了重要保证。

（3）不断完善期货监管体系，为重新推出国债期货提供有效的制度保障。

《期货交易管理条例》于 2007 年 3 月 6 日国务院令第 489 号公布，根据 2012 年 10 月 24 日国务院令第 627 号公布的《国务院关于修改〈期货交易管理条例〉的决定》修订。该《条例》分总则、期货交易所、期货公司、期货交易基本规则、期货业协会、监督管理、法律责任、附则 8 章八十七条，自 2007 年 4 月 15 日起施行。1999 年 6 月 2 日国务院发布的《期货交易管理暂行条例》予以废止。2017 年 3 月 1 日《国务院关于修改和废止部分行政法规的决定》进行第四次修订，成为现行最新的期货交易管理条例。

复习思考题及答案

一、名词解释

短期利率期货：短期利率期货是指期货合约标的期限在 1 年以内的各种利率期货。以货币市场的各类债务凭证为标的物的利率期货均属短期利率期货，包括各种期限的商业票据期货、国库券期货及欧洲美元期货等。

中长期利率期货：是指期货合约标的物的期限在 1 年以上的各种利率期货。以资本市场的各类债务凭证为标的物的利率期货属于中长期利率期货，包括各种期限的中长期国债期货和市政公债指数期货等。

二、简答题

1. 影响利率期货价格的因素有哪些？

答：（1）利率；（2）货币供给量；（3）工业生产指数；（4）投机和心理因素；（5）国际利率水平。

2. 什么是利率套利交易？

答：由于市场对各种证券的反应存在时滞或是供给与需求之间的暂时不平衡，导致不同的市场之间出现暂时的价格不合理现象。一些敏锐的交易者能够迅速地发现这种情况，并立即购入定价过低的金融工具或期货合约，同时卖出定价过高的金融工具或期货合约，从中获取无风险的或几乎无风险的利润，这种交易方式称为套利交易。

3. 简述交叉套期保值。

答：交叉套期保值是使用最多的一种套期保值方式。理想的套期保值结果是现货头寸可能发生的损失正好与期货头寸的盈余相抵消，以及所谓的完美套期保值。但在实际中，由于期货合约规格是标准化的，买卖合约必须整手，而且市场上未必就存在以所持有的现货品种为标的资产的期货品种，所以完美套期保值往往是不存在的。在为现货进行套期保值时，若没有刚刚好的同品种标的、相对应的期货合约时，这种风险规避方法被称为交叉套期保值。

三、计算题

美国在 2007 年 2 月 15 日发行了到期日为 2017 年 2 月 15 日的国债，面值为 10 万美元，票面利率为 4.5%。如果芝加哥期货交易所某国债期货（2009 年 6 月到期，期限为 10 年）的卖方用该国债进行交割，转换因子为 0.910 5，假定 10 年期国债期货 2009 年 6 月合约交割价为 125 ~ 160，该国债期货合约买方必须付出多少美元？

答：中长期国债期货采用价格报价法。本题中，10 年期国债期货的合约面值为 100 000 美元，合约面值的 1%为 1 个点，BP 1 个点代表 1 000 美元；报价以点和多少 1/32 点的方式进行，1/32 点代表 31.25 美元。10 年期国债期货 2009 年 6 月合约交割价为 125 ~ 160，表明该合约价值为 1 000×125+31.25×16=125 500（美元），买方必须付出 125 500×0.910 5=114 267.75（美元）。

四、案例题

远东期货经纪有限公司于 1999 年正式开业，目前注册资本为 9 000 万元人民币。该公司运作规范，管理严格，开业来未发生过重大经济纠纷和客户诉讼事件，信誉良好，是大连商品交易所理事单位、上海期货交易所交易委员会主任单位、郑州商品交易所交易委员会副主任单位。

截至 2005 年年底，公司代理交易额已连续 8 年蝉联浙江首位，连续 7 年跻身全国十强行列。1998 年在郑州商品交易所交易量名列首位；1999 年期货代理交易额全国总排名第十；2000 年在大连商品交易所交易量位列第四、在郑州商品交易所位列第八、全国总排名第十一；2001 年期货代理交易额排名全国第七；2002 年期货代理交易量排名全国第六，交易额排名全国第十一；2003 年、2004 年、2005 年连续三年期货代理额、代理量排名全国第五。2007 年该公司与香港金融集团正式签约，双方牵手资本市场。该公司将成为 CEPA 协议框架下，国内第一家"走出去"的合资期货公司。此次战略性的合作，是内地与香港在证券期货领域积极合作的标志性开端。

2007 年 10 月 1 日，该公司以期限 3 个月、2008 年 12 月 31 日到期的银行承兑汇票为抵押，借入 6 000 000 元。在 10 月 1 日，90 天的远期合约的价格是 90 元，有 6%的收益，预计利率可能还会上升到 8%。

为减少利率风险，企业准备要求对利息费用进行套期，出售一个 90 天的银行承兑汇票利率远期，其中：2007 年 10 月 1 日远期利率为 6%，2007 年 12 月 1 日远期利率为 8.5%。希望通过本例了解评估套期的有效性。

（一）评估套期的有效性

若要评估套期的有效性，最直接的方法是对短期套期业务的总结，具体的做法是计算相应的利得和损失。

（1）增加的利息费用的计算。

6 000 000 元的利息

3 个月 90 天贷款的利息费用	90 000 元
10 月 1 日，按 6%利率计算	120 000 元
12 月 1 日，按 8%利率计算	30 000 元

（2）远期合约的利得的计算。

10 月 1 日，按 6%利率计算	5 912 527 元
12 月 1 日，按 8.5%利率计算	5 876 828 元
远期实现的利润	35 698 元

其中，根据 35698/30000 的套期成功率的计算，其可能性为 119%，套期有效。再结合 10 月 1 日的 10%和 12 月 1 日的 12%，若假设 R 为利率，就可计算出以下数据：

$$按\ 10\ 月\ 1\ 日利率计算的价值=\frac{6\,000\,000}{1+\left(\dfrac{R\times 90}{365}\right)}=\frac{6\,000\,000}{1+\left(\dfrac{0.06\times 90}{365}\right)}=5\,912\,527\text{（元）}$$

$$按\ 12\ 月\ 1\ 日利率计算的价值=\frac{6\,000\,000}{1+\left(\dfrac{R\times 90}{365}\right)}=\frac{6\,000\,000}{1+\left(\dfrac{0.085\times 90}{365}\right)}=5\,876\,828\text{（元）}$$

账务处理：

① 10 月 1 日以 6%的利率出售一个 12 月 31 日到期的 90 天的银行承兑汇票利率远期。

借：套期工具　　5 912 527

　贷：期货交易清算　　5 912 527

② 支付交易所需的保证金，所有交易者必须存入保证金，在实务中，远期合约是每天估价的，保证金的金额每天重新计算，涉及支付和补充保证金。保证金率为 10%。

借：存出保证金　　600 000

　贷：银行存款　　600 000

③ 12 月 31 日，作对冲业务，结清利率远期合约。

借：期货交易清算　　5 912 527

　贷：套期工具　　5 912 527

④ 同时，确认利得。

借：存出保证金　　35 698

　贷：财务费用　　35 698

⑤ 收回保证金。

借：银行存款　　635 698

　贷：存出保证金　　635 698

⑥ 12 月 31 日，应计利率为 12%的利息。

借：财务费用　　40 000

　贷：应付利息　　40 000

其中：利息=（30/90）×120 000=40 000（元）。

在实务中，可能在利率增加时会收到不同的增量利润。本例中忽略了交易成本。从 12 月 1 日开始，套期合约的利润将按在循环借款过程中的利息成本来分配。

⑦ 在套期上分配的利得。

借：递延利得　　　　11 899

　贷：财务费用　　　　　11 899

其中：利得=30/90×35 698=11 899（元）。

（二）提示及案例评点

首先分析上述数据对资产负债、权益的影响。在账户中表述的利得和损失的计算：

12 月 1 日—31 日的利息成本：

（30/90）×120 000

套期分得的利得：

（30/90）×35 698	11 899
	（28 101）

在资产负债表中列示的利得和损失：

银行存款	35 698
应计利息	（40 000）
套期中的递延利得（60/90）×35 698	（23 799）
	（28 101）

本案例涉及的利率的套期保值，由于未能获得期间各月末的远期利率变化数据，所以本例未对 10 月 31 日、11 月 30 日的 6 000 000 元借款及利率远期合约的公允价值变化做出调整，利率变化而获得的利得在到期日予以确认。因此，简化了本例的账务处理。但在中国的实际情况中，目前银行利率的调整是国家宏观政策的组成部分，且每次利率的调整均在次年 1 月 1 日生效。所以，这里需要强调的是，本例利率可以认为是民间利率的变化。

本例中，利率上升的成本 30 000 元，已通过利率远期合约的套期保值获得 35 698 元的弥补，有效套期比率为 119%，因此套期成功。

第九章　股指期货与股票期货

【教学目的与要求】

通过本章的学习，学生应在了解世界主要股票指数、股指期货应用、股票期货及其交易和沪深 300 股指期货的同时，重点了解沪深 300 股指期货及其交易规则，掌握股指期货套期保值和套利交易的操作要点；了解股指期货的现状、股指期货合约种类、交易方法等。

【教学重点与难点】

教学重点：股指期货套期保值和套利交易的操作要点。

教学难点：股指期货交易与股票组合投资关系。

【教学内容】

股指期货是目前全世界交易最活跃的期货品种。沪深 300 股指期货的推出，填补了我国金融期货的空白。本章在介绍全球主要股票指数的同时，重点介绍沪深 300 股指期货及其交易规则，以及股指期货套期保值和套利交易的操作要点。

第一节　股指期货交易概述

一、股票价格指数概述

股票价格指数（Stock Price Index）是反映某一股票市场上多种股票价格变动趋势的一种相对数，简称股价指数，其单位一般用“点”（point）表示。按股票组包含的股票数量，股票价格指数分为综合指数和非综合指数。综合指数是股票组包含一个股票市场所有上市股票的指数；所有其他不包含所有上市股票的指数是非综合指数，非综合指数常常被称作分类指数或成分指数。

股票价格指数的计算方法通常有三种：算术平均法、加权平均法和几何平均法。但大部分股价指数一般以发行量为权数进行加权综合。其计算公式为

$$I_p = \frac{\sum p_{1i} q_i}{\sum p_{0i} q_i}$$

式中：下标中的 1 为报告期，0 为基期；p_{1i} 为第 i 种样本股票报告期价格；p_{0i} 为第 i 种样本股票基期价格；q_i 为第 i 种股票的发行量，它可以确定为基期，也可以确定为报告期，但大多数股价指数是以报告期发行量为权数计算的。

【例 9.1】设有 3 种股票的价格和发行量资料，如表 9.1 所示，试计算股票价格指数。

表 9.1 3 种股票的价格和发行量资料

股票名称	基期价格/元	当日收盘价/元	报告期发行量/万股
A	25	26.5	3 500
B	8	7.8	8000
C	12	12.6	4500

解 根据公式，股价指数为

$$I_p=\frac{\sum p_{1i}q_i}{\sum p_{0i}q_i}=\frac{26.5\times 3\,500+7.8\times 8\,000+12.6\times 4\,500}{25\times 3500+8\times 8\,000+12\times 4\,500}$$

$$=\frac{211\,850}{205\,500}\times 100\%=103.09\%$$

即股价指数上涨了 3.09 点。

目前，世界各国的主要证券交易所都有自己的股票价格指数，例如，美国的道琼斯股票价格指数和标准普尔股票价格指数、伦敦金融时报 FTSE 指数、法兰克福 DAX 指数、巴黎 CAC 指数、瑞士的苏黎世 SMI 指数、日本的日经 225 指数（Nikkei 225）、香港的恒生指数等。我国的上海和深圳两个证券交易所也编制了自己的股票价格指数，如上交所的上证综合指数和 180 指数，深交所的深圳成分指数和综合指数等。

以下是世界主要股价指数的介绍。

（一）道琼斯平均价格指数

道琼斯指数是世界上最早、最享有盛誉和最有影响力的股价指数。它不但在美国受到普遍重视，而且受到世界各国的重视。在某种程度上，道琼斯指数已被视作反映美国政治、经济、社会状况的指示器和风向标。目前道琼斯指数由一系列指数组成，其中最负盛名的还是“平均”系列指数，包括道琼斯工业平均指数（DJIA）、道琼斯运输平均指数（DJTA）、道琼斯公共事业平均指数（DJUA）和道琼斯综合平均指数（DJCA）。在“平均”系列指数中，道琼斯工业平均指数最为著名，应用也最为广泛。它属于价格加权型指数，其成分股由美国最大和最具流动性的 30 只蓝筹股构成。该指数是根据 30 种主要工业股票价格编制和计算出来的，用于计算这种指数的公司，是按股票交易量及其市场交易活跃程度挑选出来的全国最大、最有代表性的工商业公司，如国际商业机器公司（IBM）、通用电器公司、美国钢铁公司、微软公司及英特尔公司等。这些大公司的生产和经营对整个经济的影响很大，因而它们的股票价格能反映整个经济的景气程度。道琼斯工业平均指数最初的计算方法是用最简单算术平均法求得，但是当遇到股票的除权除息时，股票指数将发生不连续的现象。1928 年后，道琼斯指数价格平均数就改用新的计算方法，即在计点的股票除权或除息时采用修正连接技术，修正通过改变指数除数进行，此举保持了指数的连续性，从而使指数得到了完善，并逐渐被推广到全世界。

（二）标准普尔 500 指数（S&P500 指数）

标准普尔指数是由美国标准普尔公司（Standard & Poor's）编制的，常被简称为 S&P 指数。

标准普尔公司是世界著名的分析咨询机构，早在 20 世纪 20 年代就开始编制股票指数。最初的指数由 233 种股票组成，1957 年调整后，样本数扩大到 500 种，其中包括工业股 425 种、铁路股 15 种、公共事业股 60 种。但历年以来经数次调整，除样本总数 500 不变外，入选的成分股还是有着很大变化。尤其是近几年标准普尔公司推出 S&P 美国指数后，S&P 指数作为美国指数的一个组成部分，更加突出了美国股市中大公司的代表作用。

S&P 指数的计算方法为加权算术平均法，以 1941—1943 年这 3 年作为基期，基期价格是这 3 年中的均价，而基期指数定位 10。由于 S&P 指数包含股票数量多，对美国股市的覆盖面与代表性高于道琼斯指数，且计算方法采用加权算术平均法，能够精确反映美国股票市场的变化，因此备受世界各国的关注。

（三）道琼斯欧洲 STOXX50 指数

道琼斯欧洲 STOXX50（DJ Euro STOXX50）指数由在欧洲成员国法国、德国等 12 国资本市场上的 50 只超级蓝筹股组成。该指数由 STOXX 公司设计，于 1998 年 2 月 28 日引入市场，基准值为 1000 点，基准日期为 1991 年 12 月 31 日，并定于每年 9 月修订一次。道琼斯欧洲 STOXX50 指数的加权方式是以其 50 只成分股的浮动市值来计算，同时规定任意一只成分股在指数中的权重上限为 10%。道琼斯欧洲 STOXX50 指数成分股涵盖了银行、公用、保险、电信、能源、技术、化工、工业品、汽车、食品饮料、医疗、原材料等大部分行业。

（四）金融时报指数

金融时报指数又称富时指数，是由英国伦敦证券交易所编制，并在《金融时报》（*Financial Times*）上发表的股票指数。根据样本股的种数，金融时报指数分别有 30 种股票指数、100 种股票指数及 500 种股票指数等三种指数。其中，伦敦金融时报 100 指数（FTSE 100）是英国最具代表性的股价指数，该指数自 1984 年 1 月 3 日起编制并公布，基期指数定位 1000，挑选了 100 家有代表性的大蓝筹公司股票，代表了伦敦股票市场 81%的市值，被称为反映英国经济的“晴雨表”。

（五）日经 225 指数

日经 225 指数（Nikkei 225）是《日本经济新闻》编制和公布的用以反映日本股票市场价格变动的股价指数。这一指数以在东京证券交易所第一市场上市的 225 种股票为样本股，包括制造业、金融业、运输业等行业。该指数从 1950 年 9 月开始编制，最初根据东京证券交易所第一市场上市的 225 家公司的股票计算出修正平均股价，1975 年 5 月 1 日《日本经济新闻》采用道式修正法计算。日经 225 指数的样本股原则上固定不变，以 1950 年算出的平均股价 76.21 元为基数。由于该指数从 1950 年起连续编制，具有较好的可比性，称为反映和分析日本股票市场价格长期变动趋势最常用和最可靠的指标。

（六）香港恒生指数

香港恒生指数（HIS）是由香港恒生银行于 1969 年 11 月 24 日开始编制的用以反映香港股市行情的一种股票指数。该指数的成分股最初由在中国香港上市的较有代表性的 33 家公司的股票构成，其中金融业 4 种、公用事业 6 种、地产业 9 种、其他行业 14 种。恒生指数最初以 1964 年 7 月 31 日为基期，基期指数定位 100，以成分股的发行股数为权数，采用加权平均法计算；而后由于技术原因改为以 1984 年 1 月 13 日为基期，基期指数定位 975.47。恒生指数现已成为反映中国香港政治、经济、和社会状况的主要风向标。截至 2010 年 9 月，恒生指数成分股数量已经增至 45 个。

（七）价值线指数

价值线指数包括近 1700 种股票，而这些股票大约占到美国股市总量的 96%，它反映了美国股市整体价格水平。价值线指数基期是 1961 年 6 月 30 日，基期指数定位 100。

（八）沪深 300 指数

沪深 300 指数是由中证指数公司编制、维护和发布的。该指数的 300 只成分股从沪、深两家交易所选出，是反映国内沪、深两市整体走势的指数。沪深 300 指数以 2004 年 12 月 31 日为基期，以该日 300 只成分股的调整市值为基期值，基期指数定位 1 000。沪深 300 股票指数由沪、深两交易所于 2005 年 4 月 8 日正式推出。成分股是从上海和深圳证券市场中选取 300 只 A 股作为样本，截至 2010 年 1 月，样本股包括 208 家沪市个股和 92 家深市个股，选择标准为规模大、流动性好的股票。每半年定期调整一次，每次调整比例一般不超过 10%。在指数的加权计算中，沪深 300 指数以调整股本作为权重，调整股本是对自由流通股本分级靠档后获得的，以调整后的自由流通股本为权重。指数样本覆盖了沪深市场六成左右的市值，具有良好的市场代表性。

（九）上证 50 指数

上证 50 指数是根据科学客观的方法，从上海证券市场中挑选规模大、流动性好的最具代表性的 50 只股票组成样本股，以便综合反映上海证券市场最具市场影响力的一批龙头企业的整体状况。上证 50 指数自 2004 年 1 月 2 日起正式发布。其目标是建立一个成交活跃、规模较大、主要作为衍生金融工具基础的投资指数。

（十）中证 500 指数

中证 500 指数是根据科学客观的方法，挑选沪深证券市场内具有代表性的中小市值公司组成样本股，以便综合反映沪深证券市场内中小市值公司的整体状况。其样本空间内股票扣除沪深 300 指数样本股及最近一年日均总市值排名在前 300 名的股票，剩余股票按照最近一年（新股为上市以来）的日均成交金额由高到低进行排名，剔除排名在后 20%的股票，然后将剩余股票按照日均总市值由高到低进行排名，选取排名在前 500 名的股票作为中证 500 指数样本股。

二、股指期货概述

股指期货（Stock Index Futures）的全称是股票价格指数期货（简称股价指数期货、股指期货、期指），是指以股价指数为标的物的标准化期货合约，双方约定在未来的某个特定日期，可以按照事先确定的股价指数的大小，进行标的指数的买卖。

股指期货的产生主要是因为其合约可以规避股票的系统风险。在股票市场上，投资组合技术的应用基本上可以使投资者有效地规避股票市场上的非系统性风险，但投资组合技术不能规避股票市场上的系统性风险；单只股票的期货交易能使投资者有效地规避该股票的价格风险，但期货交易所很难针对成千上万只股票中的每一只股票开设期货合约的交易，持有多种股票的交易者也很难在多持有的每一股票上开展期货合约的交易。所以，股票市场实际上也存在一种需要，即一种金融工具，股票投资者可以通过它转移所持有的所有股票的系统性风险。

20 世纪 70 年代，西方国家受到石油危机的影响，经济不稳定、经济政策不稳定、利率也剧烈波动，股票市场的系统性风险异常突出，对规避股票市场系统性风险的金融工具的需求也异常迫切。

1982 年 2 月 24 日，美国堪萨斯期货交易所推出了全球第一张股票价格指数期货合约——价值线综合指数期货合约。同年 4 月，芝加哥商业交易所推出了标准普尔 500 股票价格指数期货合约；5 月，纽约证券交易所推出了纽约证券交易所综合指数期货合约。其后，澳大利亚悉尼、英国伦敦、中国香港、新加坡及美国的 CBOT 等陆续推出了各种股票价格指数期货合约，股票价格指数期货合约迅速成为最主要的期货品种之一。

世界上比较重要的股票价格指数期货合约有：芝加哥商业交易所交易的标准普尔 500 股票价格指数期货合约、纽约期货交易所交易的纽约证券交易所综合指数期货合约、堪萨斯期货交易所交易的价值线指数期货合约、芝加哥期货交易所交易的主要市场指数期货合约、沪深 300 股指期货合约等。表 9.2 ~ 表 9.6 是各个期货合约简介。

表 9.2　标准普尔 500 股票价格指数期货合约

交易所名称	芝加哥商业交易所
股票指数的计算	以纽约证券交易所上市的 500 家公司股票为组成股票，采用股票市值为权数，加权平均计算
合约单位	500×该指数（美元）。乘数为每点 500 美元
最小变动价位	0.05 个指数点（每张合约 25 美元）
合约月份	3 月、6 月、9 月、12 月
最后交易日	交割月份的第三个星期四
保证金	每份合约 5 000 美元

表 9.3　纽约证券交易所综合指数期货合约

交易所名称	纽约期货交易所
股票指数的计算	以纽约证券交易所上市的 1 500 家公司股票为组成股票，采用股票市值为权数，加权平均计算
合约单位	500×该指数（美元）。乘数为每点 500 美元
最小变动价位	0.05 个指数点（每张合约 25 美元）
合约月份	3 月、6 月、9 月、12 月
最后交易日	交割月份的第三个星期五
保证金	每份合约 5 000 美元

表 9.4　价值线指数期货合约

交易所名称	堪萨斯期货交易所
股票指数的计算	以纽约证券交易所、美国证券交易所及其他地方性交易所上市的 1 700 家公司股票为组成股票，采用几何平均法计算
合约单位	500×该指数（美元）。乘数为每点 500 美元
最小变动价位	0.05 个指数点（每张合约 25 美元）
合约月份	3 月、6 月、9 月、12 月
最后交易日	交割月份最后一个营业日
保证金	每份合约 2 500 美元

表 9.5　主要市场指数期货合约

交易所名称	芝加哥期货交易所
股票指数的计算	以 20 家具有代表性的公司股票为组成股票，采用算术平均法计算
合约单位	100×该指数（美元）。乘数为每点 100 美元
最小变动价位	0.125 个指数点（每张合约 12.5 美元）
合约月份	最近三个月及 3 月、6 月、9 月、12 月
最后交易日	交割月份的第三个星期五
保证金	每份合约 2 500 美元

表 9.6　沪深 300 股指期货合约

合约标的	沪深 300 指数
合约乘数	每点 300 元
报价单位	指数点
最小变动价位	0.2 点
合约月份	当月、下月及随后两个季月
交易时间	9:15—11:30，13:00—15:15
最后交易日交易时间	9:15—11:30，13:00—15:00
每日价格最大波动限制	上一个交易日结算价的±10%
最低交易保证金	合约价值的 12%
最后交易日	合约到期月份的第三个周五，遇国家法定假日顺延
交割日期	同最后交易日
交割方式	现金交割
交易代码	IF
上市交易所	中国金融期货交易所

第二节 股指期货应用

一、股指期货套期保值

股指期货套期保值是同时在股指期货市场和股票市场进行反向操作，最终达到规避系统性风险的目的。

当投资者用股票价格指数期货对目标股票或股票组合进行套期保值时，遇到的第一个问题是：目标股票组并不一定等同股票价格指数所包含的股票组，通常的情况是目标股票组要小；同时，即使目标股票组等同股票价格指数所包含的股票组，目标股票组中各股票所占比重也很难等同股票价格指数多包含的股票组中股票所占比重。所有，面对一个确定的股票组，我们应买卖多少股票价格指数期货合约才能对进行保值是我们必须解决的问题，这里需要引入 β 系数这一概念。

（一）单个股票的 β 系数

股票市场上的每一只股票都有一个 β 系数，它是根据股票价格的历史数据和股票价格指数的历史数据计算出来的。其一般含义是：当股票价格指数变动 1%时，该股票的价格预期变动的百分比。按定义，股票价格指数的 β 系数为 1，若该股票的 β 系数大于 1，则表示该股票的波动大于股票价格指数的波动；若该股票的 β 系数小于 1，则表示该股票的波动小于股票价格指数的波动。

假定某股票的收益率（R_i）和指数的收益率（R_m）有表 9.7 中的关系。

表 9.7 某股票收益率和指数收益率对应关系

股票收益率（R_i）/%	10	3	15	9	3
指数收益率（R_m）/%	4	2	8	6	0

我们可以通过如下的散点图（见图 9.1）来观察他们之间的关系，并用一条直线来拟合他们。

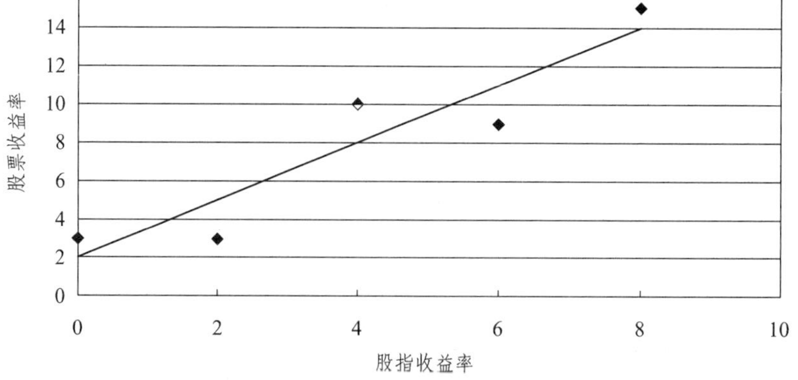

图 9.1 某股票收益率和指数收益率的散点图和拟合直线

估算出直线方程如下：

$$\hat{R}=\alpha+\beta R_m$$

其中，α 和 β 是直线方程的系数，上述问题就转化为如何确定最佳的 α 和 β 了。由于 $\hat{R_i}$ 只是用来代替 R_i 的理论值，两者之间的平均偏差越小越好，即 $\sum(R_i-\hat{R_i})^2$ 最小。这样，就得到拟合直线

$$\hat{R_i}=2+1.5R_m$$

β 系数 1.5 是该直线的斜率，它表示该股票收益率的增减幅度为指数收益率同方向增减幅度的 1.5 倍，比如指数收益率增加 3%，该股票收益率增加 4.5%；指数收益率减少 2%，则该股票收益率减少 3%。当 β 系数等于 1 时，表明股票收益率的增减幅度与指数收益率的增减幅度保持一致；显然，当 β 系数大于 1 时，说明股票的波动或风险程度高于以指数衡量的整个市场；而当 β 系数小于 1 时，说明股票的波动或风险程度低于以指数衡量的整个市场。

（二）股票组合的 β 系数

当投资者拥有一个股票组合时，就要计算这个组合的 β 系数。假定一个组合 P 由 n 个股票组成，第 i 个股票的资金比例为 $X_i(X_1+X_2+\cdots+X_n=1)$； β_i 为第 i 个股票的 β 系数，则有 $\beta=X_1\beta_1+X_2\beta_2+\cdots+X_n\beta_n$ 。注意，β 系数是根据历史资料统计得到的，在实际应用中，通常以历史的 β 系数来代表未来的 β 系数。股票组合的 β 系数比单个股票的 β 系数可靠性要高，这一点对于预测应用的效果来说也是同样的。在实际应用中，也有一些使用者为了提高预测能力，对 β 系数做了进一步的修改与调整。

（三）股指期货套期保值中合约数量的确定

有了 β 系数，就可以计算出要冲抵现货市场中股票组合的风险所需要的买入或卖出的股指期货合约的数量。若某股票的 β 系数为 1.2，表示当股票价格指数变动 1%时，该股票的价格会变动 1.2%，因此，若保值的对象是 100 万元市值的该股票，则为保值所买卖的股票价格指数期货合约的市值为 120 万元。如果指数期货合约的报价为 12 000 点，指数乘数为 50，则套期保值者买卖的指数期货合约的数量是 2 张合约。一般计算公式为

$$Q=\frac{V\times\beta}{\text{指数期货报价}\times\text{指数乘数}}=\frac{V\times\beta}{\text{每张合约的价值}}$$

式中：Q 表示保值数量；V 表示股票的市值；β 表示股票或股票组合的 β 系数。

从公式中不难看出，当现货股票市值和期货合约的价值已定下来后，所需买卖的期货合约数就与 β 系数的大小有关，β 系数越大，所需的期货合约数就越多；反之，则越少。

（四）股指期货的卖出套期保值

卖出套期保值是指交易者为了规避股票市场价格下跌的风险，通过在股指期货市场卖出股票指数的操作，而在股票市场和股指期货市场上建立盈亏冲抵机制。进行卖出套期保值的情形主要是：投资者持有股票组合，担心股市大盘下跌而影响股票组合的收益。

【例 9.2】某年 9 月 2 日，国内某证券投资基金的收益率已达到 26%，鉴于后市不太明朗，下跌的可能性大，为了保持这一业绩到 12 月，决定利用沪深 300 股指期货实行保值。假定其股票组合的现值为 2.24 亿元，并且股票组合与沪深 300 指数的 β 系数为 0.9，假定 9 月 2 日的现货指数为 5 400 点，而 12 月到期的期货合约为 5 650 点。该基金首先要计算出卖出多少期货合约才能使 2.24 亿元的股票组合得到有效保护。

应该卖出的期货合约数=224 000 000/（5 650×300）×0.9≈119（张）

12 月 2 日，现货指数跌到 4 200 点，而期货指数跌到 4 290 点（现货指数跌 1 200 点，跌幅约为 22.2%，期货指数跌 1 360 点，跌幅大致为 24%），这时该基金买进 119 张期货合约进行平仓，则该基金的损益情况为：股票组合市值缩水 22.2%×0.9=20%，市值减少为 1.792 亿元，减少市值 0.448 亿元；期货合约赢得 119×1 360×300=0.485 52 亿元，两者基本相等，实现避险目的（见表 9.8）。

表 9.8　股指期货卖出套期保值

日期	现货市场	期货市场
9 月 2 日	股票总值为 2.24 亿元，沪深 300 现指为 5 400 点	卖出 119 张 12 月到期的沪深 300 股指期货合约，期指为 5 650 点，合约总值为 119×5 650×300=2.017 05 亿元
12 月 2 日	沪深 300 现指跌至 4 200 点，该基金持有的股票市值缩水为 1.792 亿元	买进 119 张 12 月到期的沪深 300 股指期货合约，期指为 4 290 点，合约总值为 119×4 290×300=1.531 53 亿元
损益	-0.448 亿元	0.485 52 亿元

如果到了 12 月 2 日，股票指数和股指期货合约价格都上涨了，结果便是期货市场出现亏损，但股票组合升值，盈亏相抵后，基本上仍能实现当初的愿望，即保持以往的收益率业绩。

（五）股指期货的买入套期保值

买入套期保值是指交易者为了规避股票市场价格上涨的风险，通过在股指期货市场买入股票指数的操作，在股票市场和股指期货市场上建立盈亏冲抵机制。进行买入套期保值的情形主要是：投资者在未来计划持有股票组合，担心股市大盘上涨而使购买组合成本上升。

【例 9.3】某机构于 4 月 15 日得到承诺，1 月 10 日会有 300 万元资金到账。该机构看重 A、B、C 三只股票，现在价格分别为 20 元、25 元、50 元，如果现在就有资金，每个股票投入 100 万元就可以分别买进 5 万股、4 万股和 2 万股。由于现在处于行情看涨期，他们担心资金到账时，股价已上涨，就买不到这么多股票了。于是，采取买进股指期货合约的方法锁定成本。

假定相应的 6 月到期的期指为 1 500 点，每点乘数为 100 元。三只股票的 β 系数分别为 1.5、1.3 和 0.8，则首先计算应该买进多少期货合约。

三只股票组合的 β 系数=1.5×1÷3+1.3×1÷3+0.8×1÷3=1.2

应该买进期指合约数=1 000 000/（1 500×100）×1.2=24（张）

6 月 10 日，该机构如期收到 300 万元，这时现指与期指均已涨了 10%，即期指已涨至 1 650 点，而三只股票分别上涨至 23 元（上涨 15%）、28.25 元（上涨 13%）、54 元（上涨 8%）。如果仍旧买进 5 万股、4 万股和 2 万股，则共需资金：23 元×5 万+28.25×4 万+54 元×2 万=336 万元，显然，资金缺口为 36 万元。

由于他们在指数期货上做了多头保值，6 月 10 日将期指合约卖出平仓，共计可得 24×（1 650-1 500）×100=36 万元，正好与资金缺口相等。可见，通过套期保值，该机构实际上已把一个多月后买进股票的价格锁定在 1 月 15 日的水平上了。同样，如果到时股指和股票价格都跌了，实际效果仍旧如此。这时，该机构在期指合约上亏了，但由于股价低了，扣除亏损的钱后，余额仍旧可以买到足额的股票数量。表 9.9 仅列出价格上涨时的情况。

表 9.9 股指期货买入套期保值

日期	现货市场	期货市场
4 月 15 日	预计 6 月 10 日可收到 300 万元，准备购买 A、B、C 三只股票，当天三只股票的市价为： A 股票 20 元，β 系数 1.5 B 股票 25 元，β 系数 1.3 C 股票 50 元，β 系数 0.8 按此价格，各投资 100 万元，可购买： A 股票 5 万股 B 股票 4 万股 C 股票 2 万股	买进 24 张 6 月到期的指数期货合约，期指点为 1 500 点，合约总值为 24×1 500×100=360 万元
6 月 10 日	收到 300 万元，但股票价格已涨至： A 股票 23 元（上涨 15%） B 股票 28.25 元（上涨 13%） C 股票 54 元（上涨 8%）	卖出 24 张 6 月到期的指数期货合约平仓，期指为 1650 点，合约总值为 24×1 650×100=396 万元
损益	-36 万元	36 万元

二、股指期货投机套利

（一）股指期货投机策略

股指期货市场的投机交易是指交易者根据对股票价格指数和股指期货合约价格的变动趋势做出预测，通过看涨时买进股指期货合约，看跌时卖出股指期货合约而获取价差收益的交易行为。股指期货的投机交易在流程和形式上与商品期货的投机交易类似，第五章中已有详细介绍，此处不再赘述。但由于股指期货的标的是股票指数，其反映的信息面更为广泛，所以交易者应做好对各种经济信息的研究，综合研判股指期货的价格走势。

一般而言，分析股指期货价格走势有两种方法：基本面分析方法和技术面分析方法。基本面分析方法重在分析对股指期货价格变动产生影响的基本面因素，这些因素包括国内外政治因素、经济因素、社会因素、政策因素等多个方面，通过分析基本面因素的变动对股指可能产生的影响来预测和判断股指未来变动方向。技术面分析方法重在分析行情的历史走势，寄希望通过分析当前价和量的关系，再根据历史行情走势来预测和判断股指未来变动方向。

通常情况下，股指期货的成交量、持仓量和价格的关系见表 9.10。

表 9.10 股指期货量价关系

价格	交易量	持仓量	市场变动趋向
上涨	增加	上升	坚挺：新开仓增加，多头占优
上涨	减少	上升	疲弱：新开仓增加，空头占优
下跌	增加	下降	疲弱：平仓增加，空头买入平仓占优，主动性多仓不大
下跌	较少	下降	坚挺：平仓增加，多头卖出平仓占优，主动性多仓不大
上涨	不活跃	上升	坚挺：多头占优的情况下平仓减小
上涨	增加	上升	疲弱：空头占优的情况下平仓减小
下跌	不活跃	下降	空头被逼平仓—空头可能在高位回补
下跌	增加	下降	多头被逼平仓—多头可能在低位回补

（二）股指期货期现套利

股指期货合约交易在交割时采用现货指数，这一规定不但具有强制期货指数最终收敛于现货指数的作用，而且也会使得在正常交易期间，期货指数与现货指数维持一定的动态联系。在各种因素影响下，期货指数起伏不定，经常会与现货指数产生偏离，但是当这种偏离超出一定的范围时，就会产生套利机会。交易者可以利用这种套利机会从事套利交易，获取无风险利润。

在判断是否存在期现套利机会时，依据现货指数来确定股指期货理论价格非常关键，只有当实际的股指期货价格高于或低于理论价格时，套利机会才有可能出现。

1. 股指期货合约的理论价格

根据期货理论，期货价格与现货价格之间的价差主要是由持仓费决定的。股指期货也不例外。假定甲拥有一笔市场流动性极好的基础资产（Underlying Asset），现在市场价值为 1 万美元。乙想获得这份资产，与甲签订买卖协议。如果买卖是即时的，则定价问题极易解决，就是 1 万美元。但如果签订的是一份 3 个月后交割的远期合约，该如何定价呢？站在甲的立场上看，1 万美元肯定太低，因为还不如现在卖给他人，取得现款后将其贷出，3 个月后的本利和不止 1 万美元。所以，站在甲的立场上看，远期合约价格必须考虑在资产持有期中发生的成本即持有成本（Cost of Carry）。假定持有成本由资金成本和储存成本组成，当市场年利率为 6%时，按单利计算，3 个月的利率为 1.5%，相应的利息为 150 美元。又假设期末应付出的存储费为 100 美元，则对甲来说 10 250 美元的要价是合理的。低于这个价格，甲是不会答应的。同样，站在乙的立场上考虑，如果签约价格高于 10 250 美元，还不如现在贷款借入 1 万美元，买下这份资产，3 个月后，还掉本利和 10 250 美元（假定利率同前），再支付 100 美元的储存费，总计价格也不过是 10 250 美元。显然 10 250 美元的签约价格对甲、乙双方而言都是可以接受的，也是公平合理的价格。这种考虑资产持有成本的远期合约价格，就是所谓远期合约的“合理价格”（Fair Price），也称为远期合约的理论价格（Theoretical Price）。

对于股票这种基础资产而言，由于它不是有形商品，故不存在储存成本。但其持有成本同样有两个组成部分：一项是资金占用成本，这可以按照市场资金利率来度量；另一项则是持有期内可能得到的股票分红红利，然而，由于这是持有资产的收入，当将其看作成本时，只能是负值成本。前项减去后项，便可得到净持有成本。当前项大于后项时，净持有成本大于零；反之，当前项小于后项时，净持有成本便小于零。平均来看，市场利率总是大于股票分红率，故净持有成本通常是正数。但是，如果考察的时间较短，其间正好有一大笔红利收入，则在短时期中，有可能净持有成本为负。

【例 9.4】买卖双方签订一份 3 个月后交割一揽子股票组合的远期合约，该一揽子股票组合与香港恒生指数构成完全对应，现在市场价值为 75 万港元，即对应于恒生指数 15 000 点（恒生指数合约的乘数为 50 港元）。假定市场年利率为 6%，且预计一个月后可收到 5 000 元现金红利，该远期合约的合理价格计算过程是：

资金占用 75 万港元，相应的利息为 750 000×6%×3÷12=11 250 港元，一个月后收到红利 5 000 港元，再计剩余两个月的利息为 5 000×6%×2÷12=50 港元，本利和共计 5 050 港元；净持有成本为 11 250−5 050=6 200 港元；该远期合约的合理价格应为 750 000+6 200=756 200 港元。

如果将上述金额用指数点表示，则：750 000 港元相当于 15 000 指数点；利息为 15 000×6%×3÷12=225 点；红利 5 000 港元相当于 100 个指数点，再计剩余两个月的利息为 100×6%×2÷12=1 个指数点，本利和共计为 101 个指数点；净持有成本为 225−101=124 个指数点；该远期合约的合理价格应为 15 000+124=15 124 点。

期货合约与远期合约同样具有现时签约并在日后约定时间交割的性质。尽管两者之间有一定的区别，但从交易者可以选择最后参与交割来看，其定价机制并没有什么差别。事实上，可以用严格的数学方法来证明，在一系列合理的假设条件下，股指期货合约的理论价格与远期合约的理论价格是一致的。

股指期货理论价格的计算公式可表示为

$$F(t, T) = S(t)+S(t)\times(r-d)\times(T-t)/365=S(t)[1+(r-d)\times(T-t)/365]$$

式中：t 为所需计算的各项内容的时间变量；T 代表交割时间；$T-t$ 就是 t 时刻至交割时的时间长度，通常以天为计算单位，而如果用一年的 365 天相除，$(T-t)/365$ 的单位显然就是年了；$S(t)$为 t 时刻的现货指数；$F(t, T)$表示 T 时刻交割的期货合约在 t 时刻的理论价格（以指数表示）；r 为年利息率；d 为年指数股息率。

相关的假设条件有：暂不考虑交易费用，期货交易所需占用的保证金以及可能发生的追加保证金也暂时忽略；期货、现货两个市场都有足够的流动性，使得交易者可以在当前价位上成交；融券以及卖空极易进行，且卖空所得资金随即可以使用。

计算公式（以指数表示）如下：

$$\text{持有期利息}=S(t)\times r\times(T-t)/365$$
$$\text{持有期股息收入}=S(t)\times d\times(T-t)/365$$
$$\text{持有期净成本}=S(t)\times r\times(T-t)/365-S(t)\times d\times(T-t)/365$$
$$=S(t)\times(r-d)\times(T-t)/365$$

注意：在计算时既可以采用单利计算法，也可以采用复利计算法。但从实际效果来看，由于套利发生的时间区间通常都不长，两者之间的差别并不大。

2. 股指期货期现套利操作

“股指期货合约实际价格恰好等于股指期货理论价格”的情况比较少，多数情况下股指期货合约实际价格与股指期货理论价格总是存在偏离。当前者高于后者时，称为期价高估（Overvalued）；当前者低于后者时，称为期价低估（Undervalued）。

（1）期价高估与正向套利。当存在期价高估时，交易者可通过卖出股指期货同时买入对应的现货股票进行套利交易，这种操作称为“正向套利”。假定数据如前，但实际恒生期指为15 200点，比理论指数15 124点高出76点。这时交易者可以通过卖出恒指期货同时买进对应的现货股票进行套利交易。步骤为：① 卖出一张恒指期货合约，成交价位15 200点，同时以6%的年利率贷款75万港元，买进相应的一揽子股票组合。② 1个月后，将收到的5 000港元股息收入按6%的年利率贷出。③ 再过2个月，即到交割期，将恒指期货对冲平仓，同时将一揽子股票卖出。注意，交割时期货价格和现货价格是一致的。表9.11列出了交割时指数的三种不同情况：情况A的交割价高于原期货实际成交价（15 200点），情况C的交割价低于原现货实际成交价（15 000点），情况B的交割价介于两者之间。显然，不论最后的交割价是高还是低，该交易者从中可收回的资金数都是76万港元，加上收回贷出的5 000港元的本利和为5 050港元，共计收回资金76.505万港元。④ 还贷。75万港元3个月的利息为1.125万港元，须还本利共计76.125万港元，而回收资金总额与还贷资金总额之差为765 050−761 250=3 800港元，即该交易者获得的净利润。这笔利润正是实际期价与理论期价之差（15 200−15 124）×50=3 800港元。

表9.11 期价高估时的套利情况

情况	A	B	C
交割价	15 300点	15 100点	14 900点
期货盈亏	15 200−15 300=−100点，即亏损5 000港元	15 200−15 100=100点，即盈利5 000港元	15 200−14 900=300点，即盈利1.5万港元
现货盈亏	15 300−15 000=300点，即盈利1.5万港元，共可收回76.5万港元	15 100−15 000=100点，即盈利5 000港元，共可收回75.5万港元	14 900−15 000=−100点，即亏损5 000港元，共可收回74.5万港元
期现盈亏合计	200点，即1万港元，共可收回76万港元	200点，即1万港元，共可收回76万港元	200点，即1万港元，共可收回76万港元

（2）期货低估与反向套利。当存在期价低估时，交易者可通过买入股指期货的同时卖出对应的现货股票进行套利交易，这种操作称为“反向套利”。假定基本数据同上，实际恒生期指为15 040点，比15 124点的理论指数低84点。这时交易者可以通过买进期货的同时卖出相应的现货股票组合来套利。具体步骤为：① 以15 040点的价位买进一张恒指期货合约，同时借入一揽子对应的股票在股票市场按现价15 000点卖出，收款75万港元，再将这75万港元按市场年利率6%贷出3个月。② 3个月后，收回贷款本利合计761 250港元，然后在期货市场将恒指期货卖出平仓，同时在现货市场上买进相应的股票组合，将这个股票组合还给原出借者，同时还必须补偿股票所有者本来应得的分红本利和5 050港元。③ 与上例相同，不论最后的交割价为多少，期货和现货两个市场的盈亏总额都是相同的。设最后交割指数为H，则：净利=收回贷款本利和−赔偿分红本利和+期货盈亏−买回股票组合所需资金=761 250−5 050+

（H−15 040）×50−H×50=756 200+H×50−15 040×50−H×50=756 200−752 000=4 200 港元。这笔利润正是理论期价与实际期价之差（15 124−15 040）×50=4 200 港元。

由于套利是在期、现两个市场同时反向操作，将利润锁定，不论价格涨跌，都不会因此而产生风险，故常将期现套利交易称为无风险套利，相应的利润称为无风险利润。从理论上讲，这种套利交易是不需资本的，因为所需资金都是借来的，所需支付的利息已经在套利过程中考虑了，故套利利润实际上是已扣除机会成本后的净利润。当然，在以上分析中，略去了一些影响因素，如交易费用以及融券问题、利率问题等与实际情况是否吻合等，这会在一定程度上影响套利操作和效果。

3. 交易成本与无套利区间

无套利区间是指考虑交易成本后，将期指理论价格分别向上移和向下移所形成的一个区间。在这个区间中，套利交易不但得不到利润，反而将导致亏损。具体而言，若将期指理论价格上移一个交易成本之后的价位称为无套利区间的上界，将期指理论价格下移一个交易成本之后的价位称为无套利区间的下界，只有当实际期指高于上界时，正向套利才能够获利；反之，只有当实际期指低于下界时，反向套利才能够获利。

假设 TC 为所有交易成本的合计数，显然

无套利区间的上界为 $F(t, T)+\mathrm{TC}=S(t)[1+(r-d)\times(T-t)/365]+\mathrm{TC}$；

无套利区间的下界应为 $F(t, T)-\mathrm{TC}=S(t)[1+(r-d)\times(T-t)/365]-\mathrm{TC}$；

相应的无套利区间为 $[S(t)[1+(r-d)\times(T-t)/365]-\mathrm{TC},\ S(t)[1+(r-d)\times(T-t)/365]+\mathrm{TC}]$

【例 9.5】 设 r=5%，d=1.5%，6 月 30 日为 6 月期货合约的交割日，4 月 1 日、5 月 1 日、6 月 1 日及 6 月 30 日的现货指数分别为 1 400 点、1 420 点、1 465 点及 1 440 点，这几日的期货理论价格计算如下：4 月 1 日至 6 月 30 日，持有期为 3 个月，即 3/12 年，F（5 月 1 日，6 月 30 日）=1 420×[1+(5%−1.5%)×3÷12]=1 412.25 点；6 月 1 日至 6 月 30 日，持有期为 1 个月，即 1/12 年，F（6 月 1 日，6 月 30 日）=1 465×[1+(5%−1.5%)×1÷12]=1 469.27 点；6 月 30 日至 6 月 30 日，持有期为 0 年，F（6 月 30 日，6 月 30 日）=1 440×[1+(5%−1.5%)×0÷12]=1 440 点。

【例 9.6】 基本数据同例 9.5，又假定：（1）借贷利率差 Δr=0.5%；（2）期货合约买卖手续费双边为 0.2 个指数点，同时，市场冲击成本也是 0.2 个指数点；（3）股票买卖的双边手续费及市场冲击成本各为成交金额的 0.6%，即合计成交金额的 1.2%，如以指数点表示，则为 1.2%×$S(t)$。

4 月 1 日、6 月 1 日的无套利区间计算如下：

4 月 1 日：股票买卖的双边手续费及市场冲击成本为 1 400×1.2%=16.8 点；期货合约买卖双边手续费及市场冲击成本为 0.4 个指数点；借贷利率差成本为 1400×0.5%×3÷12=1.75 点；三项合计，TC=16.8+0.4+1.75=18.95 点。无套利区间上界为 1 412.25+18.95=1 431.2 点；无套利区间下界为 1 412.25−18.95=1 393.3 点；无套利区间为[1 393.3，1 431.2]；上下界幅宽为 1 431.2−1 393.3=37.9 点。

6 月 1 日：股票买卖的双边手续费及市场冲击成本为 1 465×1.2%=17.58 点；期货合约买卖双边手续费及市场冲击成本为 0.4 个指数点；借贷利率差成本为 1 400×0.5%×1÷12=0.61 点；三项合计，TC=17.58+0.4+0.61=18.59 点。无套利区间上界为 1 469.27+18.59=1 487.86 点；无套利区间下界为 1469.27−18.59=1450.68 点；无套利区间为[1 487.86，1 450.68]；上下界幅

宽为 1487.86-1450.68=37.18 点。无论是从组成 TC 的公式中还是例题中都不难看出：借贷利率差成本与持有期的长度有关，它随着持有期缩短而减小，当持有期为零（即交割日）时，借贷利率差成本也为零；而交易费用和市场冲击成本却与持有期的长短无关，即使到交割日，它也不会减少，因而无套利区间的上下界幅宽主要是由交易费用和市场冲击成本这两项决定的。

4. 套利交易中的模拟误差

准确的套利交易意味着卖出或买进股指期货合约的同时，买进或卖出与其相对应的股票组合。如果实际交易的现货股票组合与指数的股票组合不一致，势必导致两者未来的走势或回报不一致，从而导致一定的误差，这种误差通常称为模拟误差。

模拟误差来自两方面。一方面，组成指数的成分股太多，如 S&P500 指数是由 500 只股票所组成的。短时期内同时买进或卖出这么多的股票难度较大，并且准确模拟将使交易成本大大增加，因为对一些成交不活跃的股票来说，买卖的冲击成本非常大。通常，交易者会通过构造一个取样较小的股票投资组合来代替指数，这会产生模拟误差。另一方面，即使组成指数的成分股并不太多，如道琼斯工业指数仅由 30 只股票所组成，但由于指数大多以市值为比例构造，严格按比例复制很可能会产生零碎股，如出现某股应买进 1 245 股的结果，而股市买卖通常的最小单位为手，在国内是 100 股，这 45 股就是零碎股，这也会产生模拟误差。

模拟误差会给套利者原先的利润预期带来一定的影响。举例来说，如果期价高出无套利区间上界 5 个指数点，交易者进行正向套利，理论上到交割期可以稳挣 5 个点，但是如果买进的股票组合（即模拟指数组合）到交割期落后于指数 5 个点，套利者将什么也挣不到。当然，如果买进的股票组合到交割期领先指数 5 个点，那该套利者就将挣到 10 个点。这会增加套利结果的不确定性，因而在套利交易活动中，套利者应该对模拟误差给予足够的重视。

5. 期现套利程式交易

期现套利交易对时间要求非常高，必须在短时间内完成期指的买卖以及许多股票的买卖，传统的报价交易方式难以满足这一要求，因此必须依赖程式交易（Program Trading）系统。

程式交易系统由四个子系统组成，就是套利机会发觉子系统、自动下单系统、成交报告及结算子系统以及风险管理子系统。

套利机会发觉子系统在运作时必须同步链接股票现货市场与股指期货市场的行情信息。除此之外，子系统内要预置与套利者自身有关的信息模块，如无套利区间计算所需要的各种参数、各种股票组合模型及相应的误差统计、套利规模的设定等。按此设计的套利机会发觉子系统将会及时发现市场是否存在套利机会，或及时发现对已有的套利头寸是否存在了结的机会，一旦产生机会，便会向交易者发出提示或按照预定的程序向自动下单子系统发出下单指令。

成交报告及结算子系统的作用是对成交情况迅速进行结算并提供详尽的报告，使套利者可以动态掌握套利交易的情况，对其进行评估，并在必要时对原油套利模式进行修正。

风险管理子系统可以对模拟误差风险及其他风险进行控制，同时它也会发挥管理指数期货保证金账户的作用。

通过运用程式交易，套利者可以在较短时间内发现套利机会，并且快速执行套利操作，从而有效获取套利收益。

（三）股指期货跨期套利

跨期套利是在同一交易所、同一期货品种、不同交割月份期货合同间的套利。同一般的跨期套利相同，它是利用不同月份的股指期货合约的价差关系，买进（卖出）某一月份的股指期货的同时卖出（买进）另一月份的股指期货合约，并在未来某个时间同时将两个头寸平仓了结的交易行为。

1. 不同交割月份期货合约间的价格关系

股指期货一般都有两个以上合约，其中交割期距离当前较近的称为近期合约，交割月距离当前较远的称为远期合约。当远期合约价格大于近期合约价格时，称为正常市场或正向市场；近期合约价格大于远期合约价格时，称为逆转市场或反向市场。

在正向市场中，远期合约与近期合约之间的价差主要受到持有成本的影响。股指期货的持有成本相对低于商品期货，而且可能收到的股利在一定程度上可以降低股指期货的持有成本。当实际价差高于或低于正常价差时，就存在获利的机会。例如，假定 3 月和 2 月沪深 300 股指期货的正常价差为 100 点，当 3 月和 2 月沪深 300 股指期货的实际价差为 200 点，明显高于 100 点的水平，此时可通过买入低价合约同时卖出高价合约的做法进行套利，可以获取稳定利润。当然，价差随着这种活动而逐渐减少，直至归于正常价差。

在反向市场中，两者的价格差没有限制，取决于近期供给相对于需求的短缺程度，以及购买者愿意花费多大代价换取近期合约。

根据以上关系，再结合具体的市场行情及对市况发展趋势的分析预测，就可以判断不同交割月份期货合约间的价格关系是否正常。如果不正常，无论价差过大还是过小，投资者都可以相机采取套利交易，待价格关系恢复正常时同时对冲了结，以获取套利利润。

2. 不同交割月份期货合约间存在理论价差

根据股指期货定价理论，可以推算出不同月份的股指期货之间存在理论价差。现实中，两者的合理价差可能包含更多因素，但基本原理类似。

假设：$F(T_1)$为近月股指期货价格；$F(T_2)$为远月股指期货价格；S 为现货指数价格；r 为利率；d 为红利率。则根据期—现价格理论，有

$$F(T_1)=S[1+(r-d)\times T_1/365]$$

$$F(T_2)=S[1+(r-d)\times T_2/365]$$

可推出

$$\begin{aligned}F(T_2)-F(T_1)&=S[1+(r-d)\times T_2/365]-S[1+(r-d)\times T_1/365]\\&=S(r-d)\times T_2/365-S(r-d)\times T_1/365\\&=S(r-d)\times(T_2-T_1)/365\end{aligned}$$

此即两个不同月份的股指期货的理论价差，当实际价差与理论价差出现明显偏离时，可以考虑进行套利交易，等到价差回归到合理水平时了结头寸结束交易。

由于股指期货的价格受众多因素的影响，实际价格可能会经常偏离理论价格，因此完全依据理论价格进行套利分析和交易可能会面临较大的不确定性。

股指期货跨月套利也可以完全根据价差/价比分析法进行分析和操作。通过分析两个不同月份期货合约的价差和价比数据，观察和统计数据分布区间和概率，当实际价差出现在大概

率分布区间之外时可以考虑建立套利头寸，当价差或价比重新回到大概率区间时平掉套利头寸获利了结。

【例 9.7】假定利率比股票分红高 3%，即 $r-d$=3%。5 月 1 日上午 10 点，沪深指数为 3 500 点，沪深 300 股指期货 9 月合约价格为 3 600 点，6 月合约价格为 3 550 点，9 月期货合约与 6 月期货合约之间的实际价差为 50 点，而理论价差为 $S(r-d)(T_2-T_1)/365$=3 500×3%×3/12=26.25 点，因此投资者认为价差很可能缩小，于是买入 6 月合约，卖出 9 月合约。5 月 1 日下午 2 点，9 月合约涨至 3 650 点，6 月合约涨至 3 620 点，9 月期货合约与 6 月期货合约之间的实际价差缩小为 30 点。在不考虑交易成本的情况下，投资者平仓后每张合约获利为 20 点×300 元/点=6 000 元（见表 9.12）。

表 9.12 跨期套利损益示意图

5 月 1 日上午 10:00	买入 1 手 6 月合约，价格为 3 550 点	卖出 1 手 9 月合约，价格为 3 600 点	价差 50 点
5 月 1 日下午 2:00	卖出 1 手 6 月合约，价格为 3 620 点	买入 1 手 9 月合约，价格为 3 650 点	价差 30 点
每张合约损益	+70 点	-50 点	价差缩小 20 点
最终盈亏	盈利 20 点×300 元/点=6 000 元		

第三节 股票期货

一、股票期货概述

（一）股票期货的含义与市场概况

股票期货是以股票为标的的期货合约。与股指期货一样，股票期货也是股票交易市场的衍生交易，其与股指期货的差别仅仅在于股票期货合约的对象是指单一的股票，而股指期货的对象是代表一组股票价格的指数。因而，市场上也通常将股票期货称为个股期货（Single Stock Future，SSF）。

在美国，有组织的个股期权交易在 1973 年芝加哥期权交易所（CBOE）成立后就开始了。1981 年，“夏德-约翰逊协议”为股指期货的创新扫清了障碍，但禁止单一股票与狭基股票指数（即由 9 只或更少的股票组成的指数）的期货交易。受其影响，西欧、日本等主流金融市场在 2000 年以前基本没有单一股票期货交易。先期对股票期货交易进行探索的交易所有澳大利亚悉尼期货交易所、瑞典期货交易所、芬兰赫尔辛基交易所等。中国香港在 1995 年开始 SSF 的试点，伦敦国际金融期货交易所（LIFFE）于 1997 年进行交易。

进入 21 世纪后，股票期货作为一个相对较新的产品越来越受到人们的关注，交易股票期货的交易所越来越多。伦敦国际金融期货交易所于 2001 年 1 月 29 日首次推出 25 只全球性股票期货（USF）更是引人注目，推出的这些都是在国外证券交易所上市的知名公司的股票。由于这些股票在国外证券交易所上市，无法进行实物交割，伦敦国际金融期货交易所便采取现金交割方式。同年伦敦国际金融交易所的股票期货交易量达到 619 万张，比上年增加了 70%。

在竞争压力下，美国国会在 2000 年 12 月通过了《2000 年美国商品期货现代化法案》，取消了以往的禁止性规定。2002 年 11 月 8 日，由芝加哥期权交易所、芝加哥商业交易所和芝加哥期货交易所联合发起的第一芝加哥交易所（One Chicago）也开始交易单个股票期货。

（二）股票期货合约

各交易所的股票期货合约大同小异，这里以中国香港交易所的 CJ 实业股票期货合约（表 9.13）为例进行说明。

表 9.13 CJ 实业股票期货合约

合约乘数	1000
合约月份	现月、下月及之后的两个季月
立约成价	根据交易所规则及通过电子自动化交易系统买卖方式确定，并在确定公司登记的港元价格
立约价值	立约成价乘以合约乘数
最低价格波动	0.01 港元
调整	一般而言，不会调整所代表股票的股息派送，但如果遇到股票拆细、派送红股或供股等情况，则会调整合约乘数和（或）立约成价。期货交易所行政总裁咨询证券监督管理委员会后，有最终的权力作出具约束性的适当调整
每日价格升跌限制	无
持仓限额	每一交易所参与者的公司户口，或每一客户户口，在任何一个合约月份以 500 张长仓及短仓为限
交易时间	上午 10:00 至中午 12:30（第一节） 下午 2:30 至下午 4:00（第二节）
交易方法	电子自动化交易
最后交易日	该月最后第 2 个营业日
最后结算日	最后交易日之后的第 1 个营业日
结算方法	以现金结算
最后结算价	最后交易日代表股票在现货市场的每 5 分钟最高买入价和最低卖出价的中间价的平均值
现金结算价值	最后结算价乘以合约乘数
交易费用及征费	交易所费用港币 3.50 元 证监会港币 0.16 元 佣金商议

与股指期货相比，不难发现股票期货与股指期货两者之间实际上是很相像的，两者的区别不过是标的物之间的差别。

（三）股票期货的特点

股票期货的主要特点有：第一，交易费用低廉。买卖股票期货合约的交易费用取决于合约的张数，而每张股票期货合约相当于数千股股票的价值，买卖一张期货合约的交易费用要远小于买卖同等数量股票的交易费用。第二，卖空股票期货要比在股票市场卖空对应的股票更便捷。能否做股票卖空交易取决于股票市场是否允许融券交易，而股票期货本身具有的双向交易机制则使卖空交易非常便利。第三，具有杠杆效应。投资者买卖股票期货合约只需缴付占合约面值一小部分的保证金，提高了资金使用效率。第四，投资者可以利用股票期货更快速、简便地对冲单一股票的风险。第五，股票期货使投资者能够进行单一股票的套利策略。总之，股票期货交易提供了一种相对便宜、方便和有效的替代和补充股票交易的工具，使投资者有机会增强其股权组合的业绩，是一种更灵活、更简便的管理风险和定制投资策略的创新产品。

二、股票期货交易

股票期货交易一般都在专门的期货交易所集中进行，并采取由投资人委托其经纪人相互公开竞价的方式。交易价格在竞争中形成并随时公开报道。交易买卖双方可以根据价格行情的变化来调整他们的索价和开价。最后出价最高的买主与报价最低的卖主达成交易。成交之后，交易双方都要通过各自的经纪人向证券交易所缴纳 5%～20%的保证金，一般按照成交额计算。因为期货合同所买卖的对象并不直接是现货股票，而只是一种期货合同，是典型的买空卖空，所以，给付一定比例的保证金，以防期货合同到期后一方的失约，从而能够起到一定的履约保证的作用，它同时也使投资者权衡得失，慎重考虑，并可以避免由于买空卖空带来的市场失去平衡的风险。在期货交易中，保证金的比例都由证券交易所确定。此外，买卖双方还要向各自的经纪人缴纳一定数额的手续费。

下面以台湾证券交易所为例来讲述股票期货在实际交易中的操作。其中，台湾证券交易所的 1 口=2 000 股，1 张=1 000 股，证券手续费为 1.425‰，股票期货每口手续费 50 元，证券交易税为 0.3%，期货交易税为 0.004%，假设股票期货保证金为契约价值的 13.5%，融资交易自备成数 4 成，融资利率为 5.975%，融券交易自备成数 9 成，融券利率为 0.1%，融券手续费为 0.1%。

（一）规避风险

假设投资人持有台积电股票 10 张，中线看好且原持有部位已经处于获利状态，但近期股价暴冲至 60 元附近，短线有过热疑虑，虽中线持续看好，投资人还是觉得应该小幅调节比较适当，可是相当担心调节部分现货之后，无法有适当的回补点，万一补不回来岂不因小失大，这时股票期货就有相当灵活的搭配做法：

利用股票期货调节 4 成头寸=放空 2 口台积电股票期货（1 口=2 000 股）

此时

投资人手上部位=10 张台积电+2 口台积电股票期货空单=6 000 股台积电

投资人交易想法=10 000 中线看多+短线调节出脱 4 000

（二）风险套利

假设台积电股票市价 60 元，台积电期货价格 61 元，出现价差，可进行无风险套利交易。

进场：出现价差时（本例，价差=61-60 =1 元）

买进 2 张台积电股票+放空 1 口台积电股票期货

出场：价差收敛时（假设现货价格=期货价格=61 元）

卖出 2 张台积电股票+回补 1 口台积电股票期货

交易成本=股票成本+期货成本=711+110=821（元）

股票成本=手续费+交易税=345+366=711（元）

期货成本=手续费+交易税=100+10=110（元）

动用资金=120 000+16 470+821=137 291（元）

股票=2×60×1 000=120 000（元）

期货=61×2 000×13.5%=16 470（元）

报（次）酬率= [(61-60)×2 000-821]÷137 291=0.85%

如果觉得台积电与国泰金的价格走势将出现一强一弱，但大盘趋势不明。假设台积电股票与国泰金市价皆为 60 元，投资人觉得大盘混沌不明，但台积电走势有可能比国泰金强，遂进行买进台积电期货同时放空国泰金期货的强弱势对冲策略，一段时间之后，台积电股价来到 62 元附近，国泰金仍在 60 元附近。

进场：60 元买进台积电期货 1 口+60 放空国泰金期货 1 口

出场：62 元卖出台积电期货 1 口+60 回补国泰金期货 1 口

多空部位暴露：60×2 000（台积电多头部位）-60×2 000（国泰金空头部位）=0

交易成本=110+110=220（元）

台积电期货=50+60×2 000×0.004%+50+62×2 000×0.004%=55+55=110（元）

国泰金期货=50+60×2 000×0.004%+50+60×2 000×0.004%=55+55=110（元）

损益=（62-60）×2 000+（60-60）×2 000=4 000（元）

动用资金=16 200+16 200+220=32 620（元）

台积电期货=60×2 000×13.5%=16 200（元）

国泰金期货=60×2 000×13.5%=16 200（元）

报（次）酬率=（4 000-220）/32 620=11.59%

（三）利用股票期货合理避税

台积电公司每股发放 2 元的现金股利以及 0.1 元的股票股利，股东可扣抵比率为 17%，因此每张台积电股利总额为 2×1 000+（1/10）×1 000=2 100 元（股票股利每股以 10 元计），可扣抵税额则为 357 元（2 100×17%）。假设某大股东持有该公司股票 1 万张，则股利收入为 2 100 万元（2 100×10 000）。

（1）若其个人所得税税率为 13%，则不但可领取 2 100 万元的股利，尚可申请退税：

2 100×（17%-13%）=84（万元）

实际税后利益为

2 100+84=2 184（万元）

（2）若其个人所得税税率为 40%，则领取股利 2 100 万元的同时，还需要额外缴税：

$$2\,100\times(40\%-17\%)=483（万元）$$

实际税后利益为

$$2\,100-483=1\,617（万元）$$

（3）如果要规避（2）的股利所得税，可暂时脱手台积电持股并做多等值的期货部位：

$$10\,000\div2\,000=5\,000（口）$$

（四）调整β值，维持基金的股票头寸

假设大华股票型基金总资金 2 亿元，其中持有 1 000 张均价为 60 元的台积电股票、1 500 张均价为 35 元的友达股票以及 600 张均价为 55 元的国泰金股票，其余为现金部位。因此可知，股票市值为 60×1 000×1 000+35×1 000×1 500+55×1 000×600=1.455 亿元，亦即基金持股比率为 1.455/2=72.75%，持股比率符合规定。

若台积电与加权指数β值为 1.2，友达与加权指数β值为 1.5，国泰金与加权指数β值为 1.8，则整体基金与加权指数β值（包含现金部位）为

$$(60\times1\,000\times1\,000\times1.2+35\times1\,000\times1\,500\times1.5+55\times1\,000\times600\times1.8)/2=1.05$$

若发生金融海啸，整体股市气氛不佳，股票型基金恐难敌系统性风险，尤以金融股风险相对较大。因此欲规避基金投资组合中金融股之部位，即做空国泰金期货；假设均价为 55 元，且国泰金股票与国泰金期货的最佳避险比率为 1，则做空口数为（55×1 000×600）/（55×2 000）=300 口，做空国泰金期货总价值为（-300）×55×2 000=-3 300 万元，恰好与国泰金现货（55×1 000×600）之部位相抵。也就是说，基金现货投资组合里，已完全没有金融股曝险部位了。此时基金整体部位（包含期货与现金部位）之β值下降为

$$(60\times1\,000\times1\,000\times1.2+35\times1\,000\times1\,500\times1.5)/2=0.75$$

结论：基金β值由 1.05 降低为 0.75，但持股比重维持 72.75%不变，亦即基金受系统性风险影响的程度下降，空头市场带来的负面冲击亦已减弱；尤其金融海啸对金融股所造成冲击更大，但经由上述避险后，金融股走空的风险对此基金丝毫不会带来任何的损失。

股票期货交易目前已成为发展最快的市场，其交易金额不断增长，同时市场波动性也很大，投机性也得到进一步的强化。在股票期货交易中，股票仅仅是一种象征，买卖对象只是期货交易合同而非股票现货。在期货合约的买卖过程中，交易的双方并不需要持有股票或者即时交出股票，也无须全额的资金，就可以进行股票买卖。只要交易双方确定了交割日期的价格，签订期货合同就算成交。到了结算日，交易双方只要根据股票行市的变动情况，对照自己预测的结果之间产生的差额进行结算即可。由于股票期货交易中买空卖空的投机性，许多国家都在法规中对买空卖空特别是卖空交易进行了限制。因为在卖空时，投资者手里无须有股票，他觉得有利时可以从证券经纪商借入股票来卖空投机，这就有可能导致股市行情下跌，不利于股市的稳定、健康运行，也容易使其他投资者不敢轻易投资，影响资金筹集。另外，卖空交易时，投资者先行卖出，在股价下跌时再买回，不仅能减少风险，也可使投资者在股市下跌情况下仍有利可图，同时在一定程度也可稳定股市下跌局面。因此，各国法律在限制卖空交易的消极影响的前提下，一定范围内也是允许买空卖空行为的，以达到活跃股票市场、鼓励投资的目的。

在我国现阶段，随着股票现货市场的发展以及相应法规的完善，我国股票期货交易的开设也将会逐步提上议事日程。

第四节　沪深 300 股指期货

沪深 300 股指期货合约是以中证指数公司编制发布的沪深 300 指数作为标的指数。沪深 300 指数成分股票有 300 只。该指数借鉴了国际市场成熟的编制理念，采用调整股本加权、分级靠档、样本调整缓冲区等先进技术编制而成。首个股指期货合约以沪深 300 指数为标的物，主要基于以下考虑：

（1）市场检验表明，自 2005 年 4 月 8 日该指数发布以来，沪深 300 指数一直具有较强的市场代表性和较高的可投资性。

（2）沪深 300 指数市场覆盖率高，主要成分股权重比较分散，能有效防止市场可能出现的指数操纵行为。据统计，截至 2009 年 12 月 31 日，沪深 300 指数的总市值覆盖率和流通市值覆盖率约为 72%；前 10 大成分股累计权重约为 25%，前 20 大成分股累计权重约为 37%。高市场覆盖率与成分股权重分散的特点决定了该指数有比较好的抗操纵性。

（3）沪深 300 指数成分股行业分布相对均衡，抗行业周期性波动较强，以此为标的的指数期货有较好的套期保值效果，可以满足投资者的风险管理需求。

下面从沪深 300 指数的编制和沪深 300 股指期货合约两方面来介绍。

一、沪深 300 指数的编制

1. 指数计算

沪深 300 指数的选样方法是对样本空间股票在最近一年（新股为上市以来）的日均成交金额由高到低排名，剔除排名后 50% 的股票，然后对剩余股票按照日均总市值由高到低进行排名，选取排名前 300 名的股票作为样本股。指数以调整股本为权重，采用派许加权综合价格指数公式进行计算。其中，调整股本根据分级靠档方法获得。

原则上每半年对指数成分股调整一次，一般在 1 月初和 7 月初进行调整，提前两周公布调整方案。每次调整的比例不超过 10%，样本股设置缓冲区，排名在 240 名内的新样本优先进入，排名在 360 名之前的老样本优先保留。最近一次财务报告亏损的股票原则上不进入新选样本，除非这只股票影响指数的代表性。

报告期指数计算公式为

$$报告期指数=报告期成分股的调整值/基日成分股的调整市值\times 1\,000$$

式中：调整市值=$\sum$（市价×调整股本数），基日成分股的调整市值亦称为除数，调整股本数采用分级靠档的方法对成分股进行调整。

2. 指数编制技术

沪深 300 指数的编制采用缓冲区技术和分级靠档技术。缓冲区技术的采用使每次指数样本定期调整的幅度得到一定程度的控制，使指数能够保持良好的连续性。分级靠档技术的采用可以使在样本公司股本发生微小变动时保持用于指数计算的样本公司股本数的稳定，可以降低股本变动频繁带来跟踪投资成本，便于投资者进行跟踪投资。样本股调整幅度的降低可以降低投资者跟踪投资指数的成本。

3. **指数成分股介绍**

沪深 300 指数成分股覆盖银行、钢铁、石油、电力、煤炭、水泥、家电、机械、纺织、食品、酿酒、化纤、有色金属、交通运输、电子器件、商业百货、生物制药、酒店旅游、房地产等主要行业的龙头企业。排名前 20 的成分股往往成为投资者关注的焦点，其与沪深 300 指数的走势相关性较强，然而这些权重排名并非一成不变，而是每天随着股票价格变化而进行位置调整，表 9.14 为沪深 300 指数前 20 支成分券排名和权重（数据截至 2020 年 9 月 29 日）。

表 9.14 沪深 300 指数前 20 只成分券

排名	成分券代码 Constituent	成分券名称 Constituent	权重/%
1	600519	贵州茅台	5.13
2	601318	中国平安	5.06
3	000858	五粮液	2.63
4	600036	招商银行	2.27
5	000333	美的集团	2.18
6	600276	恒瑞医药	2.04
7	600030	中信证券	1.57
8	000651	格力电器	1.57
9	002475	立讯精密	1.47
10	600887	伊利股份	1.43
11	601888	中国中免	1.33
12	601166	兴业银行	1.23
13	601012	隆基股份	1.21
14	000002	万科 A	1.17
15	601398	工商银行	1.06
16	600900	长江电力	1.03
17	300059	东方财富	1.01
18	603288	海天味业	0.96
19	600031	三一重工	0.9
20	000001	平安银行	0.9

数据来源：中证指数公司，2020 年 9 月 30 日。

4. **成分股选取标准**

（1）上市交易时间超过一个季度，除非该股票上市以来日均 A 股总市值在全部沪深 A 股中排名在前 30 位。

（2）非 ST、*ST 股票，非暂停上市股票。

（3）公司经营状况良好，最近一年无重大违法违规事件、财务报告无重大问题。

（4）股票价格无明显的异常波动或市场操纵。

（5）剔除其他经专家认定不能进入指数的股票。

二、沪深 300 股指期货合约

沪深 300 股指期货合约具体条款与其他品种相似（见表 9.15），但也有自身的特点，在此分别对沪深 300 股指期货合约细则中的条款进行说明。

表 9.15 沪深 300 股指期货合约文本

合约标的	沪深 300 指数
合约乘数	每点 300 元
报价单位	指数点
最小变动价位	0.2 点
合约月份	当月、下月及随后两个季月
交易时间	上午：9:30—11:30，下午：13:00—15:00
最后交易日交易时间	9:15—11:30；13:00—15:00
每日价格最大波动限制	上一个交易日结算价的±10%
最低交易保证金	合约价值的 8%
最后交易日	合约到期月份的第三个周五，遇国家法定假日顺延
交割日期	同最后交易日
交割方式	现金交割
交易代码	IF
上市交易所	中国金融期货交易所

1. 合约乘数

一张股指期货合约的合约价值用股指期货指数点乘以某一既定的货币金额表示，这一既定的货币金额成为合约乘数。股票指数点越大，或合约乘数越大，股指期货合约价值也就越大。沪深 300 股指期货的合约乘数为每点人民币 300 元。当沪深 300 股指期货指数点为 3000 点时，合约价值等于 3000 点乘以 300 元，即 90 万元；当指数点为 4000 点时，合约价值等于 4000 点乘以 300 元，即 120 万元。

2. 最小变动价位

股指期货合约以指数点报价。报价变动的最小单位即为最小变动价位，合约交易报价指数点必须是最小变动价位的整数倍。沪深 300 股指期货的最小变动价位为 0.2 点，意味着合约交易报价的指数点必须为 0.2 点的整数倍。每张合约的最小变动值为 0.2 乘以 300 元，即 60 元。

3. 合约月份

股指期货的合约月份是指股指期货合约到期进行交割所在的月份。不同国家和地区股指期货合约月份的设置不尽相同。在境外期货市场上，股指期货合约月份的设置主要有两种方式：一种是季月模式（季月是指 3 月、6 月、9 月、12 月）。欧美市场采用的就是这种设置方式，如芝加哥商业交易所的 S&P500 指数期货的合约月份以 3 月、6 月、9 月、12 月为循环月份，如果当前时间是 2011 年 2 月，S&P500 指数期货的合约月份为 2011 年 3 月、6 月、9 月、12 月和 2012 年 3 月、6 月、9 月、12 月。另外一种以近期月份为主，再加上远期季月。如我国香港的恒生指数期货和我国台湾的台指期货的合约月份就是两个近月和两个季月。

沪深 300 股指期货合约的月份为当月、下月及随后连个季月，共 4 个月份合约。所谓季月就是 3 月、6 月、9 月、12 月。如果当前时间是 2012 年 9 月 4 日，那么期货市场上同时有以下 4 个合约在交易：IF1209、IF1210、IF1212、IF1303。这四个合约中，IF1209 、IF1210 是当月和下月合约；IF1212、IF1303 是随后两个季月合约。

4. 每日价格最大波动限制

为了防止价格大幅度波动所引起的风险，国际上通常对股指期货交易规定每日价格最大波动限制。比如，新加坡交易的日经 225 指数期货规定当天的涨跌幅度不超过前一交易日结算价的±2000 点。但并非所有交易所都采取每日价格波动限制，例如中国的香港恒生指数期货、英国的 FTSE100 指数期货交易就没有此限制。

沪深 300 股指期货的每日价格波动限制为上一交易日结算价的±10%。季月合约上市首日涨跌停板幅度为挂盘基准价的±20%。上市首日有成交的，于下一交易日恢复到合约规定的涨跌停板幅度；上市首日无成交的，下一交易日继续执行前一交易日的涨跌停板幅度。沪深 300 股指期货合约最后交易日涨跌停板幅度为上一交易日结算价的±20%。

5. 保证金比例

合约交易保证金是指投资者进行期货交易时缴纳的用来保证履约的资金，一般占交易合约价值的一定比例。

沪深 300 股指期货合约最低交易保证金为合约价值的 8%，这一水平是正常情况下交易所针对结算会员收取的保证金标准。交易所有权根据市场风险状况进行调整。比如出现连续的单边市时，或交易所规定的其他情况出现时，交易所都有可能提高给自己比例。结算会员、非结算会员在交易所规定的保证金标准的基础上，会对投资者加收一定数量的保证金。

三、沪深 300 股指期货交易规则

1. 持仓限额制度

设置持仓限额的目的是防止少数资金实力雄厚者凭借掌握超量持仓操纵及影响市场。有些交易所为及早发现与监控大户的动向，还设置大户持仓申报制度。

沪深 300 股指期货的持仓限额是指中国金融期货交易所规定的会员或者客户对某一合约单边持仓的最大数量。同一客户在不同会员处开仓交易，其在某一合约单边持仓合计不得超出该客户的持仓限额。会员和客户的股指期货合约持仓限额具体规定：进行投机交易的客户号，某一合约单边持仓限额为 100 手；某一合约结算后单边总持仓量超过 10 万手的，结算会员下一交易日该合约单边持仓量不得超过该合约单边总持仓量的 25%；进行套期保值交易的客户号的持仓按照交易所有关规定执行，不受该持仓限额限制。会员、客户持仓达到或者超过持仓限额的，不得同方向开仓交易。批准套期保值额度申请的投资者不受 100 手的单边持仓限制。

2. 交易指令

沪深 300 股指期货的交易指令分为市价指令、限价指令及中国金融期货交易所规定的其他指令。

交易指令每次最小下单数量为 1 手，市价指令每次最大下单数量为 50 手，限价指令每次最大下单数量为 100 手。

3. 每日结算

在股指期货交易中，大多数交易所采用当天期货交易的收盘价为当天的结算价，沪深 300 股指期货当日结算价是某一期货合约最后一小时成交价格按照成交量的加权平均价。计算结果保留至小数点后一位。最后一小时因系统故障等导致交易中断的，扣除中断时间后向前取满一小时视为最后一小时。合约最后一小时无成交的，以前一小时成交价格按照成交量的加权平均作为当日结算价。该时段仍无成交的，则再往前推一小时。以此类推。合约当日最后一笔成交距开盘不足一小时的，则取全天成交量的加权平均价作为当日结算价。合约当日无成交的，当日结算价计算公式为：当日结算价=该合约上一交易日结算价+基准合约当日结算价-基准合约上一交易日结算价，其中，基准合约为当日有成交的离交割月最近的合约。合约为新上市合约的，取其挂盘基准价为上一交易日结算价。基准合约为当日交割合约的，取其交割结算价为基准合约当日结算价。根据本公式结算处的当日结算价超出合约涨跌停板价格的，取涨跌停板价格作为当日结算价。采用上述方法仍无法确定当日结算价或者计算出的结算价明显不合理的，交易所有权决定当日结算价。

4. 交割方式与交割结算价

股指期货合约的交割普遍采用现金交割方式，即按照交割结算价，计算持仓者的盈亏，按此进行资金的划拨，了结所有未平仓合约。股指期货的交割结算价通常是依据现货指数来确定的，这样可以有效地保证期指与现指的到期趋同。

沪深 300 股指期货合约的相关规定：股指期货合约采用现金交割方式；股指期货合约最后交易日收市后，交易所以交割结算价为基准，划付持仓双方的盈亏，了结所有未平仓合约。沪深 300 股指期货的交割结算价为最后交易日标的指数最后两小时的算术平均价。计算结果保留小数点后两位。交易所有权根据市场情况对股指的交割结算价进行调整。

5. 股指期货投资者适当性制度

沪深 300 股指期货市场实行股指期货投资者适当性制度。该制度按照“把适当的产品销售给适当的投资者”的原则，从资金实力、投资经历、知识测试等方面对投资者进行限制性的规定，从而规避了中小投资者因盲目参与而遭受较大损失的可能。股指期货投资者适当性制度主要包括以下要点：① 自然人申请开户时保证金账户可用资金余额不低于人民币 50 万元；② 具备股指期货基础知识，开户测试不低于 80 分；③ 具有累计 10 个交易日、20 笔以上的股指期货仿真交易成交记录，或者最近三年内具有 10 笔以上的商品期货交易成交记录。

对于一般法人投资者申请开户除具有以上三点要求外，还应该具备：① 净资产不低于人民币 100 万元；② 具有相应的决策机制和操作流程，决策机制主要包括决策的主体与决策程序，操作流程应当明确业务环节、岗位职责以及相应的制衡机制。

复习思考题及答案

一、名词解释

股价指数：股票价格指数（Stock Price Index）是反映某一股票市场上多种股票价格变动趋势的一种相对数，简称股价指数，其单位一般用“点”（point）表示。按股票组包含的股票数量，股票价格指数分为综合指数和非综合指数。综合指数是股票组包含一个股票市场所有上市股票的指数，所有其他不包含所有上市股票的指数是非综合指数，非综合指数常常被称作分类指数或成分指数。

S&P 指数：标准普尔指数是由美国标准普尔公司（Standard & Poor's）编制的，常被简称为 S&P 指数。标准普尔公司是世界著名的分析咨询机构，早在 20 世纪 20 年代就开始编制股票指数。最初的指数由 233 种股票组成，1957 年调整后，样本数扩大到 500 种。由于 S&P 指数包括股票数量多，对美国股市的覆盖面与代表性高于道琼斯指数，且计算方法采用加权算术平均法，能够精确反映美国股票市场的变化，因此备受世界各国的关注。

股指期货：股指期货（Stock Index Futures）的全称是股票价格指数期货（简称股价指数期货、股指期货、期指），是指以股价指数为标的物的标准化期货合约，双方约定在未来的某个特定日期，可以按照事先确定的股价指数的大小，进行标的指数的买卖。

β 系数：股票市场上的每一只股票都有一个 β 系数，它是根据股票价格的历史数据和股票价格指数的历史数据计算出来的，其一般含义是：当股票价格指数变动 1%时，该股票的价格预期变动的百分比。按定义，股票价格指数的 β 系数为 1，若该股票的 β 系数大于 1，则表示该股票的波动大于股票价格指数的波动，若该股票的 β 系数小于 1，则表示该股票的波动小于股票价格指数的波动。

无套利区间：无套利区间是指考虑交易成本后，将期指理论价格分别向上移和向下移所形成的一个区间。在这个区间中，套利交易不但得不到利润，反而将导致亏损。具体而言，若将期指理论价格上移一个交易成本之后的价位称为无套利区间的上界，将期指理论价格上移一个交易成本之后的价位称为无套利区间的下界，只有当实际的期指高于上界时，正向套利才能够获利；反之，只有当实际期指低于下界时，反向套利才能够获利。

程式交易：期现套利交易对时间要求非常高，必须在短时间内完成期指的买卖以及许多股票的买卖，传统的报价交易方式难以满足这一要求，因此必须依赖程式交易（Program Trading）系统。程式交易系统由四个子系统组成，就是套利机会发觉子系统、自动下单系统、成交报告及结算子系统以及风险管理子系统。

二、简答题

1. 股票价格指数期货是怎样产生的？

答：股指期货的产生主要是因为其合约可以规避股票的系统风险。在股票市场上，投资组合技术的应用基本上可以使投资者有效地规避股票市场上的非系统性风险，但投资组合技术不能规避股票市场上的系统性风险；单只股票的期货交易能使投资者有效地规避该股票的价格风险，但期货交易所很难针对成千上万只股票中的每一只股票开设期货合约的交易，持有多种股票的交易者也很难在多持有的每一股票上开展期货合约的交易。所以，股票市场上实际上也存在一种需要：一种金融工具，股票投资者可以通过它转移所持有的所有股票的系统性风险。

1982 年 2 月 24 日，美国堪萨斯期货交易所推出了全球第一张股票价格指数期货合约——价值线综合指数期货合约。同年 4 月，芝加哥商业交易所推出了标准普尔 500 种股票价格指数期货合约；5 月，纽约证券交易所推出了纽约证券交易所综合指数期货合约。其后，澳大利亚悉尼、英国伦敦、中国香港、新加坡及美国的 CBOT 等陆续推出了各种股票价格指数期货合约，股票价格指数期货合约迅速成为最主要的期货品种之一。

2. 用股票价格指数期货进行套期保值时，如何计算应买卖的期货合约的数量？

答：股票市场上的每一只股票都有一个 β 系数，它是根据股票价格的历史数据和股票价格指数的历史数据计算出来的。有了 β 系数，就可以计算出要冲抵现货市场中股票组合的风险所需要的买入或卖出的股指期货合约的数量。若某股票的 β 系数为 1.2，则表示当股票价格指数变动 1%时，该股票的价格会变动 1.2%，因此，若保值的对象是 100 万元市值的该股票，则为保值所买卖的股票价格指数期货合约的市值为 120 万元。如果指数期货合约的报价为 12000 点，指数乘数为 50，则套期保值者买卖的指数期货合约的数量是 2 张合约。一般计算公式为

$$Q=\frac{V\times\beta}{\text{指数期货报价}\times\text{指数乘数}}=\frac{V\times\beta}{\text{每张合约的价值}}$$

式中：Q 表示保值数量；V 表示股票的市值；β 表示股票或股票组合的 β 系数。

从公式中不难看出，当现货股票市值和期货合约的价值已定下来后，所需买卖的期货合约数就与 β 系数的大小有关，β 系数越大，所需的期货合约数就越多；反之，则越少。

3. 什么是股指期货投资者适当性制度？

答：沪深 300 股指期货市场实行股指期货投资者适当性制度。该制度按照“把适当的产品销售给适当的投资者”的原则，从资金实力、投资经历、知识测试等方面对投资者进行良限制性的规定，从而规避了中小投资者因盲目参与而遭受较大损失的可能。股指期货投资者适当性制度主要包括以下要点：① 自然人申请开户时保证金账户可用资金余额不低于人民币 50 万元；② 具备股指期货基础知识，开户测试不低于 80 分；③ 具有累计 10 个交易日、20 笔以上的股指期货仿真交易成交记录，或者最近三年内具有 10 笔以上的商品期货交易成交记录。

对于一般法人投资者申请开户除具有以上三点要求外，还应该具备：① 净资产不低于人民币 100 万元；② 具有相应的决策机制和操作流程，决策机制主要包括注册的主体与决策程序，操作流程应当明确业务环节、岗位职责以及相应的制衡机制。

三、举例说明题（股票投资者如何利用股指期货交易进行保值等）

1. 6 月 25 日某股票持有人持有价值 150 万美元的 7 种股票。他担心未来 2 个月利率水平会上升，股票的市场价值会降低，但他目前不想卖出这些股票，所以他决定以标准普尔 500 股票指数期货 9 月份交割的合约来对其所持有股票进行套期保值。6 月 25 日他按期货市场价

格 202.45 点卖出标准普尔 500 股票指数期货 9 月份交割的合约。8 月 24 日，他所持现货市场的 7 种股票市值为 1 428 500 美元。他认为价格已到低谷，于是就平掉期货合约，平仓价格为 192.35 点。已知，其所持 7 种股票的 β 系数分别为 1.22，1.18，1.20，0.92，1.10，0.95，0.82；7 种股票市值占 150 万市值的比重分别为 0.20，0.11，0.11，0.23，0.12，0.11，0.12。请计算：① 他所持股票组合的 β 系数是多少？② 6 月 25 日股票持有人卖出了多少张指数期货合约（取整）？③ 他保值的结果如何？

2. 10 月初，基金经理预期股票市场短期内会急升，但他定期收到资金的时间是 10 月底。为预先固定将来的购入成本，他在 10 月初就买入指数期货，到 10 月底，他收到资金后就平掉该合约，买入股票。具体交易过程如下：

10 月初，基金经理买入 12 月股票价格指数期货合约，价格是 16 000 点。10 月下旬，12 月股票价格指数期货价格涨到 16 800 点（上涨 5%），此时基金经理收到 1 000 万元资金，他将期货平仓，将期货市场获利连同收到的 1 000 万元用来买入机会中要买的股票。

请计算：① 当计划中打算买入的一组股票的 β 系数是 0.8，指数乘数是 50 元/点时，10 月初基金经理应买入多少期货合约进行套期保值？② 通常情况下，计划中要买的 10 月初市值 1 000 万元的一组股票在 10 月底市价应为多少？基金经理在期货市场的获利加上 1 000 万元，10 月月底能否买入该股票？

第十章 期权交易

【教学目的与要求】

通过本章的学习，学生应理解和掌握期权的概念、分类，期货期权与期货的区别，影响期权价格的因素，期权的四种基本策略等。

【教学重点与难点】

教学重点：期货期权与期货的比较；期权交易方法。

教学难点：期权交易方法。

【教学内容】

期权作为一种独特的金融工具，在投资、规避风险以及资产管理等业务领域中发挥着重要作用。本章主要介绍期权市场概况，期权的含义、特点及主要类型，期权合约的主要条款，期权交易指令及头寸的建立和了结等相关知识；研究并分析期权价格的构成及影响因素，期权交易的基本策略、组合策略及应用等。

第一节 期权交易概述

一、选择权交易概述

对于选择权的概念，国内投资者在认识上存在一定的偏差。我们习惯上把 options 译为期权，而实际上，英文中的 options 是“选择权”的意思。“期权”这个词按字面意思应该是“期货选择权”的简称，在英文中是 futures options，它与 spots options（现货选择权）相对应。但由于我们将 options 译为“期权”已被广泛接受，若将其改为“选择权”反而会引起混淆，因此本书仍把 options 称为“期权”。在对具体的期权进行介绍时，如果是现货期权，现货二字将不再提及，如股票现货期权直接称为股票期权。

（一）期权的概念与特点

1. 期权的概念

期权，也称选择权，是交易双方签订的一种合约，它赋予购买者在某一特定的时期内按照某一特定的价格买进或卖出某一特定商品或合约的权利。它是期权买方拥有的一种权利，而非义务。

期权交易是一种权利的买卖，期权的买方在买入后，便取得了选择权。在约定的期限内既可行权买入或卖出标的资产，也可放弃行使权利；当买方选择行权时，卖方必须履约。

2. 期权交易的特点

与期货交易相比，期权交易的最大特点是买卖双方权利、义务、收益和风险均不对等，正是这一非对称性使得期权具有了自己的特点。主要表现在：

（1）买方想要获得权利必须向卖方支付一定数量的费用，即权利金。

（2）期权买方取得的权利是在未来的或在某一特定时间（欧式期权），或在未来一段时间内（美式期权）。

（3）期权买方在未来买卖的标的物是特定的。

（4）期权买方在未来买卖的标的物的价格是事先规定好的（履约价格）。

（5）期权买方可以买进标的物（看涨期权履约），也可以卖出标的物（看跌期权履约）。

（6）期权买方取得的是买卖的权利，而不负有必须买进或卖出的义务。买方有执行的权利，也有不执行的权利，自己可以灵活选择。

（二）期权交易

传统意义上，交易所给投资者提供了一个交易期权的场所，但最近这种情况有所变化。许多衍生产品交易所完全是电子化的，因此交易员之间并不需要见面。国际证券交易公司（International Securities Exchange）在 2000 年 5 月推出了第一个将股票期权交易完全电子化的市场。芝加哥期权交易所拥有的电子交易系统与交易大厅形式的公开喊价市场同时存在。

1. 期权交易指令

期权交易指令一般包括：申报方向（买入或卖出）、数量、合约（代码）、合约月份及年份（期限超过 1 年的合约，同一月份的合约有不同年份）、执行价格、期权类型或期权方向（买权或卖权）、期权价格、市价或限价等。下面以某交易系统原油期权报价为例，对期权交易的申报内容进行介绍。

2010 年 8 月，国内某客户在 2010 年 8 月份有一批进口原油，预计 10 月份原油价格会在 70 美元/桶的价格水平波动，并有可能会小幅下跌。于是，决定卖出芝加哥商业交易所集团 10 月份的原油看涨期权。通过该交易系统报出交易指令，如图 10.1 所示。

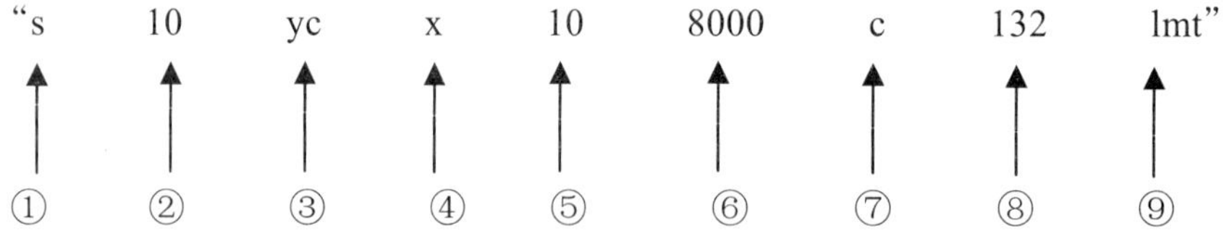

图 10.1 交易指令

以上指令所申报的内容及申报规定如下：

（1）申报交易方向，有买入和卖出两种。s 表示卖出，b 表示买入。

（2）申报数量，以手数形式报出。10 表示申报数量为 10 手。

（3）标的物代码，yc 表示原油代码。

（4）合约月份代码，x 表示 11 月份合约代码。

（5）合约到期年份，10 表示该期权合约 2010 年到期。

（6）执行价格，8000 表示执行价格为 80 美元/桶。

（7）期权类型，选择看涨期权或看跌期权。c 表示看涨期权，p 表示看跌期权。

（8）权利金，132 表示该交易者愿意以 1.32 美元/桶出售该期权。

（9）指令类型，有市价指令和限价指令两种。lmt 表示限价指令，mkt 表示市价指令。

该交易系统中，对所有品种的报价，都将盘面显示价格扩大至所保留的小数位置。如原油的权利金报价保留两位小数，则盘面报出的执行价格和权利金比实际价格扩大 100 倍。所以，盘面显示的执行价格 8 000 和权利金 132，实际价格分别为 80 美元/桶和 1.32 美元/桶。品种不同，保留的小数位数不同，盘面显示价格比实际价格扩大的倍数也不相同。

2. 期权交易的保证金制度

在进行期权交易时，期权买方必须全额支付权利金（9 个月以下的期权），而期权卖方则必须在保证金账户上存入相应的履约保证金。许多金融市场都已采用保证金制度，期货交易市场最普遍采用的是保证金制度。但是，期权交易的保证金制度与期货交易的保证金制度有很大区别。下面介绍期权交易市场的保证金制度。

当购买期权小于 9 个月的看涨期权与看跌期权时，投资者必须付清全部费用，这时投资者不能用保证金方式来购买期权，因为这些期权中已具有很高的杠杆效应。以保证金方式买入期权将会使杠杆效应提高到不可接受的水平。对于期限大于 9 个月的期权，投资者可以至多借入期权价格 25%的资金以保证金购买的形式买入期权。

当投资者出售期权时，必须在保证金账户中保持一定数额的资金，这是由于经纪公司和交易所需要确保当期权执行时该出售期权的投资者不会违约。保证金的大小取决于当时的交易情况。

下面介绍股票期权卖方的保证金收取的基本原则。

（1）无保护期权卖方保证金。

无保护期权又叫裸露期权（Naked Option），是指期权卖方本身并未持有期权标的资产的期权，如股票看涨期权卖方本身并没有持有期权相应的股票。对无保护期权，其初始保证金取自下面两个计算结果中较大的一个：（下面以股票期权为例进行说明）

第一，出售期权所得金额的 100%+标的股票价值的 20%-期权的虚值数额（如果存在）；

第二，出售期权所得金额的 100%+标的股票价值的 10%

对于做空股票指数期权，保证金视标的股指的不同而有所不同。如果标的的股指变化幅度大，保证金的要求与卖出的股票期权相同，即等于出售期权的所有收入加上期权的标的股指市值的 20%减去期权的虚值数额（如果存在）。如果标的的股指变化幅度小，保证金等于出售股票指数期权的所有收入加上期权标的股指市值的 15%减去期权的虚值数额（如果存在）。与股票期权一样，保证金的最低额不能少于出售期权的所有收入加上期权的标的股指市值的 10%。

【例 10.1】某一投资者出售 5 个裸露的股票看涨期权，期权价格为 5 美元，执行价格为 42 美元，股票价格为 40 美元。试计算该投资者需要缴纳的保证金。

由于期权处于虚值状态，期权的虚值数额为 2 美元。

按以上第一种计算方法得出保证金为

$$500\times(5+20\%\times40-2)=5\ 500（美元）$$

按以上第二种计算方法得出保证金为

$$500\times(5+10\%\times40)=4\ 500（美元）$$

因此，该投资者需要缴纳 5 500 美元的保证金。

如果本例中是一个看跌期权，它处于实值状态，实值为 2 美元，要求的保证金将是 500×（5+0.2×40）=6 500 美元。

每天都重复进行保证金的计算。当计算结果表明要求的保证金数额大于保证金账户的现有金额时，会触发保证金催付电话（Margin Call），客户就需要追加保证金，如果投资者不能及时存入保证金，经纪人会卖出股票。

（2）有保护看涨期权卖方保证金。

有保护看涨期权（Covered Calls），以股票期权为例，是指股票期权卖方出售股票看涨期权时已持有股票。有保护看涨期权的风险远远低于无保护看涨期权。如果看涨期权的卖方在经纪公司存入的相应股票的数量不少于看涨期权所需的股数，则对于经纪公司无任何风险，因而不需缴纳保证金。在实际交易中，期权经纪公司并不要求期权卖方以标的股票的全价作为保证金事先存入经纪公司的账户，而通常只是上述价值的某一比率。

3. 持仓与履约限额制度

这里主要以股票期权为例来说明持仓与履约限额制度，其他期权可以借鉴。

对于任何一个公司的股票而言，可创造的期权合约的数量是巨大的。假设某公司发行了 5 000 万股股票，而期权合约的投资者创造了 60 万份该股票的看涨期权合约。由于每份看涨期权合约代表 100 股，这 60 万份合约将代表 6 000 万股股票，大大超过了实际存在的股票。如果这些合约都要求执行，其结果可想而知。这也许太极端了，或许不可能发生，那就让我们看看很可能发生的情形：如市场上的投资者想迫使某种股票价格上涨，于是他们在一段时间里买进了代表 200 万股标的股票的看涨期权 2 万份。在某个价位，他们要求履约。如果合约都将由无保护的卖出者来履行，那么卖方将不得不到股票市场去购买这种股票用于交割。大量购买该种股票的压力势必造成该股票的大幅上升，给执行看涨期权的上述投资者带来丰厚的利润。为了防范这种操纵市场的行为发生，交易所设置了持仓与履约限额制度。

（1）持仓限额制度。

基于对上述行为的制止，美国证券与交易所委员会颁布了一些规定，限制市场参与者可能持有的期权合约的最大数量。其规定如下：“任何采取一致行动的个体和组织不得在同一标的证券市场中单边持有超过 8 000 份期权合约。”个体是任意一个实体，如个人、公司、合伙组织或信托机构等。一个“行动一致”的团体则可以定义为统一以相同方式进行交易或由统一顾问控制和操纵其账户的个体的集合。市场上存在两种交易方向：买入（多头）和卖出（空头）。需要注意的是，这里的“多头”“空头”是指期权执行后标的头寸的买卖方向，即

多头持仓 = 买入看涨期权的持仓+卖出看跌期权的持仓

空头持仓 = 买入看跌期权的持仓+卖出看涨期权的持仓

任何同种证券的期权头寸，都不得在任何方向上超过 8 000 张合约。如某投资者持有微软公司股票期权，下列持仓量没有违反该项规则：

微软公司股票

多头	空头
买入看涨期权 3 000 张	买入看跌期权 3 000 张
卖出看跌期权 5 000 张	卖出看涨期权 5 000 张
共计 8 000 张	共计 8 000 张

虽然其全部交易量为 16 000 张合约，但其在任何一个方向上均未超过允许的 8 000 张合约的限制。

而下列持仓量则违反了这项规则：

微软公司股票

多头	空头
买入看涨期权 5 000 张	买入看跌期权 3 000 张
卖出看跌期权 5 000 张	卖出看涨期权 3 000 张
共计 10 000 张	共计 6 000 张

同样地，其全部交易量为 16 000 张合约，但这次有 10 000 张合约在同一方向上，这就违反了该项规则。

8 000 张的合约限额是用于交易量最活跃的股票的期权合约。对于那些交易不活跃的股票的期权合约，限额为同一方向 5 000 张，甚至 3 000 张。

（2）履约限额制度。

美国证券与交易所委员会还有另一项规则规定，任何个体或采取统一行动的组织在任何 5 个连续交易日内，不得执行超过 8 000 张同一标的证券的期权合约。如某人在星期一早上执行了 8 000 张某股票的看涨期权，则该投资者在下星期一之前不能再执行额外的该股票看涨期权。

和持仓量限额一样，8 000 张合约的执行限额仅适用于交易最活跃的股票期权合约，对于交易量小的股票，合约的执行限额则减少为 5 000 张或 3 000 张。

需要注意的是，当发生股票拆细或配股送股时，期权合约将做出修改，这时的持仓量和执行限额将不受 8 000 张的限制。

4. 期权交易的了结

任何投资者建立期权头寸，其目的无外乎投资期权权利金获利或进行套期保值。而期权都有期限，到期后期权就会变得没有任何价值，那么在期权到期时或到期前，投资者如何来平掉自己的期权头寸，实现原来的目的，就是投资者需要考虑的重要的问题。

期权了结的方式有三种：对冲平仓、执行期权和自动失效。大多数期权的买方或卖方在期权到期时或到期前选择对冲平仓的方法来了结期权头寸。随着到期日的临近，期权的买方和卖方都会更准确地判断市场价格和期权的价值，从而决定是否发出一个相反的指令来对冲平仓。盈亏状况取决于权利金的差价。

5. 期权交易手续费

手续费对投资者来说是非常重要的，期货和股票的交易手续费都是按张数计算，但期权的交易手续费计算稍微复杂一些，而且不同的经纪公司所收取的手续费很不一样。折扣经纪公司（Discount Brokers）收取的手续费通常要低于全面服务经纪公司（Full Service Broker）

收取的手续费。手续费通常包括固定成本加上交易金额的某个百分比。表 10.1 是一个典型折扣经纪公司的佣金报价。

表 10.1 一个典型折扣经纪公司的佣金报价

交易规模/美元	佣金[①]
小于 2 500	20 美元+交易规模的 2%
2 500 ~ 10 000	20 美元+交易规模的 1%
大于 10 000	20 美元+交易规模的 0.25%

如果需要平仓，投资者必须再支付一次手续费。如果执行期权，该投资者支付的手续费通常为交易单位价值的 1% ~ 2%。

某投资者考虑买入了一个执行价格为 50 美元的看涨期权，其股票价格为 48 美元。假定期权价格为 4.5 美元，买入期权的整体费用为 450 美元。按表 10.1 的价格计算，买入或卖出一个期权的费用为 30 美元（最大佣金与最小佣金对第一个期权的费用均为 30 美元）。假定股票价格上涨，期权被行使，期权被行使时股票价格为 60 美元。假定投资者投资股票需付 1.5% 的佣金，那么在期权被行使时，佣金数量为

$$0.015\times 60\times 100=90\text{（美元）}$$

因此，所付佣金的总数为 120（=90+30）美元，如果投资者卖出期权会给投资者节省 60 美元的佣金（出售一个期权需支付的佣金为 30 美元）。一般来说，佣金制度会倾向让投资者平仓期权而不是执行期权。

二、期权交易的合约要素

在期权交易中，期权合约的内容主要由以下部分构成：交易代码、标的资产、交易单位、最小变动价位、执行价格、每日价格最大波动限制、合约月份、交易时间、最后交易日、合约到期日等。

（一）交易代码

每个期权合约的具体代码（Product Ticker Symbols），通常以一些英文字母来表示，每个代码代表一类具体的期权合约。如：郑州商品交易所“CW”代表小麦看涨期权，“PW”代表小麦看跌期权；芝加哥期货交易所小麦期货期权公开喊价交易的交易代码为，“WY”代表看涨期权，“WZ”代表看跌期权，而电子交易的代码为“OZW”。

（二）标的资产

标的资产（Underlying Asset）是指经批准允许进入期权市场交易的金融工具和期货合约。期权的标的资产非常广泛，常见的有股票期权、股票指数期权、外汇期权、利率期权、商品

① 最大佣金计算如下：对于前 5 份合约，每份佣金 30 美元，在超出 5 份合约之上的每份合约，每份佣金为 20 美元。最小佣金计算如下：对于第一份合约，每份佣金 30 美元，在之后的每一份合约，每份佣金为 20 美元。

期货期权、金融期货期权等。以小麦期货期权为例，一张郑州商品交易所小麦期货期权的标的资产是一张 10 吨的小麦期货合约；一张芝加哥期货交易所小麦期货期权的标的资产是一张 5000 蒲式耳的小麦期货合约。

（三）交易单位

交易单位（Contract Size）指每张期权合约所代表的要交易的标的资产的数量。如一张郑州商品交易所小麦期货期权合约的交易单位是 10 吨；一张芝加哥期货交易所小麦期货期权合约的交易单位是 5000 蒲式耳。

（四）最小变动价位

最小变动价位（Tick Size or Minimum Fluctuation）指每张期权合约或每一交易单位标的资产报价时所允许价格变动的最小值。如郑州商品交易所小麦期货期权的最小变动价位是 1 元/吨；芝加哥期货交易所小麦期货期权的最小变动价位是每蒲式耳 1/8 美分（6.25 美元/张）。

对于股票期权而言，根据不同的股票市场价格，其最小变动价位不同。股票的价格越高，最小变动价位越大。芝加哥期权交易所股票期权（每张合约约 100 股）的最小变动价位是：当股票价格在 5 美元到 25 美元之间时，最小变动价位为 2.5 美元；当股票价格在 25 美元到 200 美元之间时，最小变动价位为 5 美元；当股票价格高于 200 美元时，最小变动价位为 10 美元。

（五）每日价格波动幅度限制

每日价格波动幅度限制（Price Limits）指期权合约的权利金每日的波动幅度高于或低于上一个交易日权利金结算价的限度。如果达到涨跌停板，就暂停交易，抑制价格暴涨暴跌。如郑州商品交易所小麦期货期权权利金每日价格波动幅度限制是不超过上一交易日权利金结算价±3%;芝加哥期货交易所交易小麦期货期权每日价格波动幅度限制是每蒲式耳不超过上一交易日权利金结算价±30 美分。值得注意的是：有的期权合约没有涨跌停板限制，如韩国股票交易所的 200 种股票指数期权没有涨跌停板限制。

从目前世界期权交易所关于设置涨跌幅度限制的做法看，其做法基本上有以下三种：一是期权标的资产交易本身就不设涨跌停板，从而相应的期权交易所也没有涨跌停板，如伦敦金属交易所的金属品期货交易、伦敦国际石油交易所的能源期货交易等；二是期权标的资产交易有涨跌停板，但相应的期权交易没有涨跌停板，如纽约商品期货交易所的铜期货交易和原油期货交易；三是期权标的资产交易和期权本身交易都有涨跌停板，比如芝加哥期货交易所的大豆、豆油、小麦期货等，期货期权的每日价格波动幅度限制与期货的每日价格波动幅度限制相同。

（六）执行价格

执行价格（Exercise Price or Strike Price）指在期权合约中事先约定的在履行合约时期权买方买入或卖出标的资产的价格。执行价格接近标的资产的市场价格。通常对于同一标的资产的期权合约来说，会设置几个不同的执行价格，而且会根据价格波动适时增加。比如芝加哥期货交易所小麦期权合约规定：在交易开始时，公布 1 个平值期权、5 个实值期权、5 个虚值期权。

执行价格随着标的物价格的增加而不断增加，如果价格波动区间很大，就可能衍生出很多的执行价格。标的物价格波动越大，执行价格越多；合约运行时间越长，执行价格越多；合约月份越近，执行价格越多；价格波动越小，执行价格越少。而价格波动很大的标的物，其期权的执行价格会达 20 多种，甚至更多。

（七）合约月份

合约月份（Contract Months）指期权买卖双方交付标的资产执行期权合约的月份。期权交易的月份分为季度周期性月份、非季度周期性月份和循环月份。普通期权合约月份一般是季度周期性月份的 3 月、6 月、9 月、12 月。芝加哥期货交易所的玉米期货期权、堪萨斯城交易所的小麦期货期权、纽约商品交易所的高级铜等商品期货期权交易月份是非季度周期性月份的 3 月、5 月、7 月、9 月、12 月。股票期权及股票指数期权交易月份是循环月份，它们是在 1 月、2 月或 3 月的基础上的循环，也就是在此基础上，再加 3 个月份。1 月份的循环包括 1 月、4 月、7 月和 10 月这 4 个月；2 月份的循环包括 2 月、5 月、8 月和 11 月这 4 个月；3 月的循环包括 3 月、6 月、9 月和 12 月这 4 个月。

（八）最后交易日

最后交易日（Last Trade Date）指期权合约的最终有效日期。在到期日之前，期权买方任何时候均享有合同规定的权利，而若超过这一天期权合约自动作废。对多数股票期权来说，期权合约的最后交易日精确的到期时间是到期月第三个星期五之后的星期六的美国中部时间的晚上 11:59。一般情况下是该月的第三个星期六，但也有例外，如果该月的第一天是星期六，那么第三个星期五之后的星期六则是该月的第四个星期六。郑州商品交易所小麦期货期权合约的最后交易日与其期货合约的最后交易日相同，最后交易日为交割月份的倒数第七个工作日。

（九）行权

行权（Exercise），也称为履约。通常情况下，期权合约中要载明买方履约或行权的时间和其他相关内容。

芝加哥交易所集团大豆期货期权合约规定，在期权合约到期前任何时间，期权买方都有权执行，将期权头寸转为期货头寸，但必须在芝加哥时间下午 6:00 前通知结算所，期权到期后，实值期权将被自动执行。所有持有实值期权的买方不需要担心期权过期作废。

（十）合约到期时间

合约到期时间（Expiration Dates）是指期权买方能够行使权利的最后时间，过了规定时间，没有被执行的期权合约停止行权（该条款也可与行权并为一项，对行权事项进行相关规定）。期权到期时间可以与合约最后交易时间相同，也可以不同。如香港交易所上市的股票期权，行权方式（美式）为：期权买方在任何营业日（包括最后交易日）的下午 6:45 之前随时行权，合约的最后交易时间为最后交易日的下午 4:00。CME 集团上市的大豆、小麦、玉米、标准普尔 500、利率互换等期货期权合约均列出了合约到期时间条款，规定的合约终止执行时间为最后交易日的下午 7:00，合约的交易截止时间为下午 1:15、3:15 等。可见，对于合约到期在最后交易日交易时间之后的期权，当期权在交易所停止交易后，期权的买方仍有机会执行期权。

三、期权的种类

在实际的期权交易中，交易者们从不同的角度对期权进行了各种分类。

（一）看涨期权与看跌期权

期权从买方的权利来划分，可分为看涨期权（Call Option）和看跌期权（Put Option）。这两种期权是交易者在进行期权交易时必须要选择的。

看涨期权是指期权买方向卖方支付一定数额的权利金后，即拥有在期权合约的有效期内或特定时间，按执行价格向期权卖方买入一定数量的标的物的权利，但不负有必须买进的义务。看涨期权又称为买权、买入期权、认购期权、延买期权、买方期权等，有的干脆称为涨权。看涨期权的定义是站在期权买方的角度出发的，其权利是对买方而言，它是一种买的权利，买方只有在判断后市看涨时才会买进看涨期权。

看跌期权是指期权买方向卖方支付一定数额的权利金后，即拥有在期权合约的有效期内，按执行价格向期权卖方卖出一定数量标的物的权利，但不负有必须卖出的义务。看跌期权又称为卖出期权或认沽期权。

（二）欧式期权与美式期权

美式期权（American Option）是指期权买方在期权有效期内的任何交易日都可以行使权利的期权。期权买方既可以在期权合约到期日行使权利，也可以在期权到期日之前的任何一个交易日行使权利。在到期日之后期权作废，买方权利随之消失。

欧式期权（European Option）是指期权买方只能在期权到期日行使权利的期权。期权买方在期权合约到期日之前不能行使权利。在到期日之后期权作废，买方权利随之消失。

美式期权和欧式期权的划分并无地域上的区别。

（三）现货期权与期货期权

按照期权合约标的物的不同，可将期权分为现货期权和期货期权。

期货合约标的物，是买方行权时，从卖方手中买入或出售给卖方的资产。标的物可以是现货商品，也可以是期货合约；可以是实物资产，也可以是金融资产。

标的物为现货商品的期权被称为现货期权。现货期权又有金融现货期权和商品现货期权之分。金融现货期权的标的物是金融现货资产；商品现货期权的标的物是实物现货资产。

标的物为期货合约的期权被称为期货期权。期货期权又有金融期货期权和商品期货期权之分。金融期货期权的标的物是金融期货合约；商品期货期权的标的物是实物商品期货合约。在芝加哥商品交易所集团上市的金融期货合约和商品期货合约，几乎都推出了相应的期权合约。图 10.2 是对现货期权和期货期权的一个总结。

- 期权
  - 现货期权
    - 股票期权（以股票为标的物）
    - 股指期权（以股票指数为标的物）
    - 外汇期权（以外汇为标的物）
    - 利率期权（以利率为标的物）
  - 期货期权
    - 商品期货期权（以商品期货合约为标的物）
    - 金融期货期权（以金融期货合约为标的物）

图 10.2　按标的资产不同的期权分类

（四）场内期权和场外期权

与期货交易不同，期权既可以在交易所交易，也可以在场外交易。

场外期权（Over-the-Counter Option，OTC Options）是指在非集中性的交易场所交易的非标准化的期权，也称为店头市场期权或柜台期权。

场内期权也称为交易所期权，是指由交易所设计在交易所集中交易的标准化期权。场内交易采用标准化和集中交易，再加上结算机构提供了交易双方可靠的履约保证，有利于市场流动性的提高。

与场内期权相比，场外期权具有如下特点：

（1）合约非标准化。交易所期权合约是标准化的，场外期权合约是非标准化的。

（2）交易品种多样、形式灵活、规模巨大。由于场外交易双方可以直接商谈，期权品种、交易形式和交易规模等均可以按照交易者的需求进行定制，所以场外期权更能够满足投资者的个性需求，场外期权交易也促进了新的复杂产品的诞生和交易。场外期权交易更为活跃、交易规模更大、交易形式更为多样化和复杂化。

（3）交易对手机构化。场外期权交易多在机构投资者之间进行，对于一般法人和机构投资者，其交易对手多为经验丰富的投资银行、商业银行等专业金融机构，期权合约的内容、交易方式等均由经验丰富的交易对手设计。

（4）流动性风险和信用风险大。交易所期权随时可以转让，结算机构可以保证卖方履约，而场外期权交易以上两点都无法保证。所以，场外交易具有较高的流动性风险和信用风险。

四、实值期权、平值期权和虚值期权

按照期权执行价格与标的物市场价格的关系的不同，可将期权分为实值期权、虚值期权和平值期权。

（一）实值期权

实值期权（In-the-Money Option）也称期权处于实值状态，是指执行价格低于标的物市场价格的看涨期权和执行价格高于标的物市场价格的看跌期权。在不考虑交易费用和期权权利金的情况下，买方立即履行期权合约能够获得行权收益。所以，实值期权具有内涵价值，其内涵价值大于 0。

当看涨期权的执行价格远远低于标的物的市场价格，看跌期权的执行价格远远高于标的物的市场价格时，该期权称为深度或极度实值期权。

（二）平值期权

平值期权（At-the-Money Option）也称期权处于平值状态，是指执行价格等于标的物市场价格的期权。在不考虑交易费用和期权权利金的情况下，买方立即履行期权合约收益为 0。平值期权也不具有内涵价值，其内涵价值等于 0。

（三）虚值期权

虚值期权（Out-of-the-Money Option）也称期权处于虚值，是指执行价格高于标的物市场价格的看涨期权和执行价格低于标的物市场价格的看跌期权。在不考虑交易费用和期权权利金的情况下，买方立即履行期权合约将产生亏损。所以，虚值期权不具有内涵价值。

当看涨期权的执行价格远远高于标的物的市场价格，看跌期权的执行价格远远低于标的物市场价格时，被称为深度或极度虚值期权。

第二节　期权费的构成及影响因素

在期权交易中，买卖双方竞价的是权利金，而权利金由内在价值和时间价值组成，受标的物价格和履约价格、标的物波动性、距到期日时间、无风险利率等因素影响。权利金是期权交易的成本，因此了解权利金的构成及影响权利金变动的因素等显得尤为重要。

一、期权费的构成

期权权利金就是买进或出售期权合约的价格。对于期权的买方来说，为了换取期权对于买方的一定权利，他必须支付一笔权利金给期权卖方；对于期权的卖方来说，他卖出期权而承担了必须履行期权的义务，为此，他收取一定权利金作为报酬。由于权利金是由买方负担的，是买方在出现最不利的变动时所要承担的最高损失金额，因此权利金也称保险金；又因为权利金是买进或售出权利的价格，故又称作权价或期权价格。

期权权利金额的多少取决于整个期权合约、合约月份以及所选择的履约价格等，期权的权利金一定等于其内在价值与时间价值的总和，即

权利金=内涵价值+时间价值

（一）内涵价值

内涵价值（Intrinsic Value）是立即履行期权合约时可获得的总利润，是期权权利金的实值部分。它是看涨期权的履约价格低于标的物价格的差额，或看跌期权的履约价格高于标的物价格的差额（见表 10.2）。它反映了期权合约履约价格与相关标的合约市场价格之间的关系：内涵价值=期权的实值部分。

例如：小麦期货价格为 1 200 元/吨、履约价格为 1 150 元/吨的看涨期权具有 50 元/吨的内涵价值（=1 200−1 150）。

简单地说，实值期权的实值部分等于内涵价值；平值期权的内涵价值为零；虚值期权无

内涵价值。

显然，如果某个看涨期权处于实值状态，履约价格和标的物相同的看跌期权一定处于虚值状态；反之亦然。

表 10.2 期权内涵价值的六种情况

	内涵价值	看涨期权	看跌期权
实值期权	有	履约价格<标的物价格	履约价格>标的物价格
平值期权	零	履约价格=标的物价格	履约价格=标的物价格
虚值期权	无	履约价格>标的物价格	履约价格<标的物价格

（二）时间价值

时间价值（Time Value）是指期权权利金扣除内涵价值的剩余部分，即权利金中超出内涵价值的部分，又称外在价值（Extrinsic Value）。时间价值也是指期权的买方希望随时间的延长，相关标的物价格的变动可能使期权增值时而愿意为买进这一期权所付出的权利金金额。它也反映出期权的卖方所愿意接受的期权的卖价。因此，确定时间价值的根本因素，是期权的买方和卖方依据对未来时间内期权的价值增减趋势的不同判断（也即对波动性的判断）：时间价值=权利金-内涵价值。

【例 10.2】CME 集团的玉米期货看跌期权，执行价格为 450 美分/蒲式耳、权利金为 22.3（22+3×1/8=22.375）美分/蒲式耳，执行价格相同的玉米期货看涨期权的权利金为 42.7（42+7×1/8=42.875）美分/蒲式耳，当标的玉米期货合约的价格为 478.2（478+2×1/4=478.5）美分/蒲式耳时，以上看涨期权和看跌期权的时间价值分别为多少？

（1）看跌期权：由于执行价格低于标的物市场价格，为虚值期权，无内涵价值。

时间价值=权利金-内在价值=22.375（美分/蒲式耳）

（2）看涨期权：

内在价值=478.5-450=28.5（美分/蒲式耳）

时间价值=权利金-内涵价值=42.875-28.5=14.375（美分/蒲式耳）

二、期权费的影响因素

权利金是期权合约中的唯一变量，是由买方和卖方的供求关系决定的。决定权利金的基本因素主要有以下 6 个：① 标的物价格（S）；② 标的物价格波动率（σ）；③ 履约价格（K）；④ 距到期日剩余时间（T）；⑤ 无风险利率（r）；⑥ 期权期限内预期发放的股息（只对股票期权有影响）。

权利金是由交易者通过竞价决定的，但交易者应该考虑和分析影响权利金的因素以及如何使权利金的出价更科学。

（一）标的物价格（S）

投资者在进行期权交易时，首先要考虑标的物价格，然后根据与履约价格的关系，选择实值期权、平值期权或虚值期权（其权利金是依次递减的）。

在看涨期权交易中，标的物价格与权利金呈正相关关系，标的物价格越高，内在价值越大，权利金越高。在看跌期权交易中，标的物价格与权利金呈负相关关系，标的物价格越高，内在价值越小，权利金越低。权利金与标的物价格的关系如表 10.3 所示。

表 10.3　标的物价格变动对权利金的影响

期权	标的物价格	权利金
看涨期权	上升	上升
	下降	下降
看跌期权	上升	下降
	下降	上升

（二）标的物价格波动率（σ）

交易者在选择履约价格时，既要参考标的物价格，又要考虑标的物价格波动率。因为根据标的物波动率，方可选择实值期权、平值期权或虚值期权，这样才可以决定权利金的出价。

在期权定价模型中，价格波动率是最重要的变量，如果我们改变价格波动率的假设，或市场对价格波动率的看法发生了变化，期权的价值都会产生显著变化。标的物价格变动负担越大，买方盈利的可能性越大，卖方承担的风险越大，因此权利金也就越高。另外，某一特定期权在标的物价格变动剧烈时会比在标的物价格变动平稳时拥有较佳的增值机会，因此，买方愿意对期权付出较高的权利金。

相关标的物价格的波动，增加了使期权向实值方向移动的可能性，因此权利金也相应增加。也就是说，价格趋势出现逆转的可能性也大，期权买方也越乐于接受期权卖方所提出的更高的期权价格。当相关标的物市场价格具有上涨趋势时，看涨期权的买方愿意多支付权利金，而看跌期权卖方则不会要求较高的权利金；相反，当相关标的物市场价格具有下跌趋势时，看涨期权的买方不愿支付较多的权利金，而看跌期权卖方则会提出较高的权利金要求。经验法则告诉我们：市场价格变动幅度越大，则相关期权的权利金越多，波动率越高，权利金越高。

例如：如果小麦期货市场价格变动范围为 1 160～1 230 元，那么对于该看涨期权卖方，价格为 1 190 元的小麦看涨期权转为具有实值期权的风险性就会很大，因而其所收取的权利金就应高于市场价格变动较小的看涨期权的权利金。

标的物价格变动幅度越大，期权越有可能被执行，此时期权出售者希望避免履行合约，因此不愿意出售期权，除非他们所收受的权利金相当高。因此，假定其他情况不变，在价格变动剧烈的市场中，在 3 个月后到期的期权，其权利金可能比价格平稳且有 6 个月才到期的权利金要高。相反，期权标的物价格波动率越小，该波动时的执行期权具有收益的可能性越小，因此，权利金也就越低。

假如小麦期货价格为 1 200 元/吨，并在其后 2 个月内预计将稳定于该价格水平，那么一个 1 220 元/吨的小麦看涨期权的卖方所面临的风险就很小，因而所要求的权利金就不会高。权利金与价格波动率的关系见表 10.4。

表 10.4　波动率的变动对权利金的影响

期权	波动率	权利金
看涨期权	上升	上升
	下降	下降
看跌期权	上升	上升
	下降	下降

（三）履约价格（K）

假定小麦期货价格为 1 180 元/吨，履约价格为 1 190 元/吨的看涨期权是一个虚值期权，其权利金比履约价格为 1 170 元/吨的另一个其余均完全相同的看涨期权的权利金低。买方可能付出 20 元/吨的代价去买进一个实值的看涨期权，却仅愿意出 1 元/吨或更低的费用买进一个虚值看涨期权。其理由就在于，实值看涨期权比虚值看涨期权拥有较大机会在最后被执行。

以股权为例，如果看涨期权在将来某一时间执行，则其收益为股票价格与履约价格的差额。随着股价的上升，看涨期权的价值越大，权利金也就越高；随着履约价格的上升，看涨期权的价值越小，权利金也就越低。对于看跌期权来说，其收益为履约价格与股票价格的差额。因此，看跌期权的行为正好与看跌期权相反。随着股价的上升，看跌期权的价值减小，权利金下降；随着履约价格的上升，看跌期权的价值上升，权利金上涨。

在看涨期权中，履约价格越高，买方盈利的可能性越小，因此与权利金呈反向变动关系。在看跌期权中，履约价格越高，买方盈利的可能性越大，因此与权利金呈正向变动关系。权利金与履约价格的关系如表 10.5 所示。

表 10.5　履约价格变动对权利金的影响

期权	履约价格	权利金
看涨期权	上升	下降
	下降	上升
看跌期权	上升	上升
	下降	下降

（四）距到期日剩余时间（T）

买入期权的好处显而易见，就是风险有限，回报巨大。投资者往往可以利用其期权以小博大。若投资者有正确的预期，则随时可以在短时间内获取数倍的回报。不过，期权也是高风险的投资工具，所付出的权利金可以在期权到期时全部消失。假定其他所有因素不变，当期权合约接近到期日时，其时间价值会递减，换句话说，期权距到期日剩余时间越长，其权利金就越高。这是因

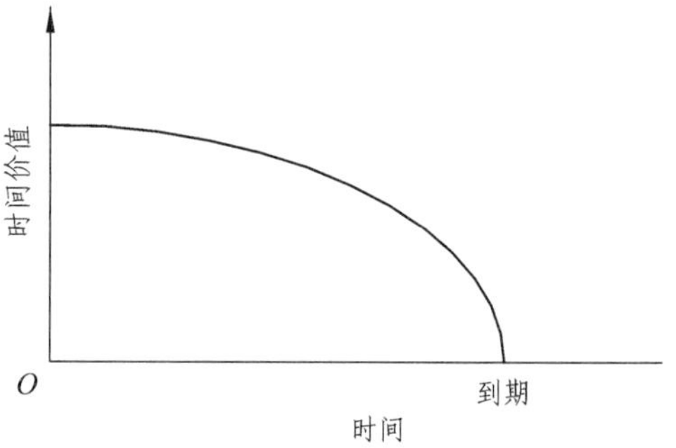

图 10.3　期权时间价值图

为时间越长，期权的价值越有增加的可能。期权合约在到期时，它不再具有任何时间价值，这就是期权被称为递耗资产的原因。图 10.3 显示了期权价值随时间的变化趋势。

在美式期权中，剩余时间越长，时间价值越大，看涨和看跌期权的权利金都会增加，呈正向变动关系。考虑其他条件相同，只有到期日不同的两个期权，则有效期长的期权执行的机会不仅包含了有效期短的期权的所有执行机会，而且它的获利机会会更多。因此，有效期长的期权价值总是大于或等于有效期短的期权价值。

看涨和看跌期权的权利金都与剩余时间成正相关关系，权利金与剩余时间的关系如表 10.6 所示。

表 10.6 距到期日剩余时间对权利金的影响

期权	剩余时间	权利金
看涨期权	上升	下降
	下降	上升
看跌期权	上升	上升
	下降	下降

（五）无风险利率（r）

无风险利率水平对期权价格的影响不那么直接。当无风险利率提高时，股票价格的预期增长率也倾向增加，然而期权持有者收到的未来现金流的现值将减少。无风险利率和预期增长率这两种影响都将减少看跌期权的价值。因此，随着无风险利率的提高，看跌期权的价格将减少。而对于看涨期权来说，前者将增加看涨期权的价格，而后者将减少看涨期权的价格。可以证明对看涨期权来说，前者的影响起主要作用，即随着无风险利率的增加，看涨期权的价格总是随之增加。但是，利率水平对期权时间价值的整体影响十分有限。

哪一种利率是无风险利率呢？在美国，联邦政府被视为信用最安全的借款者，期权定价中的无风险利率通常采用以国库券的收益率为基准。对于 60 天的期权，利率采用 60 天国库券的收益率，其余以此类推。

权利金与利率的关系如表 10.7 所示。

表 10.7 利率水平对权利金的影响

期权	利率	权利金
看涨期权	上升	上升
	下降	下降
看跌期权	上升	下降
	下降	上升

（六）期权期限内预期发放的股息

如果是股票期权，股票分红将会影响其期权价格。一般来说，红利支付对股票价格产生影响，股票价格会下跌。因此，对看涨期权而言，其他条件不变时，标的股票红利越大，分红除权后，股价下降越大，看涨期权的内涵价值越小，从而使期权价格下降幅度越大。另外，分红的预期也会对股票价格产生影响，从而对股票期权价格产生影响。

以上六要素对股票期权价格的影响总结如表 10.8 所示。

表 10.8 一个变量增加而其他变量保持不变时对于股票期权价格的影响

变量	欧式看涨期权	欧式看跌期权	美式看涨期权	美式看跌期权
当前股票价格	+	−	+	−
执行价格	−	+	−	+
期限	不一定	不一定	+	+
波动率	+	+	+	+
无风险利率	+	−	+	−
股息	−	+	−	+

注："+"代表变量增加，期权价格增加；"-"代表变量增加，期权价格减少；"不一定"代表变量增加，期权价变化不确定。

第三节 期权交易方法

一、期权交易的基本方法

期权交易的基本方法有四种：买进看涨期权、卖出看涨期权、买进看跌期权、卖出看跌期权。下面对其进行简单介绍。

（一）买进看涨期权

1. 买进看涨期权损益

看涨期权的买方在支付一笔权利金后，便享有了按约定的执行价格买入相关标的物的权利，但不负有必须买进的义务，从而锁定了标的物市场价格下跌可能存在的潜在损失。

买进看涨期权的损益如下：

$$损益=\begin{cases} S-X-C\text{，} & S>X \\ -C\text{，} & S\leqslant X \end{cases}$$

式中：S 为标的物的市场价格；X 为执行价格；C 为看涨期权的权利金。

当标的物市场价格小于等于执行价格时，看涨期权买方不行使期权，其最大损失为权利金。

当标的物市场价格大于执行价格时，看涨期权买方可执行期权，以执行价格获得标的物；随着标的物市场价格的上涨，看涨期权的市场价格上涨，买方也可在期权价格上涨时卖出期权平仓，获取价差收益。买进看涨期权的损益状态如图 10.4 所示，从图中可见，标的物市场价格越高，对看涨期权的买方越有利。

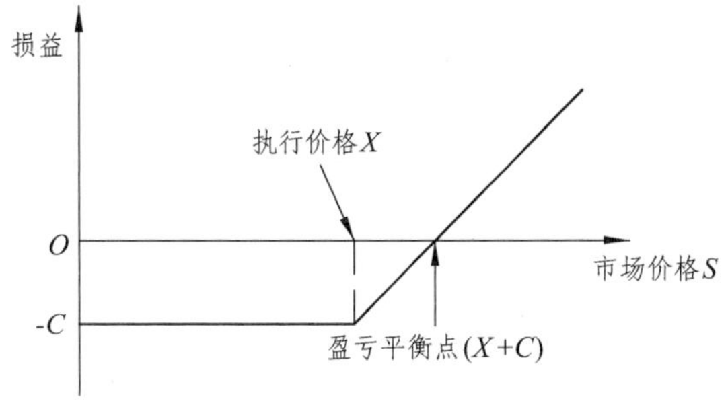

图 10.4　买进看涨期权损益状态

2. 买进看涨期权的运用

买进看涨期权适用的市场环境：标的物市场处于牛市，或预期后市看涨，或认为市场已经见底。在上述市场环境下，标的物市场价格的大幅波动或预期波动率的提高对看涨期权买方更为有利。这是因为，在其他因素不变的条件下，标的物价格的大幅波动或预期波动率的提高，使得标的物市场价格大幅上涨的机会增加，买方行权及获得较高收益的可能性也会增加，而损失却不会随之增加。

买进看涨期权的目的：

（1）为获得价差收益而买进看涨期权。看涨期权的买方之所以买入看涨期权，是因为通过对相关标的物市场价格变动的分析，认为标的物市场价格大幅度上涨的可能性很大，所以买入看涨期权。一旦标的物市场价格上涨，则期权价格也会上涨，买方可以在市场上以更高的价格卖出该期权合约而获利。如果标的物市场价格向不利方向变化，买方的最大损失为权利金。

（2）为博取杠杆收益而买进看涨期权。期权可以为投资者提供更大的杠杆效应，特别是到期日较短的虚值期权，权利金往往很低。所以，与期货保证金相比，用较少的权利金就可以控制同样数量的合约。

（3）为限制交易风险或保护空头而买进看涨期权。当标的物市场价格涨到高位时，投资者卖出标的物，则面临标的物市场价格继续上升带来的风险。如果投资者在卖出标的物的同时买进看涨期权，则面临的风险会大大降低。当标的物市场价格继续上涨时，看涨期权的价格也会上涨，可在一定程度上弥补投资者卖出标的物的损失。如果标的物市场价格下跌，则看涨期权的最大损失是权利金，而标的物空头会带来较高盈利。

（4）锁定现货市场风险。未来需购入现货的企业利用买入看涨期权进行保值、锁定成本。看涨期权的买方便取得了以既定的执行价格买进标的物的权利，这样可以为将来买入的实物商品限定一个最高买入价格，以防止价格上升而造成损失，达到商品保值的目的。买入看涨期权还可以使期权持有者在价格下跌时，仍持有以较低价格买进商品从中获利的权利。

【例 10.3】某交易者以 4.53 港元的权利金买进执行价格为 60.00 港元的某股票美式看涨期权 10 张（1 张期权合约的合约规模为 100 股），该股票当前的市场价格为 63.95 港元。问题：① 计算该交易者的盈亏平衡点；② 当股票的市场价格上涨至 70 港元时，期权的权利金为 10.50 港元，分析该交易者的损益状况，并说明该交易者如何了解期权对其最为有利（不考虑交易费用）。

① 盈亏平衡点$=X+C=60.00+4.53=64.53$（港元）。

② 当股票的市场价格为 70 港元时，由于标的物市场价格高于看涨期权的执行价格，所以

该交易者可以行使期权。

行权收益=（标的股票的市场价格-盈亏平衡价格）×手数×合约单位
=5.47×10×100=5 470（港元）

该交易者也可以选择对冲平仓的方式了结期权。

平仓收益=（期权的卖出价-期权的买入价）×手数×合约单位
=（10.50-4.53）×10×100=5 970（港元）

由于平仓收益大于行权收益，所以该交易者应该选择对冲平仓的方式了结期权，其收益为 5 970 港元。

（二）卖出看涨期权

1. 卖出看涨期权损益

看涨期权卖方与买方正好相反，买方的盈利即卖方的亏损，买方的亏损即卖方的盈利，看涨期权卖方能够获得的最高收益为卖出期权收取的权利金。

卖出看涨期权的损益如下：

$$损益=\begin{cases} C, & S\leqslant X \\ -S+X+C, & S>X \end{cases}$$

当标的物市场价格小于等于执行价格时，看涨期权买方不行使期权，卖方最大收益为权利金；随着标的物市场价格的下跌，看涨期权的市场价格下跌，买方也可在期权价格下跌时买入期权平仓，获取价差收益。

当标的物市场价格大于执行价格，看涨期权的买方执行期权时，卖方必须履约，以执行价格将标的物卖给买方。卖出看涨期权的损益状态参见图 10.5。从图中可见，标的物市场价格越高，对看涨期权的卖方越不利，标的物市场价格跌至执行价格以下时，卖方盈利最大，最大盈利为权利金。

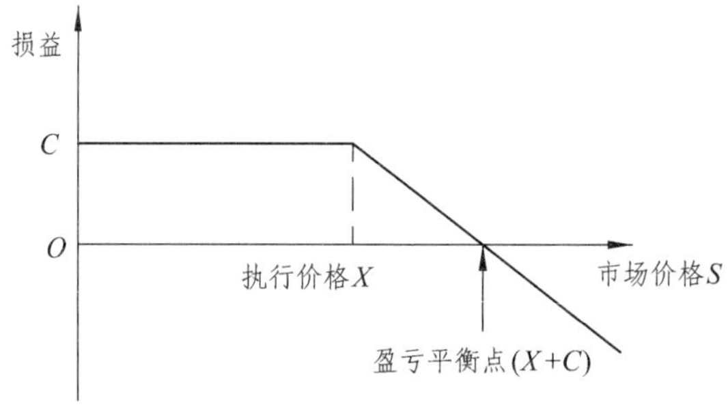

图 10.5　卖出看涨期权损益状态

2. 卖出看涨期权的运用

卖出看涨期权适用的市场环境：标的物市场处于熊市，或预测后市看跌，或认为市场已经见顶。

卖出看涨期权的目的：

（1）为取得价差收益或权利金收益而卖出看涨期权。看涨期权的卖方通过对期权合约标的物市场价格变动的分析，认定标的物市场价格会下跌，或即使价格上涨，幅度也很小，所以卖出看涨期权，收取一定数额的权利金。当标的物市场价格下跌时，看涨期权的市场价格也随之下跌，看涨期权卖方可以以低于卖出价的价格将期权买入对冲平仓，获得价差收益。如果坚信价格不会上升，卖方可以一直持有期权直至到期，期权不被执行，卖方可获得全部权利金收入。卖出看涨期权选择不同的有效期、执行价格，选择适当的入市时机，则获利丰厚。从国外实际的交易情况看，卖出看涨期权的收益率并不低，甚至高于买方。对于资金有限的投资者，则应避免卖出无保护性看涨期权。

（2）为增加标的物多头利润而卖出看涨期权。对于现货或期货多头者，当价格上涨已经获取到一定收益后，如果担心价格下跌，可采取卖出看涨期权的策略。当价格继续上涨时，买入期权者执行期权，看涨期权卖出者可将手中的现货或期货合约以执行价格卖给对手，卖出标的物的价格比执行价格多出了一个权利金卖价；当价格下跌时，卖出者获得权利金，可弥补价格下跌造成的部分损失。此策略可视为一个标的物多头和一个看涨期权空头的组合，被称为出售一个有担保的看涨期权策略（Writing Covered Call）。

【例 10.4】某交易者以 0.010 6（汇率）的价格出售 10 张在芝加哥商业交易所集团上市的执行价格为 1.590 0 美元的 GBP/USD 美式看涨期货期权（1 张 GBP/USD 期货期权合约的合约规模为 1 手 GBP/USD 期货合约，即 625 00 英镑）。问题：① 计算该交易者的盈亏平衡点；② 当 GBP/USD 期货合约的价格为 1.561 6 美元时，该看涨期权的市场价格为 0.000 6 美元，试分析该交易者的盈亏状况（不计交易费用）。

① 盈亏平衡点=1.590 0+0.016 0=1.600 6（美元）。

② 当 GBP/USD 期货合约的价格为 1.561 6 美元时，低于执行价格，买方不会行使期权。该交易者可选择对冲平仓的方式了结期权。

$$\begin{aligned}\text{平仓收益} &= （\text{期权卖价}-\text{期权买价}）\times \text{手数} \times \text{合约单位} \\ &= （0.010\,6-0.000\,6）\times 10 \times 62\,500 = 6\,250（\text{美元}）\end{aligned}$$

该交易者也可以选择持有合约至到期，如果买方一直没有行权机会，则该交易者可获得全部权利金收入，权利金收益=0.0106×10×62 500=6 625（美元），权利金收益高于平仓收益（不考虑资金的时间价值），但交易者可能会承担 GBP/USD 汇率上升的风险。

（三）买进看跌期权

1. 买进看跌期权损益

看跌期权的买方在支付一笔权利金后，便可享有按约定的执行价格卖出相关标的物的权利，但不负有必须卖出义务，从而锁定了标的物市场价格下跌可能存在的潜在损失。

买进看跌期权的损益如下：

$$\text{损益} = \begin{cases} X - P - S，S < X \\ -\mathrm{P}， \qquad S \geqslant X \end{cases}$$

式中：S 为标的物的市场价格；X 为执行价格；P 为看跌期权的权利金。

当标的物市场价格大于等于执行价格时，看跌期权买方不行使期权，其最大损失为权利金。当标的物市场价格小于执行价格时，看跌期权买方可执行期权，以执行价格卖出标的物；

随着标的物市场价格的下跌，看跌期权的市场价格上涨，买方也可在期权价格上涨时卖出期权平仓，获取价差收益。买进看跌期权的损益状态如图 10.6 所示。标的物市场价格越低，对看跌期权的买方越有利。

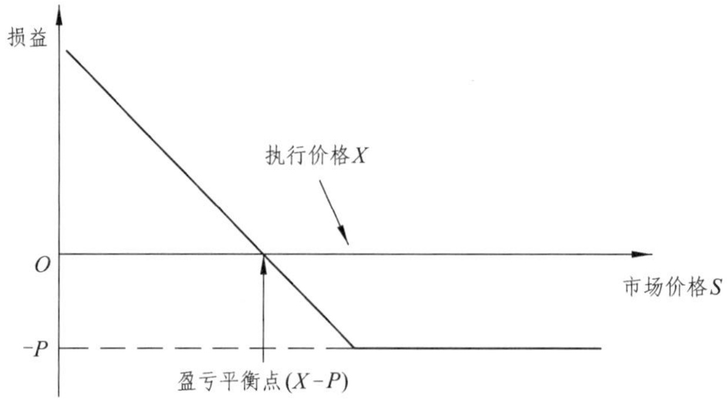

图 10.6 买进看跌期权损益状态

2. **买进看跌期权的运用**

买进看跌期权适用的市场环境：标的物市场处于熊市，或预期后市看跌，或认为市场已经见顶。在上述市场环境下，标的物市场价格的大幅波动或预期波动率的提高对看跌期权买方更为有利。这是因为，在其他因素不变的条件下，标的物价格的大幅波动或预期波动率的提高，使得标的物市场价格大幅下跌的机会增加，买方行权及获取较高收益的可能性也会增加，而损失却不会随之增加。

买进看跌期权的目的：

（1）为获取价差收益而买进看跌期权。看跌期权的买方通过对市场价格变动的分析，认为标的物市场价格有较大幅度下跌的可能性，所以他支付一定数额的权利金买入看跌期权。如果标的物市场价格下跌，则期权的权利金会上涨，一旦权利金上涨，则可平仓获利。如果标的物市场价格不跌反涨，买方将不执行期权，其最大损失是支付的权利金。如果标的物市场价格无反转可能，则可卖出看跌期权将多头对冲平仓，以减少标的物持续上涨所造成的损失。

（2）为了博取杠杆收益而买进看跌期权。与买进看涨期权理由相同，如果预期标的物市场价格下跌的可能性极大，则可买进看跌期权，以较低的权利金成本获取比卖出期货合约更高的杠杆效应。

（3）为保护标的物多头而买进看跌期权。投资者已经买进标的物，为防止价格下跌，可买进看跌期权，以抵消价格下跌的风险。如果价格下跌，虽然买进的标的物会有损失，但买进的看跌期权会有收益，这样对买进的标的物是一种保护；如果价格上涨，则期权的最大损失只是权利金，而买进的标的物则会继续有收益。比如买进某股票时价格为 50 元，当市场价格上升至 80 元时，投资者采用买进看跌期权的方式可以达到锁定账面利润的目的。如果股票市场价格继续上涨，尽管看跌期权有所损失，但股票将获得更多收益。如果股票价格下跌，股票有所损失，但期权将获得收益。此策略可视为一个标的物多头和一个看跌期权多头的组合，被称为保护性看跌期权策略（Protective Put）。

【例 10.5】某交易者以 0.010 6（汇率）的价格购买 10 张在芝加哥商业交易所集团上市的执行价格为 1.590 0 美元的 GBP/USD 美式看跌期货期权（1 张 GBP/USD 期货期权合约的合约规模为 1 手 GBP/USD 期货合约，即 62 500 英镑）。问题：① 计算该交易者的盈亏平衡点；② 当

GBP/USD 期货合约的价格为 1.561 6 美元时，该看涨期权的市场价格为 0.029 0 美元，试分析该交易者的盈亏状况（不计交易费用）。

① 盈亏平衡点=1.590 0−0.010 6=1.579 4（美元）。

② 当 GBP/USD 期货合约的价格为 1.561 6 美元时，低于执行价格，买方可以行使期权。

行权收益=（盈亏平衡价格-标的股票的市场价格）×手数×合约单位

=0.0178×10×62 500=11 125（美元）

该交易者也可选择对冲平仓的方式了结期权。

平仓收益=（期权卖价-期权买价）×手数×合约单位

=（0.010 6−0.010 60）×10×62 500=11 500（美元）

由于平仓收益大于行权收益，所以该交易者应选择对冲平仓的方式了结期权，平仓收益为 11 500 美元。

（四）卖出看跌期权

1. 卖出看跌期权损益

与看涨期权相似，看跌期权卖方损益与买方正好相反，买方的盈利即卖方的亏损，买方的亏损即卖方的盈利，看跌期权卖方能够获得的最高收益为卖出期权收取的权利金。

卖出看跌期权的损益如下：

$$损益=\begin{cases}P， & S\geqslant X\\ S-(X-\mathrm{P})， & S<X\end{cases}$$

当标的物市场价格大于等于执行价格时，看跌期权买方不行使期权，卖方最大收益为权利金；随着标的物市场价格的上涨，看跌期权的市场价格下跌，卖方也可在期权价格下跌时买入期权平仓，获取价差收益。

当标的物的市场价格小于执行价格，看跌期权买方执行期权时，卖方以执行价格买入标的物。卖出看跌期权的损益状态如图 10.7 所示。从图中可见，标的物市场价格越低，对看跌期权的卖方越有利。

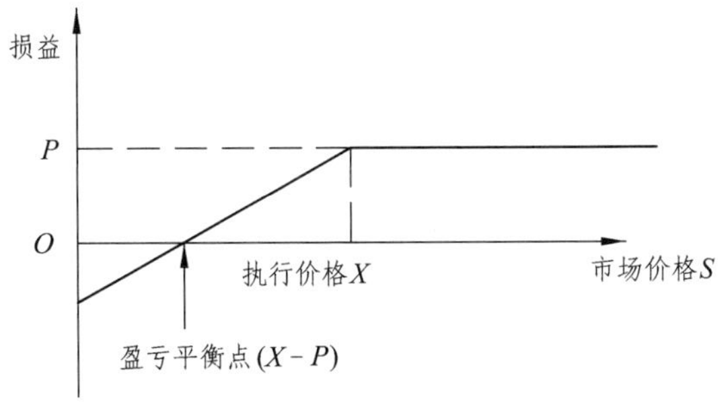

图 10.7 卖出看跌期权损益状态

2. 卖出看跌期权的运用

卖出看跌期权适用的市场环境：标的物市场处于牛市，或预期后市看涨，或认为市场已经见底。

卖出看跌期权的目的：

（1）为获得价差收益或权利金而卖出看跌期权。看跌期权的卖方通过市场分析，认为相关标的物市场价格将会上涨，或者即使价格下跌，幅度也很小，所以卖出看跌期权，并收取一定数额的权利金。待标的物市场价格上涨时，看跌期权的市场价格随着下跌，看跌期权卖方可以低于卖出价的价格将期权买入对冲平仓，获得价差收益。如果坚信价格不会下跌，卖方可以一直持有期权直到到期，期权不被执行，卖方可获得全部权利金收入。

（2）为对冲标的物空头而卖出看跌期权。如果投资者已经卖出标的物（如期货合约或现货），为低价买进标的物，可卖出看跌期权。如果标的物市场价格下跌，投资者可以低价将标的物买进平仓获利；如果标的物市场价格已经上涨，则所获得的权利金可减少损失，等于提高了标的物的卖价。

【例 10.6】某交易者以 86 点的价格出售 10 张在芝加哥商业交易所集团上市的执行价格为 1 290 点的 S&P500 美式看跌期货期权（1 张期货期权合约的合约规模为 1 手期货合约，合约乘数为 250 美元），当时标的期货合约的价格为 1 204 点。问题：① 计算该交易者的盈亏平衡点；② 当标的期货合约的价格为 1 222 点时，该看跌期权的市场价格为 68 点，试分析该交易的盈亏状况。

① 盈亏平衡点=X-P=1 290-86=1 204 点。

② 标的期货合约的价格为 1 222 点时，由于标的期货交易的市场价格低于执行价格，所以买方可以行使期权，该交易者履约。

履约损益=（标的物的市场价格-盈亏平衡价格）×手数×合约单位

=（1 222-1 204）×10×250=45 000（美元）

上述结果看出，虽然行权对买方有利，但由于标的物的市场价格高于盈亏平衡价格，所以卖方仍有一定收益。

如果卖方在买方行权前将期权合约对冲平仓，平仓收益=（86-68）×10×250=45 000（美元），两种结果相同。

二、期权交易策略

（一）价差策略

价差策略（Spreads）是指将具有不同执行价格的两个或多个期权（两个或更多个看涨期权，两个或更多个看跌期权）组合在一起的交易策略。

在西方金融时报上，习惯的做法是期权的月份水平排列，而期权的执行价格垂直排列。因为价差策略除执行价格外其余都相同，而执行价格及其反映的权利金在期权行情表上是垂直排列的，所以价差策略又称为垂直价差策略。采用这种交易策略，可将风险和收益限定在一定范围内。

下面我们假定标的资产为股票，对于其他标的资产，如外汇、股指、期货等，我们也可以取得类似的结果，在讨论中所采取的是欧式期权。由于可以提前行权，美式期权会产生不同行使的结果。

1. 牛市价差

最流行的价差为牛市价差（Bull Spread），它可以通过买入一个具有某一确定执行价格的股票看涨期权和卖出一个同一股票但具有较高执行价格的看涨期权组合而成，这里两个期权的期限相同。如图 10.8 所示，两个单一期权价格的头寸由虚线表示，整个交易策略的盈利为两个虚线表示的盈利之和，由实线表示。随着执行价格的上升，看涨期权的价格会下降，执行价格较高的期权价值总是小于执行价格较低的期权价值。由此可见，看涨期权组成的牛市价差是需要初始投资的。

假定 X_1 为买入的看涨期权的执行价格，X_2 为卖出的看涨期权的执行价格，S_T 为期权到期日时股票价格。表 10.9 显示了牛市价差在不同情况下会实现的总收益。如果股票价格表现良好，即价格上涨并高于组合中交割执行价格时，牛市价差收益为两个执行价格的差，即 X_2-X_1；如果到期日股票价格介于两个执行价格之间，牛市价差的收益为 S_T-X_1；如果在期权到期日时股票价格低于较低的执行价格，牛市价差的收益为 0。在图 10.8 中，损益等于最终收益减去初始投资。

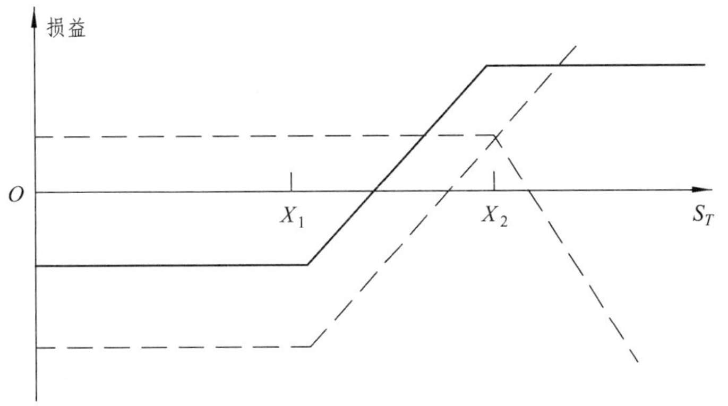

图 10.8　由看涨期权所构造的牛市价差的盈利

表 10.9　由看涨期权所构造的牛市价差的收益

股票价格范围	看涨期权多头的收益	看涨期权空头的收益	整体收益
$S_T \leqslant X_1$	0	0	0
$X_1<S_T<X_2$	S_T-X_1	0	S_T-X_1
$S_T \geqslant X_2$	S_T-X_1	X_2-S_T	X_2-X_1

牛市价差限制了投资者的收益，同时也控制了损失的风险。这一策略可表达为：投资者拥有一个执行价格为 X_1 的期权，同时卖出执行价格为 X_2（$X_2>X_1$）的期权而放弃了股票上升时的潜在盈利。作为放弃盈利的补偿，投资者获得了执行价格为 X_2 的期权费用。

【例 10.7】某投资人以 3 美元的价格买入一个执行价格为 30 美元的看涨期权，同时以 1 美元的价格卖出一个执行价格为 35 美元的看涨期权。如果股票价格高于 35 美元，这一牛市价差的收益为 5 美元；如果股票价格低于 30 美元，牛市价差的收益为 0；如果股票价格介于 30 ~ 50 美元，牛市价差的收益为股票价格与 30 美元的差，这一价差策略的成本为 3−1=2 美元。其盈利如表 10.10 所示。

表 10.10 牛市价差的盈利

股票价格范围	盈利
$S_T \leqslant 30$	−2
$30<S_T<35$	S_T-32
$S_T \geqslant 35$	3

如图 10.9 所示，牛市价差也可以由通过买入较低执行价格的看跌期权和卖出较高执行价格的看跌期权构造而成。与采用看涨期权来构造牛市价差不同的是，用看跌期权来构造牛市价差会给投资者在最初带来一个正的现金流（忽略保证金的要求），而其收益为负或 0。

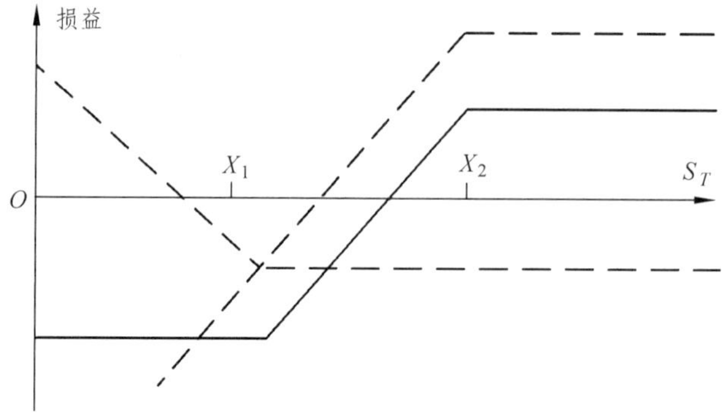

图 10.9 由看涨期权所构造的牛市价差的盈利

2. **熊市价差**

持有牛市价差的投资者希望股票价格上升，与此相反，持有熊市价差的投资者希望股票价格下降。熊市价差（Bear Spread）的期权策略可以由买入具有某一执行价格的看跌期权并同时卖出具有另一执行价格的看跌期权来构造。买入期权的执行价格总是大于卖出期权的执行价格（这与牛市价差刚好相反，牛市价差中的买入期权的执行价格总是小于卖出期权的执行价格）。在图 10.10 中，盈利由实线表示。由看跌期权构造的熊市价差在最初会有一个现金流的支出，这是因为卖出期权的价格小于买入期权的价格。事实上，买入具有某一执行价格的看跌期权的投资者决定在卖出一个具有较低执行价格的看跌期权后放弃了一部分可能的盈利。

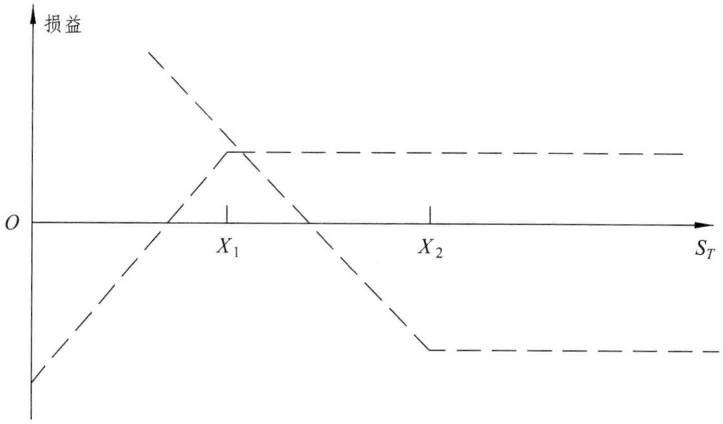

图 10.10 由看涨期权所构造的熊市价差的盈利

假定：X_1 为卖出的看跌期权的执行价格，X_2（$X_2>X_1$）为买入的看跌期权的执行价格，S_T 为期权到期日时股票价格。表 10.11 显示了熊市价差在不同情况下会实现的总收益。当股票价格大于 X_2 时，熊市价差收益为 0；如果股票价格低于 X_1 时，收益为 X_2-X_1；如果到期日股票价格介于两个执行价格之间，牛市价差的收益为 X_2-S_T。在图 10.10 中，损益等于最终收益减去初始的投资。

表 10.11　由看涨期权所构造的牛市价差的收益

股票价格范围	看跌期权多头的收益	看跌期权空头的收益	整体收益
$S_T \leqslant X_1$	X_2-S_T	S_T-X_1	X_2-X_1
$X_1<S_T<X_2$	X_2-S_T	0	X_2-S_T
$S_T \geqslant X_2$	0	0	0

【例 10.8】投资者以 3 美元的价格买入执行价格为 35 美元的看跌期权，同时以 1 美元的价格卖出了执行价格为 30 美元的看跌期权。如果股票价格高于 35 美元，熊市价差策略的收益为 0；如果股票价格小于 30 美元，熊市价差策略的收益为 5 美元；如果股票价格介于 30～35 美元，熊市价差策略的收益为 $35-S_T$。期权的初始费用为 3-1=2 美元。其盈利如表 10.12 所示。

表 10.12　熊市价差的盈利

股票价格范围	盈利
$S_T \leqslant 30$	+2
$30<S_T<35$	$33-S_T$
$S_T \geqslant 35$	−2

与牛市价差相似，熊市价差限定了盈利的上限，同时也控制了损失。熊市价差可以不用看跌期权而用看涨期权来构造。投资者可以买入一个具有较高执行价格的看涨期权同时卖出一个具有较低执行价格的看涨期权，交易策略如图 10.11 所示，由看涨期权所构成的熊市价差会有一个现金流的流入（忽略保证金的要求）。

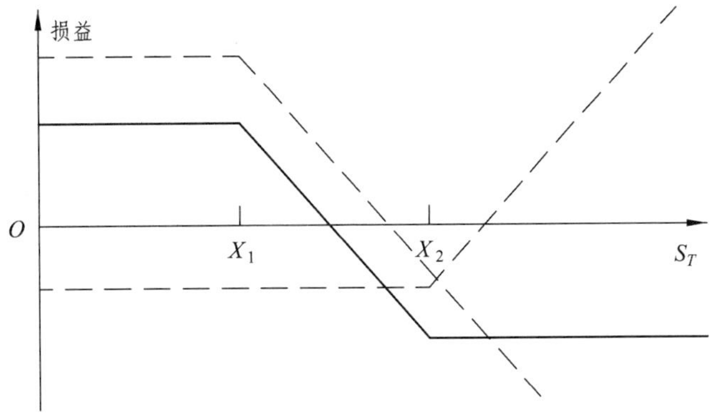

图 10.11　由看涨期权所构造的熊市价差的盈利

3. 盒式价差

一个盒式价差（Box Spread）是由执行价格为 X_1 和 X_2 的看涨期权所构成的牛市价差与一个具有相同执行价格所构成的熊市价差的组合。如表 10.13 所示，一个盒式价差的收益为

X_2-X_1，因此盒式价差的贴现值为 $(X_1-X_2)\,e^{-rT}$。如果其贴现值与这一数值有所不同，就会产生套利机会。如果盒式价差的市场价格过低，套利可以采用买入盒式来盈利，这时套利策略为买入一个具有执行价格 X_1 的看涨期权，买入一个执行价格为 X_2 的看跌期权，卖出一个执行价格为 X_2 的看涨期权及卖出一个执行价格为 X_1 的看跌期权。如果盒式价差的市场价格过高，套利者可以采用卖出盒式来盈利，套利策略为买入一个具有执行价格 X_2 的看涨期权，买入一个执行价格为 X_1 的看跌期权，卖出一个执行价格为 X_1 的看涨期权及卖出一个执行价格为 X_2 的看跌期权。

盒式价差只对欧式期权适用，在交易中认识到这一点很重要。市场上交易的大多数期权为美式期权，如例 10.9，没有经验的交易员将美式期权作为欧式期权来处理可能会遭受损失。

表 10.13　盒式价差的收益

股票价格范围	牛市溢价的收益	熊市溢价的收益	整体收益
$S_T \leqslant X_1$	0	X_2-X_1	X_2-X_1
$X_1<S_T<X_2$	S_T-X_1	X_2-S_T	X_2-X_1
$S_T \geqslant X_2$	X_2-X_1	0	X_2-X_1

【例 10.9】（盒式价差产生的损失）假定一只股票的价格为 50 美元，波动率为 30%，股票无股息，无风险利率为 8%，一个 CBOE 交易员向你提供以 5.10 美元的价格卖出一个 2 个月期限盒式价差的机会。盒式期权中执行价格分别为 55 美元及 60 美元。这个交易看起来很诱人。这时，X_1=55，X_2=60，在 2 个月时的收益为一定数额，即 5 美元。以 5.10 美元卖出盒式期权并将资金投资 2 个月，你可以在 2 个月时有足够的资金也满足 2 个月 5 美元的收益。盒式价差的理论价格为 $5e^{-0.08\times 2/12}=4.93$ 美元。

不幸的是，这种考虑方式忽略了一点，因为 CBOED 股票为美式期权，而盒式价差为 5 美元的收益是建立在期权为欧式期权的基础上的。该实例中的期权价格如表 10.14 所示。

表 10.14　期权价格　　单位：美元

期权类型	执行价格	欧式期权价格	美式期权价格
看涨	60	0.26	0.26
看涨	55	0.96	0.96
看跌	60	9.46	10.00
看跌	55	5.23	5.44

一个执行价格为 55 美元及 60 美元的牛市价差策略的价格为 0.96−0.26=0.70 美元（无论是欧式还是美式期权，这个数量相同，因为当股票无股息时，欧式期权的价格等于美式期权的价格）。一个由同样执行价格的欧式看跌期权所构造的熊市价差的价格为 9.46−5.23=4.23 美元，而一个美式的价格为 10.00−5.44=4.56 美元。当价差期权由欧式期权构成时，两个价差期权的组合费用为 0.70+4.23=4.93 美元，这一数值刚好等于以上所计算的理论价格。当价差期权由美式期权构成时，两个价差期权的组合费用为 0.70+4.56=5.26 美元。以 5.10 美元的价格卖出由美式期权所构成的盒式价差并不划算。其原因在于交易后，由于交易涉及卖出一个 60 美元

执行价格的看跌期权，你会很快认识到这一点，因为交易涉及卖出一个 60 美元执行价格的看跌期权，这个期权再卖出后，会马上被行使。

4. 蝶式价差

蝶式价差（Butterfly Spread）策略由三种具有不同执行价格的期权组成。其构造方式为：买入一个具有较低执行价格 X_1 的看涨期权，买入一个具有较高执行价格 X_3 的看涨期权，以及卖出两个具有执行价格为 X_2 的看涨期权，其中，X_2 是 X_1 及 X_3 的中间值。一般来讲，X_2 接近于当前的股票价格。这一交易策略的盈利表示于图 10.12 中。如果股票价格保持在 X_2 附近，蝶式价差会产生盈利，但如果股票价格远远偏离 X_2，蝶式价差会有少量的损失。因此，蝶式价差对于那些认为股票价格不会有较大波动的投资者会非常合理。该策略需要少量的初始投资。表 10.15 给出了蝶式价差的收益。

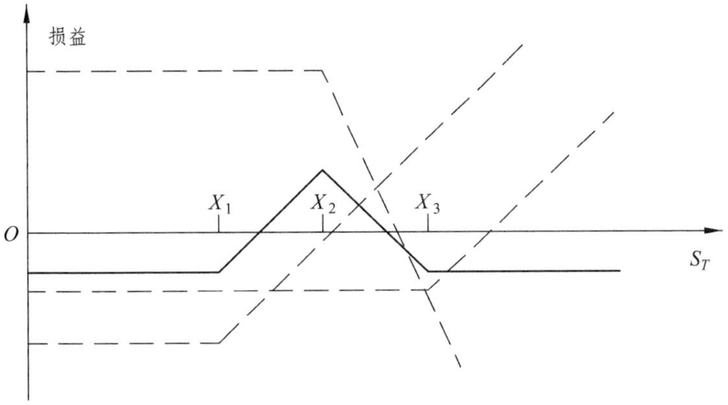

图 10.12 由看涨期权所构造的蝶式价差的盈利

表 10.15 由看涨期权所构造的蝶式价差的收益

股票价格范围	第一看涨期权多头的收益	第二看涨期权多头的收益	期权空头的收益	整体收益
$S_T \leqslant X_1$	0	0	0	0
$X_1<S_T<X_2$	S_T-X_1	0	0	S_T-X_1
$X_1<S_T<X_2$	S_T-X_1	0	$-2(S_T-X_2)$	X_3-S_T
$S_T \geqslant X_2$	S_T-X_1	S_T-X_3	$-2(S_T-X_2)$	0

注：计算整体收益时采用了关系式 $X_2=0.5(X_1+X_3)$。

假定某股票的当前价格为 61 美元，某投资者认为在今后的 6 个月股票价格不可能发生重大波动。假定 6 个月看涨期权价格如表 10.16 所示。

表 10.16 6 个月看涨期权价格

执行价格	看涨期权价格
55	10
60	7
65	5

投资者可以买入一个执行价格为 55 美元的看涨期权，买入一个执行价格为 65 美元的看涨期权，并同时卖出两个执行价格为 60 美元的看涨期权来构造蝶式价差。构造这一蝶式价差的费用为 10+5−2×7=1 美元。如果 6 个月后，股票价格高于 65 美元或低于 55 美元，蝶式价差的收益为 0，这时投资者的净损失为 1 美元，如果股票价格介于 56 美元和 64 美元之间，投资者会盈利。当在 6 个月时，股票价格为 60 美元，投资者会有最大盈利，即 4 美元。

蝶式价差也可以由看跌期权来构成。投资者可以买入一个具有较低执行价格的看跌期权，买入一个具有较高执行价格的看跌期权，并同时卖出两个具有中间执行价格的看跌期权，如图 10.13 所示。以上考虑的蝶式价差可以由买入一个执行价格为 55 美元的看跌期权，买入一个执行价格为 65 美元的看跌期权，并同时卖出两个执行价格为 60 美元的看跌期权来构成。如果所有期权均为欧式期权，由看涨期权构造的蝶式价差与看跌期权构造的蝶式价差完全一致。

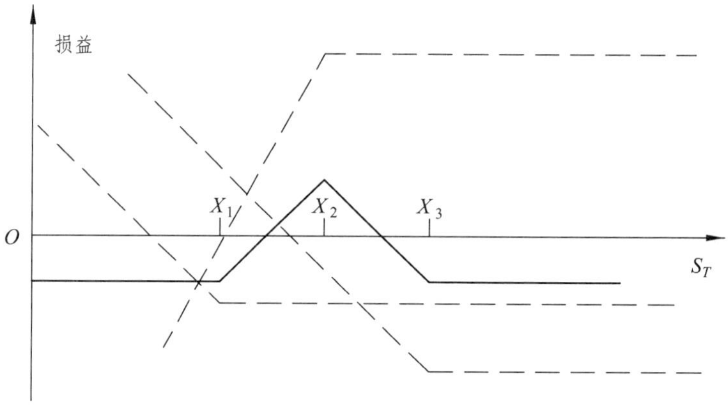

图 10.13 由看跌期权所构造的蝶式价差的盈利

利用与以上相反的策略可以卖空蝶式价差。这时，蝶式价差等于卖出两个执行价格分别为 X_1 及 X_3 的期权，买入两个具有平均执行价格 X_2 的期权。如果股票价格发生较大的变动，这一交易策略会有一定数量的盈利。

5. **日历价差**

到目前为止，我们一直假定构造价差的所有期权具有相同到期日。我们接下来讨论日历价差。日历价差（Calendar Spread），也称时间价差（Time Spread），是指投资者买进到期日较远的期权（简称远期期权），同时又卖出相同行权价格、相同数量但到期日较近的期权（简称近期期权），赚取两个不同期权隐含波动率的差价或者其他期权定价参数的差价，以获得利润的期权套利交易策略。

一个日历价差可以由一个具有某一执行价格的看涨期权的空头和一个具有同样执行价格但具有较长期限看涨期权的多头来构成。期权的期限越长，期权的价格也会越昂贵，因此日历价差需要一定的初始投资。日历价差的盈利实现在短期限的期权到期日，这时需要假定长期限期权会被出售。图 10.14、图 10.15 分别展示了由看涨期权、看跌期权所构成的日历价差的盈利状态。日历价差的盈利形状与图 10.13 中的蝶式价差类似。在短期限的期权到期时，如果股票的价格接近期限较短的期权的执行价格，投资者可以获得盈利，但是如果股票价格高于或远低于期限较短的期权执行价格时，投资者将会蒙受损失。

为了理解日历价差的盈利形式，首先考虑在期限较短的期权到期时，股票价格较低的情形。这时，期限较短的期权的价值为 0，期限较长的期权的价格也接近 0。因此，此时投资者的损失等于建立日历价差的最初费用。其次考虑当期限较短的期权到期时，股票价格 S_T 很高的情形。期限较短的期权给投资者带来的费用为 S_T-X，期限长的期权的价格会比 S_T-X 更高些，这里 X 为期权的执行价格，这时投资者的净损失量也会与建立日历价差策略大体相同。如果 S_T 接近于 X，短期限期权给投资者带来的费用为 0 或者一个小数量，但是长期限期权仍有价值，这时投资者会得到一笔可观的利润。

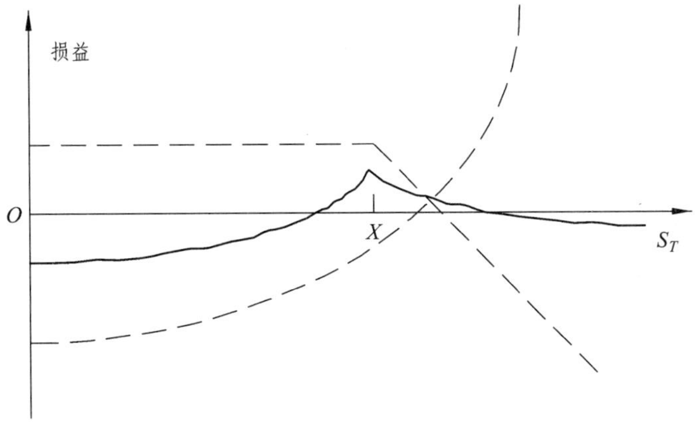

图 10.14　由两个看涨期权所构造的日历价差的盈利

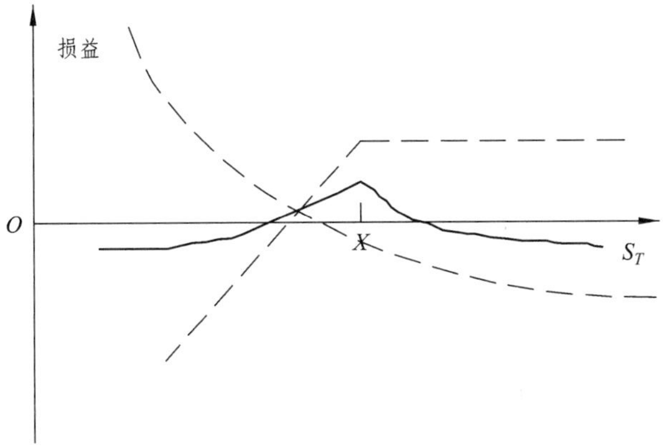

图 10.15　由两个看跌期权所构造的日历价差的盈利

在一个中性日历价差（Neutral Calender Spread）中，选取的执行价格接近于股票的当前价格。牛市日历价差（Bullish Calender Spread）涉及较高的执行价格，而熊市日历价差（Bearish Calender Spread）涉及较低的执行价格。

反向日历价差（Reverse Calender Spread）与日历价差操作正好相反。投资者买入期限较短的期权，并同时卖出期限较长的期权。当期限短的期权到期时，如果股票价格远高于或低于短期限期权的执行价格，投资者可能获得少量利润，但是当股票价格接近该执行价格时，投资者会有一定的损失。

6. **对角价差**

牛市价差、熊市价差及日历价差均可以由一个看涨期权的多头及另一看涨期权的空头来构成。对于牛市价差及熊市价差，两个看涨期权的执行价格不同而到期日相同；对于日历价差，期权具有相同的执行价格但不同的到期日。

在一个对角价差（Diagonal Spread）策略中，两个看涨期权的执行价格及到期日均不同。这一交易策略将会增加盈利方式的范围。这里就不过多介绍了。

（二）组合策略

组合策略（Combinations）是一种包括对于同一种股票上看涨期权与看跌期权的交易策略。我们将要考虑跨式组合（Straddle）、序列组合（Strip）、带式组合（Strap）及异价跨式组合（Strangle）等。

1. **跨式组合**

一种比较流行的组合形式为跨式组合策略，该策略包括买入具有相同执行价格与期限的一个看涨期权和看跌期权。跨式组合的盈利形式如图 10.16 所示。这里执行价格被记为 X。在期权到期时，如果股票价格接近于期权的执行价格，跨式组合会导致损失。但是当股票在任何方向有一个足够大的变动时，跨式组合会带来显著的盈利。表 10.17 显示了跨式组合的收益。

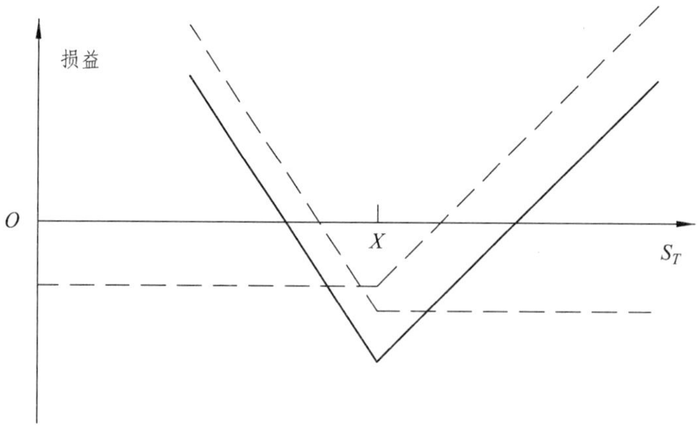

图 10.16 跨式期权的收益

表 10.17 跨式期权的收益

股票价格范围	看涨期权多头的收益	看跌期权多头的收益	整体收益
$S_T \leq X$	0	$X-S_T$	$X-S_T$
$S_T > X$	S_T-X	0	S_T-X

当投资者认为股票价格将有重大变动但又不确认方向时，可以采用跨式组合。某投资者认为一个当前价格为 69 美元的股票在 3 个月后价格会有重大变动，该投资者可以同时买入 3 个月期限的看涨期权及看跌期权，期权的执行价格均为 70 美元。假定看涨期权的成本为 4 美元，看跌期权的成本为 3 美元。如果股票价格保持在 69 美元不变，我们很容易得出这一交易策略给投资者带来的成本为 6 美元（起始投资为 7 美元，期权到期时，看涨期权的价值为 0，

看跌期权价值为 1）。如果股票价格变为 70 美元，则会产生 7 美元的损失（这是可能会发生的最差情况）。但是如果股票价格跳跃到 90 美元，投资可获利 13 美元；如果股票价格降至 55 美元，投资者可获利 8 美元。价格大幅波动采用跨式期权交易看似很合理，但是，如果你的观点与市场上其他投资者的观点一致，这些观点将反映在期权价格上，这时股票期权的价格要远远高于类似的但没有预期的较大价格跳跃的股票期权的价格。因此，跨式期权交易的盈利会降低。此时，为了取得盈利，股票价格的波动需要很大。为了使交易跨式期权成为有效的交易策略，你预测股票价格变动会很大，同时你的观点同其他大多数投资者的观点有所不同。市场价格则包含并反映大多数投资者的观点。为了从某投资策略中盈利，你必须同市场上其他投资者的观点不同，同时你的观点还必须是正确的。所以，投资者在进行一个跨式组合交易之前应仔细考虑，自己所预测的价格跳跃是否已经在期权价格中有所体现。

图 10.16 的跨式组合有时被称为底部跨式组合（Bottom Straddle）或买入跨式组合（Straddle Purchase）。顶部跨式组合（Top Straddle）或卖出跨式组合（Straddle Write）的情形正好相反，这种交易策略由卖出一个看涨期权及卖出一个看跌期权来构成，该投资策略风险很大。如果在到期日，股票价格接近执行价格，投资者会有一定的利润。但是，股票价格的大幅变动所带来的损失也可能是无限的。

2. 序列组合与带式组合

一个序列组合（Strip）是具有相同执行价格和相同期限的一个看涨期权和两个看跌期权的组合。一个带式组合（Strap）是由具有相同执行价格和相同期限的两个看涨期权和一个看跌期权的组合。图 10.17 显示了序列组合和带式组合的盈利形式。序列组合中，投资者认为股票价格会有大的变动，同时价格下降的可能性要大于价格上升的可能性。在带式组合中，投资者也是对股票价格的变动下注，这时认为价格上升的可能性要大于价格下降的可能性。

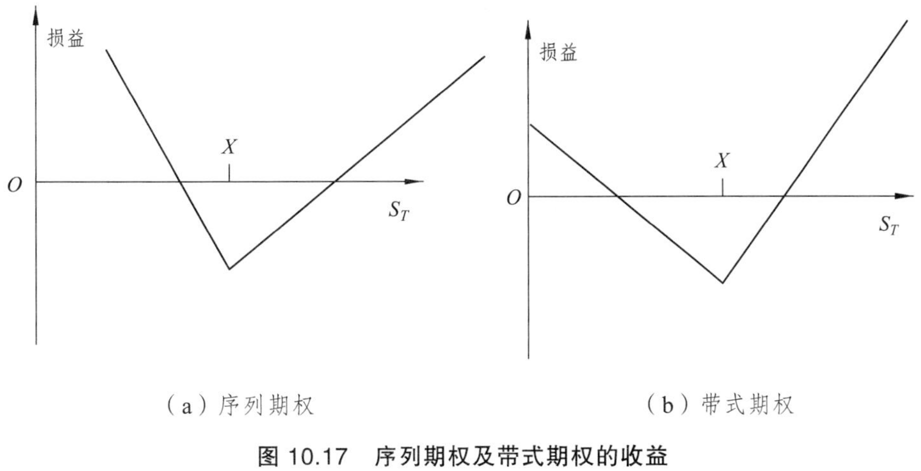

图 10.17　序列期权及带式期权的收益

3. 异价跨式组合

一个异价跨式组合（Strangle）有时也被称为底部垂直组合（Bottom Vertical Combination），在这一交易策略中，投资者买入具有相同期权但具有不同执行价格的看跌期权及看涨期权。图 10.18 显示了异价跨式组合的盈利形式。其中，看涨期权的执行价格 X_2 高于看跌期权的执行价格 X_1。表 10.18 显示了异价跨式组合的收益。

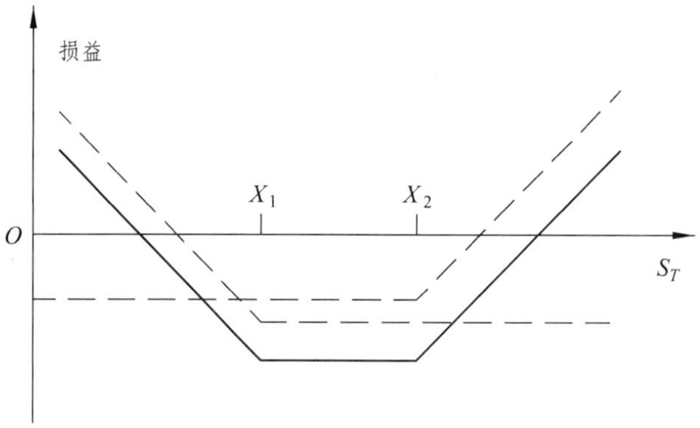

图 10.18 异价跨式期权的收益

表 10.18 异价跨式期权的收益

股票价格范围	看涨期权的收益	看跌期权的收益	整体收益
$S_T \leqslant X_1$	0	X_1-S_T	X_1-S_T
$X_1<S_T<X_2$	0	0	0
$S_T \geqslant X_1$	S_T-X_2	0	S_T-X_2

异价跨式组合与跨式组合类似。投资者预期股票价格有大的变动，但不能确认是对上涨还是下跌进行下注。对比图 10.17 及图 10.15，股票在异价跨式组合的变动要比在跨式组合的变动更大才能盈利。但是，当股票价格变动介于中间价格时，异价跨式组合的损失会较小。

异价跨式组合取得的盈利与执行价格之间的距离有关。距离越远，潜在的损失越小，盈利越大，但为了获取盈利，价格的变动也需要很大。

卖出一个异价跨式组合有时也被称为顶部垂直组合（Top Vertical Combination）。如果投资者认为股票价格大的变动不太可能出现，则可以采用这一交易策略。类似于卖出跨式组合（Straddle Write），顶部垂直组合的风险很大，投资者潜在的损失也可能无限。

第四节 期货期权

一、期货期权概述

期货期权（Futures Options）是以期货合约为标的资产的期权。在执行期货期权时，交割的是一份标的期货合约。商品期货交易委员会（The Commodity Futures Trading Commission，CFTC）在 1982 年批准了实验性的期货期权交易。1987 年，该委员会批准了永久性的期货期权交易。自此，期货这类期权很快得到投资者的青睐。

根据标的资产的不同，期货期权可分为商品期货期权和金融期货期权。

（一）商品期货期权的产生与发展

商品期货已经有很长的历史了，早在 1865 年，芝加哥期货交易所就推出了标准期货合约。

当时的上市品种主要是小麦、大豆以及玉米等农产品。后来，逐渐推出了黄金、白银及其他金属期货和石油、电力等能源期货。现代商品期货期权交易开始于美国期货市场，当时芝加哥期货交易所的交易商为了保护其期货交易而开始了一种“特权”买卖，这种特权即商品期货期权。但此时期权的交易只是场外交易，而且场外交易的量一直不是很大。20 世纪 30 年代，由于一些交易者用期权来聚集期货市场上的头寸，到期期货市场价格大幅变动，从而导致 1936 年美国《商品交易所法》禁止了农产品期货期权交易。1981 年，美国商品期货期权交易委员会开始在每一个交易所都进行两种期货期权的试运行交易，每一个交易所都选择其明星品种进行期权交易。芝加哥期货交易所 1983 年、1984 年分别推出了玉米期货期权、大豆期货期权，1987 年推出了豆粕期货期权、燕麦期货期权；芝加哥商业交易所 1984 年、1985 年分别推出了活牛期货期权、活猪期货期权；随后，纽约商品期货交易所推出了黄金期货期权。由于所有试验都取得了很大成功，以致美国商品期货交易委员会允许每个交易所可以交易八种期货期权，目前有大量的商品期货期权在交易。

当前，已经开展的商品期货期权交易比较广泛，主要包括五个类别，即农产品期货期权（玉米期货期权、大豆期货期权、小麦期货期权、豆粕期货期权），林产品期货期权（天然橡胶期货期权、原木期货期权），能源期货期权（原油期货期权、天然气期货期权），纤维期货期权（棉花期货期权）和金属期货期权（铜期货期权、铝期货期权）。其中以玉米期货期权、大豆期货期权、原油期货期权和天然气期货期权的交易最为活跃。2003 年，纽约商品期货交易所的天然气期货期权全年交易量为 874 万张，居世界首位；芝加哥期货交易所的大豆期货期权和玉米期货期权分列第二位和第三位，全年交易量分别为 489 万张和 451 万张。

商品期货期权交易主要集中在美国的芝加哥期货交易所，中美洲商品交易所，芝加哥商业交易所，咖啡、糖和可可交易所及英国的伦敦商品交易所。

（二）金融期货期权的产生与发展

金融期货期权有指数期货期权、利率期货期权及外汇期货期权三类。股指期货期权是以某种股票指数期货作为标的资产的期权。1973 年在推出股票期权不久，芝加哥期权交易所就推出了股票指数期货期权。目前，最主要的股指期货期权是欧洲期货交易所的道琼斯欧洲 50 指数期货期权和芝加哥商业交易所推出的标准普尔 500 指数期货期权。道琼斯欧洲 50 指数期货期权交易最为活跃，2003 年的交易量为 6 179 张。

除了以上两种股指期货期权以外，上市交易的股指期货期权还有标准 400 中型股指期货期权、罗素 2000 指数期货期权、主要市场指数期货期权、日经 225 指数期货期权和伦敦金融时报 100 指数期货期权等。

利率期货期权中，澳大利亚悉尼期货交易所是世界上第一个在期货市场上尝试利率期货期权交易的交易所，它在 1982 年 3 月就开始把期权交易运用于银行票据期货市场上。而美国芝加哥期货交易所于 1982 年 10 月 1 日率先推出长期债券期货期权。随后，日本国债期货期权、东京股票指数期货期权、5 年和 3 年期利率调整期货期权等相继推出。

目前交易最为活跃的是芝加哥商业交易所的 3 个月欧洲美元利率期货期权，2004 年全年交易量为 1.3 亿张；芝加哥期货交易所的 10 年期国库券期货期权居次，全年交易量为 5 689 张。

芝加哥商业交易所于 1985 年年初相继推出英镑期货期权、瑞士法郎期货期权等外汇期货期权。目前，经营外汇期货期权的主要是芝加哥商业交易所、伦敦国际金融期货交易所、巴西期货交易所。2003 年巴西期货交易所（BM&F）的美元外汇期货期权交易最为活跃，交易量达 168 万张；芝加哥商业交易所的欧元外汇期货期权和日元外汇期货期权交易量分别为 118 万张和 49 万张。

（三）期货期权被广泛应用的原因

为什么有人会选择交易期货期权而不是交易关于标的资产的期权呢？一个主要原因是，在大多数情形下，期货合约要比标的资产的流动性更好，而且更容易交易。此外，在交易所很容易获得期货的价格，而标的资产价格并不是很容易取得。

考虑到长期国债，长期国债的期货市场要比任何国债市场都活跃，而且在 CBOT 可以随时了解长期国债期货的价格。与此相反，只有通过联系一个或更多的交易商，投资者才能取得当前债券市场的价格。因此，看跌投资者更愿意交割长期国债期货而不是国债现货。

商品期货的交易往往比直接交易商品本身更容易。例如，在市场上，对活牛期货进行交割比对活牛本身进行交割要容易得多。

期货期权的一个重要特点是对期权的行使并不一定会触发对标的资产的交割，在大多数情形下标的期货合约往往在到期日之前被平仓。期货期权通常以现金结算，这对大多数投资者来讲颇具吸引力，尤其是对于那些缺乏资金而不能在期权行使后买入标的资产的投资者。有时人们认为期货期权还有第二个优点，即期货与期货期权在同一个交易所中交易，这给对冲、套利、投机都带来了方便，也使得市场效率会更高。期货期权的第三个优点是，在多数情况下，期货期权比即期期权费用要低。

为了更好地了解期货期权，下面列举了芝加哥商品交易所集团上市的大豆期货期权合约（表 10.19）。

表 10.19 芝加哥商品交易所集团上市的大豆期货期权合约

标的资产	一份芝加哥交易所大豆期货合约（特定合约月）
交易单位	一份大豆期货合约交易单位（5 000 蒲式耳）
最小变动价位	每蒲式耳 1/8 美分（每张合约 6.25 美元）
执行价格间距	前两个月份为 10 美分/蒲式耳，其他月份为 20 美分/蒲式耳，在交易开始时公布 5 个实值期权、5 个虚值期权
每日价格涨跌幅度限制	每蒲式耳不高于或低于上一交易日结算权利金各 30 美分（每张合约 2 500 美元），最后交易日提高限制
合约月份	1 月、3 月、5 月、7 月、8 月、9 月、11 月
交易时间	公开叫价： 周一至周五上午 9:30—下午 1:15（美国中部时间） 电子交易：周日至周五下午 6:30—上午 6:00（美国中部时间） 到期合约的交易时间与标的期货合约最后交易日时间相同
最后交易日	相关大豆期货合约第一个通知日至少两个工作日之前的最后一个星期五
执行日	期货期权的买方可以在到期日之前的任何一个工作日执行，但需要在芝加哥时间下午 6:00 之前向芝加哥期货交易所清算公司提出。期权执行后转换为一个相应的标的期货头寸。最后交易日实值期权自动执行

续表

合约到期日	最后交易日下午 7:00（美国中部时间）
交易代码	公开叫价：看涨期权 CZ；看跌期权 PZ 电子交易：OZS

二、期货期权交易

期货期权的交易与其他期权交易一样，基本的形式是套期保值与投机。而期货期权投机交易与其他期权一样，赚取权利金差价，其操作方法简单。期货期权套期保值相对复杂，且我国如果推出期权，可能会先推出商品期货期权，故在这里主要介绍期货期权的套期保值。

【例 10.10】某铜冶炼厂 1 月计划 6 月生产出一批铜锭，当时的铜锭价格为 25 800 元/吨，该厂担心 6 月铜锭价格会下跌，于是在 1 月下旬以 25 900 元/吨的期货价格，卖出 6 月铜期货合约若干张。但是该厂又担心市场价格不会下跌反而上涨造成期货合约交易损失，便买入了执行价格为 25 700 元/吨的 6 月铜锭期货看涨期权若干张，支付了一笔 100 元/吨的权利金。

6 月，铜锭市场现货价格与期货价格均下跌，且下跌至 25 399 元/吨。于是，该厂放弃了看涨期权，而以 25 300 元/吨的期货价格买进 6 铜锭期货合约与手中空头期货合约对冲，每吨获利 600（=25 900−25 300）元，期货与期权交易每吨盈余 500（=600−100）元；价格下跌，铜锭现货贬值每吨损失 500（=25 800−25 300）元。所以，该厂的期货与期权交易盈利正好冲抵了现货市场的亏损，起到了套期保值的作用。

假如市场价格不但没有下跌，期货与现货价格反而上涨至 26500 元/吨，情况又会怎样呢？这时，该厂将会履行看涨期权，以执行价格为 25 700 元/吨的价格买进铜锭期货合约，与手中的空头期货合约头寸对冲，期货与期权交易中每吨盈利 100（=25 900−25 700−100）元，现货市场每吨盈利 700（=26 500−25 800）元，期货期权交易的盈利加上现货市场的盈利，每吨共盈利 800（=100+700）元。这样既锁定了价格下跌的风险，又没有失去价格上涨的好处。

第五节 我国的期权市场

我国的期权市场还处于初级阶段，目前只有少量的期权品种，其中以商品期权为主，金融期权种类不多。

据中国证券监督管理委员会发布的 2019 年第 23 周（2019.06.03 至 2019.06.06）期权品种交易统计数据，包括上海期货交易所的铜和天胶（天然橡胶）期权品种、郑州商品交易所的棉花和白糖期权品种以及大连商品交易所的玉米、豆粕期权品种，期权市场在 2019 年第 23 周成交量为 640 908 手，同比增加 77.83%。成交金额 6.11 亿元，持仓量 739 460 手，环比增加 7.66%。

期权品种上市情况如下：

2015 年 2 月 9 日，上证 50ETF 期权于上海证券交易所上市，是国内首只场内期权品种。这不仅宣告了中国期权时代的到来，也意味着我国已拥有全套主流金融衍生品。

2017 年 3 月 31 日，豆粕期权作为国内首只期货期权在大连商品交易所上市。

2017 年 4 月 19 日，白糖期权在郑州商品交易所上市交易。

2019 年 1 月 28 日，棉花期权合约在郑州商品交易所上市交易。

2019 年 1 月 28 日，大连商品交易所开展玉米期权交易。

2019 年 12 月 9 日，大连商品交易所开展铁矿石期权交易。

2019 年 12 月 23 日，沪深 300 股指期权在中金所上市交易。

下面仅就部分比较活跃的期权品种作简单介绍。

一、上证 50ETF 期权

股票期权合约为上海证券交易所统一制定的、规定买方有权在将来特定时间以特定价格买入或者卖出约定股票或者跟踪股票指数的交易型开放式指数基金（ETF）等标的物的标准化合约。

期权是交易双方关于未来买卖权利达成的合约。就个股期权来说，期权的买方（权利方）通过向卖方（义务方）支付一定的费用（权利金），获得一种权利，即有权在约定的时间以约定的价格向期权卖方买入或卖出约定数量的特定股票或 ETF。当然，买方（权利方）也可以选择放弃行使权利。如果买方决定行使权利，卖方就有义务配合。

经中国证监会批准，上海证券交易所于 2015 年 2 月 9 日上市 50ETF 期权产品。该产品是以上证 50 为标的物的上证 50ETF 交易型指数基金为标的衍生的标准化合约。基本内容如表 10.20 所示。

表 10.20 上证 50ETF 期权合约基本内容

合约标的	上证 50 交易型开放式指数证券投资基金（50ETF）
合约类型	认购期权和认沽期权
合约单位	10 000 份
合约到期月份	当月、下月及随后两个季月
行权价格	9 个（1 个平值合约、4 个虚值合约、4 个实值合约）
行权价格间距	3 元或以下为 0.05 元，3 元至 5 元（含）为 0.1 元，5 元至 10 元（含）为 0.25 元，10 元至 20 元（含）为 0.5 元，20 元至 50 元（含）为 1 元，50 元至 100 元（含）为 2.5 元，100 元以上为 5 元
行权方式	到期日行权（欧式）
交割方式	实物交割（业务规则另有规定的除外）
到期日	到期月份的第四个星期三（遇法定节假日顺延）
行权日	同合约到期日，行权指令提交时间为 9:15—9:25，9:30—11:30，13:00—15:30
交收日	行权日次一交易日
交易时间	上午 9:15—9:25，9:30—11:30（9:15—9:25 为开盘集合竞价时间） 下午 13:00—15:00（14:57—15:00 为收盘集合竞价时间）
委托类型	普通限价委托、市价剩余转限价委托、市价剩余撤销委托、全额即时限价委托、全额即时市价委托以及业务规则规定的其他委托类型

续表

买卖类型	买入开仓、买入平仓、卖出开仓、卖出平仓、备兑开仓、备兑平仓以及业务规则规定的其他买卖类型
最小报价单位	0.000 1 元
申报单位	1 张或其整数倍
涨跌幅限制	认购期权最大涨幅=max{合约标的前收盘价×0.5%，min [（2×合约标的前收盘价-行权价格），合约标的前收盘价]×10%} 认购期权最大跌幅=合约标的前收盘价×10% 认沽期权最大涨幅=max{行权价格×0.5%，min[（2×行权价格-合约标的前收盘价），合约标的前收盘价]×10%} 认沽期权最大跌幅=合约标的前收盘价×10%
熔断机制	连续竞价期间，期权合约盘中交易价格较最近参考价格涨跌幅度达到或者超过50%且价格涨跌绝对值达到或者超过 5 个最小报价单位时，期权合约进入 3 分钟的集合竞价交易阶段
开仓保证金最低标准	认购期权义务仓开仓保证金=[合约前结算价+max（12%×合约标的前收盘价-认购期权虚值，7%×合约标的前收盘价）]×合约单位 认沽期权义务仓开仓保证金=min[合约前结算价+max（12%×合约标的前收盘价-认沽期权虚值，7%×行权价格），行权价格]×合约单位
维持保证金最低标准	认购期权义务仓维持保证金=[合约结算价+max（12%×合约标的收盘价-认购期权虚值，7%×合约标的收盘价）]×合约单位 认沽期权义务仓维持保证金=min[合约结算价+max（12%×合标的收盘价-认沽期权虚值，7%×行权价格），行权价格]×合约单位

上证 50ETF 期权主要优势在于：

（1）交易方式简单灵活、单笔交易金额小、可全日交易、变现力高。

（2）可以买涨、买跌双向交易（大盘上涨买入认购期权，放大收益，大盘下跌，买入认沽期权，对冲股市个股下跌损失的风险）。

（3）T+0 的交易模式，操作更灵活。

（4）自带杠杆，不爆仓、不强平，锁定最大风险，追求无线利润。

上证 50ETF 期权是我国现有唯一的场内金融期权品种，以上证 50ETF 指数基金为标的物。根据看涨看跌方向、到期期限、行权价不同，总共约有 180 个合约，在合约简称上进行区分。以“50ETF 购 2 月 2800”简称为例，“购”代表该合约方向为看涨（“沽”则为看跌），“2 月”代表该合约到期日为 2 月份第四个星期三，2800 代表该合约行权价为 2.800 元。

据新浪财经 2019 年 6 月 11 日报道，50ETF 期权在 2019 年 6 月 10 日（周一）成交 2258541 张，其中认购成交 1 173 802 张，认沽成交 1 084 739 张，认沽认购比 92.41%。总持仓 3 449 441 张，认购持仓 1 878 871 张，认沽持仓 1 570 570 张。认购持仓较前一日减少 54 155 张，同比减少 2.80%；认沽持仓较前一日增加 94 125 张，同比增加 6.38%。

二、豆粕期权

豆粕期权是期货期权（也称商品期货期权）的一种，是以豆粕期货为标的物的一种期权产品。期货期权（Options on Futures）是对期货合约买卖权的交易，包括商品期货期权和金融期货期权。一般所说的期权通常是指现货期权，而期货期权则是指“期货合约的期权”，期货期权合约表示在期权到期日或之前，以协议价格购买或卖出一定数量的特定商品或资产的期货合同。期货期权的基础是商品期货合同，期货期权合同实施时要求交易的不是期货合同所代表的商品，而是期货合同本身。

2017 年 3 月 31 日，国内首只商品期权——豆粕期货期权（以下简称“豆粕期权”）在大连商品交易所（以下简称“大商所”）上市交易。

豆粕期权作为我国首个商品期权，它的上市标志着我国衍生品市场翻开了新的篇章。豆粕期权上市对整个行业的定价模式、市场格局及产业竞争都将产生显著影响。

对于实体经济来说，商品期权可以理解为期货合约的保险，能够为产业企业提供多样化、精细化的风险管理工具。我国油脂、饲料产业企业可以利用豆粕期权，丰富套期保值手段，提升竞争力，促进产业升级。对于期权买方来说，损失可控，这一特性非常适合风险承受能力较差的中小企业。特别是，从服务三农角度看，豆粕期权上市之后，还可以为我国农产品价格市场化改革提供新思路，比如，通过农产品期权试点，以权利金、类似保险费的方式补贴农民，既不影响农产品市场价格形成机制，又能减轻财政补贴负担，对我国农业市场化改革具有重大意义。

对于期货市场来说，期货、期权、互换，是国际成熟市场三大衍生工具。豆粕期权上市填补了我国商品期权的空白，完善了衍生品市场结构和体系，丰富了风险管理市场的工具和策略，使之更好地与国际接轨。同时，基金、银行、信托和期货公司等专业机构可以在此基础上设计出更加多样化、个性化的产品和风险管理工具，有助于推动期货公司创新发展，也有助于解决目前市场产品和服务同质化的难题，吸引个人投资者以资产管理等方式间接参与市场，从而改善国内衍生品市场的投资者结构。豆粕期权合约基本内容如表 10.21 所示。

表 10.21 豆粕期权合约基本内容

合约标的物	豆粕期货合约
合约类型	看涨期权、看跌期权
交易单位	1 手（10 吨）豆粕期货合约
报价单位	元（人民币）/吨
最小变动价位	0.5 元/吨
涨跌停板幅度	与豆粕期货合约涨跌停板幅度相同
合约月份	1 月、3 月、5 月、7 月、8 月、9 月、11 月、12 月
交易时间	每周一至周五上午 9:00—11:30，下午 13:30—15:00，以及交易所规定的其他时间
最后交易日	标的期货合约交割月份前一个月的第 5 个交易日
到期日	同最后交易日

续表

行权价格	行权价格范围覆盖豆粕期货合约上一交易日结算价上下浮动 1.5 倍当日涨跌停板幅度对应的价格范围。行权价格≤2 000 元/吨，行权价格间距为 25 元/吨；2 000 元/吨<行权价格≤5 000 元/吨，行权价格间距为 50 元/吨；行权价格>5 000 元/吨，行权价格间距为 100 元/吨
行权方式	美式。买方可以在到期日之前任一交易日的交易时间，以及到期日 15:30 之前提出行权申请
交易代码	看涨期权：M-合约月份-C-行权价格 看跌期权：M-合约月份-P-行权价格
上市交易所	大连商品交易所

注：① 日盘交易分三个交易小节，分别为第一节 9:00—10:15、第二节 10:30—11:30 和第三节 13:30—15:00。② 本品种已开展夜盘交易，夜盘交易时间为 21:00—23:00。

2019 年 6 月 6 日结算时起，市场期待已久的大商所期货期权组合保证金业务正式开启。当日结算时大商所按照新的业务参数对市场持仓进行了自动组合，新增策略释放出交易保证金 2.70 亿元。

由于海外成熟的期权交易所均具有较完善的期权组合保证金制度，所以这次我国大商所推出期货期权组合保证金业务，迈出了国内期权市场走向成熟市场的重要一步。

三、白糖期权

白糖期权于 2017 年 4 月 19 日在郑州商品交易所挂牌交易。随着证监会批准郑州商品交易所开展白糖期权交易、大连商品交易所开展豆粕期权交易，商品期权发展的脚步也在不断加快。

白糖期权的上市将开辟我国农产品期权的先河，将有利于完善我国农产品衍生品市场，丰富相关参与者的风险管理工具和策略，进一步推动我国期货市场服务农业的功能深化升级。豆粕、白糖期权上市可以为产业客户提供更加灵活便利的风险规避工具，为保护农民利益、增加农民收入提供新的有力武器，助推农业供给侧改革。

白糖期权合约基本内容如表 10.22 所示。

表 10.22 白糖期权合约基本内容

合约标的物	白糖期货合约
合约类型	看涨期权、看跌期权
交易单位	1 手（10 吨）白糖期货合约
报价单位	元（人民币）/吨
最小变动价位	0.5 元/吨
涨跌停板幅度	与白糖期货合约涨跌停板幅度相同

续表

合约月份	标的期货合约中的连续两个近月，其后月份在标的期货合约结算后持仓量达到 5 000 手（单边）之后的第二个交易日挂牌
交易时间	每周一至周五上午 9:00—11:30，下午 13:30—15:00，以及交易所规定的其他交易时间
最后交易日	标的期货合约交割月份前一个月的第 3 个交易日，以及交易所规定的其他日期
到期日	同最后交易日
行权价格	以白糖期货前一交易日结算价为基准，按行权价格间距挂出 5 个实值期权、1 个平值期权和 5 个虚值期权。行权价格≤3 000 元/吨，行权价格间距为 50 元/吨；3 000 元/吨<行权价格≤10 000 元/吨，行权价格间距为 100 元/吨；行权价格>10 000 元/吨，行权价格间距为 200 元/吨
行权方式	美式。买方可在到期日前任一交易日的交易时间提交行权申请；买方可在到期日 15:30 之前提交行权申请、放弃申请
交易代码	看涨期权：SR-合约月份-C-行权价格 看跌期权：SR-合约月份-P-行权价格
上市交易所	郑州商品交易所

四、棉花期权

棉花期权合约基本内容如表 10.23 所示。

表 10.23　棉花期权合约

合约标的物	一号棉花期货合约
合约类型	看涨期权、看跌期权
交易单位	1 手一号棉花期货合约
报价单位	元（人民币）/吨
最小变动价位	1 元/吨
涨跌停板幅度	与棉花期货合约涨跌停板幅度相同
合约月份	标的期货合约中的连续两个近月，其后月份在标的期货合约结算后持仓量达到 5 000 手（单边）之后的第二个交易日挂牌
交易时间	每周一至周五上午 9:00—11:30，下午 13:30—15:00，以及交易所规定的其他交易时间

续表

最后交易日	标的期货合约交割月份前一个月的第3个交易日，以及交易所规定的其他日期
到期日	同最后交易日
行权价格	以棉花期货前一交易日结算价为基准，按行权价格间距挂出6个实值期权、1个平值期权和6个虚值期权。行权价格≤10 000元/吨，行权价格间距为100元/吨；10 000元/吨＜行权价格≤20 000元/吨，行权价格间距为200元/吨；行权价格>20 000元/吨，行权价格间距为400元/吨
行权方式	美式。买方可在到期日前任一交易日的交易时间提交行权申请；买方可在到期日15:30之前提交行权申请、放弃申请
交易代码	看涨期权：CF-合约月份-C-行权价格 看跌期权：CF-合约月份-P-行权价格
上市交易所	郑州商品交易所

1. 交易时间

棉花期权合约自2019年1月28日（星期一）起上市交易，上市当日8:55—9:00集合竞价，9:00开盘。1月28日当晚起，棉花期权合约开展夜盘交易。棉花期权合约夜盘交易时间与棉花期货合约相同。

2. 交易限额

限价指令的每次最大下单数量为 100 手，市价指令的每次最大下单数量为2手。

非期货公司会员和客户所持有的按单边计算的某月份棉花期权合约投机持仓限额为6 000手，投机、套利与套期保值持仓之和不得超过棉花期权合约投机持仓限额的3倍。

3. 询价限制

对同一期权合约的询价时间间隔不得小于 60 秒。棉花期权合约最优买卖报价价差小于等于下表价差时（见表10.24），不得询价。

表10.24 棉花期权合约价值

申报买价/（元/吨）	价差/（元/吨）
150以下	12
150及以上，300以下	24
300及以上，600以下	48
600及以上，1 000以下	80
1 000及以上，1 500以下	120
1 500及以上	160

4. 开户要求

（1）资金。

在开通期权前连续5个交易日，每日结算后的保证金账户可用资金余额不低于10万元人民币。

（2）期权知识。

到开户公司营业部办理，并通过交易所认可的知识测试，成绩达到 90 分。

（3）仿真经历。

具有交易所认可的累积 10 个交易日、20 笔及以上的期权仿真交易成交记录。同时，还需具有期权仿真交易行权记录。

（4）诚信记录。

不存在法律、行政法规、规章和交易所业务规则禁止或者限制从事期货和期权交易的情形。

复习思考题及答案

一、名词解释

看涨期权：看涨期权是指期权买方向卖方支付一定数额的权利金后，即拥有在期权合约的有效期内或特定时间，按执行价格向期权卖方买入一定数量的标的物的权利，但不负有必须买进的义务。

欧式期权：欧式期权是指期权买方只能在期权到期日行使权利的期权。期权买方在期权合约到期日之前不能行使权利，在到期日之后期权作废，买方权利随之消失。

时间价值：时间价值是指期权权利金扣除内涵价值的剩余部分，即权利金中超出内涵价值的部分，又称外在价值（Extrinsic Value）。它也是指期权的买方希望随时间的延长，相关标的物价格的变动可能使期权增值时而愿意为买进这一期权所付出的权利金金额。

实值期权：实值期权是指执行价格低于标的物市场价格的看涨期权和执行价格高于标的物市场价格的看跌期权。在不考虑交易费用和期权权利金的情况下，买方立即履行期权合约能够获得行权收益。

价差策略：价差策略是指将具有不同执行价格的两个或多个期权（两个或更多个看涨期权，两个或更多个看跌期权）组合在一起的交易策略。

牛市价差：可以通过买入一个具有某一确定执行价格的股票看涨期权和卖出一个同一股票但具有较高执行价格的看涨期权组合而成，这里两个期权的期限相同。

二、简答题

1. 解释熊市价差的两种构造方式。

答：持有熊市价差的投资者希望股票价格下降。熊市价差的期权策略可以由买入具有某一执行价格的看跌期权并同时卖出具有另一执行价格的看跌期权来构造。买入期权的执行价格大于卖出期权的执行价格（这与牛市价差刚好相反，牛市价差中的买入期权的执行价格总是小于卖出期权的执行价格）。由看跌期权构造的熊市价差在最初会有一个现金流的支出，这是因为卖出期权的价格小于买入期权的价格。事实上，买入具有某一执行价格的看跌期权的投资者决定在卖出一个具有低执行价格的看跌期权后放弃了一部分可能的盈利。

2. 场外期权具有哪些特点？

答：（1）合约非标准化。交易所期权合约是标准化的，场外期权合约是非标准化的。

（2）交易品种多样、形式灵活、规模巨大。由于场外交易双方可以直接商谈，期权品种、交易形式和交易规模等均可以按照交易者的需求进行定制，所以场外期权更能够满足投资者的个性需求，场外期权交易也促进了新的复杂产品的诞生和交易。场外期权交易更为活跃、交易规模更大、交易形式更为多样化和复杂化。

（3）交易对手机构化。场外期权交易多在机构投资者之间进行，对于一般法人和机构投资者，其交易对手多为经验丰富的投资银行、商业银行等专业金融机构，期权合约的内容、交易方式等均由经验丰富的交易对手设计。

（4）流动性风险和信用风险大。交易所期权随时可以转让，结算机构可以保证卖方履约，而场外期权交易以上两点都无法保证。所以，场外交易具有较高的流动性风险和信用风险。

3. 什么是期货期权？

答：期货期权（Futures Options）是以期货合约为标的的资产的期权。在执行期货期权时，交割的是一份标的期货合约。根据标的资产的不同，期货期权可分为商品期货期权和金融期货期权。金融期货期权又分为指数期货期权、利率期货期权及外汇期货期权。

三、举例说明题（企业如何利用期货期权交易规避市场风险等）

1. 某面粉加工厂 12 月份计划 6 月份生产出一批面粉，需要购买 110 000 蒲式耳小麦，当时的小麦价格为 400 美元/蒲式耳，该厂担心 6 月份小麦的价格会上升，于是在 12 月份下旬以 400 美元/蒲式耳的执行价格买入一份小麦期货看跌期权。合约规模为 55 000 蒲式耳。当时 12 月份交割的小麦期货的价格为 380 美分。问题：① 如何利用小麦期货期权来进行套期保值？② 套期保值效果如何？实际购买小麦的成本为多少？（所需其他数据自定）

2. 某公司某年 9 月 7 日计划在 12 月 10 日存入期限为 3 个月、金额为 9 000 000 美元的存款，当时的利率为 6.2%。由于担心利率会下降，公司准备对其利率风险进行套期保值，12 月份欧洲美元合约的期货价格为 93.82（对应于每年 6.18%的 3 个月欧洲美元利率）。对于以上合约，执行价格为 94.00 美元的看跌期权的报价为 0.1，即 10 个基点。问：如何利用芝加哥商业交易所 3 个月欧洲美元期货合约期权进行套期保值？实际借款的利率为多少？（所需其他数据自定）

参考文献

[1] 约翰·赫尔. 期权、期货及其其他衍生产品[M]. 王勇，索吾林，译. 北京：机械工业出版社，2018.
[2] 中国期货协会. 期货市场教程[M]. 北京：中国财政经纪出版社，2013.
[3] 郑振龙，陈蓉. 金融工程[M]. 北京：高等教育出版社，2016.
[4] 李国华，张凯. 期货与期权市场简明教程[M]. 北京：经济管理出版社，2010.
[5] 罗孝玲. 期货与期权[M]. 北京：高等教育出版社，2016.
[6] 李一智. 期货与期权教程[M]. 北京：清华大学出版社，2017.
[7] 曾惠. 中国有色金属期货市场套期保值绩效实证研究[J]. 经贸实践，2015（11）.
[8] 魏振祥，高勇. 中国农产品期货主力及近月合约套期保值效果研究[J]. 证券市场导报，2012（02）.
[9] 高勇. 中国玉米期货主力合约和近月合约套期保值效果研究[J]. 价格理论与实践，2011（10）.
[10] 闫云仙，张越杰. 中国玉米期货市场套期保值有效性分析[J]. 吉林农业大学学报，2011（4）.
[11] 丁林江. 时间序列方法和衍生品定价模型在套期保值中的应用与绩效比较[J]. 金融与经济，2011（1）.
[12] 许贵阳. 中国黄金期货市场套期保值功能实证研究[J]. 黄金，2011（11）.
[13] 刘晓雪，郭晨凯. 菜籽油期货市场风险管理效果的实证分析——基于传统套保、OLS 和 ECM-GARCH 方法的比较研究[J]. 价格理论与实践，2011（5）.
[14] 梁权熙，欧阳宗旨，廖焱. 我国期货市场套期保值有效性实证研究——以白糖期货为例[J]. 金融发展研究，2008（11）.
[15] 胡秋灵，丁皞. 中国农产品期货套期保值绩效实证分析[J]. 统计与信息论坛，2008（09）.
[16] 王思贜. 我国农产品期货市场的价格发现功能研究[J]. 中国高新技术企业，2015（10）.
[17] 俞男. 农产品期货市场套期保值绩效与流动性关系研究[D]. 成都：西南财经大学，2011.
[18] 程鑫. 中国沪深 300 股指期货套期保值比率研究——基于 DCC-GARCH 视角[D]. 北京：首都经济贸易大学，2019.
[19] 杨鹏. 沪深 300 股指期货套期保值策略研究[D]. 广州：暨南大学，2013.
[20] 李威俞. 上证 50 股指期货套期保值实证研究[D]. 广州：华南理工大学，2019.
[21] 孔旭成. 农产品期货市场服务农业产业化模式研究[D]. 南宁：广西大学，2012.
[22] 张志峰. 我国农产品期货市场促进农业发展问题研究[D]. 北京：首都经济贸易大学，2012.
[23] 葛玉鑫. 我国农产品期货市场效率影响因素与政策研究[D]. 哈尔滨：东北农业大学，2012.
[24] 李永华. 最小方差框架下套期保值有效性的模型比较[D]. 成都：西南财经大学，2012.
[25] 缪夏美. 套期保值强度影响因素分析[D]. 上海：复旦大学，2012.

[26] 王宝兵. 外汇期货动态套期保值及其实证研究[D]. 长沙：湖南大学，2011.
[27] 唐旭. 股指期货限制措施对股票现货市场波动影响的研究[D]. 北京：首都经济贸易大学，2019.
[28] 魏鹏宇. 沪深 300 股指期货对现货市场波动率影响及价格发现功能研究[D]. 南昌：江西财经大学，2020.
[29] 包歆韵. 我国股指期货对股市波动性影响的实证研究[D]. 苏州：苏州大学，2018.
[30] 戴佳青. 沪深 300 股指与期货的高频动态关系实证研究[D]. 成都：电子科技大学，2012.
[31] 陈登攀. 股指期货推出对现货市场的影响以及定价权实证分析[D]. 成都：西南财经大学，2012.
[32] 王永杰. 中国股指期货对现货波动影响及传导关系研究[D]. 上海：复旦大学，2012.
[33] 秦洋. 融资融券下我国股指期货套利研究[D]. 沈阳：辽宁大学，2012.
[34] 王梦婷. 股灾期间中国股指期货对股票市场波动影响研究[D]. 南宁：广西大学，2017.
[35] 王敏. 沪深 300 股指期货与沪深 300 股票指数的相关性研究[D]. 上海：华东理工大学，2013.
[36] 郭静. 境内外股指期货对 A 股波动性影响的比较研究[D]. 长沙：湖南大学，2012.
[37] 季文魏. 我国水泥行业上市公司并购案例绩效分析[D]. 成都：西南财经大学，2013.
[38] 余海涛. 金融市场风险的多分形测度指标研究[D]. 成都：西南财经大学，2013.
[39] 徐君戈. 我国投资者情绪度量及其对股票收益影响分析[D]. 成都：西南财经大学，2013.
[40] 杨熹. 石油价格与股票市场间的溢出效应：理论与实证[D]. 成都：西南财经大学，2013.
[41] 钟秋月. 外部经济冲击对我国物价的影响[D]. 成都：西南财经大学，2013.
[42] 程竹. 中小企业信贷约束问题探析及对策建议[D]. 成都：西南财经大学，2013.
[43] 杨婷. 关于投资银行声誉与长期财务绩效、长期投资回报的研究[D]. 成都：西南财经大学，2013.
[44] 冯英慧. 对我国利率市场化效应的研究[D]. 成都：西南财经大学，2013.
[45] 程方泽. 国内影子银行发展中存在的问题及监管建议[D]. 成都：西南财经大学，2013.
[46] 白静静. 中国货币政策操作对境内外股市影响的实证研究[D]. 成都：西南财经大学，2013.
[47] 吕宝林，岳娟丽. 期货交易实务[M]. 成都：西南交通大学出版社，2016.